法大诉讼法学博士文库

总主编　卞建林

污点证人制度研究

——以美国为蓝本兼及中国污点证人制度构建

徐磊　著

中国人民公安大学出版社

·北　京·

图书在版编目（CIP）数据

污点证人制度研究/徐磊著.—北京：中国人民公安大学出版社，2016.11

（法大诉讼法学博士文库/卞建林主编）

ISBN 978-7-5653-2800-8

Ⅰ.①污…　Ⅱ.①徐…　Ⅲ.①证人—司法制度—研究—中国

Ⅳ.①D925.013

中国版本图书馆CIP数据核字（2016）第282137号

污点证人制度研究

——以美国为蓝本兼及中国污点证人制度构建

徐　磊　著

出版发行：中国人民公安大学出版社

地　　址：北京市西城区木樨地南里

邮政编码：100038

经　　销：新华书店

印　　刷：北京兴华昌盛印刷有限公司

版　　次：2016年11月第1版

印　　次：2016年11月第1次

印　　张：11.375

开　　本：880毫米×1230毫米　1/32

字　　数：306千字

书　　号：ISBN 978-7-5653-2800-8

定　　价：42.00元

网　　址：www.cppsup.com.cn　www.porclub.com.cn

电子邮箱：zbs@cppsup.com　zbs@cppsu.edu.cn

营销中心电话：010-83903254

读者服务部电话（门市）：010-83903257

警官读者俱乐部电话（网购、邮购）：010-83903253

法律图书分社电话：010-83905745

总　　序

21世纪的中国诉讼法学将向何处去？这是每一位诉讼法学者都应当关心的重要问题。历史是昭示未来的一面镜子。我们不妨先从历史的角度来考察一下我国诉讼法学发展的轨迹和趋势。

我国近代诉讼法学肇始于一百多年前的清末修律。1906年，清政府创办了京师法律学堂，由沈家本亲自制定的法律学堂章程将刑事诉讼法与民事诉讼法均列为主要课程，这标志着诉讼法学作为一门新兴的学科开始独立存在。之后，夏勤、陈瑾昆、蔡枢衡、熊元襄、石志泉、邵勋、邵锋等学者在翻译和介绍日本、德国等国诉讼法律与诉讼理论方面都作出了杰出贡献，并在此基础上对诉讼法学基本原理进行了可贵的探索。至20世纪40年代，旧中国的诉讼法学理论体系得以初步形成。

新中国成立以后，随着旧中国的“六法全书”被废除，原有的诉讼法学理论体系和研究成果也被抛弃。受当时的政治环境影响，中国的法学理论工作者开始将目光转向苏联。在20世纪50年代，伴随着苏联法学教授来华授课，一批苏联的诉讼法学著作被翻译推介到我国。我国学者开始在学习苏联诉讼法律制度与法学理论的同时，结合中国无产阶级专政的实际经验与需要，尝试创建我国的诉讼法学理论体系。然而，不久后的“反右”运动和“文化大革命”动乱，法律虚无主义甚嚣尘上，诉讼法学研究长期陷入停滞。这种状况一直持续到20世纪70年代末期。

1978年改革开放以来的30余年，是我国诉讼法学的恢复和迅速发展时期。随着1979年中国第一部刑事诉讼法的颁布实施，我国诉讼法学开始全面“复苏”。在“解放思想、实事求是”方针的指引下，诉讼法学的学术研究变得活跃起来，关于刑事诉讼、民事诉讼、证据理论、司法制度方面的多本专著先后问世。特别是20世纪80年代初、中期，国家统一组织编写刑事诉讼法学、民事诉讼法学、证据法学教材。这些统编教材，发行量大，适用面广，读者群众，影响力巨，基本确立了诉讼法学与证据学的理论框架与教学体系。诚然，此时的诉讼法学仍不够成熟，大多停留在注释法学的阶段，教学和研究的目的主要是解释法律、宣讲法律，先进的诉讼理念尚未确立。至20世纪90年代，此种状况得到很大改善。“刑事诉讼法学的研究登上了一个新的台阶……在理论方面，对刑事诉讼基础理论的研究开始起步并初有成就。”① 其标志性成果是一系列有关诉讼目的、诉讼构造、起诉制度、审判原理等基本理论问题的学术专著陆续出版。随着我国政治、经济、社会、文化等各个方面日新月异的发展与进步，随着“依法治国，建立社会主义法治国家”基本治国方略的确立与实施，我国社会主义民主与法治建设取得巨大成就。在此大背景下诉讼立法进程加快，诉讼制度日臻完善，诉讼法学理论研究也在不断深入。“程序正义”、“人权保障”等先进的诉讼价值观念得到大力弘扬和广泛传播，公平、正义、人权、自由、秩序、效率等价值观不仅是诉讼理论界热衷探讨的命题，并逐步得到立法和司法实务部门的理解和认同，甚至成为普通百姓耳熟能详的大众话语。进入21世纪以来，诉讼法学研究方面最显著的进展莫过于研究方法的转型。不仅实证研究方法受到重视，多元化、跨学科的研究方法也得到了提倡，哲学、社会学、逻辑学、经济学等多学科的研究方法被广泛地应用于诉讼法学和证据法学研究。甚至文理汇聚、社会科学与自然科学交融的现象

---

① 陈光中、卞建林：《刑事诉讼法学研究现状与发展趋势》，载《法学家》1996年第2期。

也已出现，国家自然科学实验基地中国政法大学证据科学研究院的成立就是明证。通过研究方法上跨学科、多学科的融通交汇，我国诉讼法学研究的广度和深度得到进一步拓展。

不同于单纯的理论法学研究，诉讼法学研究还具有时代性和实践性的鲜明特点，在研究基础理论的同时，应当及时反映司法现实、回应社会关切。随着“全面建成小康社会、全面深化改革、全面依法治国、全面从严治党”战略布局的提出与落实，政治、经济、社会、文化、军事等各个领域的全面改革成为我国现代化进程中的主旋律。司法体制改革是全面深化改革的重要一环，是全面推进依法治国的主要抓手。一系列司法改革重大举措的制定并落地，推进中国特色社会主义诉讼制度和司法体系日趋成熟完善。在此背景下，我国诉讼法学研究也愈加关注司法体制改革与社会现实问题，探求司法规律，彰显中国特色，研究成果更加务实、更加中肯、更具实际参考和应用转化价值。

回顾历史，笔者在为我国诉讼法学发展历程的艰难曲折而感叹的同时，也为当前诉讼法学研究所取得的巨大成就感到欢欣鼓舞。然而，值得注意的是，从历史上看，我国诉讼法学的成长始终伴随着对外来法律文化的学习：从萌芽与初创阶段对日、德等国诉讼理论的借鉴，到重建与停滞阶段对苏联诉讼理论的模仿，再到恢复与提升阶段对美、英等国诉讼理论的引入。达马斯卡曾经告诫我们：“与私法领域相比，程序法的意义和效果更加依赖于外部环境——尤其是直接依赖于所在国家司法制度运行的制度背景。”[①] 诉讼法对其制度背景的依赖使得这门学科较之其他学科具有更强的地域性特征。所以，我们需要思考的一个问题是：我们仿效外国经验而建构起来的理论，我们从西方国家那里所引入的理念以及我们参考国外做法而采用的研究方法，是否真的适合于我国？即使这些理论、

① ［美］米尔吉安·R. 达马斯卡著：《比较法视野中的证据制度》，吴宏耀等译，中国人民公安大学出版社2006年版，第231~232页。

理念和方法能够适合于我国，中国学者对人类法治文明的独特贡献又何在？

笔者认为，21世纪的中国诉讼法学应当以创建中国特色、中国风格的诉讼法学理论体系为努力方向。回首过去的一个多世纪，中国诉讼法学在对国外诉讼理论持续不断的“效仿”过程中渐渐迷失了自我，始终未能确立起自身的独立品格。因此，我国学者应当从中国实际出发，在了解和借鉴他国诉讼理论的同时，着力构建具有中国特色、中国风格的诉讼法学理论。这是一项艰巨而长期的历史任务。其艰巨性在于，曾经在世界法制发展史上占有一席之地的中华法系早已风光不再，一百多年来我国所进行的各项法制改革大多是跟在西方国家后面亦步亦趋，我国法学理论缺乏自主发展的传统。其长期性在于，我国民众存在着根深蒂固的“重实体、轻程序”观念，而观念的转变绝非一朝一夕可以实现的。昂格尔就曾经针对我国古代法律评论道，与其他非欧洲的法相比较，中国法是离“法治”（rule of law）理念最为遥远的一极。[①] 当然，伴随着我国全面推进依法治国和大力深化司法体制改革，我国诉讼法学研究已经开始摆脱西方话语体系、西方逻辑的研究“窠臼”，逐步走向自醒自觉，探索建立符合中国国情和司法规律二元目标的社会主义诉讼法学理论体系已经起步。同时也要认识到，建成体现中国特色、中国风格的具有独立思维和独立话语体系的社会主义诉讼法学理论体系非一时之功，可能需要几代学人的共同努力。

历史的经验告诉我们，对于任何事业来讲，人才都是关键。从我国京师法律学堂的创办与诉讼法学的诞生可以看出，诉讼法学学科的发展与诉讼法学人才的培养是分不开的。因此，针对我国诉讼法学研究任务的艰巨性和长期性，我们应当进一步加大对青年诉讼法学高级人才，尤其是对诉讼法学博士生的培养力度。法学博士生

① ［日］滋贺秀三：《中国法文化的考察——以诉讼的形态为素材》，载《明清时期的民事审判与民间契约》，王亚新等编译，法律出版社1998年版，第3页。

群体是一支重要的科研力量。博士生们大多风华正茂，正处于人生创造力最为旺盛的时期，有可能提出富有原创性的学术观点；博士生们思维活跃，较少受到成见的束缚，有利于发掘新思维、新视角，不断推陈出新；博士生们拥有最有利的学习环境和条件，有足够的时间和精力就某些专门问题深入钻研。也正是基于这些原因，有人认为，博士学位论文常常能够代表学者一生的最高学术成就。

中国政法大学是全国最早获得诉讼法学博士学位授予资格的高等学府，由于师资队伍、培养模式、图书资料、学术交流等诸多方面的优势，法大培养的诉讼法学博士人数众多，质量上乘，为我国诉讼法学的学科发展作出过重要贡献。早在 20 世纪 80 年代末期，中国政法大学前校长、诉讼法学学科带头人陈光中先生就呼吁学界进一步加强对刑事诉讼法学基本理论的研究和创新，并引进自然科学和其他社会科学中的相关学科的成果，开拓刑事诉讼法学研究的新领域。[①] 在法大导师们的指引下，一批优秀的法大诉讼法学博士生开始对诉讼法学基础理论进行了大胆探索，取得了很多填补空白的开拓性研究成果。我国诉讼法学界在 20 世纪 90 年代出版的具有代表性的基础理论著作大多是在他们的博士学位论文基础上完成的。曾经取得的辉煌成就使中国政法大学的诉讼法学学科在全国享有盛誉。1999 年，中国政法大学诉讼法学研究中心（2006 年更名为中国政法大学诉讼法学研究院）成立，这是诉讼法学专业唯一入选全国普通高等学校人文社会科学百所重点研究基地的研究实体。2013 年，由中国政法大学牵头，以中国政法大学诉讼法学研究院和证据科学研究院为科研依托平台，联合吉林大学理论法学研究中心（教育部人文社会科学重点研究基地）和武汉大学环境法研究所（教育部人文社会科学重点研究基地）申报的司法文明协同创新中心顺利通过教育部和财政部的认定，成为全国首批 14 家“2011 计划”协同创新中心之一。自此，中国政法大学在诉讼法学

① 陈光中：《中国刑事诉讼法学四十年（下）》，载《政法论坛》1989 年第 5 期。

学科建设和人才培养方面掀开了新的一页。

“法大诉讼法学博士文库”是中国政法大学诉讼法学研究院主持编选并组织出版中国政法大学诉讼法学专业（含刑事诉讼法学、民事诉讼法学、行政诉讼法学、证据法学）博士学位论文的系列丛书。这套丛书旨在搭建学术平台，推出诉讼法学新人新作，营造百家争鸣的学术氛围。此外，由于博士学位论文不仅能够反映博士生个人的勤奋和智慧，还常常凝聚了博士生导师们的辛劳和心血。因此，这套丛书的出版也是对法大诉讼法学教学成果的集中展示。我们希望能够通过丛书的出版，进一步培养和造就高素质的诉讼法学博士生，推动诉讼法学年轻学者之间的互动和交流，促进我国诉讼法学的繁荣和发展。

中国政法大学诉讼法学研究院院长　卞建林

2016 年 11 月 16 日于北京

目　　录

绪 论

第一节 污点证人的概念

污点证人的概念是污点证人制度的逻辑起点，而污点和证人又是污点证人概念的两个基础性概念。污点证人制度始于证人具有污点，终于证人污点所引起的法律后果之评判。研究污点证人制度，首先应当对污点证人制度的基本概念进行全面且明确的解构，阐明究竟何为污点证人，释清关键概念“污点”和“证人”等。可是，对于污点证人的概念而言，国外法律人并未在既有的研究成果中对此进行翔实、深刻的研究。而在国内学者以往的著述当中，污点证人概念的界定也稍显含糊。特别是在中国刑事诉讼语境下来理解污点证人的概念，更是显得艰难与混沌。因此，本文从对相关概念的分析入手，展开对污点证人制度的研究。需要注意的是，西方国家学者、法官、检察官、律师以及社会公众等普遍使用“witness immunity”来指代或描述本文的研究对象，意即证人豁免制度。而本文以美国联邦层面的证人豁免制度[①]为蓝本进行研究。笔者经过审慎考虑后认为，应当将证人豁免制度同我国的具体情境结合起来，在全球化与本土化之间构筑起中国式的证人豁免制度，因而本文称之为污点证人制度。其一，豁免是指“一个人所处的不承担某种法律后果或对其不适用某些法律规则的法律地位，它是法律不根据一般规则而给予该人的一种特别优待”[②]。“豁免”一词不仅不为中国社会和法律环境所常用，而且当前公众的心理和法律意识等也无法接受法律施以某人特别优待。其二，在中国刑事诉讼语境下，污点证人制度名称的意蕴比证人豁免制度更形象、更深厚，而污点的内涵也比豁免更丰富、更妥帖，具体内容可见后文分析。其三，我国媒体舆论已经使用污点证人的概念，我国法律文化也潜移默化地受此影响。在语词惯性的作用下，污点证人具有一定的社会基础，并且顺应了时代的发展趋势。为了兼顾制度原意和制度本土化，本文在分析域外制度时使用“证人豁免制度”，而在中国移植和构建

① 《美国法典》第 18 编 § 6002 豁免总则规定：“无论何时证人在下列机构或者其附属机构所适用的程序中，根据不得强迫自证其罪特免权拒绝作证或提供其他信息：（1）美国联邦法院或者大陪审团；（2）美国联邦机构；（3）国会、两院的联合委员会、两院的委员会或者下属委员会。并且程序主持者告知证人已根据本规则签署命令，证人不得已不得强迫自证其罪特免权来拒绝遵守该命令，但是根据该命令强迫证人作证的证言或者其他信息（或直接或间接源于上述证言或其他信息的任何信息）不得在刑事案件中作为对证人不利的证据，证人因伪证、虚假陈述或者未能遵守该命令而受到刑事追诉除外。” § 6003 法院和大陪审团程序规定：“对于在联邦法院或者联邦大陪审团所适用的程序或者附属程序中，曾经或者可能被传唤作证或提供其他信息的任何个人而言，在该程序正在进行或者可能进行的司法辖区中的美国联邦地区法院应当根据本节（b）款之规定，应该地区联邦检察长的请求签署一项命令，该命令要求那些根据不得强迫自证其罪特免权而拒绝作证或提供其他信息的个人作证或者提供其他信息，该命令应符合本部分 6002 节之规定才得以生效。（b）当联邦检察人员认为符合下列条件时，可以根据联邦总检察长、副总检察长、任何指定的总检察长助理的批准，要求签发本节（a）款规定之命令：（1）该人提供的证言或者其他信息对于公共利益可能是必需的；并且（2）该人根据不得强迫自证其罪特免权已经拒绝或者很可能拒绝作证或者提供其他信息。”参见 18 U.S.C. § 6002, 6003, http://www.gpo.gov/fdsys，2013 年 11 月 25 日访问。

② 薛波：《元照英美法词典》，法律出版社 2003 年版，第 663 页。

中则称之为“污点证人制度”。

一、既有污点证人概念：界说与评析

关于污点证人的概念，有关学者从不同方面进行界定，由此形成了多种表达方式。将这些从不同侧面揭示污点证人内涵的观点进行梳理和提炼，对于污点证人概念的理解主要从以下几个角度展开。

首先，部分学者从形式的角度对污点证人的含义作出界定。例如，有学者认为：“污点证人是指具有犯罪污点的证人。”① 还有学者提出，污点证人是指涉嫌犯罪的证人。② 另有学者主张，污点证人就是具有犯罪污点且知道案件情况的人。③ 从形式的角度界定污点证人的意蕴，言简意赅地描述出污点证人的某些外部特征。依照汉语的字词结构，将“污点证人”分解为“污点+证人”。污点证人实则归属于证人，但不同于通常意义上的证人，强调污点对证人身份和地位的影响。

其次，有学者从内容的角度来理解污点证人。例如，有学者指出：“污点证人是具有犯罪污点，但因了解案情而被公安机关、检察机关要求作证的诉讼参与人。”④ 有学者认为：“污点证人是指有犯罪污点，本应在刑事诉讼中成为追诉的对象，但基于对整体利益的考虑而被免予追诉，转而向司法机关提供证言的证人。”⑤ 还有

① 陈学权：《污点证人豁免制度初论》，载《国家检察官学院学报》2003 年第 3 期。

② 徐静村、潘金贵：《作证豁免制度研究》，载《西南民族大学学报（人文社科版）》2004 年第 2 期。

③ 周国均、刘蕾：《贿赂犯罪案件污点证人权利之保护》，载《比较法研究》2005 年第 5 期。

④ 倪铁：《污点证人豁免及其博弈分析》，载《华东政法大学学报》2004 年第 1 期。

⑤ 何挺：《污点证人豁免的理论基础与制度建构》，载《燕山大学学报（哲学社会科学版）》2007 年第 3 期。

学者提出："污点证人是指犯罪活动的参与者为减轻或免除自己的刑事责任，与国家追诉机关进行合作，在刑事诉讼中作为控方证人，指证其他被追诉人犯罪事实的人。"① 从内容的角度界定污点证人的内涵，阐释污点证人的典型制度特征和实践样态，概念本身兼有理论性、概括性和针对性。污点证人的核心之处在于"污点+了解案情/整体利益/合作+作证"。由于该观点在一定程度上反映出形式角度所未及之关键内容，因而获得了不少学者的认同。

最后，一些学者从境外相关制度中攫取经验和启示，并对污点证人制度的运行程序进行概括，总结出污点证人的概念。例如，"证人本身具有一定的犯罪嫌疑，因与已被控诉的嫌疑人的犯罪行为有某种牵连，而与控方达成一项交易，达到回避控方对自己的追诉和指证该犯罪嫌疑人罪行的双重目的，由法官签发豁免令，控方以免予追诉该证人的犯罪行为为条件，换取证人的指认和证明"。② 又如，"污点证人刑事责任豁免制度又称'污点证人'作证制度，是指国家为取得某些重要的证据或比较重大案件的证据，或者为追究首恶分子的严重罪行，对同案或其他案件中罪行较轻的罪犯作出承诺，如果他们放弃拒证权而提供某些关键的证据，将不再对其进行刑事追究"。③ 再如，"污点证人是一种较为特殊的证人，根据《联合国反腐败公约》的规定是指参与犯罪活动的人为减轻或免除自己的刑事责任，而与国家追诉机关合作，作为控方证人指证其他被追诉人犯罪事实的人"。④ 通过考察西方国家证人豁免制度的历史沿革、立法规定和司法实践等，借鉴性地把握污点证人概念的语

---

① 米镝：《论刑事"污点证人"的权利保障》，载《河南师范大学学报（哲学社会科学版）》2007年9月。

② 张春霞：《论污点证人之豁免》，载《华东政法大学学报》2003年第2期。

③ 汪海燕：《建构我国污点证人刑事责任豁免制度》，载《法商研究》2006年第1期。

④ 刘立霞、张晶：《污点证人作证豁免制度研究》，载《湖北社会科学》2009年第1期。

义之源和现实状况，并且动态性地理解污点证人，为客观、精准地界定污点证人的含义奠定了基础。

鉴于污点证人制度乃西学东渐之产物，进入国内学界的视野不过十余年，而学者们也并未对污点证人制度给予过多的关注，所以污点证人制度至今仍披着神秘的面纱。对于污点证人概念的界定而言，仍显得些许单薄和局限。其一，由于污点证人内涵的复杂性，仅从单一视角难以全面把握污点证人的本质。从形式的角度来解读污点证人，可能使得污点证人的概念过于简单与空洞。仅从内容的角度来界定污点证人，可能只关注污点证人的个别特征，而未能企及污点证人之全貌。从域外视角来阐述污点证人，可能只述其形而未明其神，或是可能因国情有别，而致使界定也有所异。其二，在当前的研究成果中，污点证人概念之界定并未完全顾及刑事司法实践中关于污点证人的疑惑与彷徨，也未对污点证人的基础性概念给予足够的关注。理论与实践的脱节表明，理论研究缺少对司法实践的关注和回应。污点和证人究竟该作何解释？问题种种，皆表明污点证人概念之繁复，以及过往界定之不足。其三，上述关于污点证人本质之概括，大多沿着权力规制的路径迈向正义，鲜有对污点证人权利保障之考虑。权力规制的机理在于事先对国家权力行使的条件、程序等作出规范，事中对国家权力运行的过程进行管控和监督，以使得权力作用的结果趋于正当与合法。权力规制的目的在于规范权力、避免权力肆意，以及保障权力相对人的合法权利。权利保障是权力规制的另一面，两者相互支持、彼此弥补。过去污点证人概念中权利保障成分的缺失，不仅无法全面厘清污点证人的本质特征，而且使得污点证人在刑事司法实践中处于不利之境地。

二、污点证人概念之界定

过去研究者们对于污点证人概念是“仁者见仁、智者见智”，尚未形成公认且成熟的见解。不过，作为一个学术问题，笔者有必要对污点证人的概念加以澄清，指明其基本内涵与外延。污点证人概念应当是其形式与内容的统一，在反映出其内在特征与外在制度环境塑造其所产生特质的同时，兼顾污点证人权利之保障与国家权力之规制。在准确界定污点证人的概念之前，我们有必要明晰污点证人的基础性概念，即“污点”和“证人”。

（一）污点证人的基础性概念：证人

一般而言，所谓证人，就是因了解相关案件事实而负有作证义务的诉讼参与人。而证人证言则是指证人就其所了解的案件事实向国家专门机关所做之陈述。证人证言的形成过程历经感知（输入）、记忆（存储）和表达（输出）三个阶段。证人通过感觉器官感知案件事实，进而在证人的头脑中形成对案件事实的反映和印象。证人在对其所感知的案件事实保持记忆后，最终将其所感知的案件事实表达或陈述给办案人员。[①] 过去国内学者并未对污点证人的基础性概念“证人”作出进一步的阐释。由此，笔者拟通过对污点证人中“证人”一词的分析来管窥污点证人概念之意蕴。

1. 法定证据种类与证人概念范围理解之偏差

“污点证人”中的“证人”在美国是指广义证人概念中的被追诉人而不是一般证人。在中国“污点证人”中的“证人”并不是我国刑事诉讼法中所规定的“证人”，而实质上与美国一致，是指被追诉人（包括犯罪嫌疑人和被告人）。我国法定证据种类对证人概念作狭义之规定，使得以往学界对污点证人中证人概念的理解存在一定的偏差。

基于美国《联邦证据规则》之规定，美国法律并未对证据形式做过多的要求或限制。对于证人而言，其通常包括事实证人和专家证人。事实证人是指感知案件事实的证人，而专家证人是指因知识、技能、经验、训练或者教育而具备专家资格的证人。由于规则601 推定每个人都有作为证人的能力，所以证人的可信性成为诉讼所关注的焦点。证人的身份、与案件事实有利害关系等仅作为判断

① 王进喜：《刑事证人证言论》，中国人民公安大学出版社 2002 年版，第 4~6 页。

证人可信性的因素，而不能阻止证人作证。根据规则 602 规定，“只有在提出的证据足以支持认定证人就某事项具有亲身知识的情况下，证人才可以就该事项作证。证明亲身知识的证据可以包括证人自己的证言。本条规则并不适用于专家证人根据规则 703 所作出的证言”。规则 603 规定：“在作证前，证人必须宣誓或者郑重声明将如实作证。该宣誓或者郑重声明必须以某种旨在以该职责触动证人良知的方式进行。”① 对相关案件事实具有亲身知识并就此向国家专门机关言词陈述的自然人皆称为证人，包括我国刑事诉讼法上的被追诉人、被害人、证人等。而证人就其所了解的案件事实所作之陈述便是证人证言。在适用证人豁免制度的场域下，被追诉人对相关案件事实所作之陈述应当作为证人证言来看待。

我国 2012 年《刑事诉讼法》第 48 条规定，证据包括：物证；书证；证人证言；被害人陈述；犯罪嫌疑人、被告人供述和辩解；鉴定意见；勘验、检查、辨认、侦查实验等笔录；试听资料、电子数据。相较于 1996 年《刑事诉讼法》之规定，2012 年《刑事诉讼法》对法定证据种类作出了一定的修订。例如，将“鉴定结论”修订为“鉴定意见”。在原有的“勘验、检查笔录”的基础上增加了“辨认、侦查实验等笔录”。在原有的“视听资料”的基础上增加了“电子数据”。我国刑事诉讼法对证据法定形式之规定，不仅限定了证据法定形式的范围，范围以外尚未被法律明文所列举的证据形式不属于法律意义上的证据，而且使得证据必须分门别类地归入相关证据种类之中，一经确定，通常不会在刑事诉讼活动中发生变化。在刑事诉讼中被追诉人实际上兼有双重诉讼角色：一是作为刑事案件的被追诉者，刑事诉讼活动对其刑事责任问题作出法律上的评判，其与刑事诉讼活动存有直接利害关系；二是作为相关案件事实的提供者，具有案件事实和犯罪证据之来源的性质。在大多数

① 王进喜：《美国〈联邦证据规则〉（2011 年重塑版）条解》，中国法制出版社 2012 年版，第 152~160 页。

情况下，被追诉人仅就己案的犯罪事实向国家专门机关进行陈述，办案人员不会对该陈述所归属的法定证据种类产生疑惑和困扰。然而，在适用污点证人制度的情境下，被追诉人所了解的他案的犯罪事实和己案的犯罪事实存在实质性联系。也就是说，当被追诉人向办案人员陈述他案的犯罪事实时，必将供述出己案的犯罪事实。此时，其是作为被追诉人还是作为证人，其陈述是属于犯罪嫌疑人、被告人供述还是属于证人证言，则在我国刑事司法实践中争议较大。笔者认为，如若被追诉人陈述相关案件事实的目的关乎其他被追诉人是否构成犯罪，那么此时被追诉人处于证人的地位，被追诉人所作之陈述应当作为证人证言。如若被追诉人陈述相关案件事实的目的在于本人是否构成犯罪，那么应当将其陈述作为犯罪嫌疑人、被告人供述。在刑事司法实践中，被追诉人所陈述的相关案件事实应当交由办案人员以其目的来具体评判。正如罗科信教授所言："被告不只是诉讼主体，即拥有独立之诉讼权利的诉讼参与人，其并且也是证物。"① 被追诉人作为言词证据的提供者，其所作陈述的法定形式不应限制或影响该证据在刑事诉讼活动中的作用。我国刑事诉讼法对证据法定形式之明确规定，不仅限制了证据的表现形式，而且使得证据必须归入相应的法定证据种类，犹如给证据贴上了标签，伴其始终。证据法定形式之规定有其内在局限性，并且给刑事司法实践造成了不必要的困扰。

2. 证人负有作证的义务与证人享有不得强迫自证其罪的权利

刑事诉讼是在案件事实发生后依据证据对案件事实做回溯性认识的活动。而证人了解相关案件事实，所以证人就此所作之陈述成为国家专门机关查明案件事实的重要来源。如若证人将其所了解的相关案件事实陈述给其他人，而由其他人向国家专门机关转述这些案件事实，那么这就属于传闻证据。在美国证据法中，传闻证据原

① ［德］罗科信：《刑事诉讼法》，吴丽琪译，法律出版社2003年版，第226页。

则上不具有可采性。[①] 在刑事诉讼中证人不可替代，证人证言更不可或缺。“如果没有与真实相一致的司法事实认定，那么公民就会对司法程序的公正性和可靠的司法裁判以及有效的纠纷解决丧失信心。”[②] 此外，由于犯罪行为侵犯或威胁法益，而法益实乃为法律所保护的个人利益以及建立在个人利益基础之上的社会利益和国家利益，所以证人作证在遵从内心良知、守卫社会公正最后防线的同时，其作为社会成员之一，也从法益保护过程中受益。“所有人皆应当作证是一个普遍性的规则，虽然我无法从任何书本中找到该规则，但它早已由上帝写在每个人的心中。”[③] 证人作证义务是证人对于国家的一项重要义务，而国家通常可以强迫证人作证，这已经为世界各国法律所普遍规定。除非证人能够提出法定的正当理由，否则证人不能拒绝作证。对于无法定正当理由而拒不作证的证人，法律将给予其一定的惩戒。

如若证人陈述相关案件事实将会使自己暴露于被追究刑事责任的现实风险之中，那么这构成了证人拒绝作证的法定正当理由。换言之，证人所享有的不得强迫自证其罪的权利，一方面使得国家专门机关不能采用违背证人内心真实意愿的方式强迫其作证，另一方面使得证人有权拒绝作证。具体到适用污点证人制度的刑事案件中，虽然污点证人了解相关案件事实或者能够提供犯罪侦查线索等，但是污点证人如实陈述相关案件事实将使其自己涉嫌的犯罪行为暴露出来，并为此承担否定性法律后果。因而污点证人才主张不

---

① 《联邦证据规则》规则 801（c）：传闻是指这样的陈述：（1）该陈述并非陈述人在当前审判或者听证作证时作出的；并且（2）当事人将其作为证据提出，用以证明该陈述所主张事项之真实性。规则 802：传闻不可采，除非下列法律或者规则另有规定：联邦制定法；本证据规则；或者最高法院制定的其他规则。王进喜：《美国〈联邦证据规则〉（2011 年重塑版）条解》，中国法制出版社 2012 年版，第 238、253 页。

② ［美］罗伯特·萨摩尔、阿西尔·莫兹：《事实真实、法律真实与历史真实：事实、法律和历史》，徐卉译，载王敏远：《公法（第四卷）》，法律出版社 2003 年版，第 133 页。

③ *United States v. Nixon*, 418 U.S. 683 (1974).

得强迫自证其罪的权利，拒绝作证或提供案件相关信息等。

不得强迫自证其罪特免权的确立，有助于保障公民权利并规制国家权力。在现代刑事诉讼程序中，对犯罪的追诉权由国家行使甚至由国家垄断。国家权力积极主导刑事追诉活动之进行，为国家权力影响或干预公民的合法权利提供了可乘之机。尤其是在预防犯罪（包括特殊预防和一般预防，特殊预防是指预防被追诉人重新犯罪，一般预防是指预防尚未犯罪的人实施犯罪①）、维护公共利益的神圣目的下，国家权力呈扩张之势，并有肆意之嫌。公民所享有的合法权利可能受到国家权力以追诉犯罪为名的侵害。对于污点证人而言，由于其所陈述的相关案件事实对于追诉机关维护公共利益至关重要且必不可少，所以过去的刑事司法实践经验表明，公民权利时常难以抵挡国家权力之恣意。实际上，污点证人制度在满足刑事司法实践现实需要的同时，更为强调对防止权力滥用的现代法治精神的追求。而且，正是基于污点证人制度能够等效保障公民所享有的不得强迫自证其罪权利，所以污点证人制度才得以确立。污点证人中证人概念是建立在法律赋予公民享有不被强迫自证其罪的权利基础之上的，无此法律基础就谈不上“污点证人”或“污点证人制度”。正因为如此，污点证人制度才是一项体现无罪推定原则，并维护公民人权的重要制度。

3. 利益衡量与污点证人作为被追诉人地位的中断

虽然追诉机关尚未查明被追诉人的犯罪事实，但是犯罪事实确已发生。在通常情况下，追诉机关应当继续查明案件事实，充分收集犯罪证据并准确缉获全部的被追诉人。追诉机关应当将污点证人作为被追诉人来对待。然而，随着犯罪手段的发展，具体表现为被追诉人犯罪能力和犯罪条件等多个方面的提高。这使得追诉机关侦破刑事案件的难度与以往相比明显增加。而且，犯罪的样态也发生了显著的变化。有组织犯罪、毒品犯罪、经济犯罪等犯罪案件在刑

① 张明楷：《刑法学》，法律出版社 2011 年版，第 459~462 页。

事案件中所占比重越来越大。追诉机关在调查取证、将被追诉人缉捕归案的过程中愈发感到困难。更为重要的是，刑事案件数量一直处于持续增长的趋势。这已经成为追诉机关难以承受之重负。因此，追诉机关的追诉活动可能陷入停滞状态或僵局之中。由于刑事诉讼以公正为首要价值和最终目标，刑事诉讼活动应当最大限度地保障并实现公正，所以国家专门机关应当坚持实体公正与程序公正并重，在惩罚犯罪的同时注重保障人权。① 污点证人主张法律所赋予任何公民的不得强迫自证其罪的权利，拒绝陈述相关案件事实或提供犯罪侦查线索。而追诉机关为了维护公共利益，如准确查明犯罪行为更为严重的被追诉人的案件事实、减轻甚至避免犯罪危害结果之发生等，又亟须了解这些案件事实或侦查线索。污点证人所陈述的相关案件事实等，可能在很大程度上决定着刑事诉讼的最终结果，从而直接影响着国家惩罚犯罪和维护社会秩序稳定的实际能力。此时，程序公正与实体公正将不可避免地发生矛盾。追诉机关应当根据现已查明的部分案件事实和收集的相关证据等从多个方面进行利益衡量。例如，该人是否真正了解相关案件事实或者能够提供侦查线索，其所了解的案件事实或提供的侦查线索是否使得追诉机关必须施以污点证人制度，等等。利益衡量的结果并无定数。正如英国学者戴维·米勒所言："在有些情形中，程序正义和结果正义是冲突的，至于那时会产生什么结果，就是一个判断问题。但并没有什么理由非得在两种公平之间制造出孤注一掷的选择。"② 如果追诉机关过于强调惩罚犯罪，实现实体公正，否定公民所享有的不得强迫自证其罪的权利，那么这不仅不符合诉讼规律，而且与诉讼文明、人权保障的时代发展潮流相悖。可见，利益衡量并不是静态地、机械地衡量，而是动态地、辩证地衡量，应当从刑事司法实

① 陈光中：《中国司法制度的基础理论问题研究》，经济科学出版社 2010 年版，第 376~422 页。

② ［英］戴维·米勒：《社会正义原则》，应奇译，江苏人民出版社 2005 年版，第 140 页。

践的具体情况出发对其进行衡量。追诉机关经过利益衡量后依法适用污点证人制度。追诉机关要求被追诉人（污点证人）如实陈述相关案件事实，将被追诉人作为证人来对待。可以说，这是污点证人作为被追诉人地位的中断，即法律赋予其证人的诉讼地位，享有证人的诉讼权利并履行证人的诉讼义务。证人拒不陈述或者虚假陈述等将承担不利的法律后果。根据美国证人豁免制度之规定，污点证人在陈述相关案件事实以后，仍有可能被追究刑事责任。追诉机关可以提出与污点证人所陈述的相关案件事实无关的其他证据来追究其刑事责任。此时，污点证人恢复被追诉人的诉讼地位。

总之，污点证人是一种特殊的证人，是追诉机关在经过利益衡量后，为了实现惩罚犯罪的更大利益，对其涉及本人犯罪事实的陈述等不得在刑事诉讼中作为对其不利的证据，或者不再追究其相关犯罪行为的刑事责任等，以换取其不再主张不得强迫自证其罪权利而对他人的犯罪事实予以（出庭）作证的证人。

（二）污点证人的基础性概念：污点

根据经验与常识，所谓污点，是指客观物质所呈现之污迹，或者主观精神所受到之不名誉、贬损等。在刑事诉讼语境下，“污点证人”中的“污点”实乃被追诉人对其犯罪事实所承担的不利法律后果在其身份和地位上之特殊表现，以及对国家专门机关所产生之一定影响。在刑事司法实践中，追诉机关通常能够准确查明案件事实、充分收集犯罪证据并缉获全部的被追诉人。只有在少数情况下，被追诉人明确主张不得强迫自证其罪的权利，或者以其他方式表达同等主张，拒绝陈述相关案件事实或者保持沉默，而追诉机关为了维护公共利益亟须查明这些案件情况。追诉机关经过利益衡量后适用污点证人制度。被追诉人的犯罪行为便被法律视作污点，并在国家专门机关和被追诉人之间产生一定的法律约束力。被追诉人不再主张不得强迫自证其罪的权利，而作为污点证人向国家专门机关如实陈述相关案件事实。追诉机关应当给予污点证人等效保障，不得使用污点证人陈述及以此所收集的犯罪证据作为追究污点证人刑事责任的证据，或者不再追究其相关犯罪行为的刑事责任等。

1. 污点的本质：犯罪行为

“污点”并不是普遍的、抽象的概念，而是特殊的、具体的概念。污点的本质为客观存在的、社会予以否定评价的犯罪行为。污点是行为质（法益侵害性）和行为量（可责难性）的统一，再经过刑事违法性的确认最终产生。对于污点，可以从以下几个方面来理解：①

首先，污点具有法益侵害性。法益即为法所保护的客观上可能受到侵害或威胁的人的利益。法益关乎利益。这正是污点证人制度中追诉机关进行利益衡量的前提。“说法是利益的规律，和说法是正义的规律，不相抵触。利益是法所规律的目的，而正义则是法所规律的最高标准。”② 法益可以分为国家法益、社会法益和个人法益。法益侵害包括两种情形：侵害与威胁。侵害是指行为对法益造成现实损害，如盗窃他人财物，数额较大，造成他人财产法益的侵害。而威胁是指行为具有侵害法益之可能，也就是说，尽管行为并未造成实际损害，但使得法益陷于受到损害的现实危险中。例如，放火行为，损坏交通工具行为，盗窃枪支、弹药行为等，皆可能属于污点的范畴。由于污点始于法益损害行为之发生，所以仅违反伦理道德的行为不构成污点，而实施或参与有处分权的自我损害行为也无法构成污点。

其次，污点具有刑事违法性。法益侵害行为还应当符合刑法的

---

① 美国犯罪论体系分为实体意义上的犯罪要件和诉讼意义上的犯罪要件。前者是指犯罪行为和犯罪意图（具体包括蓄意、明知、轻率、疏忽），这种要件包含在犯罪定义之中。后者表现为合法抗辩事由，是长期司法实践中通过对刑事诉讼中的辩护理由加以理性总结形成的，如未成年、错误、精神病、醉态、胁迫、圈套、安乐死、正当防卫和紧急避险等。美国犯罪论体系具有双层次的特点。（参见陈兴良：《规范刑法学》，中国人民大学出版社 2013 年版，第 108~109 页。）正如本文开篇所言，本文以构建中国的污点证人制度为出发点，所以本文以中国犯罪论体系为分析范式来阐明污点的内涵。

② ［日］美浓部达吉：《法之本质》，林纪东译，台北商务印书馆 1993 年版，第 43 页。

规定，换言之，该行为只有触犯刑律，才能构成污点。没有刑事违法，就没有污点。例如，我国《治安管理处罚法》第 32 条规定："非法携带枪支、弹药或者弩、匕首等国家规定的管制器具的，处五日以下拘留，可以并处五百元以下罚款；情节较轻的，处警告或者二百元以下罚款。非法携带枪支、弹药或者弩、匕首等国家规定的管制器具进入公共场所或者公共交通工具的，处五日以上十日以下拘留，可以并处五百元以下罚款。"我国《刑法》第 128 条规定："违反枪支管理规定，非法持有、私藏枪支、弹药的，处三年以下有期徒刑、拘役或者管制；情节严重的，处三年以上七年以下有期徒刑。"显而易见，并不是任何携带枪支的行为都具有刑事违法性，都能成为污点。再如，合同当事人无合法事由拒不履行或部分履行合同义务的行为，非法侵犯他人民事权利的行为等民事违法行为，无论行为在表现形式上为作为还是不作为，都不属于污点的范畴。

最后，污点具有可责难性。侵害法益并符合刑法规定之行为，仍有可能不构成污点。只有行为结果可能归责于行为人，行为人可能对其行为承担不利法律后果时，才能认定该行为构成污点。可责难性表现为国家可能苛责侵害法益并违反刑法规定的行为。如若某行为不应责难，那么这意味着该行为不成为污点。例如，行为过程中影响行为法益侵害性的各种情况显著轻微，则不应将其作为污点。在刑事诉讼领域，可责难性使得公民对其行为有了一定的预测可能性。正因为如此，被追诉人才会在刑事诉讼过程中主张不得强迫自证其罪的权利，拒绝向国家专门机关陈述相关案件事实。

污点作为犯罪事实的承载和延续，其在污点证人身份和地位上的表现属于法律对污点证人犯罪事实的否定性评价。而这仅仅可以视作污点的部分效力。事实上，污点的效力主要在于督促国家专门机关对污点证人不再主张不得强迫自证其罪权利进行等效保障，规制国家权力，避免国家权力之肆意。污点证人作证在有利于办案人员维护公共利益的同时，也对个人利益造成了严重的负面影响。污点更为强调对该负面影响的消弭。正是基于对被追诉人权利保障之考虑，才将其称为污点证人制度，而非“可靠的被追诉人制度”。

2. 污点证人的犯罪事实与其他被追诉人的犯罪事实存在实质性联系

随着刑事诉讼程序的启动，办案人员通过专门的侦查措施和调查手段等，可能收集到一些实物证据和言词证据。办案人员对这些证据进行分析与评判，形成对案件事实的初步认识。这里的案件事实包括以下几种情况：仅其他被追诉人的犯罪事实；其他被追诉人的犯罪事实和污点证人的犯罪事实；其他被追诉人和污点证人的犯罪事实；仅污点证人的犯罪事实。由于污点证人同时具有被追诉者和相关案件事实提供者的双重诉讼角色，所以污点证人可能提供的案件事实或信息包含着较为丰富的内容，不仅可能涉及污点证人本人的犯罪目的和动机、犯罪心态、犯罪过程、犯罪结果等，甚至污点证人所提供的案件事实包括其全部犯罪构成要件事实，而且涉及其他被追诉人的案件事实或侦查线索等。也就是说，污点证人的案件事实与其他被追诉人的案件事实等存在实质性联系，当污点证人陈述其所了解的其他被追诉人的案件事实时，必然会引出或提及其本人的案件事实。为了维护公共利益而试图通过污点证人查明相关案件事实的追诉机关，肯定会发现乃至以此查明污点证人的案件事实。基于此，污点证人才主张不得强迫自证其罪的权利，拒绝陈述相关案件事实或保持沉默。如若被追诉人犯有甲案，但根本无涉于追诉机关所欲查明之乙案，那么被追诉人应当就其所了解的乙案事实向国家专门机关陈述，而无法成为污点证人。污点证人的犯罪事实和其他被追诉人的犯罪事实所存在的实质性联系表现为多种情形：其一，污点证人和其他被追诉人共同犯罪，如污点证人向其他被追诉人行贿数额巨大；其二，污点证人的犯罪事实与其他被追诉人的犯罪事实直接相关，如污点证人和其他被追诉人并非盗窃共犯，但污点证人明知为盗窃财物而为其他被追诉人销赃；等等。需要注意的是，其他被追诉人的犯罪行为和污点证人的犯罪行为均可能处于犯罪的特殊形态，而未达到既遂状态。[①] 不过，无论是污点证人的犯罪事实还是其他被追诉人的犯罪事实，追诉机关均未查明，案件事实不清，犯罪证据不足，被追诉人可能逃逸或隐匿而不知所踪等，因而将其称为对案件事实的初步认识。

追诉机关根据现已收集的犯罪证据和查明的案件事实认为，被追诉人（污点证人）可能了解相关案件事实或者可能提供侦查线索等。由于被追诉人（污点证人）陈述相关案件事实等可能受到与其犯罪行为相适应的刑罚的惩处，所以被追诉人（污点证人）通常会主张不得强迫自证其罪的权利，拒绝供述案件事实或者保持沉默。如若追诉机关经利益衡量后认为污点证人陈述内容对于公共利益之维护必不可少，并且当前仅能以此途径来公正、有效地保障公共利益，那么国家专门机关便依法适用污点证人制度，命令污点证人不再主张不得强迫自证其罪的权利而必须作证或者提供案件相关信息。当被追诉人将其所了解的相关案件事实向国家专门机关作出陈述时，不利法律后果也就反映在其身份和地位上。污点使得污点证人有别于一般证人，也使得国家专门机关担负相应的职责，即追诉机关不得将通过污点证人陈述所收集的犯罪证据作为追究污点证人刑事责任的控方证据，或者不再追究其相关犯罪行为的刑事责任。

总而言之，“概念乃是解决法律问题所必需的和必不可少的工具，没有限定严格的专门概念，我们便不能清楚地和理性地思考法律问题”。[②] 笔者认为，对污点证人的概念进行界定需要同时考虑以下两个方面的内容：一是被追诉人（污点证人）明确主张不得

---

① “有的人为了犯罪，准备工具、制造条件，但由于意志以外的原因未能着手实行犯罪；有的人已经着手实行犯罪，但由于意志以外的原因而未得逞；有的人在犯罪过程中自动放弃犯罪或者自动有效地防止了犯罪结果发生；有的人着手实行犯罪后造成了犯罪结果。”参见我国《刑法》第22、23、24条。

② ［美］博登海默：《法理学：法律哲学与法律方法》，邓正来译，中国政法大学出版社1999年版，第486页。

强迫自证其罪权利，或者以其他方式表达同等主张；二是追诉机关为了维护公共利益。这里所说的公共利益主要表现为个人利益，以及建立在个人利益基础之上并且最终可以归于个人利益的社会利益和国家利益等。其实，污点证人制度正是保障公民个人权利与维护公共利益之间现实矛盾相妥协的实践自觉的结晶。结合上文对污点证人基础性概念“污点”和“证人”内涵的分析，本文试着对污点证人概念作出如下界定：污点证人是指因本人具有犯罪事实而明确主张不得强迫自证其罪权利，或者以其他方式表达同等主张，而追诉机关为了维护公共利益，依法要求其必须如实陈述相关案件事实，并给予其等效保障的诉讼参与人。所谓污点证人制度，是指追诉机关为了维护公共利益而依法要求具有犯罪事实，并明确主张不得强迫自证其罪权利或者以其他方式表达同等主张的污点证人，如实陈述相关案件事实包括他人的犯罪事实，而追诉机关对此应当给予该证人等效保障的制度。等效保障意味着对污点证人所享有的不得强迫自证其罪权利给予效力相当的保障。例如，在美国联邦层面和多数州中，等效保障意味着追诉机关不得在对污点证人所提起的刑事指控中，将污点证人所作证言或者所提供案件的相关信息，以及任何直接或间接收集于前述证言或者信息的证据用于对该证人不利的证据。又如，在加拿大《证据法》中，等效保障使得相关有罪证据不得在以后的任何其他程序中被用作对该污点证人不利的证据。①

三、污点证人制度与相关制度之辨析

（一）污点证人与被污染的证人

污点证人（immunized witnesses）与被污染的证人（tainted witnesses）差异明显。“《联邦证据规则》规则602和相应的州证据规则规定，证人必须依据亲身知识来作证。如果证人因其记忆改变或

---

① 何家弘：《证人制度研究》，人民法院出版社2004年版，第271页。

被操纵而无法依据其亲身知识来作证的话，那么称这些证人为被污染的证人（tainted witnesses）。被污染的证人在审判过程中不具有作证的资格。”[①] 例如，警方告知证人已经抓获了犯罪嫌疑人，这使得证人信心膨胀。又如，警方使用催眠术使证人回忆起犯罪时的场景。凡此种种，均可能使得证人回忆起来的案件事实与客观发生的案件事实产生偏差。这些做法都可能会污染证人的记忆，证人变得更加自信，而陪审团对证人证言也更有信心。然而，陪审团的信心缺乏客观的基础，这并不是建立在证人记忆的基础上，而是建立在影响证人记忆的警方活动的基础上。证人的记忆一旦被污染，证人就失去了作证的资格。被污染的（tainted）本质在于证人无法准确地向事实裁判者重现其所感知的案件事实，导致事实裁判者的判决基础偏离案件事实。

（二）污点证人制度与证据性特免权

证人豁免制度不同于证据性特免权。在美国特免权制度的范围相当广泛，包括宪法性特免权（如美国宪法第五修正案所规定的不得强迫自证其罪特免权）和证据性特免权（如律师委托人特免权、医患特免权等）。[②] 证据性特免权制度和证人豁免制度之间的差异主要表现在：其一，证据性特免权制度以失去证据的方式来保护法庭之外的特定关系和利益，而证人豁免制度以不得强迫自证其罪特免权为基础，旨在通过豁免证人来强迫其作证，以此准确查明案件事实等。其二，证据性特免权制度的理论基础主要包括功利主义观点和保护隐私权观点等，即承认特免权所带来的利益高于禁止使用相关证据的成本，以及特免权保护个人隐私，具有对案件事实认定过程的合法约束作用。反观证人豁免制度，证人豁免制度以法律实用主义、对抗制和利益衡量为基础，具体阐释可见第二章内

---

① Ashish Joshi, Lorandos Joshi. Taint Hearing: Scientific and Legal Underpinnings. http://international.westlaw.com, 2013 年 3 月 24 日访问。

② 吴丹红：《特免权制度研究》，北京大学出版社 2008 年版。

容。其三，证据性特免权制度中证人并不具有犯罪污点，而证人豁免制度中证人则具有犯罪污点。其四，证据性特免权制度中证人可以拒绝作证。如果预期的特免权受益者放弃特免权，那么证人则必须作证。证人豁免制度中追诉机关通过豁免证人来取得证人证言。污点证人不得以不得强迫自证其罪特免权来拒绝遵守豁免令。其五，证据性特免权制度的历史背景和现状与证人豁免的区别更是显著。

（三）污点证人制度与讯问诱供

污点证人制度不同于讯问诱供的主要原因在于：其一，在刑事诉讼中办案人员对案件事实的认识有时会受到种种主观和客观条件的限制，实践中确实有些案件事实无法查明。而污点证人制度以刑事诉讼活动难以准确、有效地查明案件事实为适用前提。例如，在有组织犯罪案件中，由于犯罪行为隐蔽化、科技化，犯罪组织隐秘化、裙带化等，所以有组织犯罪的侦查工作往往陷入僵局。对于有组织犯罪集团成员的犯罪事实或首要分子的犯罪事实等，侦查机关时常难以准确、及时查明。正是因为有组织犯罪的侦查工作遇到难以逾越之障碍，污点证人制度才具有了实践自觉性。侦查机关以污点证人所陈述的案件事实或者所提供的犯罪侦查线索等为侦破案件的着手点，抓获其他被追诉人，充分收集犯罪证据，并准确查明犯罪事实真相。其二，污点证人制度以尊重污点证人所享有的不得强迫自证其罪的权利为基础。在追诉机关适用污点证人制度以后，在对该污点证人提起的刑事诉讼中，污点证人所陈述的相关案件事实，以及由此所直接或间接收集的犯罪证据通常不得作为对被追诉人（污点证人）不利的证据，或者不再追究其相关犯罪行为的刑事责任等。污点证人制度的适用过程是公民权利与国家权力激烈对抗的过程。美国立法和司法实践构建和塑造出以维护司法公正、关怀处于弱势地位的证人并尊重其合法权利为内涵的证人豁免制度。这不仅推动了不得强迫自证其罪特免权的发展，而且有效地规范和约束了国家权力。污点证人制度是被理性发展的经验，同时也是被经验所验证的理性。污点证人制度的灵魂是对案件事实积极、理性地探求：该制度试图通过合理且严谨的制度设计来排除适用过程中的非理性因素，积极查明案件事实、充分收集犯罪证据并准确缉获其他被追诉人。在保障公民享有不得强迫自证其罪权利的同时，避免国家权力之肆意。其三，根据《美国法典》之规定，“证人不得以不得强迫自证其罪特免权来拒绝遵守豁免令……证人因伪证、虚假陈述或者未能遵守该命令而受到刑事追诉”。污点证人制度的适用具有一定的强制性。污点证人必须向办案人员如实陈述相关案件事实或者提供犯罪侦查线索等。由此可见，污点证人制度明显有别于讯问诱供。

（四）证人豁免制度与公共利益豁免制度

公共利益豁免（public interest immunity）起源于英国普通法，并且随着英国普通法的移植而适用于其他普通法管辖区域中的刑事或民事诉讼活动。公共利益豁免作为一项普通法规则，不仅保护内阁秘密，而且保护那些一旦披露将有损于公共利益的任何信息。由于公共利益至高无上，所以其应当比私权所要求出示或披露更为重要。基于该理念，公共利益豁免也就成为王室特免权（crown privilege）的重要表现形式之一。[1] 当前公共利益豁免已经为一些国家的立法所规定。公共利益豁免意味着，为了维护公共利益，了解或掌握国家秘密或公务秘密之人所处的免于披露相关秘密内容的法律地位。国家秘密或公务秘密等主要以军事、外交、国家安全等方面的秘密信息为主。由于秘密信息掌握者将其所了解的秘密信息予以公开或披露，必将有损于公共利益，所以秘密信息掌握者有权拒绝透露相关秘密信息等。

尽管公共利益豁免制度与证人豁免制度皆出于维护公共利益，两者均表现出对发现案件事实真相的活动进行限制和规范，但是公

---

① Christopher Berzins, *Crown Privilege: A Troubled Exclusionary Rule of Evidence*, 10 Queen's L. J. 135 (1984).

共利益豁免制度与证人豁免制度差异较为明显。第一，从起源上来看。公共利益豁免实乃英国普通法所规定之制度，距今已有两百多年历史。① 而证人豁免制度是现代意义上的不得强迫自证其罪特免权发展到一定历史阶段的必然产物。19 世纪中叶美国因偶然历史事件而颁行证人豁免制度。第二，从内容上而言，公共利益豁免旨在对披露或隐瞒相关秘密信息或秘密内容所造成公共利益之损害或维护进行平衡性检验后，法院裁定相关秘密信息或秘密内容不予披露或公开。也就是说，通过隐瞒相关秘密信息或秘密内容，限制查明案件事实真相的方式所维护的公共利益，与相反方式相比，何者更为合理。证人豁免制度以不得强迫自证其罪特免权为前提和基础，追诉机关为了准确查明案件事实真相，或者发现重要的犯罪侦查线索等，经利益衡量后依法迫使了解相关案件事实的证人作证或提供案件相关信息。第三，公共利益豁免与证人豁免的主体不同。公共利益豁免的主体知晓国家机密和国家安全信息，掌握政府文件、政府决策内容，了解与犯罪侦查和司法活动有关的事项等。公共利益豁免有助于避免掌握秘密信息的特殊身份者、特定职业者披露相关秘密信息，防止扰乱社会秩序、危及国家安全、造成国际局势动荡等。证人豁免的主体乃具有犯罪污点并且了解相关案件事实者。因为其具有犯罪污点，所以其主张不得强迫自证其罪的权利。由于其了解相关案件事实，因而其可以作证或提供案件相关信息。第四，就制度运行过程和结果而言，公共利益豁免的决定主体通常采取平衡性检验的方式，并需要考虑以下因素：“（1）决策的级别；（2）政策讨论的性质；（3）文件的特定内容；（4）有关文件或信息的公开时间；（5）案件的重要性；（6）提出有关证据来保证案件得到充分、公平指控的必要性；（7）有关主张是否涉及政

① Adrian Keane, *The Modern Law of Evidence*, Butterworth, 1996, p. 481.

府的不当行为；（8）保证仅仅披露与案件有关的特定事实的能力。”① 公共利益豁免的运行结果使得相关秘密信息免于披露，而掌握相关秘密信息的人员免于对此作证。在证人豁免过程中，检察机关需要对公共利益和个人利益进行利益衡量后，决定是否豁免该证人。被豁免证人在作证或提供案件相关信息后，其所陈述的相关案件事实，以及由此直接或间接所收集的其他证据不得在刑事诉讼中作为对其不利的证据。追诉机关仍可以其他证据追究被豁免证人的刑事责任。第五，公共利益豁免和证人豁免的适用领域有所差异。证人豁免制度主要适用于下列机构或者其附属机构所适用的程序：（1）美国联邦法院或者大陪审团；（2）美国联邦机构；（3）国会、两院的联合委员会、两院的委员会或者下属委员会。而公共利益豁免主要以在诉讼中向掌握秘密信息者主张披露相关秘密信息为主。由此可见，公共利益豁免制度本不同于证人豁免制度。

第二节　污点证人制度的法律意义

污点证人制度的法律意义是指污点证人制度对于诉讼主体所期待的满足，是诉讼主体在污点证人制度适用过程中所试图实现的并为法律文化所认可的正当观念形态，其外化为诉讼过程中的当然部分。过去不为美国司法实践所承认的污点证人制度到了 20 世纪中期被逐渐接受，先前仅有控方证人豁免到如今辩方证人豁免受到一定的认同。法律意义反映出刑事司法发展和进步的方向。我们需要关注污点证人制度背后的社会、历史和文化等因素，以此理解和掌握污点证人制度的法律意义及其赖以存在的制度环境。污点证人制度具有以下法律意义：

---

① *Carey v. Ontario*（1986），35 D.L.R.（4th）161 at 174（S.C.C.）. 转引自王进喜：《刑事证人证言论》，中国人民公安大学出版社 2002 年版，第 202 页。

首先，污点证人制度有助于准确查明案件事实、充分收集犯罪证据以及缉获重要的犯罪嫌疑人等。犯罪行为是有责任能力之人基于故意或者过失所为的侵害法益的行为。该行为违反刑法之规定，且无阻却违法的事由或原因，而必须接受法律的制裁。当犯罪行为发生后，警察机关和检察机关代表国家进行刑事诉讼，公正、有效地追诉犯罪、惩治犯罪，以此弥补被犯罪行为所侵害的法益并维护社会秩序之稳定。然而，在一些刑事案件中犯罪能力和犯罪技术等已经超过了追诉机关的追诉能力和追诉条件。这在给案件的侦破工作和有效追诉带来极大困扰的同时，也使得豁免证人以使其提供证言或者案件相关信息对于公共利益之维护具有了实质性的意义。美国联邦地区法院应联邦检察长的请求签署豁免令，以要求那些根据不得强迫自证其罪特免权而拒绝作证或提供其他信息的个人作证或者提供其他信息。豁免证人以使其如实作证是为了实现准确查明案件事实真相、充分收集犯罪证据和查获犯罪嫌疑人之目的。污点证人制度对于保障刑事诉讼活动的顺利进行作用显著。

其次，污点证人制度为公诉做准备，并为客观、公正地审判奠定基础，保证刑事诉讼的质量和效果。《美国法典》第 18 编 §6003 规定，在联邦大陪审团或者联邦法院所适用的程序或者附属程序中可以依法豁免证人。非经豁免，追诉机关无法收集对于公共利益而言可能是必需的证人证言，难以发现案件重要的犯罪证据，无从确定关键的犯罪嫌疑人，因而有可能放纵犯罪，使刑事诉讼活动失去意义。换言之，如若缺少污点证人制度，则侦查程序存在严重障碍，而起诉活动和审判工作将归于无效。污点证人制度能够为起诉和审判提供准确的案件事实和充分的证据准备。污点证人制度为起诉程序和审判程序奠定基础，并左右着刑事诉讼的进程和结果。

最后，污点证人制度能够保障证人和被追诉人的法律主体地位，规制国家权力并维护公民权利。传统上，被追诉人和证人一度被当作发现案件事实真相的有力工具，沦为诉讼的客体。对于被追诉人来说，其必须如实或者如追诉机关所愿来供述案件事实。如若被追诉人稍有违背，追诉人员则采取严刑逼供等措施，被追诉人的权利毫无保障。虽然不得强迫自证其罪特免权从美国宪法之规定发展成为美国司法实践中公民权利保障之基石已达一个半世纪，但在对正当程序之强调和对公民人权之保障等观念发展到如今之高度的情况下，美国仍然存在刑讯逼供问题，[①] 追诉机关仍有可能在强化审讯（enhanced interrogation）等侦讯过程中迷失自我，侵犯被追诉人的合法权利，由此造成的冤案时有发生。如在1993年美国伊利诺伊州高吉尔案中，在警方长达21个小时的马拉松式的讯问后，高吉尔最后的心理防线崩溃了，承认了莫须有的罪行。[②] 对于证人而言，其通常应当出庭作证，但是过去普遍存在证人因担心作证会使其和家人受到威胁等而拒绝作证或者作伪证的问题。追诉人员为了促使证人如实作证，采取各种手段和举措。其中部分方式超越了法律的界限而被法律所诟病。因此，以往在刑事诉讼过程中国家权力的运行与被追诉人和证人权利之保障不可避免地呈现出紧张关系。虽然现代刑事司法早已摒弃了将被追诉人和证人作为诉讼客体之理念，但是在司法实践中少数追诉人员仍然时不时地将被追诉人和证人当作发现案件事实的手段和工具，所以保障被追诉人和证人的法律主体地位仍然是污点证人制度的奋斗目标。无论证人是否被依法豁免，证人和其他公民都一样享有基本权利。为了保障处于弱势地位的证人，被豁免的证人在如实作证或者提供案件相关信息的同时，追诉机关应当给予其等效保障，即根据豁免令强迫证人作证的证言或者其他信息，不得在刑事案件中作为对该被豁免的证人不利的证据，但是证人因伪证、虚假陈述或者未能遵守该命令而受到

① 中华人民共和国国务院新闻办公室：《2012年美国的人权纪录》，人民出版社2013年版，第4页；樊崇义、胡志风：《美国通过可靠证据遏制刑事错案的机制考》，载《国家检察官学院学报》2015年第3期。

② 《口称人权“打造”冤案：美国警方刑讯逼供内幕》，载《北京青年报》2002年3月21日。

刑事追诉除外。污点证人制度对于证人诉讼主体地位的理性、妥当保障具有重要意义。

不得强迫自证其罪特免权作为污点证人制度的前提和基础，赋予公民对抗国家的权利和发表言论的自由。该特免权对追诉机关收集被追诉人口供和证人证言，以及法院审查这些言词证据提出了最基本的要求。对于追诉机关而言，不得使用违背被追诉人和证人内心真实意愿的方式强迫其自证其罪。对于法院来说，应当排除追诉机关通过强迫手段所收集的被追诉人和证人自证其罪的证据，不得将其作为定罪量刑之依据。而污点证人制度是在不得强迫自证其罪特免权的基础上对国家专门机关所进行的积极约束。刑事诉讼活动并非国家对犯罪人发动的一场不择手段的战争，国家权力必须在法律的疆界内行使。为了实现治罪之目的，并且为了保障公民所享有的不得强迫自证其罪的权利，在刑事诉讼中国家专门机关必须依法行使权力。证人豁免的过程是在尊重并维护公民不得强迫自证其罪权利的基础上，对国家权力进行合理约束的过程，而证人豁免的结果是在实现诉讼公正、效率等目标下，个人权利对国家权力予以让步的结果。

第一章 证人豁免制度的历史、现状与挑战

当前在美国联邦层面追诉机关适用证人豁免制度时，主要根据《美国法典》第 18 编 § 6002 豁免总则和 § 6003 法院和大陪审团程序之规定。具体而言，对于曾经或者可能被传唤作证或提供案件相关事实的任何个人而言，证人根据不得强迫自证其罪的权利已经拒绝或者很可能拒绝作证或者提供案件相关事实，而该证人所作证言或所提供的案件相关事实对于维护公共利益可能是必需的。经过依法豁免该证人以后，要求证人作证或者提供案件相关事实。证人不得以不得强迫自证其罪特免权来拒绝遵守豁免令。而根据豁免令强迫证人作证的证言或者其他信息（或直接或间接源于上述证言或其他事实的任何信息）不得在刑事诉讼中作为对证人不利的证据。证人因伪证、虚假陈述或者未能遵守该命令而被追究刑事责任除外。

证人豁免制度的关键之处主要有三：其一，证人豁免制度只能适用于受美国宪法第五修正案不得强迫自证其罪特免权所保障的证人。如若证人根据其他证据性特免权而拒绝作证，如律师委托人特免权等，则不属于被豁免证人的范畴。其二，被豁免证人的犯罪事实和追诉机关亟须查明的其他被追诉人的犯罪事实存在实质性联系。当证人向国家专门机关陈述其他被追诉人的犯罪事实时，必将供述出部分乃至全部本人的犯罪事实。证人无法获得与其他被追诉人的犯罪事实不具有实质性联系的其他犯罪事实的豁免。也就是说，证人豁免制度并非豁免该证人的所有犯罪事实。例如，被豁免证人曾实施多个犯罪事实，或者其将来再次实施被豁免之相同犯罪

事实，则其过去所为其他犯罪事实或将来再犯的犯罪事实，均不属于被豁免的范围。其三，证人豁免制度所给予证人的保障应当等效于不得强迫自证其罪特免权所提供的保障，否则证人豁免制度有违宪之嫌。证人豁免制度只适用于与证人所陈述相关案件事实有关的将来的刑事追诉，而不能撤销先前的刑事判决。证人豁免制度也无法保障证人因自证其罪之言词而承担民事之不利益或者其他非刑事之惩处。如若被豁免证人作伪证，那么追诉机关无法剥夺证人的豁免，而只能以伪证罪追究其刑事责任。

第一节 证人豁免制度的历史沿革

一、证人豁免制度的早期图景

19 世纪美国第一件涉及宪法第五修正案“任何人不得在任何刑事案件中被强迫自证其罪”的案件是 1807 年 *United States v. Burr*[①] 案。在该案中为了收集前任副总统 Aaron Burr 叛国行为的重要证据，美国总统赦免（pardon）了关键证人 Bollman 以获得其证言，但是 Bollman 拒绝接受总统的赦免。其律师认为，如果证人选择拒绝赦免，那么证人将处于未赦免证人之地位，并且根据任何人不得强迫自证其罪之规定而免于作证。主持该案审判的首席大法官马歇尔并不确定在这种情况之下是否应当适用任何人不得强迫自证其罪之规定。最终，马歇尔大法官要求 Bollman 在大陪审团面前作证，保留总统赦免效力问题以及在多大程度上能够强迫其作证问题于将来再作出判决。不过，联邦最高法院再也未就该案进行探讨。直到 1857 年首部《联邦豁免法》通过，美国国会才重拾对这些问题的讨论。

---

① 25 F. Cas. 55 (Cir. Ct. D. Va. 1807).

英国国会于1710年通过了首部豁免法案,[①] 该法案对英国海外殖民地产生了一定的影响。虽然美国并未继受该法案，但是该法案为1857年美国颁布首部《联邦豁免法》奠定了基础。[②] 1857年年初《纽约时报》华盛顿记者报道，美国众议院议员请他充当售卖选票活动的中间人。[③] 当该记者被众议院委员质询时，其根据不得强迫自证其罪特免权拒绝提供与他接触的议员姓名。为了解决该难题，国会便通过了《联邦豁免法》。该法规定："在国会两院及其委员会接受询问和作证之人，无论其作证是在本法颁布之前还是之后，不得因其在国会两院或者任何委员会作证相关的任何事实或行为而在任何法院被要求作有罪供述、判处刑罚或者被没收财产，并且证人在国会两院及其委员会所作之言词或者所提供之文件在任何法院均不具有证据能力。今后证人不得拒绝就其接受询问相关的任何事实或制作的任何文件而作证……"[④] 虽然《联邦豁免法》旨在强迫该记者作证，但是该法赋予所有在国会两院及其委员会作证之证人以全面性的豁免，保障证人不因作证而被追究刑事责任，例如，证人作证提及其曾经实施或者参与的犯罪活动，证人并不因此而受到刑事追诉。自从《联邦豁免法》颁行之后，证人有权拒绝作证的局面发生了明显的改观。尽管关键证人可能牵涉犯罪案件，但是当关键证人的证言对于准确查明案件事实真相具有非常重要的作用时，法律规定不再追究这些关键证人的刑事责任等。由于1857年《联邦豁免法》的适用范围非常宽泛并且缺少必要的程序性规则，所以证人豁免制度在美国刑事司法实践中的适用状况极其混乱。许多有罪之人以此来洗脱罪孽、逃避法律惩处。例如，当时

① 9 Anne, c. 19, s. 1-3 (1710)。该豁免法案实际上只针对赌博行为。输家可以起诉赢家以挽回损失，而赢家被迫回应输家的指控。在赢家退还输家所损失的钱款之后，赢家被无罪释放，免受刑罚、没收财产等惩处。

② *United States v. Dixon*, 25 Fed. Cas. 872, 873 (No. 14970) (C.C.D.C. 1830).

③ N. Y. Times, Jan. 6, 1857, p.1, col. 3.

④ 11 Stat. 156 (1857).

美国内政部有两位职员贪污了两百万美元的政府债券。然后他们在国会委员会作证时披露了自己的罪行。当追诉机关试图追究这两位职员的刑事责任时，法院却豁免了这两位职员并拒绝受理该案。①被豁免证人数量的大幅激增迫使美国国会必须严格限制 1857 年《联邦豁免法》的适用范围。

1862 年修订后的《联邦豁免法》规定，追诉机关不得将被追诉人或者证人在国会及其委员会上所作之证言用于对其不利之证据，但是追诉机关可以采用由该证言所收集的其他衍生性证据。②1862 年《联邦豁免法》的颁布推动了不得强迫自证其罪特免权的发展。③

1868 年一起偶然事件使得美国国会将证人豁免制度的适用范围从在国会及其委员会作证扩展到在司法程序中作证。当年美国政府在英国提起诉讼，试图获得已故联邦党人存在英国银行的特定资产。一位联邦政府职员以其作证将可能被没收财产为由而拒绝作证。为了获得该职员的证言，国会便通过了新的豁免法案。④ 从本质上而言，1868 年《联邦豁免法》与 1862 年《联邦豁免法》规定相仿，只是将证人豁免制度的适用范围扩展至司法程序，即当任何人在任何司法程序中被强迫回答任何可能自证其罪的问题时，其证言不得在以后的刑事审判中被用于对其不利的证据。⑤ 有联邦地区法院认为，1868 年《联邦豁免法》旨在增加美国政府在南北战争之后的税收。⑥ 1868 年《联邦豁免法》允许税收官员强迫可能的所得税逃税者提交个人纳税记录，并且通过民事诉讼来收取税款。

---

① See The Federal Witness Immunity Acts in Theory and in Practice: Treading the Constitutional Tightrope, 72 Yale L. J. 1572 (1963).

② 12 Stat. 333 (1862).

③ See Akihil Amar, Renee Lettow. *Fifth Amendment First Principles: The Self-Incrimination Clause*, 93 Mich. L. R. 913 (1995).

④ *United States v. McRae*, 3 L. R. 79 (Ch. 1867).

⑤ 15 Stat. 37 (1868).

⑥ *United States v. Hughes*, 26 F. Cas. 421, 423 (S.D.N.Y. 1875).

与此同时，避免追诉机关以税收欺诈来追究其刑事责任。

南北战争、战后重建以及联邦法律适用领域的扩大都使得美国宪法成为焦点。联邦法院越发注重对公民基本权利的保障，并将宪法作为保障公民基本权利的基石。而19世纪初联邦法院在面对类似案件时并未以宪法为导向，也未将宪法作为审查国会立法合宪与否的标准和依据。早期的《联邦豁免法》所规定的证人豁免制度类似于交易性豁免制度，追诉机关不得以证人证言来追究其刑事责任。之后颁行的《联邦豁免法》堪比使用豁免制度。虽然证人已经被豁免，追诉机关不得将其证言直接作为对其不利的证据，但是追诉机关却可以使用通过该证人证言所收集的其他证据来追究该证人的刑事责任。由此可见，一个半世纪以前美国《联邦豁免法》已经呈现出证人豁免制度的基本样态。与目前证人豁免制度的最大差别之处在于，法律并未对国家专门机关证人豁免权力和证人豁免程序作出严格的规制。在接下来的二十多年里，美国刑事司法实践中并未作出与证人豁免制度相关的具有重要影响力的判决。

二、证人豁免制度的发展时期

1892年联邦最高法院在*Counselman v. Hitchcock*[①]案中首次审理涉及《联邦豁免法》规定的案件。在大陪审团对违反《州际贸易法》中反歧视条款的被追诉人进行调查的过程中，证人Counselman主张享有不得强迫自证其罪特免权的保护，并且其还援引《联邦豁免法》之规定拒绝作证。法官根据1868年《联邦豁免法》之规定要求证人必须作证。可是，该证人仍然拒绝作证，结果以藐视法庭罪被判入狱。该案最终上诉到联邦最高法院。联邦最高法院认为，除非《联邦豁免法》所给予证人的保障能够等效于美国宪法第五修正案所提供之保护，否则《联邦豁免法》明显违宪。根据《联邦豁免法》之规定，追诉机关可以使用被豁免证人

① 142 U.S. 547 (1892).

的证言来收集其他证据，并以这些衍生性证据来追究该证人的刑事责任。《联邦豁免法》对证人的保障明显弱于宪法第五修正案。宪法第五修正案内容博大精深，《联邦豁免法》无法简单替代宪法第五修正案对公民的保障。因此，《联邦豁免法》违背了宪法第五修正案之规定而无效。联邦最高法院在判决中指出，如若豁免法案有效，其必须给予公民以绝对的豁免，避免其将来受到刑事追诉。这也就意味着，如果对证人豁免制度作出合理的规定，那么豁免法将符合美国宪法之规定。

美国国会对联邦最高法院的判决结果迅速作出反应。半个月以后参议员 Shelby Cullom 就提交了一份新的豁免法案。① 尽管该法案在初审时被否决，但是参议员 Cullom 以该法案在起草时已经遵照了 Counselman 案的判决结果来力荐该豁免法案。② 美国国会为了使《州际贸易法》得到顺利实施，在匆忙之中通过了这部新的《联邦豁免法》。③ 这部法律实际上是对 1857 年《联邦豁免法》中所规定的证人豁免制度进行了重构。该法规定："任何被强迫作证之证人，不得因为或者根据任何与其作证、提出证据、文件等相关的交易、情况或者事件而授以刑事追诉、刑罚以及被没收财产。" ④

1894 年 *Brown v. Walker*⑤ 案将 1893 年刚颁布的《联邦豁免法》的适用问题上诉到美国联邦最高法院。在该案中 Brown 在法官命令

---

① 联邦最高法院于 1892 年 1 月 11 日对 Counselman 案作出判决，而参议员 Cullom 于 1892 年 1 月 27 日提交新的豁免法案。

② See The Federal Witness Immunity Acts in Theory and in Practice: Treading the Constitutional Tightrope, 72 Yale L. J. 1573 (1963).

③ 参议员 Shelby Cullom 是 1887 年《州际贸易法》颁布的主要推动者。《州际贸易法》不仅对美国各州之间的铁路运输贸易产生了深远的影响，而且强化了联邦政府对各州的实际控制。根据《州际贸易法》而设置的州际贸易委员会（ICC）需要接受美国内政部的管控，因而在州际贸易委员会上作证或者根据《州际贸易法》而提起的诉讼中作证也属于《联邦豁免法》的适用范围。

④ 27 Stat. 443 (1893).

⑤ 161 U.S. 591, 605-606, (1896).

其作证前后均表示拒绝回答大陪审团向他提出的特定问题，因而法官判决 Brown 藐视法庭罪。Brown 不服该判决而上诉到联邦最高法院。Brown 认为美国宪法第五修正案绝对禁止强迫任何人自证其罪。追诉机关不得向证人简单保证其不受刑事追诉，就可以要求其作证并使其自我归罪。而且，美国宪法第五修正案的条文也并未规定给予证人以豁免性例外。联邦最高法院最终以五票比四票的微弱优势维持了 1893 年《联邦豁免法》的合宪性。该案的争议焦点主要在于宪法第五修正案不得强迫自证其罪特免权的保障范围问题。只有 1893 年《联邦豁免法》能够保障任何人不因作证而受到刑事追诉，它才是有效的。少数派大法官们认为，不得强迫自证其罪特免权表明公民享有保持沉默的绝对权利，公民的名誉也受到该特免权的保障。而多数派大法官们认为，宪法规定不得强迫自证其罪特免权的目的并不在于维护证人的良好品性，而在于保护证人免受强迫提供使其受到刑事追诉的证据。如果证人被依法豁免，那么证人名誉可能遭受的贬损就会成为证人为维护公共利益所应当承担的合理代价。联邦最高法院判决结果中那关键的一票可能并未完全出于对宪法第五修正案的理解，而只是当时的一种权宜之策。如果证人享有免于作证的自由，那么证言的缺失将导致违法行为被掩盖，案件事实难以查清，严重影响司法公正的实现，并且造成《州际贸易法》以及其他类似法律被搁置的局面。

1903 年美国国会通过了三部与《联邦豁免法》相关的法案。其中最重要的一部法案规定，根据《反托拉斯法》提起的所有诉讼，可以通过豁免证人使其作证。[①] 联邦最高法院在 *Hale v. Henkel*[②] 案中对该法案的合宪性作出判决。在该案中一名证人主张该法案违宪而拒绝在大陪审团调查中作证。联邦最高法院在一定程度上根据 *Brown v. Walker* 案作出判决，并且再次指出该判决只是

① 32 Stat. 904 (1903), 15 U.S.C. § 32, 49 U.S.C. § 47 (1958).

② 201 U.S. 43 (1906).

一种权宜方法。“作为《谢尔曼反托拉斯法》[①] 所反对的垄断组织或者阴谋集团，其通常只能根据当事人（包括其本人、代理人或者员工等）的证言才能证明。假如证人援引不得强迫自证其罪特免权，这实际上会使得国会通过的整部法案无效。如果司法权关闭了获得这些信息的所有通道，那么立法机关又该凭借什么才能宣布这些垄断组织违法呢?”

在联邦最高法院对《联邦豁免法》的合宪性予以认可之后，《联邦豁免法》在适用过程中却略显混乱。在 *United States v. Armour & Co.*[②]案中，联邦最高法院对无正当理由且不必要地给予证人豁免问题作出裁判。一位公司重要职员在与公司员工的非正式会谈中提及公司的业务活动以及垄断行为。之后该重要职员被给予豁免。当追究公司员工的刑事责任时，这些员工主张因其参与了该会谈而也应当被豁免。法院判决，虽然这些员工既未被传唤也未经宣誓，但是仍应当给予其豁免。美国国会对该判决结果迅速作出反应，在新的法案中规定豁免仅限于自然人，并且仅适用于其被传唤以及宣誓后作证或者提供证据。[③]

由于当时联邦最高法院并未将美国宪法第五修正案适用于各州，而且过去联邦最高法院的判决也只关乎《联邦豁免法》在具体适用过程中所生成的困惑，所以在 *Brown v. Walker* 案判决之后美国许多州陆续通过了本州的豁免法，即在符合本州宪法规定的同时取得被豁免证人的证言。此外，自 *Brown v. Walker* 案之后的五十年间里，《联邦豁免法》对农业、金融、通信、劳工等领域产生了重

① 《谢尔曼反托拉斯法》，美国联邦的反托拉斯法，要求美国联邦政府有责任去调查并且起诉有托拉斯行为的公司与组织。http://zh.wikipedia.org/wiki，2014 年 2 月 5 日访问。

② 142 Fed. 808 (D.N.D. I11. 1906).

③ 4 Stat. 798 (1906), 15 U.S.C. §33, 49 U.S.C. § 48 (1958).

要的影响，几乎所有重要的监管法规中都包括了豁免规定。[①]

三、证人豁免制度的巩固时期

20 世纪中叶，美国有组织犯罪类型不断增加，有组织犯罪地域范围不断扩大，有组织犯罪活动日益猖獗，对美国社会生活、社会秩序和经济发展等造成了严重的威胁和挑战。美国加州刑法典规定："有组织犯罪就是二人或二人以上在长期目标的基础上从事一种或多种如下行为：（1）提供非法物品或服务，如放高利贷等；（2）掠夺性犯罪，如盗窃、伤害等。有组织犯罪包括敲诈集团、盗窃集团、恐怖组织犯罪，但不包括邪教组织犯罪。"[②] 1950 年由埃斯蒂斯·凯弗维尔（Estes Kefauver）所领导的美国参议院委员会对美国有组织犯罪问题进行调查。[③] 这标志着美国强化了对有组织犯罪进行惩治。该委员会不仅揭露了当时美国刑事司法实践中所普遍存在的司法腐败、司法人员渎职和司法效率低下等诸多问题，而且从国家层面宣示了打击有组织犯罪的必要性和紧迫性。由于绝大多数证人都会援引美国宪法第五修正案不得强迫自证其罪特免权的规定而拒绝在国会委员会作证，所以该调查迫使美国国会再次对证人豁免制度的立法情况进行了审慎的考量。美国国会甚至有提案建议这些委员会享有豁免权。[④] 美国司法部提出一个证人豁免立法议案，该议案将证人豁免制度适用于所有司法程序，并且要求国会委员会在给予证人豁免之前应当获得美国总检察长（司法部部长）

---

① See The Federal Witness Immunity Acts in Theory and in Practice: Treading the Constitutional Tightrope, 72 Yale L. J. 1576 (1963).

② 马克昌：《有组织犯罪》，载《法学论坛》2004 年第 5 期。

③ 该委员会在美国十四个城市举行听证会，并询问了六百多位证人，其中许多证人都是备受瞩目的犯罪头目。一些政客由于出席听证会而葬送了自己的政治前途，如新泽西州州长和纽约市市长等人。由于该听证会进行电视直播，所以使得凯弗维尔家喻户晓，并且使得许多美国公民了解了犯罪组织的概念。http://en.wikipedia.org/wiki/Estes_Kefauver，2014 年 2 月 5 日访问。

④ 99 Cong. Rec. 4578-79 (1953).

的批准。[①] 由于国会委员会可能会豁免追诉机关试图追究其刑事责任的证人，以及如此大规模地行使豁免权可能会颠覆美国宪法第五修正案在国家和公民个人之间的平衡状态，所以引发美国国会对豁免权扩张可能产生负面结果的担忧。在经过激烈的争辩之后，美国国会最终通过法案，授予国会委员会对与国内安全有关的情况享有豁免权以强迫证人作证，并且正如美国司法部所愿，豁免须经总检察长（司法部部长）批准。[②]

美国联邦最高法院于 1956 年 *Ulmann v. United States*[③] 案中支持 1954 年《联邦豁免法》的合宪性。在该案中 Ulmann 在被迫回答了与其党员身份有关的自证其罪的问题之后，不仅丢了工作，被工会开除，而且无法申请护照，甚至不能进行选民登记。Ulmann 援引美国宪法第五修正案的历史指出，不得强迫自证其罪特免权最初用于保护政治和宗教异己，之后才延展到保障犯罪嫌疑人、被告人的合法权益与限制国家权力。尽管宪法第五修正案使其免受刑事追诉，但是宪法第五修正案并未给其带来其他方面的保障。联邦最高法院最终判决，不得强迫自证其罪特免权保障其不受到与犯罪行为相关的刑罚。至于无法申请护照等是否构成刑罚，Ulmann 可以对此提起诉讼。因此，联邦豁免法能够作为不得强迫自证其罪特免权的等效保障。

由于有些州的豁免法规定了交易性豁免，有些州的豁免法中采纳了使用豁免，有些州制定了准使用豁免，还有一些州根本就没规定证人豁免制度，所以是否追究那些被迫自证其罪证人的刑事责任在很大程度上取决于审理该案的法院的所属地，例如，是联邦法院

---

① See Brownell, Immunity From Prosecution Versus Privilege Against Self - Incrimination, 28 Tul. L. Rev. 1 (1953).

② 62 Stat. 833 (1948), 18 U.S.C. §3486 (1958). See The Federal Witness Immunity Acts in Theory and in Practice: Treading the Constitutional Tightrope, 72 Yale L. J. 1577 (1963).

③ 350 U.S. 422 (1956).

还是地方法院，是加州法院还是纽约州法院。对于那些跨州实施犯罪的刑事案件，情况更为复杂，而判决结果也更为多样。因此，联邦最高法院于 1964 年在 *Malloy v. Hogan*[①] 案和 *Murphy v. Waterfront Commission*[②] 案中对上述问题作出了判决。在 *Malloy v. Hogan* 案中联邦最高法院判决，根据美国宪法第十四修正案之规定，美国宪法第五修正案所规定的不得强迫自证其罪特免权适用于各州。而在 *Murphy v. Waterfront Commission* 案中，联邦最高法院判决，“联邦检察官豁免证人之后并不排除以后州检察官对该证人提起诉讼，反之亦然。一州所给予之使用豁免对其他任何州均有约束力。美国宪法第五修正案保障联邦证人和州证人无论根据联邦法律还是州法律都不得强迫其自证其罪”。例如，马萨诸塞州追诉机关在一起毒品交易案件中为了迫使证人作证而给予该证人交易性豁免，之后联邦追诉机关有权决定是否对该证人提起刑事诉讼。在 *Murphy* 案中联邦最高法院还对交易性豁免和使用豁免作出规定。使用豁免的保障范围小于交易性豁免的主要原因在于，追诉机关可以使用独立于其证言的其他证据来追究与其证言相关的犯罪行为的刑事责任。大法官怀特和斯图尔特认为：“美国宪法并未规定，豁免能够免除所有与证言相关的诉讼。追诉机关为了取得证人证言而将其豁免之后，可以根据未被污染的证据来对其提起诉讼。追诉机关不得使用该证言或者从该证言中所收集到的其他证据。”

几年以后所有联邦豁免法规被整合编入更为综合性的《美国法典》第 18 编之中，其适用范围也有所扩大，包括法庭和大陪审团程序、特定行政性听证和国会听证[③]。其中，§6002 豁免总则规定：“无论何时证人在下列机构或者其附属机构所适用的程序中，根据不得强迫自证其罪特免权拒绝作证或提供其他信息：（1）美

① 378 U.S. 1 (1964).

② 378 U.S. 52(1964).

③ 18 U.S.C. §6001, 6002, 6003, 6004, 6005. http://www.gpo.gov/fdsys, 2014 年 1 月 26 日访问。

国联邦法院或者大陪审团；（2）美国联邦机构；（3）国会、两院的联合委员会、两院的委员会或者下属委员会。并且程序主持者告知证人已根据本规则签署命令，证人不得以不得强迫自证其罪特免权来拒绝遵守该命令，但是根据该命令强迫证人作证的证言或者其他信息（或者直接或间接源于上述证言或其他信息的任何信息）不得在刑事案件中作为对证人不利的证据，证人因伪证、虚假陈述或者未能遵守该命令而受到刑事追诉除外。”§6003 法院和大陪审团程序规定：“对于在联邦法院或者联邦大陪审团所适用的程序或者附属程序中，曾经或者可能被传唤作证或提供其他信息的任何个人而言，在该程序正在进行或者可能进行的司法辖区中的美国联邦地区法院应当根据本节（b）款之规定，应该地区联邦检察长的请求签署一项命令，该命令要求那些根据不得强迫自证其罪特免权而拒绝作证或提供其他信息的个人作证或者提供其他信息，该命令应符合本部分 6002 节之规定才得以生效。（b）当联邦检察人员认为符合下列条件时，可以根据联邦总检察长、副总检察长、任何指定的总检察长助理的批准，要求签发本节（a）款规定之命令：（1）该人提供的证言或者其他信息对于公共利益可能是必需的；并且（2）该人根据不得强迫自证其罪特免权已经拒绝或者很可能拒绝作证或者提供其他信息。”

1970 年美国国会修订了《有组织犯罪控制法（*Organized Crime Control Act of* 1970）》。该法第 2 章中规定，联邦追诉机关有权豁免证人后要求证人出庭作证。然后，追诉机关可以根据非直接或间接从被豁免证人证言中所收集的犯罪证据，来追究证人证言中与犯罪有关之事实的刑事责任。也就是说，《有组织犯罪控制法》赞成使用豁免制度，并将证人豁免制度的适用范围扩大到所有联邦管辖的刑事案件。

1972 年美国联邦最高法院在 *Kastigar v. United States*[1] 案中对使

---

① 406 U.S. 441（1972）.

用豁免制度给予了肯定。由于 Kastigar 在被豁免之后拒绝作证，因此被判处藐视法庭罪。Kastigar 不服该判决而上诉，Kastigar 认为使用豁免并不符合宪法第五修正案不得强迫自证其罪特免权之规定。只有其被给予交易性豁免才能保障其合法权益并促使其作证。在该案中联邦最高法院判决："根据美国宪法第五修正案保障公民不得强迫自证其罪之原旨，允许追诉机关以豁免证人的刑事责任来换取证人作证。……使用豁免在任何司法辖区都能给予被豁免证人以充分的保障。使用豁免符合不得强迫自证其罪特免权之规定。这也符合刑事司法实践的需要。"为了强迫证人提供可能自证其罪的证言，追诉机关必须给予证人以豁免，不得在以后对该证人提起的刑事诉讼中使用其证言以及从该证言中所查获的其他证据。联邦最高法院认为："如果证人主张宪法第五修正案不得强迫自证其罪特免权，那么证人豁免将使得证人和追诉机关处于几乎相同的位置。这种豁免等效于不得强迫自证其罪特免权之保障并且足以代替该特免权。"联邦最高法院在该案中将这种豁免称为"使用及衍生性使用豁免（use and derivative use immunity）"，而美国学界往往称其为"使用及使用成果豁免（use plus use-fruits immunity）"。当前在美国司法实践中主要施行使用豁免制度。

美国法院最初带着一种厌恶的态度勉强接受证人豁免制度。然而，随着《有组织犯罪控制法》及作为其主要组成部分的《反勒索及受贿组织法》的颁布，美国法院、普通民众逐渐接受了证人豁免制度。《有组织犯罪控制法》被视为美国惩治有组织犯罪最为重要的法律，而证人豁免制度则在惩治有组织犯罪活动中发挥着关键性的作用。例如，美国联邦调查局在对黑手党博南诺家族、甘比诺家族、卢凯塞家族等有组织犯罪集团进行调查的过程中，正是由于证人豁免制度的确立和施行，罪行相对轻微的被追诉人作为控方证人指证有组织犯罪集团首要分子的罪行。一些犯罪集团首要分子不得不供认该犯罪集团所犯下的全部罪行。实际上，越来越多的刑事案件通过证人豁免制度加以解决。1963 年全年只有 12 位证人被给予交易性豁免[1]，十年之后被给予使用豁免的证人数已经激增至三千余人[2]。到了20世纪80年代，证人豁免制度已经成为联邦和各州办案人员查明案件事实、收集犯罪证据以及缉获犯罪嫌疑人的有力举措。90年代以来，恐怖犯罪改变了美国的国家安全状况和社会生活，反恐成为美国战略规划的第一要务。反恐行动在给美国人权保障造成前所未有压力的同时，也给证人豁免制度的适用提供了契机。证人豁免制度在一定程度上及时避免了恐怖犯罪案件的发生，也并未使用酷刑、超期羁押等明显与人权保障相悖之举措，证人豁免制度能够相对更为公正、有效地维护公共利益。

当前，在美国证人豁免实践中，检察人员、辩护律师抑或是证人的律师都已经意识到，证人豁免过程必须慎之又慎，否则可能满盘皆输。过去有办案人员无权豁免证人但仍试图豁免的情况；有证人不符合被豁免条件但仍被豁免的情况；甚至有办案人员在豁免证人之后反悔抵赖、离职或者不便于承认曾豁免该证人的情况等。如若证人相信检察人员将与之豁免而自愿作证，结果往往令其大失所望。证人在作证以后，追诉机关可能以其所作证言或所提供案件相关信息等追究其刑事责任。因此，在美国刑事司法实践中出现了证人在被追诉机关豁免之后，仍然主张自己享有不得强迫自证其罪特免权的局面。如果证人主张不得强迫自证其罪的权利，那么迫使证人作证的唯一方式便是来自法官的命令。如若证人放弃不得强迫自证其罪的权利，那么到头来被豁免的希望可能会落空。律师大多会告诫证人，在回答追诉人员可能使其自证其罪的问题之前，一定要主张美国宪法第五修正案所规定的不得强迫自证其罪的权利，并且绝不公开表达放弃任何权利。除非用传票或者其他方式迫使证人出席，否则律师绝不允许自己的委托人自愿出庭作证或者参与其他听

① See The Federal Witness Immunity Acts in Theory and in Practice: Treading the Constitutional Tightrope, 72 Yale L. J. 1568 (1963).

② Newsweek, Oct. 29 1973. P68.

证等，因为证人自愿出席可能作为其存在放弃不得强迫自证其罪特免权保护意图的证据。证人豁免源于检察人员利益衡量之结果，而非证人自由抉择的产物。证人豁免制度已经成为追诉机关和证人之间的一场博弈。如果证人已被依法豁免，那么其必须要出庭作证，否则其可能因藐视法庭而受到惩罚。

美国证人豁免制度重要事件年谱

1857 年《联邦豁免法》：犯罪事实完全豁免。

1862 年《联邦豁免法》：直接证据豁免。

1868 年《联邦豁免法》：证人豁免制度的适用范围扩展至司法程序。

1892 年 *Counselman v. Hitchcock* 案判决 1868 年《联邦豁免法》违宪而无效。

1893 年《联邦豁免法》。

1894 年 *Brown v. Walker* 案判决以后，美国许多州陆续通过了本州的豁免法。

1954 年《联邦豁免法》：豁免证人须经总检察长（司法部部长）批准。

1964 年通过 *Malloy v. Hogan* 案将联邦豁免法适用于各州。

1968 年所有联邦豁免法规编纂入《美国法典》第 18 编。

1970 年颁布的《有组织犯罪控制法》认可使用豁免制度，并将其适用范围扩大到所有联邦管辖的刑事案件。

1972 年美国联邦最高法院在 *Kastigar v. United States* 案中对使用豁免制度给予肯定。

第二节 证人豁免制度的现状

一、交易性豁免制度

交易性豁免（transactional immunity）亦即定罪豁免，是指对于被豁免证人所作证言或所提供案件相关信息中涉及的由被豁免证人所实施的与豁免存在实质性联系的犯罪事实，追诉机关不再追究其刑事责任。换言之，交易性豁免旨在保障被豁免证人免于因其向追诉机关陈述相关案件事实或提供犯罪侦查线索等而被追究刑事责任。例如，毒贩甲在与乙进行毒品交易时，听到乙说起其过去曾故意杀人的犯罪事实。尽管毒贩甲因贩卖毒品而存有犯罪事实，但是追诉机关为了准确查明乙的犯罪事实，充分收集乙蓄意杀人案的犯罪证据以及缉获被追诉人乙，不得不豁免毒贩甲以获得其证言。交易性豁免不仅当前阻却追诉机关对被豁免证人提起刑事诉讼，而且追诉机关将来也不得追究该证人的刑事责任。需要注意的是，交易性豁免并不意味着豁免证人过去所有尚未被追究刑事责任的犯罪事实。如若证人所作证言或所提供案件相关信息中披露的犯罪事实与追诉机关意欲查明的其他被追诉人的犯罪事实不存在实质性联系，那么被豁免证人就可能对这些犯罪事实承担否定性法律后果。例如，上述毒贩甲在被依法豁免以后，向追诉机关提及其过去曾盗窃他人巨额财物的犯罪事实，则其所供述的盗窃犯罪事实并不属于豁免范围。

美国各州有关证人豁免制度的立法不尽相同，但仅有少数州规定了交易性豁免制度，对被豁免证人所作证言或所提供的案件相关信息给予更为全面性的保障。《得克萨斯州刑法典》第 694 条规定：“任何人不得以其证言将使其自证其罪而免于对违反本章之规定者作证，但是被迫作证者不会因其证言所公开之行为而受到惩罚。”[①] 交易性豁免制度通常会作出例外性规定，如证人可能因伪证而被追究刑事责任，或者因拒绝作证而被判处藐视法庭罪。[②] 在美国联邦层面和多数州立法中认可使用豁免制度，赋予证人以相对的豁免。

二、使用豁免制度

使用豁免（use immunity），是指追诉机关不得在对被豁免证人所提起的刑事指控中，将被豁免证人所作证言或者所提供案件相关信息，以及任何直接或间接收集于前述证言或者信息的证据用于对该证人不利的证据。易言之，使用豁免旨在禁止追诉机关使用被豁免证人所作证言或者所提供案件相关信息，以及由此所收集的其他实物证据或者言词证据，用于指控该证人的控方证据，也就是证据豁免。例如，证人甲在被依法给予使用豁免以后，向办案人员作证，犯罪集团中有一名犯罪嫌疑人乙漏网，而犯罪嫌疑人乙过去曾实施抢劫案件。警察搜查了犯罪嫌疑人乙的住所，并当场抓获该犯罪嫌疑人。在对乙进行讯问之后，乙供述出被豁免证人甲曾经盗窃他人财物。检察机关不得在对被豁免证人甲所犯盗窃罪的诉讼活动中使用犯罪嫌疑人乙的证言。尽管使用豁免制度给予被豁免证人的保障最初备受质疑，但是美国联邦最高法院在判决中认定使用豁免制度符合宪法第五修正案之规定。正如前文证人豁免制度历史沿革中所言，1970 年美国国会通过的《有组织犯罪控制法》中采纳了使用豁免制度。该法明确规定使用豁免适用于联邦法院、大陪审团、行政听证和国会程序。这取代了之前立法中所规定的交易性豁免制度。尽管美国接受使用豁免制度的州立法规定略有差异，但是追诉机关不得直接或间接使用被豁免证人所陈述相关案件事实作为

---

① Penal Code of Texas. Sec. 694.

② Penal Code of California. Sec 1324, 1324.1.

对该证人不利的证据的本质并未改变。

与交易性豁免相比，使用豁免给予被豁免证人不再主张不得强迫自证其罪特免权的保障相对有限。被豁免证人在如实陈述相关案件事实以后，追诉机关仍然可能会追究被豁免证人证言中所涉及犯罪事实的刑事责任。因而在美国刑事司法实践中，少数追诉机关会要求被豁免证人以尽可能详细的方式作证或提供案件相关信息。然后以其证言来发现、收集其他证据，进而追究被豁免证人的刑事责任。使用豁免制度已经成为这些追诉机关查明案件事实的“捷径”。不过，大多数追诉机关在以被豁免证人的证言作为查明其他被追诉人犯罪事实证据的同时，尽量避免污染已经收集的犯罪证据，并通过这些犯罪证据来查获其他犯罪证据，进而追究被豁免证人的刑事责任。

为了规范追诉机关权力之行使以及保障被豁免证人的合法权利，美国联邦最高法院在 *Murphy v. Waterfront Commission*① 案中指出：“如若被告人（被豁免证人）证明其根据豁免令作证之事实与（当前）检察机关指控有关，那么检察机关承担争议证据有独立、合法来源且并未被污染的证明责任。”也就是说，根据使用豁免之规定，检察机关不得将被豁免证人所作证言或者所提供案件相关信息，以及由此所直接或间接收集的证据用于指控该被告人（被豁免证人）。如果被告人证明其被豁免的证言在某种程度上被用于控方证据，那么检察机关应当承担通过合法且独立的来源收集该证据的证明责任。联邦最高法院在 *Kastigar v. United States*② 案中再次表明，“《有组织犯罪控制法》完全禁止使用（无论直接使用还是间接使用）被强迫的证言以及从证言中收集的所有证据。这种对使用的完全禁止（给被豁免证人）提供了全面性的保障，禁止将强迫其所作之证言用于‘调查线索’，并且禁止使用从证人被迫公开

① 378 U.S. 52 (1964).

② 406 U.S. 441 (1972).

的事实中进行调查所取得的所有证据。……证明责任并不仅限于对（证据）被污染的否定，而是赋予检察机关证明将予使用之证据来源合法，完全独立于（证人）被迫所作之证言。”不过，对于由控方承担证据来源合法且独立的证明责任而言，马歇尔大法官在该案中对此表示担忧：“我并不认为这足令使检察机关承担证明责任。首先，与法庭主张不同，法庭规则确实使得证人依靠检察人员的正直与诚信来维护其个人权利。与（证据）被污染问题有关的信息只有检察人员才知晓，而且检察人员独自追查在刑事诉讼中所使用证据的来源。怀疑其被迫所作之证言被用于调查线索的证人实在难以收集证明该事实所必须的证据。当然，这并不是说被豁免证人无须证明该事实，因为虽然法院要求检察机关承担证明责任，但是检察机关仅通过主张被豁免证人无法提出相反的证据，就可以轻松满足其证明责任。因此，检察人员的诚信成为被豁免证人权利的唯一保障。其次，检察人员的诚信实际上并不足以保障（被豁免证人的权利）。侦查机关获得案件信息的途径非常繁复，甚至最具诚信的检察人员也无法完全了解侦查机关（的实际状况），而且侦查机关的侦查人员人数众多，侦查机关并未禁止使用证人被迫所作之证言。”尽管存在上述隐忧，但是联邦最高法院还是判决检察机关可以追究被豁免证人所作证言中有关犯罪事实的刑事责任。不过，检察机关负有证明争议证据来源合法、独立且未被污染的责任。

一年以后，在由美国联邦第八上诉法院审理的 *United States v. McDaniel*① 案中，被依法给予使用豁免的证人在北达科他州大陪审团作证。而联邦助理检察官在获得被豁免证人所作证言后，向联邦大陪审团提起公诉。检察官认为在被追诉人向州大陪审团作证之前，联邦检察机关已经从联邦调查局的一系列报告之中了解到其证言中所透露之信息。“然而，我们认定，即使已有很多报告证明本案所提出的证据来源独立，但是这些报告并未满足检察机关的证明

---

① 482 F. 2d 305 (8th Cir. 1973).

责任。联邦检察官除提出被污染的证据以外，并未在一些重要的领域使用这些证据。可以想象，这些用法包括有助于（案件的）侦查、决定起诉、拒绝辩诉交易、解释证据、交叉询问以及计划审判策略。毕竟，*Kastigar* 案禁止‘所有使用，直接或者间接’。并且，如果豁免能够充分保障宪法第五修正案不得强迫自证其罪特免权，豁免也必须给予被豁免者以宪法所应有的保障，那么应当禁止对该证言的所有追诉性使用，不得向陪审团提出该证据。尽管联邦检察官主张并未以任何形式使用该证言，但是我们还是认定，在案件的起诉和审判中证言无法从检察官的脑海中完全抹去。”该上诉法院判决 *Kastigar* 案对被豁免证人所作证言的禁止性规定并不明确。在刑事诉讼活动中，检察机关可能会使用被豁免证人所作之证言。使用并不局限于将被污染的证据作为控方证据而提出，追诉机关可以将其用于规划审判策略或者进行辩诉交易等。而检察机关难以证明完全没有使用被豁免证人的证言。然而，美国联邦第五上诉法院在 *United States v. Seiffert*① 案中对类似的案情却作出了截然相反的判决。对于被依法给予使用豁免的证人所作证言中陈述的犯罪事实而言，追诉机关之前查明的案件事实和所收集的犯罪证据足以证明其来源合法且独立。在该案中法院对使用豁免的范围作出了限缩性的规定，使用豁免仅禁止提出证据，而并不禁止将其用于其他目的。如今在美国刑事司法实践中，使用豁免要求追诉机关不得将被豁免证人所作证言或者所提供案件相关信息，以及由此直接或间接收集的证据用于对被豁免证人不利的指控证据。

过去，在美国刑事司法实践中对于检察机关证明所应达到的证明标准也存有分歧。在 *Kastigar* 案之前有法院曾判决，“检察机关证明应当达到明确且有说服力的证明标准，即检察机关所查获全部证据的来源独立于被豁免证人在大陪审团面前所作证言，以及从证

① 501 F. 2d 974 (5th Cir. 1974).

言中收集的所有线索”。[①] 明确且有说服力的证明（clear and convincing proof）的标准相当于80%的可信度，在美国部分州被用来作为检验被告方证明存在合法抗辩事由的依据。联邦最高法院在 *Kastigar* 案中规定，检察机关应当承担沉重的证明责任。在 *Seiffert* 案中，美国联邦第五上诉法院指出：“检察机关对所提出证据来源合法且独立的证明应当达到优势证明标准。”优势证据（preponderance of evidence）通常作为民事诉讼证明标准，相当于50%以上的可信度，在刑事诉讼中被用于被告方证明存在错误、精神病、醉态、正当防卫等合法抗辩事由的证明标准。其实，“在涉及个人权利的案件中，或者刑事或者民事，‘证明标准至少反映了社会对个人自由的重视程度’”。[②] 明确且有说服力的证明标准意味着在排除合理怀疑证明标准和优势证明标准之间的一种折中。与宪法性权利有关的绝大多数证明至少要达到该证明标准。在联邦最高法院看来，如若低于该证明标准，那么对宪法性权利的保障则明显不力。因此，目前检察机关普遍采用明确且有说服力的证明标准。

20世纪六七十年代，在美国刑事司法实践中检察机关所提出的控方证据是否源于被豁免证人所作证言或所提供案件相关信息，对此应当适用何种程序也存在不同的认识。法院在 *Pappadio* 案中判决：“很明显，在通常情况下需要进行审前证据禁止听证，在听证中检察机关才能免除其沉重的证明责任。”此外，还有上诉法院指出：“豁免赋予联邦检察机关和州检察机关通过以下四种程序来决定起诉证据是否被污染：举行审前证据禁止听证；在审判过程中当检察机关提出的证据存有争议时举行证据禁止听证；举行审后证据禁止听证；上述三种方式结合使用。”[③] 针对该问题，美国现在建立了一套较为具体、有效的程序性规则。被追诉人（被豁免证

① *United States v. Pappadio*, 235 F. Supp. 887 (S. D. N. Y. 1964).

② 约翰·斯特龙等：《麦考密克论证据》，汤维建等译，中国政法大学出版社2004年版，第657~658页。

③ *United States v. De Diego*, 511 F. 2d 818 (D. C. Cir. 1975).

人）通常在审前动议阶段以书面方式向法官提出证据禁止动议，该动议需要写明被追诉人申请排除的证据，并详细说明提出该动议的理由。法官无权主动启动证据禁止听证程序。法官受理后，就有关证据排除问题举行证据禁止听证。在听证程序中，有关证据是否源于被豁免证人所陈述相关案件事实问题成为控辩双方讨论的焦点。控辩双方可以提出证据和证人，被追诉人也有权出庭作证，控辩双方可以对其进行交叉询问。法官根据证据和控辩双方的论辩与意见，对相关证据的提出是否违反使用豁免规定、是否禁止相关证据在法庭上使用作出裁决。

三、证人豁免制度的理论阐释

（一）证人豁免制度的适用与追诉机关的权力控制

追诉机关权力过于强大，则势必使得公民权利难以抵御追诉机关权力肆意之侵扰。而追诉机关权力不够强大，则无法对侵害或威胁法益的犯罪行为有效地进行惩罚和预防。因此，理性地控制追诉机关权力、充分地保障公民权利，并使之达至相对平衡成为刑事诉讼所追求的理想和目标。不得强迫自证其罪特免权对于犯罪嫌疑人、被告人至关重要。该特免权作为现代法治国家刑事诉讼之基石，早已为西方国家宪法和国际人权公约所规定。不得强迫自证其罪特免权不仅反映出刑事诉讼活动对待惩罚犯罪与保障人权、实体公正与程序公正等的态度，而且反映出犯罪嫌疑人、被告人的权利保障状况以及刑事诉讼的文明程度。在刑事诉讼中，犯罪嫌疑人主张不得强迫自证其罪的权利而拒绝陈述相关案件事实或者提供犯罪侦查线索等，而追诉机关根据已经查明的案件事实和收集的犯罪证据，经利益衡量后认定，犯罪嫌疑人所了解的相关案件事实或犯罪侦查线索对于公共利益之维护必不可少。因而追诉机关要求犯罪嫌疑人不再主张不得强迫自证其罪的权利而是作为证人，向追诉机关陈述其所了解的相关内容，而追诉机关给予其不得再主张不得强迫自证其罪权利以等效保障。由此可见，控方证人豁免赋予追诉机关权力滥用的机会主要有二：其一，追诉机关在作出适用控方证人豁免的决定时，存在权力滥用之可能；其二，犯罪嫌疑人不再主张不得强迫自证其罪的权利，如实陈述相关案件事实或提供犯罪侦查线索，积极配合追诉机关追诉活动。此后，在追诉机关给予被豁免证人适当保障的过程中，可能存在权力滥用的机会，即追诉机关未能给予被豁免证人等效保障。其实，在追诉人员具备追诉理性的前提之下，证人豁免制度通常能够避免或防止追诉机关权力之滥用。

1. 证人豁免作出中权力滥用之防范

刑事案件案情纷繁复杂。被追诉人的犯罪能力和犯罪条件日新月异，而且被追诉人在犯罪以后往往采取各种方法掩饰、隐瞒犯罪事实，隐匿、毁灭犯罪证据，被追诉人通过逃匿、隐藏等手段试图逃脱刑事制裁。刑事案件所遗留下来的蛛丝马迹的犯罪证据混杂于社会生活之中，更使得案件事实真相被掩盖起来而难以查明。侦查机关正是在这重重困境之中进行侦查活动，在调查犯罪事实的同时，发现和收集犯罪证据，缉获犯罪嫌疑人。侦查的过程表现为侦查机关同犯罪作斗争的过程，而侦查的结果则成为惩罚犯罪和预防犯罪的前提与基础。与此同时，侦查机关的侦查活动自始蕴含着侵害犯罪嫌疑人权利的现实危险。而以往的侦查实践经验表明，侦查人员的侦查行为时常成为犯罪嫌疑人权利的梦魇。在通常情况下，侦查机关为了查明案件事实真相、打击犯罪并维护社会秩序稳定而竭力侦查。犯罪嫌疑人为了使其财产、自由和生命等不被剥夺或限制而竭力逃避或对抗侦查。侦查机关与犯罪嫌疑人之间的矛盾与冲突颇为激烈。侦查机关往往在力量上和道德上强于犯罪嫌疑人。当侦查机关明显摆脱诉讼程序之束缚或者暗中不遵守诉讼程序之规定，恣意地采取侦查措施并推动侦查进程时，侦查机关权力很可能侵害犯罪嫌疑人的权利。诚如丹宁勋爵所言：“每一社会均须有保护本身不受犯罪分子危害的手段。社会必须有权逮捕、搜查、监禁那些不法分子。只要这种权力运用适当，这些手段都是自由的保卫者。但是这些权力也可能被滥用。而假如它被人滥用，那么任何暴政都要甘拜下风。”① 为了在侦查机关采取限制犯罪嫌疑人基本权利的侦查行为时赋予其形式合理性与实质合理性，应当由检察机关对侦查机关具有强制性的措施进行审查批准。检察机关作为法治国家之栋梁和支柱，守护着法律并践行着公正。检察机关不仅要追诉犯罪，而且更要保障犯罪嫌疑人、被告人在诉讼过程中的各项权利。因此，应当由检察机关通过审批与制衡来避免侦查机关之恣意与擅断。

在适用证人豁免制度的情境下，侦查人员确实无法查明案件事实或者发现犯罪侦查线索。侦查人员可能收集到的犯罪证据非常匮乏，甚至连主要的犯罪嫌疑人都无从确定，更遑论将其抓获。例如，在毒品犯罪案件中，由于犯罪行为隐蔽化、科技化，犯罪组织隐秘化、裙带化等，所以毒品犯罪的侦查工作往往陷入僵局。对于毒品犯罪集团首要分子的犯罪事实或者其成员的犯罪事实等，侦查机关时常难以准确、及时地查明。当侦查机关在面对可能了解相关案件事实或者提供犯罪侦查线索的犯罪嫌疑人时，更有可能会采取那些违背犯罪嫌疑人真实意愿的方式迫使其陈述相关内容。为了规制侦查机关的肆意行为，并在侦查机关试图维护的公共利益与犯罪嫌疑人受到保障的个人利益之间作出理性的抉择，由受法律拘束之公正客观的检察机关通过利益衡量的方式决定适用控方证人豁免。具体而言，检察机关应当根据现已查明的部分案件事实和收集到的犯罪证据，基于公共利益和个人利益的具体情况进行利益衡量：第一，检察机关应当对可能的被豁免证人和其他被追诉人各自的刑事案件进行衡量；第二，检察机关应当对通过可能的被豁免证人所能查明的案件事实和将予收集的犯罪证据等进行衡量；第三，检察机关应当对适用证人豁免制度和公正、及时地追究其他被追诉人的刑事责任进行衡量；第四，检察机关应当在适用证人豁免制度与日后

① ［英］丹宁勋爵：《法律的正当程序》，李克强等译，法律出版社 2011 年版，第 117～118 页。

追究该被豁免证人刑事责任之间进行衡量；第五，检察机关应当对被豁免证人作证困难与证人如实作证或者证人积极提供案件侦查线索进行衡量，等等。如若检察机关经利益衡量后认定应当维护公共利益，那么检察机关应当报请上级检察机关批准适用证人豁免制度并取得相关证人豁免文书。检察机关利益衡量结果必须由上级检察机关进行审批，目的是约束下级检察机关严格依照法律规定行事，以此强化上级检察机关对下级检察机关利益衡量结果的内部控制。检察机关作为公共利益之归依和代表，不仅负有追诉犯罪之义务，而且负有防范任何被追诉人通过证人豁免制度逃避追诉之义务，以期实现司法公正的理想。

此后，检察机关凭借上级检察机关出具的证人豁免文书向法院申请证人豁免，并附上检察机关对“证人证言可能对公共利益必不可少，并且该证人已经拒绝或者很可能会拒绝作证”的书面意见以及所建议的证人豁免令。如果检察机关未能向法院提出证人豁免申请，或者检察机关虽提出申请但却被法院拒绝，那么证人豁免并未生效。检察机关利益衡量结果还需要得到司法机关的审查，以从外部对检察机关所作利益衡量结果进行严格的规制。从本质上而言，这属于司法机关对追诉机关将予适用的限制犯罪嫌疑人不得强迫自证其罪权利的证人豁免制度进行司法审查。司法审查的内容是追诉机关适用控方证人豁免的合法性，而上级检察机关对下级检察机关进行审批则重在检察机关自由裁量豁免证人的合理性。既然控方证人豁免已经为法律所规定，那么这意味着法律允许追诉机关通过豁免证人来迫使其如实陈述相关案件事实或者提供犯罪侦查线索。正是因为任何人不得强迫自证其罪特免权为美国宪法第五修正案所规定，所以法院对证人豁免进行司法审查的目的在于保障宪法和法律得到正确实施，防止追诉机关适用证人豁免制度时肆意妄为，造成犯罪嫌疑人的权利危机。不过，在刑事司法实践中，上级检察机关的合理性审批和法院的合法性审查的界限并非泾渭分明。在大多数情况下，适用证人豁免制度的合理性与合法性相互耦合而难以截然分开。也就是说，法院在对证人豁免申请进行合法性审查中包含着对证人豁免合理性的判断。

总之，追诉机关通过控方证人豁免迫使犯罪嫌疑人不得再主张不得强迫自证其罪的权利，如实陈述相关案件事实或提供犯罪侦查线索等，需要经过上级检察机关审批以及法院司法审查的双重检验，以确保追诉机关理性、审慎地适用证人豁免制度。

2. 证人豁免后权力滥用之防范

由于被豁免证人不再主张不得强迫自证其罪的权利，就其所了解的案件事实或侦查线索向国家专门机关作出陈述，并积极配合追诉机关的追诉活动，所以追诉机关应当给予被豁免证人不再主张不得强迫自证其罪权利以等效保障。根据使用豁免制度之规定，在刑事诉讼中追诉机关不得将被豁免证人所作陈述或所提供的犯罪侦查线索，以及直接或间接由此所收集的其他证据，作为对被豁免证人不利的证据。不过，被豁免证人因伪证、虚假陈述或者未能遵守证人豁免令而受到刑事追诉除外。也就是说，当追诉机关追究被豁免证人的刑事责任时，追诉机关不得采用通过证人豁免制度所收集的关于被豁免证人的不利证据。对于追诉机关而言，证人豁免制度构成一项法定的禁止性规范。如若追诉机关用通过控方证人豁免所获取的证据来追究被豁免证人的刑事责任，那么法院应当根据被告方的申请，将相关证据视为非法证据，并将其排除于法庭之外，不得作为定案的根据。证人豁免制度兼具被豁免证人宪法性权利保障制度和救济制度的性质。当追诉机关违背证人豁免令而试图采用相关证据，侵害被豁免证人所享有的不得强迫自证其罪的权利时，司法机关应当及时作出排除非法证据的裁决。从形式上来说，法院否定了追诉机关所提出指控证据的可采性，对追诉人员形成一种证据上的威慑，并对其违反证人豁免令使用相关证据的行为产生遏制效果。从实质上而言，唯有被豁免证人获得有效的救济，被豁免证人的宪法性权利才能得到保障，而宪法规定也才不至于流于形式。由此可见，在证人豁免制度和非法证据排除规则等的共同作用之下，通常能够合理地约束追诉机关，避免其成为脱缰野马而肆意侵害或不当限制被豁免证人所应获得的等效保障。

（二）证人豁免制度的适用与被追诉人的权利保障

现代意义上的不得强迫自证其罪特免权肇始于美国宪法第五修正案，即“任何人不得在任何刑事案件中被强迫自证其罪”。随着美国联邦最高法院对此作出一系列的判决，不得强迫自证其罪特免权的内容逐渐丰富且具体化，其影响范围也越发广泛甚至超越了国界。“不得强迫自证其罪特免权反映了我们的许多基本的价值取向和最高尚的追求：我们不让犯罪嫌疑人遭受自我控诉、作伪证或触犯藐视法庭罪的残酷的三难选择的愿望；我们对于刑事司法是控诉式而非纠问式的说明；我们对自证其罪的供述将会以非人道的和虐待的方式来获取的恐惧；我们对公平竞技的感受，它通过要求政府除非有充分理由否则不得惊扰个人的生活以及要求政府在其与个人的对抗中承担全部责任，来设定一种公平的国家与个人间的平衡状态；我们对神圣不可侵犯的人格以及个人享有的在其私人空间内自主生活权利的尊敬；我们对攻击自己的供述的不信任；以及我们对该特权这样的认识，即它尽管有时为犯罪之人提供了庇护，却更为经常地保护着无辜者。”① 一言以蔽之，不得强迫自证其罪特免权旨在防止国家权力滥用并保障公民权利和尊严不受侵害。在刑事诉讼中，无论在审判程序、大陪审团听证程序还是在调查前程序中，不得强迫自证其罪特免权可以适用于所有参与诉讼活动的公民。不过，该特免权所要保护的对象主要是犯罪嫌疑人、被告人以及证人。不得强迫自证其罪特免权赋予公民不被强迫向侦查人员或法庭供述自己犯罪事实的权利和自由。该特免权适用于犯罪嫌疑人、被告人的有罪供述，而不涉及诸如笔迹、指纹等实物证据。如若侦查人员强迫犯罪嫌疑人提供了实物证据或者强迫犯罪嫌疑人配合侦查

---

① 约翰·斯特龙等：《麦考密克论证据》，汤维建等译，中国政法大学出版社2004年版，第234页。

活动，那么侦查人员的行为并不构成强迫自证其罪的行为。

证人豁免制度作为不得强迫自证其罪特免权发展过程中的产物，其出现具有一定的偶然性，但也是不得强迫自证其罪特免权历史沿革中的必然。在刑事司法实践中，侦查机关由于主观和客观条件的制约，难免出现刑事案件事实无法查明，犯罪证据收集有限甚至严重缺乏，而被追诉人不知为何人、无处寻踪的情况。此时，侦查机关发现可能了解相关案件事实或可能提供犯罪侦查线索等的犯罪嫌疑人，因其主张不得强迫自证其罪的权利，拒绝陈述相关内容而严重阻碍了侦查机关查明案件事实真相和维护公共利益的进程。由于刑事案件的侦查工作遇到难以逾越之障碍，所以证人豁免制度才具有了实践自觉性。证人豁免制度是追诉机关在维护公共利益和保障犯罪嫌疑人个人利益之间矛盾与冲突的过程中相妥协的产物。犯罪嫌疑人作为被豁免证人向追诉机关如实陈述相关案件事实或者提供犯罪侦查线索，侦查机关以此为侦破案件的突破口，抓获重要的被追诉人，充分收集犯罪证据，并准确查明犯罪事实真相。之后，追诉机关应当给予被豁免证人不再主张不得强迫自证其罪权利的等效保障。等效保障可谓证人豁免制度的核心，等效保障的短缺或偏差将导致证人豁免制度违背美国宪法第五修正案而无效。在证人豁免制度发展和完善的历程中，曾出现证人豁免制度因向被豁免证人提供的保障不足而被美国联邦最高法院判决为无效的情形。因此，等效保障是否真正等效成为评判证人豁免制度侵犯犯罪嫌疑人权利与否的关键。

从美国控方证人豁免发展历程来看，19 世纪中期被豁免证人在美国国会及其委员会上所陈述相关内容中涉及的所有犯罪事实皆得以豁免。虽然证人豁免制度仅限于在美国国会及其委员会上作证，但是这仍使得不少被追诉人借此逃避了刑事责任。出于对过度放纵犯罪的担忧，美国国会修订了《联邦豁免法》，将证人豁免制度的等效保障限定于被豁免证人所作陈述不得用于对其不利的证据，但是追诉机关通过被豁免证人证言所收集的其他证据可以用于追究其刑事责任。一个世纪之后，美国各州立法主要存在着两种形式的证人豁免制度：交易性豁免和使用豁免。1968 年美国联邦立法中的豁免法规编纂人《美国法典》第 18 编。《美国法典》以及此后颁行的《有组织犯罪控制法》等明确认可使用豁免制度，而美国联邦最高法院在 *Kastigar v. United States* 案中对使用豁免制度给予肯定。在当前的美国刑事司法实践中，追诉机关不得在对被豁免证人所提起的刑事指控中，将被豁免证人所陈述的相关案件事实或者所提供的犯罪侦查线索等，以及任何直接或间接收集于前述被豁免证人陈述内容的证据用于对该证人不利的证据。追诉机关主要以此作为被豁免证人不再主张不得强迫自证其罪权利的等效保障。证人豁免制度的百年变迁主要表现为对等效保障的反思与探索。在这百余年间，美国犯罪率不断攀升，特别是有组织犯罪和严重刑事犯罪案件持续增加。而有限的刑事司法资源不堪重负，刑事案件积压情况明显，案件侦破更加困难，犯罪形势日益严峻。美国刑事司法实践的变革趋势也在一定程度上反映在美国立法对等效保障的认识和理解之中。如若彻底豁免被豁免证人陈述内容中涉及的所有犯罪行为，那么证人豁免制度可能成为被豁免证人合法规避其所应承担的否定性法律后果的工具。如若全部豁免被豁免证人陈述内容中涉及的数项犯罪行为，即与追诉机关豁免的犯罪行为不存在实质性联系的其他犯罪行为，那么被犯罪行为所侵害或威胁的法益又谈何保障？如若仅豁免污点证人的陈述内容，那么证人豁免制度明显无法给予被豁免证人以有力保障，而被豁免证人出于对可能被追究的刑事责任的警惕，其所作陈述的真实性值得怀疑。因此，目前美国主导性的证人豁免制度认为，追诉机关有权追究被豁免证人的刑事责任，但是被豁免证人所作陈述以及由此所收集的其他证据均不得作为对被豁免证人不利的追诉证据，从而实现对被豁免证人的等效保障。等效保障意味着追诉机关消弭此前给被豁免证人所享有的不得强迫自证其罪权利造成的限制或负担。将权利恢复如初已无法企及，但切实等效保障则完全可以实现。当追诉机关追究被豁免证人的刑事责任时，被豁免证人之前所作陈述以及通过该陈述所收集的所有证据均不具有可采性，追诉机关只能以与被豁免证人证言完全无关的证据并且应当排除合理怀疑地证明被豁免证人有罪。

综上所述，证人豁免制度作为维护公共利益与保障个人利益相妥协的产物，其适用必然给被豁免证人的权利带来负面影响，但是只要能给予被豁免证人等效保障，那么证人豁免制度并未与被豁免证人所享有的宪法性权利相抵牾。追诉机关通过被豁免证人所陈述的相关案件事实或者所提供的犯罪侦查线索，准确查明案件事实，充分收集犯罪证据并缉获重要的被追诉人，而且追诉机关仍保留追究被豁免证人刑事责任的权力。对于被豁免证人而言，其不再主张不得强迫自证其罪的权利而陈述相关内容，但是追诉机关不得采用被豁免证人证言以及通过该证言所收集的其他证据。无论是追诉机关还是被豁免证人，均能够接受证人豁免制度，因而达至利益相对均衡的状况。正是因为等效保障的现实存在，使得证人豁免制度并未侵犯犯罪嫌疑人的权利。

（三）证人豁免制度将取代以往的侦查方式而普遍性地适用？

侦查作为刑事诉讼的一个重要阶段，侦查机关通过侦查充分收集犯罪嫌疑人的犯罪证据，将犯罪嫌疑人缉获归案，并准确查明犯罪性质、犯罪动机、犯罪目的、犯罪手段和结果等刑事案件情况。侦查活动必须严格遵循法定程序进行。侦查机关不仅需要保障无辜之人不受刑事追究，而且需要尊重犯罪嫌疑人所享有的权利。侦查是起诉和审判的前提和基础。侦查终结后侦查机关才可能将刑事案件移送检察机关审查起诉，进而由检察机关向法院提起诉讼并进行审判。侦查的质量将决定起诉和审判的公正与效率。换言之，侦查活动存有疏漏或不足将直接影响起诉和审判工作的进程和效果。

虽然目前的犯罪形势给侦查活动带来了严峻的考验，但是适用控方证人豁免的刑事案件数量非常有限。具体来说，一方面，侦查机关确实无法查明案件事实真相的刑事案件毕竟是少数。对于大多数犯罪案件而言，侦查机关能够凭借现有的侦查能力和侦查条件准确查明案件事实，充分收集相关证据并缉获全部的犯罪嫌疑人。易言之，尽管犯罪嫌疑人所陈述的相关案件事实或者所提供的犯罪侦查线索对于侦查活动有巨大助力，但是侦查机关通常有能力不依靠犯罪嫌疑人的陈述内容而侦破刑事案件。另一方面，犯罪嫌疑人坚决地主张不得强迫自证其罪的权利，拒不陈述相关案件事实或提供犯罪侦查线索的情况也为数不多。在刑事侦查实践中，无辜者通常会在侦查人员面前对所谓的犯罪案件进行辩解和说明，而被追诉人往往会在侦查人员面前因悔罪等原因而坦白罪行。因此，在刑事司法实践中，追诉机关适用控方证人豁免的案件量与犯罪案件总量相比微乎其微。控方证人豁免主要适用于少数共同犯罪案件，如有组织犯罪案件、恐怖犯罪案件等。控方证人豁免无法作为常规性侦查方式而大规模地适用。

（四）证人豁免制度的适用将增加刑事案件事实认定错误的可能？

当侦查人员踌躇于混沌的刑事案件事实、有限的犯罪证据和逃逸的被追诉人时，侦查活动便陷入僵局或停滞不前。此时，追诉人员根据现已查明的部分案件事实和收集的犯罪证据认定，某证人可能了解相关案件事实或能够提供犯罪侦查线索等。不过，该证人却主张不得强迫自证其罪的权利拒绝陈述相关内容。追诉机关经利益衡量后决定依法豁免该证人，迫使该证人如实作证或提供相关案件信息。在此过程中，证人豁免制度与案件事实认定错误之间的关系可以从两个层面来分析：其一，证人豁免制度的体系性风险或结构性风险导致认定案件事实存在偏差；其二，办案人员滥用证人豁免制度而造成案件事实认定错误。

对于控方证人豁免而言，结构性风险意味着证人豁免制度在适用过程中不可避免地会给诉讼活动造成一定的不确定性和诉讼风险。具体而言，追诉机关在适用证人豁免制度时，被豁免证人的犯罪事实、其可能了解的其他刑事案件的犯罪事实等尚未查明，与之相关的犯罪证据的收集也并不确实、充分，被豁免证人对于公共利益维护之实效可能与追诉机关的预期存有偏差。换言之，追诉机关通过被豁免证人所实际获得的证言或者案件相关信息，可能与追诉机关意欲查明的案件事实并不相符。此外，从被豁免证人在对相关案件事实或犯罪侦查线索具有亲身感知后到被豁免证人向国家专门机关陈述相关内容之前，随着时间的流逝，被豁免证人的记忆会逐渐减弱。被豁免证人经回忆后所表述的内容可能与客观内容不符。其结果便是追诉机关无法认定或错误认定案件事实。对于办案人员滥用控方证人豁免来说，前文已述及对国家权力进行控制和对被豁免证人权利进行保障。权力控制旨在对侦查机关权力运行的前提、过程和结果理性地进行规制和监督，以此对公民的自由和权利给予尊重和保障。在控方证人豁免中，利益衡量、上级检察机关进行审批和法院对此进行审查已经给予该制度充分的规制和约束。因此，控方证人豁免的结构性风险属于刑事诉讼制度应当负担的风险，而控方证人豁免的滥用风险属于国家专门机关的可控风险。控方证人豁免的适用实际上并未增加刑事案件事实认定错误的可能性。

第三节 证人豁免制度在美国司法实践中所面临的挑战

在美国刑事诉讼领域中，控方证人豁免和辩方证人豁免皆为证人豁免制度的具体表现形态。所谓控方证人豁免，是指追诉机关为了准确查明案件事实、充分收集犯罪证据以及缉获重要的被追诉人等，依法豁免罪行相对轻微的被追诉人，使其将所了解的相关案件事实向国家专门机关作出口头陈述而成为控方证人。而辩方证人豁免则是指被追诉人被依法豁免后，作为辩方证人将其所了解的相关案件事实陈述给国家专门机关。在刑事司法实践中控方证人豁免占据着被豁免证人人数的绝大多数，其对于刑事诉讼之顺利进行发挥着关键性的作用。辩方证人豁免只是在极个别案件中才得以适用，因而不具有普遍性。

一、控方证人豁免

虽然检察机关有权豁免证人，但是证人豁免需要得到法院的审查。因而，在美国证人豁免实践中，极少数检察机关通过给予了解相关案件事实的证人以豁免允诺来迫使其作证。无论检察机关出于规避证人豁免制度法律规定之故意，以便以后追究该证人的刑事责任，还是出于工作之过失，如检察人员的疏忽、懒惰甚至缺少职业道德的约束等，检察机关有时并未严格遵守法律对证人豁免之规定。检察机关在正式豁免证人以前，就已经取得该证人证言或者其所提供案件相关信息的情况偶有发生。追诉人员可能与证人达成非正式的豁免协议，或者追诉人员与证人的律师达成口头的证人豁免协议，或者由追诉人员向证人出具一份尚未得到法院批准的书面豁免协议等，以迫使证人陈述相关案件事实。无论追诉机关的目的何在，无论其采用何种方式，证人在提供了自证其罪的证言之后，都可能会惊讶地发现，证人豁免只是一场幻觉，追诉机关可能并不遵守之前所达成的豁免协议。

如若检察机关证人豁免决定并未得到法院的审查，并由法院签署豁免令，那么检察机关的豁免允诺并未产生正式豁免之效果。那些根据不得强迫自证其罪特免权而拒绝作证或提供案件相关信息的证人仍然会拒绝作证，而检察机关也无法强迫这些证人提供其认为可能自证其罪的证言。如果证人因信任检察机关将会给予其豁免而主动提供自证其罪的证言，那么检察机关可能以此来追究该证人的刑事责任。在此情境之下，法院往往会判决证人应当得到保障，并获得证人豁免之实效。例如，在 *United States v. Carter*① 案中，联邦助理检察官向证人许诺，如果证人帮助追诉机关将其他犯罪嫌疑人绳之以法，那么追诉机关将不再追究其刑事责任。可是，事实并非如此，检察机关起诉了该证人。联邦第四上诉法院判决："如果检

① 454 F. 2d 426 (4th Cir. 1972).

察机关作出被告人所称之允诺，并且被告人基于此而提供其自证其罪的证言，那么应当判决检察机关遵守该允诺。……如果证人履行豁免协议而检察机关却拒绝履行，那么检察机关应当撤销起诉。”

从检察机关的角度而言，在美国刑事司法实践中出现了允诺禁止反言规则。[①] 正如上文 *Carter* 案所述，如若检察机关允诺将豁免证人，并且该证人据此作出自证其罪的证言，那么检察机关不应追究被豁免证人的刑事责任。此外，法院也会判决检察机关遵守其允诺。这意味着在刑事司法实践中，检察机关为了迫使证人作证或者提供案件相关信息而与其达成将予豁免之允诺，该允诺实际上已经和依法正式豁免证人差别不大，以此来规范检察机关证人豁免权之行使以及保障证人的宪法性权利。美国联邦法院和州法院普遍接受了允诺禁止反言规则。“对于正在调查中的犯罪案件而言，法律并不允许法院来豁免证人。然而，证人在根据检察机关所允诺之豁免而回答询问以后，证人不因其证言中所揭露之犯罪而受到惩处。检察机关作出豁免允诺，而证人根据该豁免允诺提供证言或者提供案件相关信息。该允诺应当得到兑现，其理由在于检察机关的尊严要求其言出必行。”[②] 从证人的角度而言，如若证人认为其将得到正式豁免而作证或者提供案件相关信息，那么检察机关不应起诉该证人，反而应当依法豁免该证人，或者不得将其证言等作为追诉证据。这也成为美国刑事司法实践中所遵循的规则。尽管法院尚未批准正式豁免，而检察机关起诉该证人也并不违反法律之规定，但是大多数检察机关和法院认为应当公正地豁免该证人。

对此也存在质疑之声。其一，根据法律规定，检察机关所允诺之豁免未经法院批准，并未产生正式豁免之效果。检察机关证人豁免权不应超越法律之疆界。其二，在美国刑事司法实践中出现了办

① Lawrence Taylor. Witness Immunity. Springfield: Charlcs Thomas Publisher, 1983. p57.

② *People v. Conzo*, 23 N.E.2d 210 (Ⅲ. 1939).

案人员在允诺豁免证人之后离职或离世等情况。豁免允诺不仅尚未发生法定效力，而且豁免允诺是否存在都难以被证明。检察机关可能因此而侵犯证人不得强迫自证其罪的权利。其三，如若检察机关无须遵守法律所规定的程序性要求，那么证人豁免权的行使必然会无所顾忌，检察人员必然会违法豁免证人，而证人所享有的宪法性权利也无法得到充分且有效的保障。

证人豁免制度并非检察机关对被豁免证人的馈赠，而被豁免证人也不应当从证人豁免过程中获得额外的利益。控方证人豁免已经成为检察机关与证人之间的一场博弈。如果证人在取得检察机关豁免允诺后就同意作证，而未严格审视法律对证人豁免所作程序性规定，那么证人可能会对其作证行为承担一定的负责。在 *Application of Parham*① 案中，警察和检察人员曾向一名犯罪嫌疑人允诺将给予其豁免，但是该犯罪嫌疑人必须帮助追诉机关逮捕同案其他犯罪嫌疑人。之后，追诉机关违背其豁免允诺而起诉该证人。亚利桑那州上诉法院判决："如果侦查人员作出这样的允诺，那么该允诺超出侦查人员的权力范围而无法兑现。对于检察人员所作豁免允诺，我们认为这有悖于公共政策。不言自明的是，如果检察人员以证人豁免允诺来换取被追诉人应允的权力不受限制，那么这并不符合公共利益之要求。如果检察人员以豁免证人之允诺取得犯罪嫌疑人向追诉机关提供证据之应允，而非仅仅配合侦查工作之进行，那么检察机关所作允诺应当具有法律效力。"在 *Boure v. State*② 案中，一名无权豁免证人的检察人员向证人作出豁免允诺。尽管该法院认可允诺禁止反言规则，但是其认为需要严格限制该规则的适用。"法院要求证人或者被告人对豁免协议有关事实承担证明责任，比如豁免协议的具体内容、其如何履行该豁免协议以及检察机关违反该豁免协议追究其刑事责任的事实等。"

① 431 P.2d 86 (Ariz. 1967).

② 287 A.2d 782 (Md. 1972).

在美国刑事司法实践中检察机关可能不会起诉之前给予豁免允诺的证人，或者不将其证言或者其所提供的案件相关信息作为追究其刑事责任的证据。如果检察机关已经起诉该证人，那么检察机关通常会撤销该起诉，或者对控方证据再进行审慎的考虑。不过，证人必须履行其与检察机关所达成豁免协议之内容，才能请求检察机关兑现证人豁免允诺。“如若证人豁免协议所规定条件得到全部履行，那么证人豁免协议的效力在于赋予证人不再成为衡量对象的权利，因为该权利取决于明示或者暗示的协议。检察机关行使证人豁免权始于以下考虑，即允许共犯根据明示或者默示的协议作为证人出庭作证，并完全公开其所掌握的案情，能够向法庭证明案件事实，因而不再起诉该证人，并且当证人全面且诚实地履行该协议之后，检察机关证人豁免权终止。”① 如果证人作伪证、拒绝作证或者违反豁免协议之规定，那么检察机关应当追究其刑事责任，并且其无法请求法院执行其与检察机关所达成的证人豁免协议。

二、辩方证人豁免

在刑事诉讼中，辩护方为了证明存在合法抗辩等而需要提出有利于己的证据和理由，而可能了解相关案件事实者却主张不得强迫自证其罪的权利拒绝作证或拒绝提供案件相关信息，为了维护公共利益，准确查明案件事实，对被追诉人应否承担刑事责任作出公正的裁判等，检察机关经利益衡量后可以依法豁免辩方证人。在美国，关于辩方证人豁免重要性的一个最为经典的例子就是：“追诉机关以被追诉人在五金商店盗窃为由提起诉讼，但是该被告人实际上是无辜的。被告人的辩护律师在准备诉讼的过程中询问商店店员。在与店员进行交流之后，辩护律师发现该店员表现非常紧张和惶恐。辩护律师认为该店员很有可能是真正的犯罪嫌疑人。在辩护律师百般努力之下，该员工最终承认参与了该案，并指认了另外两

① Lowe v. State, 7 A. 637 (Md. 1909).

名漏网的犯罪嫌疑人。不过，该店员由于担心受到刑事惩处而拒绝向警方重述其与辩护律师之间的对话。在审判过程中，被告人的辩护律师传唤该店员出庭作证。该证人当然以不得强迫自证其罪特免权来拒绝回答询问。因而律师要求检察官豁免该证人。可是，检察官为了追究被告人的刑事责任断然予以拒绝。当辩护律师要求法官豁免该证人时，法官表示无能为力。审判终了，被告人被判有罪。”①

尽管准确认定案件事实、正确适用法律规定乃刑事诉讼的基本要求，但是在适用辩方证人豁免的场合中，被追诉人通常受到莫须有的刑事指控，并可能为此而承担被定罪量刑的法律后果。检察机关指控被追诉人的犯罪事实实际上并非被追诉人所为。也就是说，有罪者并未得到惩罚，而无辜者却被追究刑事责任。而证人却实施了犯罪事实，该犯罪事实与检察机关指控被追诉人所实施的犯罪事实存在实质性联系。因此证人主张不得强迫自证其罪的权利，拒绝陈述其所了解的相关案件事实。此时，追诉机关尚未查明证人的犯罪事实，甚至可能并未发现证人的犯罪事实，追诉机关充分收集证人犯罪案件的犯罪证据更无从谈起。被追诉人试图豁免辩方证人，依法迫使证人不再主张不得强迫自证其罪的权利，而为被追诉人证明存有合法抗辩等如实作证。正如联邦最高法院在 *Kastigar* 案中所指出的，“在审判过程中能够证明犯罪案件关键事实的证人非常有限，甚至只有一位这样的证人。这些证人往往以其证言可能使其自证其罪而拒绝作证。因此，检察机关豁免该证人并迫使其作证对于查明案件事实至关重要。”不过，对于追诉机关而言，尽管检察机关享有证人豁免权，但是辩方试图使追诉机关否定刑事追诉活动的成果将困难重重。此外，由于检察机关担心以后难以追究辩方证人的刑事责任，所以其通常会拒绝被告人提出的豁免辩方证人的请

① Lawrence Taylor, Witness Immunity, Springfield: Charles Thomas Publisher, 1983, pp. 61-62.

求。被告人无法强迫辩方证人作证，其无法提出重要的辩护证据。由此所作出的判决结果不仅严重侵犯了被告人所享有的宪法性权利，而且毫无疑问造成了冤案。“人们都希望在公正而有效的刑事司法系统中，判决有罪的证据既有压倒性优势，又显示出比被告人的无罪主张更可信。但错误是不可避免的。……不论在刑事司法程序的每个阶段如何费尽心机，错误的可能性依然存在。”[①] 总之，被追诉人可能蒙受冤屈，证人可能逃避刑事制裁，而追诉机关可能面对追诉错误的现实。刑事诉讼活动存在严重的冲突和直接的矛盾。保证被追诉人获得公正审判，充分保障其合法权利，避免其被错误定罪的风险成为辩方证人豁免的适用前提和内在动力。

（一）*辩方证人豁免的宪法之维*

1. 被告人取得重要证据的宪法性权利

由于美国宪法第六修正案规定，“在一切刑事诉讼中，被告人有权以强制程序取得对其有利的证人”，以及宪法第五修正案所规定的“正当法律程序”，所以被告人在审判时有权获得重要的辩护证据。当法庭传唤辩方证人出庭作证时，被告人所享有的取得重要辩护证据的宪法性权利可能与证人所享有的不得强迫自证其罪的宪法性权利相冲突，而豁免辩方证人与否完全取决于检察机关的证人豁免权。如若检察机关豁免了辩方证人，那么该冲突则得以消解。然而，过去在美国刑事司法实践中检察机关豁免辩方证人可能使得案件的诉讼产生较大的不确定性，甚至对以后追究该辩方证人的刑事责任产生严重的阻碍，因而检察机关往往会固守本位，拒绝给予辩方证人以豁免。20 世纪中叶辩方证人所享有的不得强迫自证其罪的权利与被告人所享有的取得重要证据的权利之间的矛盾冲突越发明显。

20 世纪 50 年代初，随着厄尔·沃伦被任命为美国联邦最高法

---

① ［英］克莱夫·沃克：《司法不公与纠错》，载麦高伟等：《英国刑事司法程序》，刘立霞等译，法律出版社 2003 年版，第 456 页。

院首席大法官，而保守派大法官斯坦利·瑞德、哈罗德·伯顿、谢尔曼·明顿等先后退出联邦最高法院，这为沃伦领导的正当程序革命奠定了基础。此后数年间，联邦最高法院作出一系列关乎美国宪法修正案具体适用问题的判决。这些判决使得正当程序在美国刑事司法实践中被提高至前所未有的高度。正当程序革命强调对公民权利进行充分保障，以及对国家权力作出更为严格的规制。正当程序革命对刑事诉讼活动产生了巨大的影响，由此发展形成一系列具体的诉讼程序和证据规则。美国学者汤姆·泰勒指出，正当程序的评价标准有："（1）诉讼程序和裁判结果的参与程度；（2）诉讼结果与诉讼过程的一致性；（3）裁判者的中立性；（4）裁判和对抗的实效；（5）纠错性；（6）伦理性。"① 美国学者马丁·戈尔丁认为正当程序应当包括以下三个方面的原则、九项内容："第一，中立原则，该原则包括：（1）任何人不能作为有关自己案件的法官；（2）冲突的解决结果中不包含解决者个人的利益；（3）冲突的解决者不应有对当事人一方的好恶偏见。第二，冲突的疏导，这一原则包括：（4）平等地告知每一方当事人有关程序的事项；（5）冲突的解决者应听取双方的辩论和证据；（6）冲突的解决者应在另一方当事人在场的情况下听取一方的意见；（7）每一方当事人应有公平的机会回答另一方所提出的辩论和证据。第三，裁判，这一原则包括：（8）解决的诸项内容需应以理性推演为依据；（9）分析推理应建立于当事人作出的辩论和提出的证据之上。"② 沃伦所领导的正当程序革命推动了证人豁免制度的发展，特别是控辩平等和人权保障等理念使得辩方证人豁免逐渐被接受。

60 年代被告人有权以强制程序取得对其有利的证人的发展，

① Tom Tyler, *What is Procedural Justice? Criteria Used by Citizens to Assess the Fairness of Legal Procedures*, 22 Law and Society Review 103 (1988).

② ［美］马丁·戈尔丁：《法律哲学》，齐海滨译，三联书店 1987 年版，第 240~241 页。

推动了辩方证人豁免制度的确立。1967 年 *Washington v. Texas*[①] 案中，得克萨斯州检察机关以一级谋杀罪指控 Washington。被告人试图传唤同案但已被判决的罪犯出庭作证，并指称犯罪凶器属于该罪犯所有，而且实际上是该罪犯实施了全部罪行。该罪犯也同意为被告人无罪作证。然而，得克萨斯州证据法禁止被告人传唤同案犯作证，担心同案多名被告人相互作证可能会影响证言的真实性，但是却并不禁止检察机关传唤同案多名被告人出庭作证。法官支持检察官所提出的异议。联邦最高法院推翻了得州法院所作判决。联邦最高法院在该案中判决，当辩方证人主张其不得强迫自证其罪的权利时，检察机关拒绝辩方提出豁免该证人的请求。这使得被告人无法企及对其非常重要的无罪证据，严重侵犯了被告人所享有的以强制程序取得对其有利的证人的权利。该权利也属于美国宪法所规定的正当程序之要义。正当程序有助于被告人获得公正的审判，因而适用于各州。沃伦大法官认为，得克萨斯州证据法禁止同案多名被告人出庭作证之规定与宪法相悖，证人陈述的真实性和可信性应当由陪审团来判断。检察机关排除不可靠证据之利益也应当让位于个人提出辩护证据之利益。

一年以后在 *Bruton v. United States*[②] 案中，一名共同被告人在审判前已经供述其犯罪事实，但是其在审判过程中却主张其不得强迫自证其罪的权利拒绝作证。检察官传唤一名警官就该被告人之前供述的事实进行作证，以此证明被告人有罪。由于该被告人拒绝作证并接受控辩双方就其所供述事实进行交叉询问，所以其他被告人对此毫无办法。联邦最高法院判决，辩方不得对共同被告人就其所供述事实细节进行交叉询问，实际上是该共同被告人所主张的宪法第五修正案不得强迫自证其罪的权利，否定了被告人所享有的宪法第六修正案以强制程序取得对其有利的证人的权利。因此，检察机

① 388 U.S. 14 (1967).

② 391 U.S. 123 (1968).

关或者不得使用该供述，或者对该案共同被告人单独进行审理，将该供述适用于作出供述的被告人。

在1973年*Chambers v. Mississippi*①案中，追诉机关以谋杀罪逮捕了Chambers。在此之后McDonald先后在不同场合向三位朋友口头承认实施了该谋杀案。在审判过程中被告人传唤McDonald作证，但是由于该州法律规定当事人不得弹劾本方证人，所以辩方不得对McDonald进行交叉询问。此外，法院裁定三位知情者的证言属于传闻不具有可采性。因此，被告人被判处谋杀罪。联邦最高法院认为，该州证据规则违反了被告人以强制程序取得对其有利的证人的宪法性权利，而且检察机关的利益应当让位于被告人取得对其有利的证人的利益。

此外，正当程序在刑事诉讼中作用的彰显成为辩方证人豁免制度建构的基础。1957年联邦最高法院在两个案件中指出需要保障正当法律程序。在*Roviaro v. United States*②案中，被告人因非法持有、运输毒品而被判有罪。由于一名卧底是被告人被控有罪的重要证人，所以被告人反复要求法院公开该卧底的身份。不过检察机关拒绝透露该卧底的身份，并且审判法院也支持检察机关的主张。联邦最高法院认为，公开卧底的身份以及其证言内容有助于被告人进行辩护，而且对于公正审判必不可少。公开卧底身份与否取决于各案的特殊情况，要考虑所指控的罪名、可能的辩护、卧底证言的重要性以及其他相关因素。在本案中，虽然起诉时并未明确提及卧底的身份，但是从指控与审判时所提出证据之间的关系来看，指控与卧底的身份及其证言关系非常密切。此外，美国法律规定，当检察机关证明被告人持有毒品时，除非被告人能够解释或者证明合法持有这些毒品，否则将作出有罪判决。因此，被告人需要了解这位卧底及其证言内容，以进行充分且有效的辩护。如果卧底的身份及其

① 410 U.S. 284 (1973).
② 353 U.S. 53 (1957).

证言确实有助于被告人进行辩护，那么为了实现正当程序，检察机关对卧底身份予以保密的权力必须让位于被告人准备辩护之权利。

同年在 *Jencks v. United States*[①] 案中，两名联邦调查局卧底探员的证言成为本案的关键证据。在对卧底探员进行交叉询问的过程中，该证人提及其按时向联邦调查局提供其所作证事实的口头或书面记录。被告人请求法院命令检察机关提供该保密记录，以弹劾控方证人的可信性，但是法院驳回了该动议。联邦最高法院认为该动议被驳回构成可撤销的错误。联邦最高法院以 *Roviaro* 案相同的理由判决上诉人有权取得检察机关所保存的联邦调查局探员所作之记录，以了解在审判过程中证人证言所述之事实与行为的准确性。上诉人有权核对记录并将其用于辩护。

六年以后联邦最高法院在 *Brady v. Maryland*[②] 案中再次强调，正当程序要求在刑事审判中被告人有权取得对其有利的证据。在该案中 Brady 的辩护律师请求检察机关允许其查阅另一名共犯所作笔录。检察机关向辩护律师出示了大多数笔录，但是却遗漏了其中一份共犯承认其实际上杀害了被害人的笔录。直到 Brady 被定罪量刑并且被马里兰州上诉法院维持原判之后，Brady 才得知确有这份笔录。在审后程序中马里兰州上诉法院判决，检察官因过失未能出示本案重要笔录，这与上诉人享有的正当法律程序相悖，故将该案的量刑问题发回重审。联邦最高法院判决，根据《美国联邦刑事诉讼规则》16（a）的规定，被告人享有取得其所作口供以及之前所作记录副本的绝对权利。然而，对于其他书证、物证、检验检测报告等，被告人仅有权取得对其辩护非常重要的证据。因此，检察官在审判前必须向被告人公开对其辩护至关重要的所有证据。尽管本案没有证据证明检察官故意隐匿该案证据，但是未能公开案件重要信息违反了被告人获得正当法律程序的权利。

---

① 353 U.S. 657 (1957).

② 373 U.S. 83 (1963).

2. 被告人与检察机关公平对抗的宪法性权利

在刑事诉讼活动中，控辩双方的法律地位应当平等，进而在平等的基础上进行公平的对抗。追诉职能通常由作为国家之代表的警察机关和检察机关行使。警察和检察人员不仅具有专业素养，而且其以国家强制力为后盾。警察机关和检察机关能够通过多种侦查途径并凭借多种侦查措施取得被追诉人有罪或者无罪、罪轻或者罪重等证据材料。例如，可以采取限制甚至剥夺被追诉人人身自由的强制措施，可以采取搜查、扣押、冻结等强制性措施。而被追诉人取得辩护证据的手段非常有限。其人身自由、财产等可能受到限制甚至剥夺，而且被追诉人可能因不具备法律能力而无法维护自己的权利。不少贫困的被追诉人由于经济条件有限而无力聘请资深律师，或虽得到法律援助但难以实现有效辩护等。由此看来，尽管在刑事诉讼活动中控辩双方处于对立的地位，但是二者力量悬殊。追诉机关在证据收集和证据出示上明显占有优势。而追诉机关可以通过行使证人豁免权取得控方证人作证，拒绝被告人豁免辩方证人之请求。检察机关可以提出全部追诉证据，而被告人却无法提出对其至关重要的可能证明其无罪的辩方证人之证言。检察机关行使证人豁免权使得追诉机关和被追诉人之间力量更加失衡，进而使得审判结果有失公正。现代刑事诉讼强调普遍的公共利益和特定案件中被追诉人的利益得到共同保障，在国家权力受到规制和被追诉人权利得以保障的诉讼进程中，准确认定案件事实，实现公正审判。“美国刑事司法制度的一个前提便是，刑事审判的目的是在法庭上对案件作出公正审判。”① 实质性对抗作为公正审判之基石，要求追诉机关和被追诉人在诉讼形式上和诉讼内容上能够平等对抗和充分对抗。换言之，诉讼任何一方并不具有明显的诉讼优势，而且要尽可能降低甚至消除诉讼双方之间的不平等。

---

① Goldstein, *The State and the Accused: Balance of Advantage in Criminal Procedure*, 69 Yale L. J. 1149 (1960).

在 *Wardius v. Oregon*[①] 案中，由于俄勒冈州法律规定，如果被告人想要在审判中提出其不在犯罪现场的证据，那么被告人必须通知检察官其不在犯罪现场的证据和证明该事实的证人。然而，法律并未规定检察官需要向被告人提供反驳该事实的证据。由于该法律并未规定检察官和被告人相互开示证据，所以联邦最高法院判决该法律违宪。马歇尔大法官认为："虽然正当法律程序条款几乎未提及诉讼双方应当开示证据的数量，但是正当法律程序规定了控辩双方力量的均衡。"

总之，为了保障被告人取得重要证据和与检察机关公平对抗的宪法性权利，辩方证人应当被豁免。而且，根据《美国法典》第18编§6003之规定，检察机关有权豁免证人，检察机关豁免控方证人早已为美国刑事司法实践所接受。因此，检察机关也应当豁免辩方证人。不过，在美国刑事司法实践中辩方证人几乎未能真正得到检察机关的豁免。

（二）在辩方证人豁免中法院角色之扩张

在1954年《联邦豁免法》颁布以前，证人豁免制度的规定相对粗疏，甚至缺少必要的程序性规定。1954年《联邦豁免法》规定，由检察机关启动证人豁免程序，即检察机关享有证人豁免权。法院需要对检察机关的证人豁免决定进行司法审查并发布豁免令。

在 *In Re Ulmann*[②] 案中，一名被豁免的证人质疑1954年《联邦豁免法》的合宪性。该证人以法院需要对检察机关豁免决定是否合法进行审查为依据，认为由法院颁布豁免令实际上是立法赋予法院以证人豁免的权力。由于法院在对检察机关豁免决定进行审查时，不仅确保检察机关遵循了法律所规定的全部程序，而且对检察机关豁免是否符合公共利益进行审查，所以法院判决1954年《联

① 412 U.S. 470 (1973).

② 128 F. Supp. 617 (S.D.N.Y. 1955), *aff' d*, *Ullman v. United States*, 350 U.S. 422 (1956).

邦豁免法》符合美国宪法之规定。此外，1970 年《有组织犯罪控制法》的立法史表明，虽然国会从过去交易性豁免转而采纳使用豁免，但是国会仍然坚持检察机关在证人豁免过程中享有证人豁免权，而法院在审查检察机关豁免决定时扮演着消极的角色。过去联邦法院和州法院无权豁免辩方证人。

在 *United States v. Carman*① 案中，检察机关以密谋罪和行贿罪起诉 Carman 和 Hoffe。在审判之前检察机关与 Hoffe 达成辩诉交易，Hoffe 承认有罪，而检察机关同意在量刑时撤销其行贿罪指控。Carman 认为，如果 Hoffe 没有受到起诉之威胁而且允许其作证的话，其将作出无罪证言。Carman 请求法院驳回 Hoffe 的辩诉交易，除非 Carman 在审判过程中 Hoffe 能全面且诚实地作证。在该动议被法院驳回之后，Carman 认为动议被驳回并且检察机关拒绝给予了 Hoffe 以豁免构成故意禁止无罪证据，并且这与正当程序原则相悖。联邦上诉法院判决，被告人无权要求所有的证人、可能的共同被告人以及其他人作证，而且被告人不能强迫检察机关豁免所有可能的辩方证人。更为重要的是，法院无权豁免辩方证人。

"从法律规定来说，使用豁免并不局限于控方证人。使用豁免可以适用于对公共利益之保障至关重要者所作之证言。对于陪审团裁判的准确性而言，有利于被告人之证言与有利于检察机关之证言一样，都可以促进公共利益之实现。此外，宪法第六修正案保障被告人通过强制程序获得对其有利的证人以及出于公正审判考虑的正当程序原则都迫使检察机关豁免辩方证人。"② 然而，在检察机关豁免辩方证人存在现实性困难的背景之下，为了充分保障被告人所享有的宪法性权利，法院试图改变辩方证人豁免的不利局面。法院在遵循法律规定的同时，积极参与并试图解决证人豁免难题。部分法院采取附条件指示的方式，或者暗示检察机关其将判决被告人无

---

① 577 F. 2d 556 (9th Cir. 1978).

② *United States v. Leonard*, 494 F. 2d 955 (D. C. Cir. 1974).

罪，以此要求检察机关行使其豁免权。1966 年 *Earl v. United States*[①] 案成为法院指示检察机关依法给予辩方证人以使用豁免的首个案件。在该案中由于被告人坚信一名关键证人能证明其清白，所以被告人试图传唤该证人作证。不过该证人却援引宪法第五修正案不得强迫自证其罪特免权而拒绝作证，而且被告人豁免该证人的请求也被检察机关驳回。在上诉过程中上诉人辩称，因为检察机关和法院拒绝给予辩方证人以豁免，所以辩方证人拒绝作证，这使其公正审判的权利受到侵害。联邦上诉法院判决，“上诉人要求本院命令联邦检察官豁免辩方证人以使该证人作证。该权力并不是行政机关所固有的，也不是司法机关与生俱来的。在刑事司法背景之下，该权力是国会赋予行政机关最高形式的自由裁量权之一。与国会为了政府利益规定程序相比，司法创制程序明显超过了我们的权力”。虽然在该案中“三权分立”的思想为法院拒绝干涉立法所赋予检察机关的证人豁免权奠定了基础，换言之，法院既不能超越立法之规定给予证人以豁免，也不能干预检察机关行使豁免权，但是当检察机关豁免控方证人而拒绝豁免辩方证人时，法院可以附条件指示检察机关豁免辩方证人。美国联邦第三上诉法院在 *United States v. Morrison*[②] 案中支持法院就辩方证人豁免问题对检察机关进行指示。在 *Morrison* 案中一名证人打算作证是其实施了犯罪行为，而非被告人所为。联邦助理检察官建议该证人离开法庭，并反复警告该证人，如若其确属实施了犯罪案件，那么检察机关将追究其刑事责任。检察官对该证人的警告和威胁使其在审判过程中主张不得强迫自证其罪的权利而拒绝作证。因此，法院判决检察机关的违法行为侵犯了被告人享有的取得对其有利的证人的宪法性权利，进而造成审判不公正，所以该案应当重新审理。此外，法院指示检察机

① 361 F. 2d 531 (D. C. Cir. 1966), *rehearing denied*, 364 F. 2d 666 (D.C. Cir. 1966), *cert denied*, 388 U.S. 921 (1967).

② 535 F. 2d 223 (3d Cir. 1976).

关豁免辩方证人，否则法院将判决被告人无罪。

美国联邦上诉法院逐渐萌生出给予辩方证人以司法豁免之理念。20世纪70年代末美国联邦第三上诉法院在其所判决的一系列案件中逐渐确立了给予辩方证人以司法豁免。1978年该上诉法院在审理 *Herman v. United States*① 案的过程中遇到了辩方证人豁免难题。该法院认为检察机关豁免控方证人而不豁免辩方证人实为故意歪曲司法事实认定过程。为了准确认定案件事实，法院指出其应当行使所固有的补救性权力，给予辩方证人以使用豁免。“虽然我们认为法院无权命令补救性地给予辩方证人以法律所规定之豁免，这也符合宪法之规定，但是在本案中法院有权通过给予那些证言对于有效辩护必不可少的证人以司法实践中所常见的豁免，来实现被告人以强制程序取得对其有利的证人的宪法性权利。……而且我们认为正当程序要求将明显证明无罪的证据提交给陪审团。”

过了两年，美国联邦第三上诉法院在 *Government of the Virgin Islands v. Smith*② 案中确立了由司法机关给予辩方证人以豁免。在该案中一名证人之前承认是其实施了犯罪案件。在审判过程中该证人却主张不得强迫自证其罪的权利拒绝接受询问。其中一名未成年被告人请求豁免该证人，但是检察机关驳回了该请求。联邦第三上诉法院认为：“该案并没有为被告人创设一项新的宪法性权利，而是为有效保障被告人现有的权利而规定一种新的补救方法。”而且司法豁免有别于检察机关依法豁免证人。“在这种情况下豁免证人与法律所规定之豁免在两个方面有所不同：其一，法院豁免证人不仅出于对检察机关存在违法行为或者其故意歪曲案件事实认定过程之考虑，而且还基于被告人无法提出对案件公正审判至关重要的无罪证据的考虑。其二，由法院裁定豁免证人，而非由法院命令检察机关给予证人以法律所规定的豁免。*Herman* 案为如此行使司法权

---

① 589 F. 2d 1191 (3rd Cir. 1978).

② 615 F. 2d 964 (3rd Cir. 1980).

力奠定了基础，并且我们已经预见在这些情况之下豁免证人。”联邦第三上诉法院在该案中还为辩方请求司法机关豁免证人设置了条件：“司法机关行使豁免权的场合必然要受到明确的限制：（辩方）必须在法院合理提出豁免之请求；辩方证人必须能够作证；证言必须明确用以证明无罪；证言必须是至关重要的；必须没有任何强烈的追诉利益反对给予豁免。”此外，联邦第三上诉法院概括出司法机关能够给予证人两种豁免，以及每种豁免的适用情形：“当法院认定检察机关故意干扰案件事实认定过程而存在起诉不当行为，法院应当命令检察机关依法给予辩方证人以豁免或者法院将作出无罪判决。另外，即使没有证据证明这些起诉不当行为，当法院认定可能的辩方证人的证言明确用以证明无罪，对于辩护至关重要，并且当检察机关没有任何强烈的利益反对（给予该证人）使用豁免时，法院应当给予该证人以司法豁免，以维护被告人获得公正审判的宪法性权利。”

然而，同年美国联邦第二上诉法院在 *United States v. Turkish*①案中明确反对 *Government of the Virgin Islands* 案中司法豁免辩方证人。在该案中检察机关以逃税和密谋税务欺诈指控被告人。由于检察机关拒绝豁免辩方证人，所以被告人无法提出重要的无罪证据，因而被判有罪。联邦第二上诉法院维持该判决结果。该法院认为，被告人并不享有绝对性的宪法权利来豁免证人，并且检察机关比法院更适合决定是否豁免证人。首先，法院豁免辩方证人为追诉机关以后追究该证人刑事责任增添了沉重的负担。使用豁免规定检察机关不得使用被豁免证人所作证言，以及直接或者间接由此所收集的证据在刑事诉讼中作为对该证人不利的证据。由检察机关承担控方证据实质上有别于被豁免证人证言的证明责任。当被告人实为无辜而被豁免证人确属有罪之时，由法院决定是否给予证人以司法豁免很可能使真正的罪犯脱罪，致使国家刑罚权难以实现。其次，由法

① 623 F. 2d 769 (2d Cir. 1980).

院决定辩方证人豁免问题可能会颠覆案件审判过程，如共同被告人合谋相互在各自案件的审判过程中作伪证，以取得司法豁免。这会严重妨害案件事实的认定。再次，联邦第二上诉法院不想因检察机关与被告人在审判过程中的程序性不平等，就赋予被告人一项新的权利。最后，被豁免的辩方证人为了使其日后免于被追究刑事责任，可能会在作证过程中故意以无关事实或者次要事实来模糊案件客观事实。法院在司法豁免决定过程中对此无从了解也无法查知，“因为豁免辩方证人在满足被告人对证据的现实性需要的同时，给公共利益带来一定的危险，而法官无法妥适地衡量该危险，所以法院不应当给予辩方证人以司法豁免”。可是，联邦第二上诉法院也并未彻底反对司法豁免辩方证人。“公正审判之规定并没有为法院或者检察机关豁免辩方证人设置一般性义务，审判法院在适当场合下可以豁免这些证人。”联邦第二上诉法院更为认可附条件指示检察机关的方式。

对于附条件指示检察机关豁免辩方证人而言，仍由检察机关自由裁量是否豁免辩方证人。除非检察机关明显存有违法行为，否则在美国刑事司法实践中这往往并不足以使检察机关豁免辩方证人。而美国联邦第三上诉法院创造性地给予辩方证人以司法豁免。尽管司法豁免与立法规定以及先例稍显不符，但是司法豁免作为美国刑事司法实践中自发形成的辩方证人豁免难题的解决方式，能够较为充分地保障被告人的宪法性权利。如若法院继续在辩方证人豁免中扮演消极的角色，那么被告人宪法性权利的保障将无从谈起。由检察机关决定豁免控方证人，而法院承担豁免辩方证人之职责，将消解辩方证人豁免难题。承认法院有权豁免辩方证人不仅是迫使辩方证人作证并且保障被告人宪法性权利的关键之所在，而且是调和立法将豁免权完全赋予检察机关行使和权力分立之间的矛盾的必然产物。

严格审视法院和检察机关在辩方证人豁免中所扮演的角色，法院比检察机关更适合豁免辩方证人。一方面，在美国刑事司法实践中检察官在面对辩方证人豁免请求时大多带有不合理的偏见。虽然检察官能够更为理性地平衡诉讼对辩方证人证言的需要与之后追究该证人刑事责任之间的矛盾，但是这种评判往往忽略了对被告人宪法性权利的保障。检察机关为了满足追诉之便利通常无法客观公正地衡量豁免辩方证人与否。具体而言，当被告人请求检察机关依法豁免辩方证人以迫使其提供证明被告人无罪之证言时，检察机关往往认为豁免该辩方证人会阻碍诉讼的顺利推进，以及给被告人定罪带来不确定性，甚至给以后追究该被豁免的辩方证人的刑事责任造成困难。虽然被告人请求检察机关豁免辩方证人值得检察机关深思，但是检察机关仍然会固守追诉利益而拒绝豁免辩方证人，进而危及被告人所享有的宪法性权利的实现。另一方面，与检察机关相比，法院在辩方证人豁免过程中秉持中立之态度。法院并不需要承担证明被告人有罪的证明责任，而且也不需要考虑以后追诉那些确实应当承担刑事责任的被豁免证人。法院在辩方证人豁免过程中仅需要考虑两点：被告人的宪法性权利是否得到充分保障以及判决公正与否。基于对公共利益和公正审判之考虑，法院更适合衡量是否豁免辩方证人。

过去美国法院通过判决等手段来规范国家权力并维护被追诉人的宪法性权利。由于检察机关拒绝给予辩方证人以豁免，所以当辩方证人主张不得强迫自证其罪的权利时，被告人无法提出重要的辩护证据。法院作为被追诉人权利的守护者，需要确保被告人能够有效地提出这些辩护证据，并且防止在其他案件中被告人遇到类似的难题。法院补救性地豁免辩方证人实际上是基于检察机关对被告人宪法性权利的漠视。法院豁免辩方证人是法院固有权力的体现。由于辩方证人豁免难题具有一定的普遍性，所以需要变革检察机关行使证人豁免权的现状。此外，保障被告人的宪法性权利也符合“三权分立”原则的内在要求。当检察机关行使证人豁免权不当妨害被告人所应享有的宪法性权利时，法院可以通过司法权来约束行政权，进而实现诉讼平等和公正审判。因此，由司法机关豁免辩方证人符合法院作为被告人权利守护者的传统角色以及“三权分立”之本质要义。

尽管美国联邦第三上诉法院认为法院有权根据辩方证人证言的重要性以及可获得性等来决定是否给予该证人以司法豁免，但是 *Government of the Virgin Islands* 案并未详细规定司法豁免的适用程序。为了避免司法豁免被滥用，在该案之后美国刑事司法实践中逐渐形成了一些司法豁免的程序性规定。首先，由于辩方证人在被豁免之前通常会拒绝向法院透露其自证其罪的事实，所以法院主要根据辩方所提供的该证人证言重要性和可获得性的证据来判断是否豁免该证人。法院通常在审前证据听证中就辩方所提供的证人豁免的证据进行审查。如果被追诉人所提供的证据并不足以证明将予豁免证人证言的重要性和可获得性，那么法院通常会拒绝豁免该证人。其次，法官需要考虑豁免该证人所带来的追诉风险。豁免使得被豁免证人自证其罪的证言免于之后的刑事追诉，阻却国家刑罚权的实现。法院毕竟有别于追诉机关，法院在豁免辩方证人时可能无法全面、充分地考虑被豁免证人的追诉风险，所以法院在审前证据听证中需要尽可能妥当地考虑豁免该证人所带来的追诉风险，以防止被追诉人利用司法豁免帮助其他犯罪嫌疑人脱罪之目的。再次，法院还需要考虑在豁免之前追诉机关已经收集的该证人的追诉证据。如若之后追究被豁免证人的刑事责任，检察机关就需要证明追诉证据独立于被豁免的证言。部分追诉机关在审前证据听证之前，将所收集的证人的追诉证据备份封存于法院。最后，在美国刑事司法实践中有辩方多次提出审前证据听证，以此拖延审判。法院应当要求被告人及其辩护律师在审前证据听证中提出全部的证人豁免请求及相关证据。

第二章　证人豁免制度的理论基础

证人豁免制度的理论基础，是证人豁免制度的基石，也是给证人豁免制度“正名”的依据。理论基础通常是学术研究和制度构建的起点。以往我国对证人豁免制度的系统研究付之阙如，因而给证人豁免制度“正名”就显得尤为重要。本章将从哲学基础、结构基础和制度基础三个方面，分析证人豁免制度的理论支柱。

第一节　证人豁免制度的哲学基础：实用主义

实用主义被誉为“美国的国家哲学”，其作为一种文化形态，最早可以追溯到美国殖民地时代，而作为一种哲学思潮，则肇始于19世纪末，并在20世纪法治发展进程中发挥着重要的作用。欧洲大陆历经文艺复兴、新教运动和启蒙运动等思想进步、文化解放的社会运动之后，自由、平等、民主等思想观念深入人心。尽管欧洲移民来到美洲以后民族、信仰、文化背景等差异显著，但是平等独立、自由包容、开拓务实的观念使其在随后的个人生活与社会发展中逐渐成就了一个新的国家。“美国人是一个讲究实际的民族，不大善于思考。他们凡事考虑眼前的利益，而不大追求长远的利益。他们所看重的是够得到，摸得着，切实存在，并能用金钱估量的东西。”① 纵观美国的历史发展，在美国独立之后的百余年间，特别是在美国内战结束后到19世纪末，美国由农业社会向工业社会转

① ［法］托克维尔著：《论美国的民主（下册）》，商务印书馆1991年版，第954页。

型，美国社会发展的重心由乡村转向城市，工业现代化发展使得美国社会处于物质繁华下的不安与无序状态当中。克服社会发展问题并维护强劲的发展态势成为美国的历史使命。在工业化和城市化推动美国政治、经济和文化变革的同时，传统观念受到质疑和批判，并且社会涌现出许多反传统的进步主义思潮。美国社会极力宣扬公平正义、保障公民基本权利以及摆脱束缚、不拘泥于传统、拼搏进取的精神。当时的美国人在思想、性格和行为中流露出“追求个人独立和自由的意识；崇尚平等民主和宽容的精神；尊重事实和讲求功效的观念等等”。① 这便是所谓的美国精神。实用主义既与根深蒂固的美国精神相联系，又符合当时的社会发展需求。实用主义不仅有助于消除社会变革时期美国国内民众内心深处的焦躁与不安，指明其前进的方向并给予其精神慰藉，而且可以通过颁布法律、制定政策等实现社会控制进而实现社会正义，强化联邦政府的影响，促进公共利益并保护以私有财产权为基础的资本主义经济制度等。实用主义是美国精神在哲学上的集中阐释与提炼，是美国历史和文化的产物，而美国精神则是实用主义的思想源泉和基石。实用主义是美国的信条，其推动美国精神的发展和进步，并且成为美国法治现代化的理论支柱。

实用主义有以下几个基本特征：“第一，实用主义是一种‘以人为本’的实验主义。实用主义者对传统的哲学观念持怀疑和批评的态度，其主张把哲学与人类行为和生活经验联系起来，其认为哲学不仅是任何认识世界的问题，而且要对人有实用价值，给人以智慧，帮助人学会应对环境，改造环境。第二，实用主义者把人看作行动的主体，而人的思想是对客观环境能动的反映，思想也是人应对环境的工具，用以建立信念、摆脱困惑和培养行动习惯。思想以其在实际行动或操作中产生的后果来确定真伪，不是看最先的原则，而是看最后的效果。第三，效用即真理。实用主义坚持效用与

① 彭越著：《实用主义思潮的演变》，厦门大学出版社 1992 年版，第 22 页。

真理的一致性，坚持从思想观念与人以及人的行动的关系去确定思想观念的真假。实用主义具有工具主义的特征。实用主义把真理视为思想的一种，所以真理也是工具，但必须是有效用的工具。第四，实用主义是社会渐进的改善主义。实用主义者从理论所导致的实际效果出发，认为真理是多元的。真理是思想观念起作用的过程，是思想观念在活动中兑现从而得到证实的过程，是真理化为现实的过程。任何真理都需要改进，如果信念与经验发生冲突，就必须抛弃信念。既然思维是怀疑——探究——信念的过程，就应该对任何事物进行自由研究，自由探讨。于是实用主义者反权威，反教条，反保守停滞，提倡超越传统，发挥个体创造性，主张积极进取。”①

美国法律的品格以及司法对待公正的态度也体现出深刻的实用主义追求。从奥利弗·霍姆斯大法官开始（甚至还有前者），到本杰明·卡多佐大法官，再到现如今的史蒂芬·布雷耶大法官等，尽管美国历史在发展，时代在更替，但是实用主义在美国法律和司法实践中传承百余年而至今仍然熠熠生辉，实用主义贯穿于整个美国法治文明的过程。实用主义强调法律应当立足于现实生活，任何法律都无法超越现实而作为先验原则存在，离开了现实，法律也就失去了意义和价值；理论应当联系实际并以司法实践中出现的具体问题为指引，注重立法目的和判决结果对司法实践的影响；讲求实效并将实效作为检验理论的标准；摆脱传统法律观念的束缚、解放思想、勇于探索，不可因循守旧，而应开拓创新；在国家权力和公民权利的紧张关系中突出个人权利的至上性；对司法公正的追求是一个无尽的、历史的斗争过程；等等。

自从18世纪末美国宪法第五修正案规定了“任何人不得在任何刑事案件中被强迫自证其罪”以来，不得强迫自证其罪特免权

① 赵红：《美国的民族精神与实用主义哲学》，载《榆林学院学报》2005年第6期；王成兵：《论美国古典实用主义的基本特征》，载《学术论坛》2000年第5期。

在美国司法实践中逐渐发展并走向成熟。虽然证人豁免制度不如不得强迫自证其罪特免权影响之显著，但是证人豁免制度以不得强迫自证其罪特免权为前提和基础，推动了不得强迫自证其罪特免权的完善。证人豁免制度从其确立之日起就饱受质疑与批判，而证人豁免制度的发展之路更是充满了荆棘与坎坷。对于证人豁免制度所给予证人的保障究竟能否等效于不得强迫自证其罪特免权所提供的保障的争论始终伴随着证人豁免制度的发展过程。然而，证人豁免制度并未被时代摒弃，也非美国刑事司法实践中的昙花一现，反而日趋合理与完善。究其原因，这与美国人所秉持的实用主义哲学观不无关系。证人豁免制度作为不得强迫自证其罪特免权发展过程中的必然产物，迎合了美国社会的实用主义哲学观，而实用主义哲学观也为证人豁免制度奠定了坚实的思想基础。由于威廉·詹姆斯作为实用主义理论的创始者和代表人物之一，其认为“实用主义”一词具有行为、行动的意思，实用主义应当主要从人的行动角度去研究与之相关的问题，所以本书主要从实用主义哲学观对证人豁免制度相关主体的实际作用出发，来考察证人豁免制度的哲学基础。

根据《美国法典》第 18 编 §6002 豁免总则和 §6003 法院和大陪审团程序规定，在联邦法院或者联邦大陪审团所适用的程序或者附属程序中，对于曾经或者可能被传唤作证或提供其他信息的任何个人而言，（1）该人提供的证言或者其他信息对于公共利益可能是必需的；（2）该人根据不得强迫自证其罪特免权已经拒绝或者很可能拒绝作证或者提供其他信息。于是，联邦检察人员请求联邦总检察长、副总检察长、任何指定的总检察长助理批准豁免该证人。之后，联邦检察人员请求联邦地区法院签署一项命令，以要求那些根据不得强迫自证其罪特免权而拒绝作证或提供其他信息的个人作证或者提供其他信息。在法院签署豁免令以后，法院告知证人已签署豁免令。在此之后，证人不得以不得强迫自证其罪特免权来拒绝遵守该命令，但是根据该命令强迫证人作证的证言或者其他信息（或者直接或间接源于上述证言或其他信息的任何信息）不得在刑事案件中作为对证人不利的证据，证人因伪证、虚假陈述或者未能遵守该命令而受到刑事追诉的除外。由此可见，证人豁免过程的参与者通常包括联邦检察人员、证人、联邦总检察长等豁免批准者以及法官。由于证人豁免的结果对被追诉人的利益产生事实上和法律上的影响，特别是对于辩方证人豁免而言，所以还需要将被追诉人纳入证人豁免制度的分析范围。与此同时，在证人豁免过程中无论是证人还是被追诉人，通常都由律师维护其合法权利，所以在考量实用主义哲学观对证人豁免制度的影响时还有必要关注律师的作用。

第一，对于联邦检察人员而言，首先，在刑事审判过程中联邦检察人员应当通过证据将被追诉人构成犯罪的真实性证明达到法定的程度。因为待证事实存有差异，所以美国证据法为此设置了等级有序、确信度由高到低的证明标准体系。检察机关应当将被追诉人构成犯罪事实的全部构成要件都证明达到排除合理怀疑的程度，以此防止冤假错案的发生。如若检察机关证明尚未达到证明标准，那么裁判者将不会作出有罪裁判。为了达到刑事证明标准，检察机关应当准确查明案件事实，并且充分收集作为认定案件事实之基石的犯罪证据。由于证人通过主张不得强迫自证其罪的权利拒绝作证或者提供案件相关信息，而该证人证言或者证人所提供的案件信息对于维护公共利益而言可能必不可少，所以联邦检察人员为了实现有效追诉犯罪之目的而豁免该证人，以使其如实作证或者提供案件相关信息。其次，刑事诉讼实际上是国家追诉犯罪、惩罚罪犯、实现国家刑罚权的过程。现代刑事诉讼不仅要查明案件事实真相、规范国家权力之行使并保障被追诉人的合法权利，而且要优化司法资源配置、提高诉讼效率。刑事诉讼活动对于国家来说也是一种沉重的负担。虽然司法资源的投入有利于实现司法公正，而且世界各国普遍加大了对司法资源的投入力度，但是司法资源仍然难以承受刑事案件数量快速增长所带来的诸多重负。例如，从 20 世纪 60 年代初到 90 年代美国犯罪率呈上升趋势，1960 年美国每十万人中的暴力案件发生率为160.9，谋杀案件发生率为5.1，财产案件发生率为1726；1991年美国暴力案件发生率为758.2，谋杀案件发生率为9.8，财产案件发生率为5140。[①] 刑事案件数量的成倍增加使得检察机关案件积压现象非常严重。检察机关需要在保证刑事案件追诉质量的前提下，投入单位司法资源以破获更多的案件。联邦检察人员通过豁免证人，使该证人如实作证或者提供案件相关信息来更为有效地解决疑难、重大、复杂的案件。如若追诉机关缺少该证人证言或者其所提供的案件相关信息，那么案件事实可能难以查明，犯罪证据就可能无法及时、妥当地收集。证人豁免制度有助于检察机关更为合理地配置司法资源，而且提高了追诉效率。从根本上讲，证人豁免制度是检察机关追诉理性与司法实践追诉困难相妥协的产物。再次，由于联邦检察人员由政府行政首长任命而产生，联邦检察人员与政府行政人员关系非常紧密，联邦检察机关无法避免受到行政权力的影响，而检察事务则明显具有行政属性。很多联邦检察人员将检察工作视为实现个人政治抱负的基石或者重要途径，因而在刑事追诉过程中联邦检察人员需要考虑公众对刑事案件追诉结果的意见以及媒体对此的态度等。就刑事追诉结果而言，联邦检察人员对职务利益的追求促使其有效地追诉犯罪，及时弥合被犯罪行为所侵害的法益，在此基础上震慑犯罪并维护社会秩序稳定。就刑事追诉的过程而言，检察人员出于对职务利益之考虑也会积极推动证人豁免，在减轻追诉压力的同时，准确查明案件事实并追究主要犯罪人的刑事责任。

第二，对于被豁免的证人而言，首先，在美国立法和司法实践中，证据根据其外在表现形式可以大致划分为证人和证物。证人是指对案件相关事实具有亲身知识，并在宣誓或者郑重声明将如实作证后在法庭上提供证言的人。《联邦证据规则》规则601规定，每个人都有作为证人的资格，除非本证据规则另有规定。“如今，以

① 美国的犯罪问题，http://zh.wikipedia.org/wiki/，2014年7月6日访问。

往阻碍证人作证的大多数理由已经完全转换为纯粹的抨击证人可信性的理由。”① 证人的关键在于以言辞的方式作证，包括我国刑事诉讼法中所规定的证人、犯罪嫌疑人、被告人、被害人等。除法律有特殊规定的以外，证人必须接受交叉询问，且均适用传闻证据规则。美国证据法并未因提供证言者身份的差异而将言辞证据区分为证人证言、犯罪嫌疑人、被告人供述和辩解以及被告人陈述等。在美国证据法中证据种类呈开放和包容态势，并未对其作出严格的限定或规制，而重在对证人的权利进行保障以及对追诉机关的权力进行制约。其次，证人豁免以证人根据不得强迫自证其罪特免权已经拒绝或者很可能拒绝作证或者提供其他信息为前提，证人在被豁免以后不得继续主张不得强迫自证其罪的权利而拒绝作证或者提供其他信息。在美国刑事司法实践中检察机关通过豁免证人来取得证人的重要证言，使其作为控方证人在法庭上作证，或者促使被豁免的证人与追诉机关合作，向追诉机关提供证据或者追诉线索等。被豁免的证人并不会因作证或者提供其他信息而产生自证其罪的实际困扰。在美国，证人豁免制度的出现具有偶然性，但该制度也是不得强迫自证其罪特免权历史发展过程中的必然产物。追诉机关在尊重证人不得强迫自证其罪权利的同时，为了获得该证人证言而在一定程度上放弃追诉该证人的罪行或者不得使用该证人所作证言或所提供证据。证人豁免制度是美国宪法第五修正案规定与司法实践的折中方案。最后，证人豁免制度主要有两种形式：交易性豁免和使用豁免。从过去被豁免证人所作证言或者所提供其他信息中公开的所有犯罪行为均不得被追究刑事责任，到现如今被豁免证人所作证言以及由该证言所收集的其他犯罪证据不得作为追诉证据，从过去对被豁免证人的绝对保障到当前对该证人的相对保障，这意味着证人豁免制度在经过司法实践检验之后检察机关对该制度的审慎抉择。

---

① ［美］约翰·斯特龙等主编.:《麦考密克论证据》，汤维建等译，中国政法大学出版社 2004 年版，第 133 页。

目前美国司法实践中以使用豁免为主，被豁免的证人并未被免于追究刑事责任，如若追诉机关从其他途径所收集的犯罪证据足以证明其有罪，那么该证人仍会被定罪量刑。因而检察机关积极适用证人豁免制度。

第三，对于联邦总检察长等豁免批准者和法官而言，美国司法部作为美国联邦政府的行政机关之一，其部门长官通常被称为美国联邦总检察长。美国联邦总检察长的职责主要是替美国政府处理法律事务、在法庭上维护美国政府的利益、确保美国政府公平且诚实地参与司法过程来保护美国的法治以及对美国司法部进行监督等。[①] 在证人豁免过程中联邦总检察长等根据法律之规定对联邦检察人员提出的证人豁免请求的真实性、合法性进行审查、批准。由联邦总检察长等对证人豁免进行审批，其独立性、专业性、责任性使其成为证人豁免实质上的决定主体。联邦总检察长等并不承担证人豁免案件中的具体检察职责，以此保证证人豁免之审批具有相对独立性；联邦总检察长由美国总统征求参议院同意而任命，其在法律能力、工作经验、政治素养等方面为美国联邦政府所认可，而且长期的证人豁免审批经验使其熟知并精通于证人豁免之要诀和关键，由此确保联邦总检察长等的专业性；由于联邦总检察长等职务行为受到国会、媒体以及公众等的审视与监督，明显违法违规豁免证人将使其名誉受损，更不利于其政治前途发展，因而联邦总检察长等依法审慎负责地豁免证人。通过联邦总检察长等对证人豁免进行审批能够保证证人豁免的质量，在一定程度上避免证人豁免制度异化为追诉犯罪的工具并防止证人豁免制度被滥用，以此对国家权力进行内部制约并对被豁免证人的权利予以充分的保障。

由于司法机关应当保障公民所享有的宪法性权利，并对公权力的行使是否具有合宪性、合法性进行审查，所以法官应当对证人豁免过程进行司法审查，对豁免证人是否符合法律所规定的条件进行

---

① 参见 http://www.justice.gov/ag/about-oag.html，2014 年 7 月 7 日访问。

评判。如若证人根据不得强迫自证其罪特免权已经拒绝或者很可能拒绝作证或者提供其他信息，而该证人所提供的证言或者其他信息对于公共利益可能是必需的，并且联邦总检察长等已经批准豁免该证人，那么法官通常会签署豁免令，以要求那些根据不得强迫自证其罪特免权而拒绝作证或提供其他信息的个人作证或者提供其他信息。证人豁免制度以不得强迫自证其罪特免权的确立和充分发展为前提，但为了满足司法实践的现实需要而依法强迫证人作证或者提供其他信息，为此检察机关在对被豁免的证人所提起的诉讼中不得将该证据以及由此所收集的其他证据用于控方证据。证人豁免制度在有助于准确查明案件事实的同时，具有根深蒂固的强迫性。尽管检察机关负有客观公正之义务，但是在日常追诉犯罪的过程中难免会出现侵犯公民基本权利的情形。为了减少甚至避免检察机关主导证人豁免过程中所可能产生的不公正因素，《美国法典》规定需要强化对证人豁免的司法控制。

第四，对于被追诉人而言，自从 1857 年以来美国联邦法律规定有权豁免证人，就使得检察机关依法强迫证人作证而不违反由美国联邦宪法第五修正案所规定的不得强迫自证其罪特免权。20 世纪 60 年代由沃伦大法官主持的美国联邦最高法院掀起了一场“正当程序革命”，强化对犯罪嫌疑人、被告人权利进行保障。这场革命推动了辩方证人豁免的发展。由于美国宪法第六修正案规定“在一切刑事诉讼中，被告人有权以强制程序取得对其有利的证人”，以及宪法第五修正案所规定的“正当法律程序”，所以被告人在审判时有权获得重要的辩护证据。而现代刑事诉讼强调普遍的公共利益和特定案件中被追诉人的利益共同得到保障。换言之，追诉机关应当和被追诉人在诉讼中平等武装、平等保障。因此，美国检察机关有义务为被追诉人的利益而依法强迫证人作证。如果辩方证人的证言具有可信性，并且对于查明案件事实与做出正确裁判具有重要意义，那么检察机关应当豁免辩方证人。不过，在美国刑事司法实践中检察机关豁免辩方证人存在现实性困难，由此美国联邦上诉法院萌生出给予辩方证人以司法豁免之理念。虽然在刑事案件中很少豁免辩方证人，在地区法院层面上，申请辩方证人豁免的案件中只有 3.6%的案件给予了豁免，而在巡回法院层面上，十二个巡回法院中只有三个巡回法院曾经豁免过辩方证人，但是所有法院均表示，当为了保障被告获得公正审判的权利时，在特定情况下可以豁免辩方证人。①

第五，对于律师而言，追诉机关以国家权力为依托，在技术装备和人员素养等方面明显优于被豁免的证人，两者相互角力时力量悬殊，因而知晓案件事实或者能够提供案件相关信息的证人根本无法同追诉机关相抗衡。为了弥补证人法律和诉讼经验之不足，并维护其所享有的合法权利不被侵犯，证人豁免过程需要律师的参与，更离不开律师的贡献。“认真负责，积极热心的辩护律师是自由的最后堡垒——是抵抗气势汹汹的政府欺负他的子民的最后一道防线。辩护律师的任务正是对政府的行为进行监督和挑战，要这些权势在握的尊者对无权无势的小民百姓作出出格行为前三思而后行，想想可能引起的法律后果；去呼吁，去保护那些孤立无援无权无势的民众的正当权利。”② 现代刑事诉讼日趋繁复与专业，如若诉讼参与者缺少律师的帮助，那么其所享有的权利就可能流于形式，检察机关与证人之间的平衡关系更难以实现，而豁免可能沦为诉讼过程中的空谈。此外，“1960 年美国律师总人数为 285933 人，到 1995 年则增长为 857931 人，总人口数与律师数也由 1960 年的 632/1 上升至 1995 年的 303/1。美国律师数量在 1960 年之后呈现

---

① Nathaniel Lipanovich. Resolving The Circuit Split on Defense Witness Immunity: How The Prosecutorial Misconduct Test Has Failed Defendants And What The Supreme Court Should Do About It [J]. Texas Law Review, 2012:177-179.

② [美] 德·肖微茨:《最好的辩护》，法律出版社 1994 年版，第 482 页。

加速增长的趋势”。[①] 律师人数的显著增加也在一定程度上反映出美国司法实践对律师的理性需求。在刑事诉讼过程中律师的普遍参与有助于保障刑事诉讼的公正性，进而实现实体正义和程序正义。

综上所述，证人豁免的过程便是公民权利与国家权力激烈对抗的过程。司法实践最终构建和塑造出以维护司法公正、关怀处于弱势地位的证人并尊重其合法权利为内涵的豁免方式，从而不仅推动了不得强迫自证其罪特免权的发展，而且有效地规范和约束了国家权力肆意冲动与妄为的欲望。证人豁免制度立足于现实问题并服务于美国司法实践，这恰恰是构成证人豁免制度生命力的重要源泉。实用主义是人对于现实的理性状态，而证人豁免制度是实用主义在刑事司法实践中的体现。实用主义哲学观使得证人豁免制度能够冲破不得强迫自证其罪特免权的束缚而在美国立法和司法实践中萌芽，在历经曲折与坎坷之后终为美国社会和民众所接受。证人豁免制度以公正、效用为中心，换言之，证人豁免制度的价值在于其在美国刑事司法实践中产生的结果所显示出来的功效。正是因为实用主义哲学观在美国早已深入人心，所以才为证人豁免制度奠定了基础。

第二节　证人豁免制度的结构性基础：对抗制

对抗制作为美国刑事司法的精神与意志，从诉讼的基本理念到制度规则、从诉讼起始到诉讼终结、从办案机关到被追诉人无不体现出对抗制的要义。对抗制早已深入人心，成为英美刑事诉讼的基本态度和行为模式。“对抗制的优点与其说在于允许无罪之人为自己进行有意义的辩护，不如说它基本上能防止无罪之人不作辩

---

① Richard Abel. *American Lawyers*, New York Oxford University Press, 1989: 280.转引自吴洪淇：《美国律师职业危机：制度变迁与理论解说》，载《环球法律评论》2010年第1期。

护。"[①] "从狭义上而言，当我们提及对抗制时，我们是指一个特定的裁判方式，即法庭上依法审理案件所应遵循的方式，在裁判争议的过程中对抗双方、法官及陪审团所扮演的角色。对抗制所描述的裁判方式通常是指，对抗双方所发挥的功能与法官有所不同，而法官所体现之功能与陪审团也有所区别。"[②] 从广义上而言，"在最低限度的意义上，所有西方世界的司法制度都是对抗制的，因为在这些国家，当事人都是对立的，都是与国家进行对抗，都有机会获得一个中立且独立的法官听取其意见，都能获得站在其立场上的法律代理人的代理。"[③] 虽然对抗制作为诉讼构造之提炼与概括可适用于两大法系国家，但是本书仅从英美法系对抗制的角度出发，将证人豁免制度限定在狭义的对抗制的范围内进行探讨，以此管窥证人豁免制度的结构性基础。基于此，本书认为对抗制是指对抗双方在高度结构化的对抗过程中提出主张并提供作为裁判之依据的证据，由中立且消极的裁判者据此作出公正裁判的制度。对抗制不仅能够保障那些有罪被告人的尊严，而且有助于避免无罪之人遭受不公正的裁决。对抗制通过权力的分立与制衡以及国家权力与公民权利的平等对抗，来约束国家权力之行使并维护公民的合法权利，进而克服诉讼之内在弊端并最终实现诉讼公正。

一、证人豁免制度产生和发展的对抗制背景

考察当下美国证人豁免制度，必须将其置于对抗制发展的历史长河中进行理解，这不仅是因为证人豁免制度本身就是历史演进的产物，更为重要的是，只有梳理对抗制的历史发展脉络才能理解证

---

① Jethro Lieberman. Book Review, 27 N. Y. L. Rev. 695 (1981).

② Lon Fuller. The Adversary System. Stephan Landsman. *Readings on Adversarial Justice: The American approach to Adjudication* [M]. St. Paul, MN: West Publishing Co., 1988: 47.

③ See Gordon Kesse. Adversary Excesses In The American Criminal Trial, 67 Notre Dame L. Rev. 403, 1992:413.转引自易延友：《对抗式刑事诉讼的形成与特色》，载《清华法学》2010 年第 2 期。

人豁免制度的结构性基础，才能真正明晰证人豁免制度对于美国刑事司法的作用和意义。对抗制的历史沿革大致可以分为三个阶段：古老的弹劾式诉讼、中世纪时期的陪审团审判以及现代对抗制[①]。而在现代对抗制的视野内，不得强迫自证其罪特免权才得以确立并对证人豁免制度产生了深刻的影响。因此，本书以现代对抗制的历史为背景展开对证人豁免制度结构性基础的研究。

（一）中立、消极且独立的事实裁判者

17世纪下半叶英国政局动荡，社会处于大变革之中。正是在这一时期对抗制开始全面发展，并历经百年纷争之后于18世纪末在英国和美国得以完全确立。英美法官和陪审团所秉持的中立且消极的立场并非与生俱来，而是在这百年沧桑变幻之中朝着现代对抗制的方向逐渐转变形成的。例如，在1670年*Bushel´s*[②]案中，两名贵格会教徒因违反非国教徒秘密集会法令而被逮捕。陪审团裁定这两名被告因在街头演讲而获罪，但并未以非法集会来定罪。审判法官为此感到非常愤怒，其告知陪审团："除非作出法庭所能接受的裁决，否则法庭不会解散该陪审团。"陪审团将裁决修改为"在街头聚会演讲"来治罪，可是这还是不符合法官的期待。因此，法官将陪审团锁在陪审团室，并且不给陪审团食物、水等生活必需品。其中一名被告人对法官之行径提出抗议，法官下令捆住该被告人并堵住其嘴巴。两天之后陪审团作出一份无罪裁决。法官以该裁决与已查明事实不符而判处陪审团罚金，并以藐视法庭判处陪审员监禁。其中一名陪审员 Edward Bushel 拒绝支付罚金，并将该案上诉到普通诉讼法院。最后法院判决陪审团不因其所作裁判而受惩处，但是陪审员可能会因其个人行为不当而受惩处。由此可见，当时的陪审团难以保持中立，而法官则在诉讼过程中扮演着积极的角

① 易延友：《对抗式刑事诉讼的形成与特色》，载《清华法学》2010年第2期。

② 124 E. R. 1006 (1670). http://en.wikipedia.org/wiki/Bushel´s_Case.，2014年4月23日访问。

色并主导裁判结果的作出。法庭之上无论证人还是被告人甚至陪审团等，皆须遵从法官之旨意并尊重法庭之权威。18 世纪初英国上级法院可以推翻初审法院所作判决。如若法官认为原审陪审团根据已查明案件事实和证据不足以作出该裁判，还可以下令重审。自从 1756 年 William Murray 成为英国王座法院首席大法官之后，这种审判方式便被推广适用于所有案件。① 此外，律师广泛参与诉讼也在一定程度上使得法官不再积极探求案件事实真相并干预陪审团所作之裁判结果。

与职业法官相比，业余的陪审团更符合对抗制对中立且消极的裁判者的要求。首先，陪审团履行法律所赋予的职责，审视证人所作之证言，评定证据，认定案件事实，将法官指示其的法律适用于案件事实之后得出裁判结果。在刑事案件中陪审团经过评议得出被告人有罪与否的裁判，而在民事案件中陪审团则判决原告或者被告胜诉。陪审团无须解释作出裁判的理由，而只需得出一个裁判结果即可。而法官在审理案件的过程中积累经验，并将审判经验适用于新的案件，循环往复，使得法官与诉讼密不可分。当法官在履行职责时，难免出现偏见或者积极的情形，但陪审员通常不会卷入纠纷之中或者对案件产生不合理的偏见。其次，陪审团成员与法官相比，能力与经历大有不同。法官经过法律培训而能够以法律角度进行思考，并且在审判过程中获得丰富的法律实践经验，而陪审团成员工作各异，阅历也有很大差异，甚至在宗教、政见等上的不同也会对案件最终的裁判结果产生影响。“陪审员审判经验的欠缺也是一笔财富，因为陪审员赋予审判以一份新意，避免思维僵化而蒙蔽了正义之眼。”② 再次，由于陪审团成员众多，一位陪审员或者少数陪审员对案件怀有之偏见，不足以使整个陪审团作出不公正的判决。如若案件证据产生不公正的损害、混淆争点以及存在其他危

① William Murray-Lord Mansfield, 1 Alta. L. Q. 41 (1934-1936).

② *Parklane Hosiery Co., Inc. v. Shore*, 439 U.S. 322 (1979).

险，而使得法官心存偏见或者被误导，那么这会直接影响案件的判决结果。最后，在陪审员遴选过程中候补陪审员需要在法庭上接受法官或者对抗双方的问询，以此来甄别出对案件公正判决有负面作用的候补陪审员。然而，却不存在确保法官公正审判的机制。由此可见，陪审团要比法官更适合对抗制中立且消极的期待，因而陪审团成了对抗制的重要支柱。

陪审团在美国对抗制的发展过程中发挥着重要作用。美国宪法第3条第2款和第六修正案对刑事案件由陪审团审判的权利作出规定，而美国宪法第七修正案对陪审团审理民事案件予以规定。各州宪法也作出了类似规定。“如果没有陪审团，那么对正义的追求将会日趋艰难。……陪审团是法律中最为平等与民主的成分。陪审团具有那些宏伟的建筑物和洪亮的开场都无法与之比拟的权威性和普遍接受性。”[①] 陪审团还作为民主的产物，用于对抗政府暴政与司法专制。陪审团可以避免政府将司法用于惩罚政治异己之工具。陪审团由当地民众所组成，不需遵从政府之意旨，不受政治势力之影响，甚至还独立于司法系统。陪审员仅凭借内心良知与生活常识经验等作出裁判。18世纪末美国宪法第六修正案通过之时，也受到这种思想的影响。“托马斯·杰弗逊认为，由陪审团审判的权利比起投票权能更好地保障个人的自由。正是因为有陪审团，每位公民所享有的权利和所承担的责任将由同道其他公民所决定，而不是由官僚或者政府职员来决定。”[②] 美国在将陪审团审判作为被告人基本权利之保障的同时，也将其作为束缚政府非理性行为之法宝。

英国司法独立的过程非常坎坷，而历时也很长久。英国有关将司法作为皇家特权与公正审判之间的争斗延续了整个17世纪。当时法官被视为国王的仆人，国王可以随意任免法官，而法官为了维

---

① William Young, Trying The High Profile Case, (1984).

② The Iowa Lawyer, 2003(11):5. http://www.iowabar.org/? page=IowaLawyer, 2014年4月23日访问。

护个人利益也不得不屈服于国王对案件的旨意。国王对司法的控制成为国王权力的体现。最著名的例子便是1616年国王詹姆斯一世解除库克大法官职务事件。面对国王詹姆斯一世多次公然干预司法的举动，库克大法官以“国王虽高居万人之上，但仍低于上帝与法律”来据理力争。国王詹姆斯一世无言以对，只好将库克大法官免职。1701年英国国会通过的《王室继承法》中明确规定，只要法官“品行端正，不得免职”。[①] 在英国光荣革命之后约翰·霍尔特成为王座法院大法官。在霍尔特大法官21年的法官生涯之中，其非常注重保障被告人的合法权利、确保公正审判，在其所审理的诸多案件中都强调司法独立的作用和意义。[②] 而美国争取司法独立的过程主要起源于19世纪早期。美国政党通过法官提名来决定法院的人员构成，并以此来影响法官的政党意识形态，进而在审判结果中带有深刻的政党印迹。当托马斯·杰弗逊于1801年当选为美国第三任总统之时，美国民主共和党和联邦党之间的党派斗争日趋激烈，甚至法官在法庭上也会公开表达具有政党性的态度和意见。杰弗逊作为民主共和党的总统，其支持者们试图通过弹劾不能胜任的联邦党法官以及对联邦党法官治罪的方式来免除这些法官职务。在1804年John Pickering法官因遭弹劾而被免除法官之职。[③] 联邦最高法院大法官Samuel Chase的政治偏见使其以明显不公正的方式对待被告人及其辩护律师。1805年Chase大法官也因此而被弹劾，成为了联邦最高法院中唯一一位被弹劾的大法官。[④] Chase大法官的弹劾案成为法官应当保持司法独立的有力警示。此后，联邦最高法院首席大法官John Marshall采取中立的姿态，这也成为衡量法官行为得当与否的基本准则之一。19世纪初法官职业行为的规范也

① 何帆：《“品行端正”与法官独立》，载《看历史》2012年第10期。

② http://myweb.tiscali.co.uk/redgravehistory/holt/johnholt.htm，2014年7月10日访问。

③ http://en.wikipedia.org/wiki/John_Pickering_(judge).

④ http://en.wikipedia.org/wiki/Samuel Chase Impeachment.

使得美国法官在法庭上的行为相较之前更为审慎。

（二）律师扮演着更为重要的角色

在法官和陪审团朝着中立、消极且独立的方向发展的同时，律师在准确查明案件事实和推动诉讼进程方面发挥着更加积极的作用。一方面，诉讼程序的完善和证据规则的构建，使律师担负起维护法律尊严和诉讼公正的使命。另一方面，18 世纪法律职业化进程也在一定程度上提高了律师的地位。在 17 世纪末以前，被追诉人并不享有现代意义上的不得强迫自证其罪的权利，而且刑事审判也不允许被告人由律师代理。在被告人自行辩护的过程中，其不得不就案件事实作出供述或者进行辩解。① 当时的刑事审判还沉浸在被告人向法庭供述案件事实而不应受到律师干扰的理念之中。英国《1695 年叛国法》（*Treason Act* 1695）规定："受到叛国罪指控者有权由两名律师代理诉讼。"② "直到 1730 年的时候，英国的刑事审判中法官才是主角，律师只是陪衬，但从 1730 年开始，法官通过行使自由裁量权的方式，允许其他重罪案件的被告人获得律师辩护。英国律师业从此以后获得了蓬勃的发展。"③《1836 年罪犯辩护律师法》（*Prisoners' Counsel Act* 1836）规定，重罪案件被告人享有由正式的律师代理的权利。辩护律师可以在重罪案件中向陪审团陈词。在辩护律师陈词结束后，被告人本人可以向陪审团陈词。重罪案件被告人有权在法庭上得到全面的律师服务。④ 在 18 世纪以前，英国律师的诉讼经验已经非常丰富并且辩护技巧也已十分娴熟。在经历了 18 世纪的种种考验之后，律师对诉讼的影响更加

---

① See John Langbein. The Privilege and Common Law Criminal Procedure：The Sixteenth to the Eighteenth Centuries. [A]. R. Helmholz, et al. The Privilege against Self-Incrimination：Its Origins and Development[C]. Chicago：The University of Chicago Press, 1997. P82.

② http://www.legislation.gov.uk/aep/Will3/7-8/3/contents.

③ 易延友：《对抗式刑事诉讼的形成与特色》，载《清华法学》2010 年第 2 期。

④ The Council of Legal Education. *A Century of Law Reform* [M]. New York：The Macmillan Company, 1901:50.

显著。

18 世纪美国律师业也得到了巨大的发展。在 18 世纪初期美国几乎没有辩护律师，而在半个世纪之后美国各主要社区已经有了能够胜任诉讼的律师。① 美国于 1791 年在宪法第六修正案中规定："在一切刑事诉讼中，被告人有权取得律师帮助为其辩护。" 美国律师业高速发展的势头持续到了 19 世纪。在 1878 年美国成立了律师协会，该协会负责制定法官和律师的职业准则，对律师进行帮助和对违规律师进行惩戒等。随着律师数量的增加以及律师能力的大幅提高，刑事辩护的效果也有明显改善。

（三）现代意义上的诉讼程序与证据规则

从 18 世纪开始，诉讼的程序化建构使得法律本身的模糊与繁复等非理性因素不再成为案件争议的焦点，而对案件实体问题的关注逐渐成为诉讼的重心。英国大法官 William Murray 是这次改革的主要推动者之一，其试图减少程序性规则对案件实体裁判的影响，并说服当事人使用这些更为简化的规则。英国和美国的立法机关接受了由 William Murray 所提出的改革建议，改变过去诉讼立法中技术化和复杂化的倾向，如 1848 年纽约颁布的第一部民事诉讼法（Field Code of New York）就以简化诉讼规则为方向。过去普通法与衡平法中的诉讼规则规定了严格的程序性要求，而且规则本身非常形式化和烦冗。这部新民事诉讼法简单、明确地规定了诉讼程序，极大地提高了诉讼效率。在这部法颁布之后的 25 年间，美国一半以上的州都采取相同的态度来制定诉讼法。② 再如，1873 年英国国会通过的《司法组织法》（*Judicature Acts*）中重组了英国的法院系统，创立了英国最高法院和上诉法院。从本质上而言，这部法律试图减少英国法院混乱、低效的状况。③ 这些变革之举都在确保

① Lawrence Friedman. A History of American Law [M]. New York: Simon & Schuster, 1973:81-84.

② http://legal-dictionary.thefreedictionary.com/Field+Code+of+New+York.

③ http://www.britannica.com/EBchecked/topic/307528/Judicature-Act-of-1873.

诉讼公正的前提下尽量优化司法资源配置并提高诉讼效率。

18世纪以来证据规则也经历了较大的发展。其一，证据规则的重塑扩大了证据的范围。数个世纪以来，与诉讼存在利害关系的主体在诉讼过程中被禁止作证。在边沁和其他法学家对与诉讼存在利害关系的主体不适格规则进行猛烈抨击之后，该规则逐渐被时代所摒弃。18世纪非基督教徒也可以在诉讼过程中作证。到了19世纪初英国普通法法院已经有权要求任何证人出庭接受询问。证人不得以可能使其承担民事责任而拒绝回答询问。证人证言的丰富成为准确查明案件事实、正确作出裁判的基础。其二，保障事实裁判者中立且消极地位的证据规则显著增加。这些证据规则不仅可以防止事实裁判者被案件事实和证据材料所误导或者产生偏见，而且可以避免审判法官过于积极地参与刑事案件的审判活动。对证人进行交叉询问作为发现案件事实真相的最佳机制，有助于客观、准确地作出裁判。控辩双方在对每件证据进行严格的质证之后，该证据才能作为认定案件事实的依据。证据排除规则的完善在回溯性认定案件事实的过程中发挥着重要作用，使案件事实裁判者不受非法证据的影响。意见规则和传闻规则的严谨化和理性化也促进了案件的公正裁判。违反证据规则所作之判决可能会被改判或者发回重审。凡此种种，证据规则的构建与完善成为控辩双方之间竞技与博弈的基石。证据规则的丰富加上诉讼程序的繁荣更是成为激烈对抗的保障。

（四）律师职业道德

由于法官秉持中立且消极的态度，所以在一定程度上迫使律师必须积极应对诉讼。“律师应当为委托人奋力进行辩护，甚至为了那些律师已明知其确实犯罪之人，这有助于在刑事诉讼中那些保障个人权利的程序和标准发挥作用。”①随着诉讼对抗性彰显且冲突

① John Mitchell, The Ethics of the Criminal Defense Attorney, 32 Stan. L. Rev. 298 (1980).

日益激烈，诉讼过程中对律师职业道德的要求明显提高。律师尽职尽责地提供法律服务，并且忠实于自己的事业，这成为律师执业的基本要求。一方面，律师自身能力逐渐提高、诉讼经验越发丰富，并且在刑事诉讼中的作用更加显著；另一方面，律师也期待能够在刑事诉讼中提供更好的服务，能够查明案件事实并成为诉讼的主角。虽然过去已有对律师职业行为的规章约束，但是时代在发展，诉讼过程中律师的地位和能力在提高，因而需要进一步完善律师的职业道德。18 世纪末 19 世纪初，诉讼过程对律师职业道德的要求不断增加，以 19 世纪初关于卡洛琳王后的案件最具代表性。卡洛琳的律师 Load Brougham 宣布，无论其所面对生命危险与政治风险有多么艰巨，其都会竭诚为卡洛琳提供法律服务。① 律师热诚、专注地为委托人服务成为了律师职业之根基。律师不得侵扰或者妨害对方当事人，不得误导事实裁判者或者使其产生偏见等。19 世纪中期美国法官 George Sharswood 发表的关于律师职业道德的著作，奠定了美国律师职业道德的基础。② 在美国对抗制体系之下，律师并不是国家的代理人，而是当事人利益的捍卫者。

（五）上诉制度

18 世纪以来推动对抗制发展与完善的最后一个重要因素便是上诉制度。在此之前几乎没有对原审案件进行审查的规定。上诉程序的健全以及上诉案件范围的扩大使得法院越发注重上诉案件。美国上诉审通常不进行事实审，而是进行法律审。由于美国将原审法院所作判决中存在的错误分为宪法性错误、有害错误和无害错误三类，错误的种类直接决定上诉审法院是否撤销原判、发回重审等，所以上诉审法院致力于审查原审判决中是否存在错误。随着上诉审法院以更为健全的诉讼程序和较为完善的证据规则来审查原审法院

① http://www.historyhome.co.uk/people/caroline.htm. 2014-3-21.

② http://www.americanbar.org/groups/professional_responsibility/publications/model_rules_of_professional_conduct/model_rules_of_professional_conduct_preface.html. 2014 年 3 月 21 日访问。

所作之判决，法院对上诉制度的尊崇推动了对抗制的发展，并且赋予诉讼程序和证据规则以实践意义。这不仅使得诉讼程序越发精密化并且双方对抗更加激烈，而且使得法院过去所适用的欠缺理性和正当性的程序与证据规则，在上诉审法官严格、缜密的审查中逐渐消亡。

二、证人豁免制度的对抗制内容

18、19世纪社会政治、经济和文化等处于大变革之中。首先，18世纪末法国大革命对整个欧洲产生了深远的影响，封建制的瓦解，宗教和贵族特权受到抨击，以及自由、平等、博爱等思想的传播等使法国革命成为欧洲最伟大、最激烈的革命。这场革命废除了封建制度，改变了政府面貌，扬弃旧传统，变革旧社会。同样在18世纪后半叶发生的美国革命使得北美十三个州脱离了英国并创建了美利坚合众国。美国革命不仅是资产阶级的民主革命，而且也成为自由与权利的启蒙运动。对公民自由的重视和对传统制度的理性反思在当时为公平对抗奠定了基础。其次，工业革命也从英国扩散到了欧洲大陆，并传播到北美地区。工业革命涉及社会的各个方面，对社会生活产生了巨大的影响，并将人类社会推向了新的时代。传统意义上英国社会的权力结构、贵族地位、财富分配状况等随着国与国之间的贸易交流和国内制造业的快速发展而改变。随着新兴产业所带来财富的增加，中产阶级人数也大幅增多。经济发展桎梏的打破以及贸易交往壁垒的消除也为公平对抗提供了条件。最后，民主化运动也加速了社会阶层之间的流动，并且促使政治、经济等自由化的扩大。演讲自由、集会自由和请愿自由等为社会大众所接受。总而言之，当时社会组织结构的变革、社会矛盾的凸显、法院所面对纠纷的日益繁杂、诉讼主体范围的扩大及其所在社会阶层意识和思想观念差异的明显等，都需要以一种中立的方式或者机制来解决争端。中立且消极的事实裁判者逐渐为诉讼各方所接受，法院允许讼争双方以事实和证据公平对抗。“对抗制的关键因素是利用中立且消极的事实裁判者、依据当事人所提出的证据并且使用高度结构化的诉讼程序。”① 由于对抗制能够充分解决法律冲突，适应当时英美国家所特有的社会需求并且推动社会稳定有序向前发展，所以对抗制在英美诸国沿用数百年至今。

（一）中立且消极的法官

“美国法官对国家进程的影响力要胜于国会和总统。法官解释法律，使用法律，以个人见解改变法律，并将法官集体智慧适用于公民或者政府事务的方方面面。法官依法断案，法官是无所不能的。”② 美国法官并不仅仅作为制宪者和立法者意图的传声筒，或曰联邦宪法和法律的解读器，更为重要的是作为公民权利的守护者，对国家权力的行使进行约束和审查，防止国家权力违法侵害公民权利。刑事诉讼集中反映了公民权利和国家权力之间的冲突与平衡。由于证人豁免制度本身能够促进或者阻碍正义的实现，因而无论证人豁免制度从规范上而言多么完美无缺，无论其理论基础有多么深厚，证人豁免制度的主导者才是确保实现公正的坚固基石。

在证人豁免过程中国家权力的运行伴随有一定的强制性，对公民所享有的不得强迫自证其罪的权利产生了深刻的影响。虽然基于公共利益和准确查明案件事实、提高诉讼效率之考虑，允许检察机关通过证人豁免的方式强迫证人作证或者提供其他信息，但是为了防止检察机关滥用豁免权，违法侵犯证人的权利，必须由法院对检察机关权力之行使的合法性进行审查。未经法院审批并由法院签署豁免令，不得强迫任何人自证其罪，从而以这种方式使公民在强大的国家权力面前得到有效的法律保障。具体而言，根据《美国法典》第 18 编 § 6003 之规定，对于在联邦法院所适用的程序或者附属程序中曾经或者可能被传唤作证或提供其他信息的任何个人而

① Stephan Landsman. Readings on Adversarial Justice: The American approach to Adjudication [M]. St. Paul, MN: West Publishing Co., 1988:2.

② Gerry Spence. With Justice for None [M]. New York: Times Books, 1989: 92.

言，证人根据不得强迫自证其罪特免权已经拒绝或者很可能拒绝作证或者提供其他信息，而该证人所提供的证言或者其他信息对于公共利益而言必不可少。在联邦总检察长等批准豁免该证人之后，法官应当对证人豁免过程是否符合法律所规定的条件进行审查。如若证人豁免符合法律之规定，那么法官应当签署豁免令，以要求那些根据不得强迫自证其罪特免权而拒绝作证或提供其他信息的个人作证或者提供其他信息。

在证人豁免过程中，检察官对证人是否会根据不得强迫自证其罪特免权拒绝作证或者提供其他信息，以及该证言或者其他信息对于公共利益的重要性进行分析和评判，法官并不参与其中。当法官对证人豁免进行审查并签署豁免令时，法官不得积极获取与证人豁免有关的证据材料或者积极调查案件事实。法官应当依法审查并签署证人豁免令，而非依赖于联邦总检察长对证人豁免的批准结果。中立强调法官与证人豁免事实无涉且不受外在环境的影响，消极表明法官不为证人豁免情况所动。如若法官摒弃中立且消极的理念，那么法官可能会对证人豁免事实产生非理性的认识，并且对作为审查证人豁免之根据的证据材料的分析和判断产生偏颇。中立且消极的法官不仅是对证人豁免进行客观、公正评判的关键，而且是使证人遵从豁免结果而作证或提供其他案件信息以及整个社会信任司法体制的基石。因此，中立且消极的法官成为证人豁免制度的基础，为证人豁免制度的良性运行提供了必不可少的条件和动力。

（二）对抗双方提供证据

由于裁判者处于中立且消极的位置，所以据以作出裁判的所有证据皆由对抗双方负责提出。这不仅有助于防止裁判者积极探求案件事实真相或者被单方所述事实和证据所蒙蔽，而且可以促使对抗双方尽职尽责收集并提出具有说服力的证据材料，以此使得裁判者居间且秉公裁判。对抗制为对抗双方公平竞技构建了舞台，也为各方获得于己有利的裁判结果而提出证据并说服裁判者支持自己的主张提供了机会。对抗制强化对抗双方参与诉讼的力度以及对裁判结果的接受程度。对于证人豁免制度而言，从美国法院最初带着厌恶的情绪勉强接受该制度到证人豁免在美国刑事司法实践中获得普遍认同，从为了维护公共利益和实现追诉之公正与效率而豁免控方证人，到为了保障被告人取得重要证据和与检察机关公平对抗的宪法性权利而豁免辩方证人，直接目的都是通过豁免证人而迫使该证人作证或者提供案件相关信息。证人在被豁免之后必须遵守豁免令，不得再主张不得强迫自证其罪的权利而拒绝作证，而且证人未能遵守豁免令或者作伪证、虚假陈述等还可能被追究刑事责任，以此保证证人证言或者案件相关信息的真实性和有效性。

被豁免的证人所作之证言或者所提供的案件相关信息往往成为追诉机关准确查明案件事实的关键，但是无论是交易性豁免还是使用豁免，对证人罪行或者追诉证据的放弃都可能使追诉人员心存隐忧，同案其他犯罪嫌疑人以及案外人可能认为豁免证人有所不公，而在美国刑事司法实践中证人豁免过程更是充满陷阱，所以在检察机关和证人相互博弈的过程中离不开律师的积极作用。此外，由于案件事实和法律适用充斥着争议，而诉讼程序又错综复杂，证人往往对此感到疑惑与彷徨，因此律师在证人豁免过程中还发挥着答疑释惑的作用，而证人也非常依赖律师的技能和经验。律师对案件的分析和判断等直接影响证人豁免的结果。如若律师未能尽职尽责，那么不仅会使证人豁免和案件判决有失偏颇，而且会动摇对抗制的根基。对抗双方不能公平竞技，裁判者也就无法秉公裁判。为了查明案件事实、作出公正判决，裁判者必将倾向于法庭上弱势的一方。律师对证人豁免过程的参与程度也极大地反映了证人豁免制度法治化、文明化的发展程度。

（三）高度结构化的诉讼程序

审前程序规则和审判程序规则、审判时的证据规则以及律师职业道德规则对于对抗制的精密构建和有效施行非常重要。程序规则不仅有助于诉讼平等，使对抗双方能够公平、理性地对抗，而且有助于规范诉讼主体之行为，促进审判公正并提高司法效率。对于证据规则而言，一方面，通过排除那些不可采的证据来防止裁判者产生偏见或者被误导，并对法官在诉讼过程中的权力产生一定的制约；另一方面，在审判过程中对抗双方也可根据证据规则对证据展开激烈的质证。质证作为认证之前提，有助于客观、准确、理性地认定案件事实。由于对抗双方可能会为了实现胜诉之目的而不择手段，所以对抗制需要对律师职业道德予以规范。在诉讼全程中律师均不得使用违法策略，如律师不得威胁、引诱证人作伪证，不得毁灭、伪造、隐匿证据材料，不得误导裁判者或者使其产生偏见等。此外，律师职业道德之构建还可以使律师竭诚为被追诉人和证人等服务，进而使双方更为充分、有效地对抗。如果没有程序规则的确立，那么证人豁免制度根本没有存在的空间；如果没有证据规则的保障，那么证人豁免制度难以实现客观、公正裁判之目的；如果没有律师职业道德规则的设立，那么证人合法权利之保障将成为一句空话，而证人豁免制度将流于形式。这些程序规则、证据规则和律师职业道德规则为证人豁免制度的正常运行奠定了结构性基础，并推动了证人豁免制度的整体进步与发展。

总而言之，对抗制作为英美国家历史发展的产物和司法实践的选择，具有深刻的社会文化底蕴。而证人豁免制度是在现代对抗制得以充分确立的基础上萌芽与发展，因而证人豁免制度带有鲜明的社会文化和司法环境的烙印。对抗制通过中立且消极的事实裁判者，依据当事人所提出的证据材料和使用高度结构化的法庭程序来发现案件事实真相，实现司法公正并保障公民的合法权利。虽然对抗制并非完美无瑕的制度，可能存在诉讼效率低下和裁判理性不足等问题，但是对抗制有力地防止了国家机关对公民权利的任意侵犯，有效地避免了裁判者对案件事实和证据材料形成不合理的偏见。对抗制强调对抗双方对诉讼的参与和裁判者在诉讼中的中立等。对抗制为证人豁免制度的产生和发展提供了结构性基础，而豁免证人以使其作证或者提供案件相关信息又促进诉讼双方进行激烈的对抗。

第三节 个人权利、公共利益以及利益衡量

"'公共利益'最早可以追溯到公元前5—6世纪的古希腊。古希腊特殊的城邦制度造就了一种'整体国家观'，与'整体国家观'相联系的是具有整体性和一致性的公共利益，公共利益被视为一个社会存在所必需的一元的、抽象的价值，是全体社会成员的共同目标。亚里士多德把国家看作是最高的社团，其目的是实现'最高的善'，这种最高的善在现实社会中的物化形式就是公共利益。"① 18世纪末英国功利主义哲学的创始者边沁认为："政府的职责就是通过避苦求乐来增进社会的幸福。最大多数人的最大幸福乃是判断是非的标准。"② 19世纪德国法学家耶林提出，法律的目的是在个人利益与公共利益之间形成一种平衡，他论辩说"个人的存在既为自身也为社会，而且法律也应当被视作是个人与社会之间业已确立的合伙关系，而这种合伙关系的主要目标则在于实现一种共同的文化目的"。③ 20世纪社会学法学的代表人物罗斯科·庞德将利益划分为三类，即"个人利益，直接涉及个人生活，并以个人生活名义所提出的主张、要求或愿望；公共利益，涉及政治组织社会的生活，并以政治组织社会名义提出的主张、要求或愿望；社会利益，涉及文明社会的社会生活，并以这种生活的名义提出的主张、要求和愿望"。④

虽然千百年来学者们对公共利益内涵与外延的探求未曾停息，

① 胡建淼、邢益精：《公共利益概念透析》，载《法学》2004年第10期。

② ［美］E. 博登海默：《法理学：法律哲学与法律方法》，邓正来译，中国政法大学出版社2004年版，第109页。

③ ［美］E. 博登海默：《法理学：法律哲学与法律方法》，邓正来译，中国政法大学出版社2004年版，第114页。

④ ［美］E. 博登海默：《法理学：法律哲学与法律方法》，邓正来译，中国政法大学出版社2004年版，第154~155页。

但是公共利益至今仍戴着神秘的面纱，学者们试图精确界定公共利益概念之追求并未完全实现。正如我国台湾学者陈锐雄所言：“何谓公共利益，因非常抽象，可能言人人殊。”[①] 不过，张千帆教授主张，与其苟求尽善尽美而不可得之概念，不如面对存有局限但尚可补救之定义。“宏观是由微观构成的；‘公共’不是抽象的，而是由一个个实实在在的个体构成的。既然公共是由个体构成的，公共利益也是个人利益的某种组合，并最终体现于个人利益。”[②] 对于公共利益而言，可以从以下几个方面来理解：其一，公共利益以个人利益为基础并超越个人利益。公共利益并非个人利益的简单叠加。公共利益源于个人利益，并有助于个人利益的确立与实现。公共利益是个人利益的高度抽象与概括。其二，公共利益内涵广泛，可涵盖不特定主体，可跨越不特定地域范围，可涉及社会生活各方面。公共利益具有社会共同性、整体性和综合性。其三，公共利益必须具备公共性、合理性、公平性等特点。公共利益以公正等社会价值为正当性基础。不符合公正等社会价值的利益皆非公共利益。

刑事诉讼是国家专门机关依照法律所规定的程序，在当事人及其他诉讼参与人的参加下，追究被追诉人刑事责任并实现国家刑罚权的活动。在刑事诉讼活动中，公共利益实乃为法律所保护的个人利益，以及建立在个人利益基础之上因而可最终体现为个人利益的社会利益和国家利益等。

一、刑事诉讼中公共利益的表现形式

从刑事诉讼结果的角度来看，公共利益主要包括以下几个方面：其一，由于刑事诉讼始于犯罪行为之发生，所以刑事诉讼的当然结果在于预防犯罪之发生。其中包括预防已经犯罪的人再次犯罪和预防尚未犯罪的人实施犯罪。对于犯罪人而言，应当根据证据准

① 陈锐雄：《民法总则新论》，三民书局 1982 年版，第 913 页。

② 张千帆：《“公共利益”是什么?》，载《法学论坛》2005 年第 1 期。

确认定其犯罪事实，正确地适用法律，公正地对其定罪量刑，并且已生效的裁判应当得到公正、有效的执行。如若犯罪人罪行极其严重，则对其适用死刑，永远剥夺其再次犯罪之能力；如若其犯罪行为未及非常严重，那么对其适用其他刑罚，使其不再犯罪并且以后能够顺利回归社会。对于可能犯罪的人来说，通过刑罚现实化来震慑其放弃犯罪的念头，迫使其遵守法律，增强法律意识，从而预防犯罪之发生。其二，追诉机关未能证明被追诉人有罪的案件，被追诉人应当被视为法律上无罪的人。国家专门机关应当及时终结被追诉人所受到的不当刑事追诉。其三，由于冤假错案的客观存在，所以对于错误处理的案件，特别是无罪错判为有罪的案件，应当依法及时纠正、及时补偿；第四，刑事诉讼结果应当向社会公众公开，增强判决公正性，提高判决公信力，促进司法权威，防止司法腐败，强化公民对司法的信赖，规范公民的行为。

从刑事诉讼过程的角度而言，公共利益主要包括以下几个方面。其一，司法独立，司法权作为国家权力的重要组成部分，不受行政机关、社会团体、个人等不当干涉和影响。审判人员在审判过程中只服从理性和良知，并根据证据和法律作出裁判。其二，裁判者中立，裁判者与刑事诉讼无涉，并且对诉讼双方不偏不倚。如若裁判者与案件事实、诉讼双方等存有利益关系，则显然与公共利益相悖。裁判者应当具备良好的职业道德和职业伦理修养。其三，诉讼两造平等，诉讼双方享有平等的诉讼地位，平等武装，平等对抗，平等保障。其四，刑事诉讼过程向社会公众公开，主要是审判公开。“审判应当公开，以便使或许是社会唯一制约手段的舆论能够约束暴力和私欲。”① 其五，诉讼的终局性，通过法定的刑事诉讼程序所作出的生效裁判结果通常具有确定的效力，除非出现法律所规定的特殊情形，否则不得被推翻。诉讼的终局性对于维护裁判

① ［意］贝卡利亚：《论犯罪与刑罚》，黄风译，中国大百科全书出版社 1993 年版，第 20 页。

结果的稳定和社会秩序的安定具有重要意义。其六，合理配置司法资源，在保证诉讼公正的前提下提高诉讼效率。

犯罪行为对被害人的人身、财产或者其他合法法益造成侵害。随着国家追诉的确立，对犯罪行为的追诉被视为国家专门机关的法定职责，追诉犯罪成为国家专门机关的职能活动。被害人主要处于证人的地位，协助追诉机关追究被追诉人的刑事责任。20世纪中叶以后，国际性人权保障运动广泛开展，在刑事诉讼活动中加强对被害人的权利保障成为司法改革的重要目标。当前，世界各国普遍确立被害人处于当事人地位。因此，从根本上而言，在刑事诉讼活动中被害人的个人利益与公共利益具有一致性。而作为公共利益守护者的检察机关，在一定程度上可以代表被害人。从刑事诉讼结果来看，这部分公共利益表现为：其一，犯罪人被判处承担与其犯罪行为相适应的法律后果，换言之，犯罪人受到了法律上的谴责和惩罚，根除犯罪人的再犯条件，对犯罪人进行威慑；其二，对被害人及其近亲属因犯罪行为而受到的精神损失和心理创伤等进行抚慰，并对被害人所受到的物质损失进行补偿等。从刑事诉讼过程来看，这部分公共利益主要表现为：其一，追诉机关应当准确查明案件事实、充分收集犯罪证据并缉获逃匿的犯罪嫌疑人；其二，刑事诉讼活动应当及时进行；其三，保护被害人的人身、财产或其他权益，避免遭受犯罪行为的进一步侵害；其四，充分保障被害人行使诉讼权利并履行诉讼义务，等等。

公共利益与个人利益相对应而存在。公共利益寓于个人利益之中，而个人利益也体现着公共利益，并受到公共利益的制约。一般而言，对于个人实现个人利益的行为，国家并不会作出否定性的法律评价，但是当个人追求个人利益的行为侵害他人利益、社会利益或国家利益时，国家则对其作出不利的法律评价。犯罪行为是对既有法益的严重侵害，出于恢复受侵害法益、维护公共利益之考虑，国家需要对犯罪行为进行追诉，进而实现国家刑罚权。在刑事诉讼活动中公共利益与被追诉人的个人利益并不截然对立，公共利益是由被追诉人的个人利益等所组成，公共利益与被追诉人的个人利益之间是对立统一的关系。

从刑事诉讼结果来看，被追诉人的个人利益主要表现为：其一，裁判者最终所认定的案件事实准确，即通过确实、充分的证据而达至案件事实清楚；其二，依法、公正地作出判决结果；其三，为了防止错误判决、增加判决结果的可接受性，并使得类似案件的判决结果趋于一致，要求裁判者理性地、充分地说明判决理由；其四，将已经发生法律效力的判决内容依法付诸执行；其五，在认定事实或适用法律上确有错误的刑事诉讼结果，有权得到纠正和救济；等等。

从刑事诉讼过程来看，被追诉人的个人利益主要表现为：其一，刑事诉讼活动是对被追诉人的刑事责任问题作出权威性确定的活动，被追诉人是刑事诉讼的关键人物，其应当居于诉讼主体地位，而追诉机关应当尊重被追诉人的人格尊严和基本权利，这也是刑事诉讼文明的重要表现；其二，充分保障被追诉人所享有的诉讼权利，利益主体能够参与诉讼程序并充分行使诉讼权利，以使得诉讼结果在法律上和道德上具有可接受性；其三，刑事诉讼过程应当公开，即正义不仅应当实现，而且应当以“看得见”的方式实现；其四，刑事诉讼活动应当及时进行，审前活动和审判活动不得有不必要的拖延；其五，在刑事诉讼过程中被追诉人对于国家专门机关的违法行为有权得到救济和保障；等等。

其实，从某种程度上来说，权利可以被视为法律所认可和保护的主体的一定的利益，权利与利益联系密切。“利益与权利的关系主要表现为：（1）权利内含的实质性要素是主体对利益的追求和维护；（2）权利是利益在法律上的表现；（3）权利是法律调整利益的有效机制。”① 虽然权利与利益也存有一定的差异，但是权利主体行使权利通常是基于利益之目的，而利益为法律所接受和规定

① 毕可志：《法律、利益与权利》，载《烟台大学学报》2005年第2期。

往往表现为权利。由此，在刑事诉讼活动中，可将被追诉人所享有的权利视作其个人利益。

二、刑事诉讼维护公共利益的主要方式

刑事诉讼通过惩罚犯罪、保障人权来守卫社会公正的最后一道防线，维护作为文明社会赖以存在的基础的法律和社会秩序。刑事诉讼的理想结果在于犯罪人被判决有罪，并且被施以与其犯罪行为相适应的刑罚，而无辜者免受错误地刑事追诉，不被错误地定罪量刑。为此，国家专门机关应当准确查明案件事实，正确适用法律规定。而刑事诉讼的理想过程与刑事诉讼结果存在内在联系，主体能够全面参与刑事诉讼活动，充分保障其合法权利，并且严格规制国家权力，避免国家权力肆意而损及权力相对人的合法权利。也就是说，刑事诉讼过程应当保障可能对诉讼结果承担否定性法律后果的主体的合法权利。与此同时，刑事诉讼也应当对国家权力运行的条件、方式等作出严谨、合理的规范，并对国家权力运行的过程进行监督和制约，以使得刑事诉讼过程正当与理性。刑事诉讼对公共利益的维护主要通过对被追诉人合法权利进行保障，以及对犯罪事实予以准确认定等来实现。

（一）充分保障被追诉人的合法权利

根据无罪推定原则之规定，被追诉人未经法院作出生效有罪判决，都应当被推定为法律上无罪的人。当法院作出生效判决以后，被追诉人要么被认定为法律上有罪的人，要么被认定为法律上无罪的人。换言之，在法院作出生效有罪判决以前，无论被追诉人是否是事实上的犯罪人，其处于法律上无罪的人的诉讼地位。不过，法律上无罪的人的诉讼地位并不能确定给予被追诉人以终局性的生效无罪判决，而生效有罪判决将使得被追诉人承担严重的否定性法律后果，所以法律上无罪的人的诉讼地位旨在强调在刑事诉讼过程中对被追诉人合法权利的保护。国家专门机关应当通过法律所规定的诉讼程序，并作出生效有罪判决，才能使被追诉人从法律上无罪的

人转化为法律上有罪的人，进而承担不利的法律后果。

无罪推定原则赋予强大的国家追诉机关与弱小的被追诉人之间诉讼地位的相对平衡。被追诉人能够与追诉机关进行平等对抗，被追诉人充分参与诉讼过程，并对诉讼结果施加积极的影响。为了实现刑事诉讼的公正与效率，避免被追诉人受到不人道的对待或承担不公正的判决结果，刑事诉讼对追诉机关权力之运行施加了诸多限制，并且给予被追诉人以防御性权利、救济性权利和程序性保障等。例如，在刑事诉讼活动中羁押性措施属于限制公民人身自由最为严厉的手段，所以对被追诉人应当尽可能地采用非羁押性强制措施。在西方国家，逮捕是以强制手段使被追诉人到案的一种措施。逮捕以后追诉人员应当及时地将被追诉人送交司法官员，由其对是否需要羁押被追诉人进行全面的审查和听审。如若司法官员认定案件具有羁押的理由，被追诉人符合羁押的条件，那么应当作出正式羁押的命令或决定。若非如此，则应当将被追诉人予以释放或者采取非羁押性强制措施。对被追诉人所采用的强制性措施应当受到中立的司法机关的审查，使得剥夺或限制公民人身自由的强制性措施由司法机关所掌控，并给予被追诉人救济的机会。又如，被追诉人有权获知被指控的事实和理由，了解其所享有的诉讼权利，得到律师充分、有效的帮助。被追诉人有充分的时间和便利准备诉讼，在审判过程中提出辩护证据，对控诉方所提出的证据进行质证，等等。

无罪推定原则规定由控诉方承担提出证据证明被告人有罪的证明责任，而被告人不承担证明自己无罪与否的证明责任。控诉方向法院提出被告人有罪的指控后，其负有提出证据对该指控加以证明的义务。而且，控诉方在诉讼活动中运用证据证明案件事实时应当达到法定的证明标准。由于刑事诉讼判决结果可能对被告人的生命、自由、财产等基本权利产生严重影响，所以需要为其确立较高的证明标准，从而最大限度地避免法院审判权力之非理性，并且尽可能地保障被告人以及其他公民的合法权利不受国家权力的任意侵犯。如若承担证明责任的控诉方未能提出证据，或者无法证明被告人构成犯罪的真实性，换言之，控诉方证明未能达到法定的证明标准，那么法院应当将被告人构成犯罪视为不真实的，控诉方所提出的指控不被法院所接受和认可，法院应当作出被告人法律上无罪的判决。如若控诉方排除合理怀疑地证明被告人有罪，则法院应当作出被告人法律上有罪的判决。

（二）准确查明案件事实

准确查明案件事实是对被追诉人公正定罪量刑的前提和基础。犯罪行为是有责任能力之人基于故意或者过失所为之侵害法益的行为。该行为违反刑法之规定，且无阻却违法之事由，因而必须接受法律的制裁。当犯罪案件发生后，侦查机关和检察机关代表国家进行刑事诉讼，公正、有效地追诉犯罪、惩治犯罪，以此弥补被犯罪行为所侵害的法益并维护社会秩序之稳定。刑事诉讼活动就是对案件事实历史性、回溯性的认识活动。根据诉讼认识论的基本原理，案件事实客观存在，不以办案人员的意志为转移。案件事实确定存在，不因沧桑变幻而改变。而证据作为办案人员与案件事实之间的桥梁，也具有客观性，办案人员可以通过证据来认识案件事实。随着科技的发展与进步，科学技术在诉讼领域中的适用为准确查明案件事实提供了强有力的支持和保证。尽管办案人员对案件事实的认识能力和认识条件有限，而且诉讼认识本质上是一种特殊的历史性、回溯性认识，有其艰难和坎坷之处，但是这并不妨碍办案人员对准确查明案件事实真相的理性追求。办案人员通常可以在具体的诉讼实践中查明案件的关键事实、基本事实。也就是说，在刑事诉讼活动中，办案人员通过调查、收集证据和审查判断证据等所认识的案件事实，往往可以达至客观真实的程度。

刑事诉讼活动也有实现客观真实之必要。这不仅可以督促追诉人员积极、准确地查明案件事实真相，而且有助于司法机关作出客观、公正的裁判，增强裁判结果的社会接受性并提高司法权威。正如美国学者弗兰克尔所言：司法实务人员作为真相的探求者，其承担查明案件事实之义务。[①] “客观真实强调的是务必发现案件的真相，它要唤起的是人们寻求事实真相的内心驱动力，想要消除的是在寻求事实真相中的懈怠情绪，避免案件含糊了结。”[②] 而伟恩·拉费弗教授在其著作中将刑事司法程序的基本目标细化成以下十一项：“实施实体法；发现真实；对抗审判模式；控诉责任；错误定罪最小化；控诉和诉讼责任最小化；规定非专业人员参诉；尊重个人尊严；对公正表现的维持；达到程序适用的平等；强调被害人的利益。”对于发现真实而言，拉费弗教授指出：“联邦最高法院将发现真实描述为刑事司法系统的基础性目标和刑事审判的核心目的。……刑事司法程序的很多要素都旨在推进真相的发现。”[③] 如若办案人员心怀案件事实真相难以查明，那么刑事诉讼则缺少实现司法公正的内在动力。长此以往，必将动摇法治社会之基础。为了避免被追诉人受到不公正的判决，承担莫须有的刑事责任，办案人员必须以追求客观真实作为刑事诉讼的第一要务。

不过，办案人员对案件事实的认识有时会受到种种主观和客观条件的限制，在刑事司法实践中确实有些案件事实无法查明。在这些刑事案件中，案件事实之繁复使得追诉机关难以在有限的诉讼期限内基于现有的追诉能力和追诉条件查明案件客观真实。例如，在毒品犯罪案件中，由于犯罪行为隐蔽化、科技化，犯罪组织隐秘化、裙带化等，使毒品犯罪的侦查工作往往陷入僵局。对于毒品犯罪集团成员的犯罪事实或首要分子的犯罪事实等，侦查机关时常难以准确、及时查明。又如，在贿赂犯罪案件中，充分收集犯罪证据、准确查明犯罪案件事实往往阻碍着刑事追诉活动的顺利开展。行贿者与受贿者原本关系密切，经贿赂后二者更是唇齿相依。正因

① Marvin Frankel, The Search for Truth: An Empirical View, 123 U. Pa. L. R. 1031, 1052 (1975).

② 张建伟：《证明标准研究中的模糊视阈》，载《政法论坛》2005 年第 6 期。

③ [美] 伟恩·拉费弗等：《刑事诉讼法》，卞建林等译，中国政法大学出版社 2003 年版，第 27~42 页。

为贿赂犯罪非常隐蔽，贿赂方式多样，追诉机关查处贿赂犯罪的难度较大，所以贿赂犯罪案件才能滋生蔓延。

因此，刑事诉讼作为回溯性地认识犯罪事实的活动，办案人员应当准确查明犯罪事实是否发生，犯罪事实是否为被追诉人所为，被追诉人的犯罪构成要件事实，以及其他与被追诉人定罪量刑有关的事实等。可是，在刑事司法实践中有些犯罪事实确实难以查明。而刑事诉讼也并不是以查明案件事实为唯一目的，刑事诉讼还需要尽最大可能地实现程序公正、诉讼效率等价值。刑事诉讼应当通过正当程序来准确查明案件事实，不能为了查明案件事实而不择手段，违反程序公正等基本要求。刑事诉讼作为国家专门机关对犯罪人所发动的一场法律追诉活动，应当将客观真实与法律真实相结合，并在此指引下准确查明案件事实、充分收集犯罪证据并缉获相关犯罪人。

三、刑事诉讼中公共利益与个人利益的冲突

尽管刑事诉讼与民事诉讼、行政诉讼皆为诉讼程序，具有许多类似或相仿的程序规定与证据规则等，但是刑事诉讼并不同于其他诉讼。对于刑事诉讼而言，惩罚犯罪与保障人权成为刑事诉讼的出发点和归宿。而民事诉讼所要解决的是双方当事人之间的权利义务纷争，行政诉讼主要解决的是公民、法人和其他组织与行政机关之间因具体行政行为而产生的纠纷等。刑事诉讼与民事诉讼、行政诉讼相比，在对公共利益之维护上也存在明显差异。

在民事领域、行政领域中，公共利益作为个人利益范围之界碑，个人利益的实现通常不得损及公共利益。如若个人利益并未超出既有范围而与公共利益相冲突，完全保障个人利益将会使公共利益受到减损，而不利于公共利益之维护时，也就是说，当只有在一定程度上对个人利益进行限制才能维护公共利益时，需要通过法定途径并依据法定方式对公共利益和个人利益进行利益衡量，对公共利益逾越界限而对个人利益进行限制的正当性加以评判。公共利益

与个人利益之间冲突与对抗依法进行衡量的过程便是公共利益具体化、实践化的过程，而其结果往往是确认公共利益的优位性。其实，在社会生活中公共利益与个人利益发生矛盾的情况时有发生。正是因为公共利益以公正等社会价值为正当性基础，才使得维护公共利益相较于保障个人利益更具有道德上的优位性，更容易获得社会公众甚至个人利益主体的普遍认可和支持。而法律对公共利益之规定和宣示，不仅为公共利益与个人利益之间划定法律意义上的疆界，而且为公共利益理性、合理地约束个人利益提供了法律依据。此外，当公共利益遭受个人利益的现实侵害或威胁时，由公共利益的代表主体通过诉讼等途径，在准确查明个人利益损害公共利益的事实的基础上，公正、有效地恢复遭受损害的公共利益。

犯罪是根据刑法之规定应当受到处罚的侵犯法益的行为，刑事诉讼源于犯罪行为之发生。犯罪的法律后果，即刑事诉讼的当然结果，是对犯罪人不利的否定性法律后果的确定和实现。犯罪人必须承担与之相应的不利法律后果，以此预防犯罪人再次犯罪，以及警醒和预防其他人犯罪。而国家专门机关应当遵循法定程序来追究犯罪人的刑事责任。犯罪行为不利法律后果的实质则是对犯罪人的谴责和对犯罪行为的否定性评价。犯罪是最为严重的违法行为，因而刑罚也是最为严重的法律后果。虽然与以往相比，犯罪的法律后果由随意发展为法定，由残酷发展为人道，由单一发展为多元等，已表现出文明与进步，但是国家仍然可能会依法剥夺犯罪人的财产、自由甚至生命。正是因为犯罪及其法律后果的严重性，所以在刑事领域中维护公共利益与民事领域、行政领域明显有所不同。

“在刑事诉讼中存在两种基础的关系，一种是国家与个人之间存在的具体的刑罚权关系；另一种是确定具体的刑罚权而进行的诉讼关系，即裁判者与被裁判者的关系，称作诉。”① 由于国家刑罚

① 陈朴生：《刑事诉讼法实务》，转引自卞建林：《刑事诉讼中“诉”之辨析》，载《人民检察》2007 年第 8 期。

权的实现以犯罪案件的发生为基础，而犯罪案件则是由犯罪人所实施的犯罪事实，所以在刑事诉讼中犯罪案件应当以作为刑罚权可能适用对象的被追诉人及其犯罪事实作为衡量依据。一个犯罪人实施一个犯罪事实，则存在一个犯罪案件。例如，甲盗窃乙巨额财物。因为被追诉人甲实施了一个盗窃事实，所以为一个盗窃案件。除此以外，如一个犯罪人实施多个犯罪事实，或者多个犯罪人实施一个犯罪事实，或者多个犯罪人实施多个犯罪事实，则存在多个犯罪案件。例如，甲、乙二人共同抢劫他人财物，则构成两个案件。甲故意杀害乙后，又故意伤害丙，也构成两个案件。“诉的目的在于请求法院就被告人的特定行为确定是否需要刑事处罚和如何进行刑事处罚。”① 诉应当以被告人及其犯罪事实为判断标准。指控一个被告人实施一个犯罪事实，则构成一个诉。指控多个被告人实施一个犯罪事实，或指控一个被告人实施多个犯罪事实，或指控多个被告人实施多个犯罪事实，则构成多个诉。②

在刑事诉讼活动中，特别是在一个犯罪案件中，准确查明案件事实与充分保障被追诉人合法权利通常并行不悖，维护公共利益与保障个人利益具有一致性。不过，在多个犯罪案件中，维护公共利益可能与保障个人利益相互冲突或对立。具体而言，在适用证人豁免制度的场域下，由于存在两个以上的犯罪人，所以存在两个以上的犯罪案件（一个犯罪人实施一个犯罪事实，一个犯罪人实施多个犯罪事实，皆不存在适用证人豁免制度之基础）。追诉机关本应准确查明每个犯罪人的每件犯罪事实，充分收集犯罪证据并缉获所有的犯罪人，然而，追诉现实却与追诉理想相悖。由于犯罪人的犯罪事实隐蔽、犯罪手段多样、犯罪技术先进等诸种原因，犯罪案件发生以后，追诉机关未能准确查明每个犯罪人的犯罪事实，而只是通过对当前所收集到的证据进行初步的分析与评判，形成对犯罪事

① 卞建林：《刑事诉讼中“诉”之辨析》，载《人民检察》2007年第8期。

② 宋英辉：《刑事诉讼原理》，法律出版社2007年版，第185~186页。

实的初步认识。无论是被豁免证人的犯罪事实还是其他犯罪人的犯罪事实，追诉机关均未查明，案件事实并不清楚，证据也未收集充分，而案件的犯罪人可能也未全部缉获到案，等等。因而将其称为对案件事实的初步认识。

追诉机关亟须准确、及时地查明其他犯罪人的犯罪事实，或者发现犯罪侦查线索或情报等。而追诉机关基于现已收集的证据和查明的案件事实认为，被豁免证人可能了解相关案件事实或者可能提供侦查线索或信息，但是被豁免证人主张或者可能主张其所享有的不得强迫自证其罪的权利拒绝透露相关内容。此时，维护公共利益与保障个人利益发生冲突。详言之，在刑事诉讼中犯罪人（被豁免证人）实际上兼有双重诉讼角色：一是作为犯罪案件的被追诉者，刑事诉讼活动对其刑事责任问题作出权威性认定和裁判，其与刑事诉讼活动存有直接利害关系；二是作为相关案件事实的提供者，具有案件事实之源的性质。被豁免证人可能提供的案件事实或信息内容丰富，不仅可能涉及被豁免证人的犯罪目的和动机、犯罪心态、犯罪过程、犯罪结果等，甚至包括其全部犯罪构成要件事实，而且涉及其他犯罪人的案件事实或侦查线索等。也就是说，被豁免证人的犯罪案件与其他犯罪人的犯罪案件相互关联，当被豁免证人陈述其所了解的其他犯罪人的案件事实或侦查线索时，必然会涉及其本人的案件事实。而试图通过被豁免证人查明相关案件事实或收集相关犯罪侦查线索的追诉机关，肯定会发现乃至以此查明被豁免证人的犯罪案件。基于此，被豁免证人才主张不得强迫自证其罪的权利，拒绝陈述相关案件事实或保持沉默。如若犯罪人犯有甲案，但根本无涉于追诉机关所欲查明之乙案，那么犯罪人负有作证义务。此时，维护公共利益与保障个人利益并不矛盾。

四、利益衡量：作为利益冲突的解决方案

从总体上而言，维护公共利益与保障个人利益是统一的，两者都是刑事诉讼活动所追求的目标。如若刑事诉讼活动能够同时实现

维护公共利益和保障个人利益，固然再好不过。可是，在刑事司法实践中两者难免会发生冲突。当维护公共利益与保障个人利益相互对立而无法兼顾时，不应仅谋求牺牲单方利益而成就其他，即仅强调公共利益，或仅追求个人利益，而应由国家专门机关在公共利益和个人利益之间进行利益衡量。利益衡量是一个对于相互冲突的诸方利益进行目的判断的利益选择的过程。利益衡量作为控制和解决公共利益与个人利益之间矛盾的基本手段，是当前规范国家权力并保障个人权利最为理性和妥当的选择。利益衡量应当尽量避免主观任意化，应使之具有符合客观现实情况的品格。利益衡量不仅早已为世界各国所普遍认可，而且也是立宪主义在人权保障领域中的实现。“正是应该在何处划定界限的问题——这条界限标志着个人自由和权利的适当范围同政府为更大的利益而采取行动的适当范围之间的分界线，以确保仅在最低限度的范围内牺牲上述两种类型的社会利益——构成了宪法的一个永恒的课题。”① 既要维护公共利益，又要保障个人利益，更要防止以维护公共利益为借口而不当限制个人利益的范围或内容等。对维护公共利益和保障个人利益之间冲突进行利益衡量的过程就是正义实现的过程。

需要注意的是，20 世纪 60 年代日本学者加藤一郎和星野英一提出“利益衡量理论”后，对日本民法解释学理论产生了深远的影响。90 年代梁慧星教授将利益衡量理论介绍入我国后，在我国民事司法实践中获得广泛的应用。民法中的利益衡量理论认为，法院进行法的解释时，必然需要进行利益衡量，即如若关于某问题有两种及两种以上的解释方式时，解释者究竟该选择何种解释，只能依据利益衡量来决定，而不应考虑在作出选择时的既存法规或者所谓的法律构成等。② 概念法学主张，以法律规定为大前提，以案件

---

① Harlan Stone, *The Common Law in the United States*, 50 Harvard Law Review 4 (1936).

② 梁慧星：《民法解释学》，中国政法大学出版社 1995 年版，第 316 页。

事实为小前提，然后根据三段论的方法得出形式化、机械化的结论。民法学界的利益衡量理论发端于对概念法学僵化思维模式的批判，以及对概念法学所主张的法律自洽性的怀疑。利益衡量理论回归案件事实，关注社会冲突背后的利益冲突，强调对案件中相互冲突的利益的调和，利益衡量对裁判过程具有决定性意义。我国民法理论和司法实践对此深以为然，并又继续发展了利益衡量理论。① 不过，刑事法领域中的利益衡量与其在民事领域中有所差异。特别是在本书中，利益衡量主要是指在保障个人利益与维护公共利益之间进行衡量或权衡。

在适用证人豁免制度的情境下，应当由检察机关根据公共利益和个人利益的具体情况进行利益衡量。首先，“英国学者大卫·休谟认为，自由政府的目的就是为公众谋利益，而法国学者让·卢梭也同样认为，建立于社会契约基础上的国家及其政府是一种‘公共人格’，其活动的意志是一种‘公意’，这种‘公意’反映出全体人民的‘共同利益’。由此看来，政府无疑是公共利益当然的和首要的代表。”② “美国的检察系统属于政府行政部门，因为检察官是在行政部门的领导下，并且其主要职能是行政方面的，即确保法律的实施。”③ 由于美国检察机关代表政府进行刑事诉讼，所以其在刑事诉讼活动中负有维护公共利益的职责。“为公共利益而采取行动是总检察长的权力，他的作用是实质性地符合宪法，他可以自由地从总体上广泛考虑公共利益，因而他可以自由考虑各种情形，包括法治的及其他的。”④ 其次，从美国检警关系的角度来考虑，美国警察机关作为普通犯罪案件的侦查机关，其所承担的职责主要

---

① 梁上上：《利益的层次结构与利益衡量的展开》，载《法学研究》2002 年第 1 期。

② 胡鸿高：《论公共利益的法律界定》，载《中国法学》2008 年第 4 期。

③ 甄贞等：《检察制度比较研究》，法律出版社 2010 年版，第 274 页。

④ ［英］威廉·韦德：《行政法》，徐炳等译，中国大百科全书出版社 1997 年版，第 257 页。

为收集犯罪证据、抓获犯罪嫌疑人以及查明犯罪事实等。除部分由检察机关侦查的案件以外，如检察机关对有组织犯罪、腐败犯罪或是商业欺诈犯罪等作出侦查决定等，通常由警察机关履行侦查职能。虽然警察机关在普通犯罪的侦查过程中享有高度的侦查权，但是由于有组织犯罪等本身具有疑难性、重大性和复杂性，所以强化检察机关对警察机关的指导以及与侦查人员在侦查实践工作中进行合作，以准确查明案件事实，更为有效地收集犯罪证据。美国检察机关所承担的侦查职责大致包括："检察机关使用大陪审团传票来取得证人证言、文件或者其他物证；检察机关可以取得搜查令和各种电子监控令等；检察机关可以授权并监督卧底调查；检察机关可以命令对犯罪嫌疑人或者证人进行监视；检察机关可以派出侦查人员到证人住所或者其办公场所询问证人；检察机关可以要求相关人员提供指纹、声音样本或者其他非言词性物证；检察机关可以与被追诉人进行辩诉交易，给予其宽大处理甚至豁免，以获得该追诉人针对其他被追诉人的卧底帮助，并且以后如果检察机关提出作证请求时，该被追诉人将提供证言。"① 一般而言，检察机关和警察机关保持相对独立，检察机关名义上并不介入警察机关的犯罪案件侦查活动。不过，在刑事司法实践中，检察机关还是或多或少地影响着犯罪案件的侦查活动，检察机关的权力有扩张至侦查阶段之嫌。"警察机关和检察机关都有侦查权，案件侦查终结后，警察机关即向检察机关提交该案的罪行报告。检察官根据警察收集到的证据，判断控诉证据是否达到提起公诉的标准。检察官认为案件证据并未达到起诉标准的，可以要求警察继续侦查或决定不提起诉讼。"② 检察机关对警察机关的侦查结果拥有较大的裁量权。由检察机关进行利益衡量有助于保障被追诉人的权利和规制国家权力。最后，检

① Rory Little, *Proportionality as an Ethical Precept for Prosecutors in Their Investigative Role*, 68 Fordham L. Rev. 737 (1981).

② 宋英辉、吴宏耀：《刑事审判前程序研究》，中国政法大学出版社 2002 年版，第 59 页。

察机关代表国家追诉犯罪，检察机关负有维护法律正确实施之义务。其不仅应当维护犯罪嫌疑人、被告人的合法权益，而且应当依法使犯罪人承担与其犯罪行为相适应的否定性法律后果，避免无辜之人受到刑事追诉。“检察机构在履行刑事追诉职能的同时，要注意尊重事实真相和维护法律尊严，而不应像民事诉讼中的原告那样，为达到胜诉和击败被告人的目的而不择手段或不惜一切代价。”[①] 由于检察机关在刑事诉讼活动中负有客观义务，所以检察机关进行利益衡量有助于实现诉讼公正和诉讼效率。

（一）衡量标准：利益衡量中的内部性因素

在证人豁免过程中检察机关需要进行利益衡量的根本原因在于，公共利益与个人利益之间产生分歧并且两者保持相对的平衡。由于检察机关承担着维持法治和公正的使命，所以检察机关通过利益衡量使得证人豁免具有正当性与合法性。准确查明案件事实、充分收集犯罪证据并实现国家刑罚权等是为了维护公共利益，而法律赋予公民享有不得强迫自证其罪的权利是为了维护个人利益。在刑事诉讼中两者不可避免地会产生冲突和矛盾。如若强大的公共利益远胜于弱小的个人利益，则无豁免之必要，每位公民皆负有作证或者提供案件相关信息之义务，无论证言或者相关信息是否会使其自证其罪。然而，司法公正作为刑事司法之理想和愿景，督促检察机关在刑事诉讼活动中积极地、理性地实现公正，在使司法机关对其他犯罪人定罪量刑合乎实体公正和程序公正的同时，也能确保证人豁免合法、合理、合规。检察机关对证人豁免进行利益权衡，也给予了可能受豁免结果不利影响的犯罪人以获得公正裁量的机会。在证人豁免实践中由于案情纷繁复杂且利益多元，所以检察机关需要理清利益纷争并准确抉择证人豁免与否。检察人员应当置身于具体案件中来具体判断证人豁免，进而使得证人豁免制度具有实践理

① 陈瑞华：《问题与主义之间——刑事诉讼基本问题研究》，中国人民大学出版社2003年版，第30页。

性。具体而言，检察机关在利益衡量过程中所需要考虑的内部性因素主要有：

第一，检察机关应当对被豁免证人和其他犯罪人各自的犯罪案件进行评估。美国宪法第五修正案赋予公民享有不得强迫自证其罪的权利，该权利在一定程度上与追诉机关追诉犯罪相冲突。证人豁免制度的机理在于对证人豁免的实质性要件、形式性要件和程序性要件予以严谨、合理的规定，对豁免权行使的过程和结果进行控制和监督，以依法迫使那些根据不得强迫自证其罪特免权而拒绝作证或提供其他信息的公民作证或者提供犯罪案件相关信息，通过内部控制和外部控制使豁免权之行使趋于正当和合理。在司法实践中，被豁免证人与其他犯罪人存在的牵连关系主要有以下几种情况：（1）被豁免证人与被追诉人是共犯关系，既可以是任意的共犯也可以是必要的共犯。任意的共犯主要是指两人以上共同实施那些由一人就可以实施的犯罪，如被豁免证人和其他犯罪人共同盗窃，但盗窃后其他犯罪人又故意杀人。必要的共犯是指必须由两人以上才能实施的犯罪，必要的共犯又可以分为：对向犯，如贿赂犯罪中的行贿者与受贿者，以及参与型共同犯罪，如其他犯罪人指挥、策划被豁免证人等人实施共同犯罪；（2）被豁免证人与其他犯罪人各自单独实施犯罪事实，而被豁免证人发现或了解其他犯罪人实施犯罪事实，如其他犯罪人入室杀人而被正在实施盗窃的被豁免证人发现；（3）仅有被豁免证人实施了犯罪行为，这也就是辩方证人豁免的缘起，如被豁免证人在盗窃他人财物后逃跑的过程中遇到了被追诉人，其能够证明当时被追诉人并不在追诉机关所指控被追诉人实施犯罪的作案现场。虽然在辩方证人豁免存在的场合中被追诉人所谓的犯罪事实大多属于冤假错案，但辩方证人豁免在美国刑事司法实践中确实存在。从根本上而言，被豁免证人的犯罪事实和其他犯罪人的犯罪事实相互交叉（相互交叉意味着两个犯罪案件的犯罪事实彼此独立，例如，甲盗窃乙时看到丙杀害了丁）或者相互重叠（相互重叠是指一个犯罪案件的犯罪事实成为另一个犯罪案件的犯罪事实的部分或全部，例如，甲向乙行贿巨额财物）。对于控方证人豁免而言，检察机关需要准确界定被豁免证人与其他犯罪人在犯罪过程中的地位和作用，避免豁免权被滥用而放纵犯罪。对于辩方证人豁免而言，由于被追诉人享有取得重要证据和与检察机关公平对抗的宪法性权利，所以检察机关应当衡量豁免辩方证人是否有助于准确查明案件事实并对被追诉人进行公正审判。如确属如此，则检察机关应当豁免辩方证人，以使该证人作证或者提供案件相关信息。

第二，检察机关应当对豁免证人和公正、及时地追究其他犯罪人的刑事责任进行评估。换言之，检察机关应当对限制个人利益以维护公共利益的必要性进行衡量。证人豁免制度在不得强迫自证其罪特免权的基础之上，令证人不得再主张不得强迫自证其罪的权利而必须如实作证或者提供案件相关信息。如若追诉机关能够准确查明其他犯罪人的案件事实，充分收集犯罪证据和及时缉获其他犯罪人而无须适用证人豁免制度，那么检察机关证人豁免权的行使必将成为随意放肆、背弃法律之举，而保障证人的合法权利、避免权力被滥用也就成为一句空谈，证人豁免制度可能沦为犯罪嫌疑人的避难所，或者说成为国家刑罚权的梦魇。这与证人豁免制度设立的初衷相悖。因此，检察机关在利益衡量过程中应当对限制个人利益以维护公共利益的必要性进行衡量，也即证人豁免制度应当符合一定的限度。检察机关不应简单、随意地剥夺公民受宪法保护的基本权利，以使得维护公共利益具有法律上和道德上的正当性。

第三，检察机关应当在对现已查明的案件事实和收集到的犯罪证据进行分析之后，对通过豁免证人所能查明的案件事实和将予收集的犯罪证据等进行评估。也就是说，检察机关需要对限制个人利益以维护公共利益的效果进行衡量。刑事追诉的过程就是根据所收集到的犯罪证据等对犯罪事实进行回溯性认识的过程。准确的犯罪事实和充分的犯罪证据对确保刑事案件办案质量，惩治犯罪，保障人权，实现诉讼公正与效率等具有重要意义。收集犯罪证据是准确查明犯罪事实的重要手段，也是案件得到公正处理的重要保证。对维护公共利益和保障个人利益之间的冲突进行利益衡量必须以证据为依据，没有证据或者证据不足则不应当豁免证人。检察机关不应当凭借对利益冲突的主观判断来决定维护公共利益或是保障个人利益，即决定证人豁免与否。然后，再以该证人所作证言或者所提供的案件相关信息来印证此前形成的对豁免事实的认识。不以案件事实和证据为根据的豁免使得检察机关先入为主和形成主观擅断。这必然使得豁免权被滥用，将严重侵犯公民的合法权利，导致司法偏颇。检察机关证人豁免权的行使是以现已查明的案件事实和收集到的犯罪证据为基础，以放弃直接或间接源于被豁免证人证言或者提供的案件相关信息中收集到的证据作为以后追究该证人刑事责任的证据为代价。因此，检察机关应当审慎地、理性地对利益冲突进行衡量，以确保证人豁免制度的适用效果，避免既放弃了被豁免证人的犯罪证据，而又未查明其他犯罪人的犯罪事实或收集到重要的犯罪侦查线索。

第四，检察机关应当在豁免证人与日后追究该被豁免证人刑事责任之间进行衡量。证人豁免制度的颁行是刑事诉讼过程中对准确查明案件事实真相的追求与对公民合法权利进行保障的要求相冲突、相矛盾的必然结果。证人豁免制度的关键之处在于，一方面，被豁免证人所作证言或者所提供案件相关信息涉及犯罪事实，并且国家专门机关尚未追究该犯罪事实的刑事责任。如果被豁免证人违反道德、规章、公序良俗等，那么证人不需要被豁免，直接作证即可。如果被豁免证人的犯罪行为经过司法机关审判而被定罪量刑，那么证人豁免制度也就失去了适用的前提和基础。另一方面，被豁免证人将予提供的证言或者案件相关信息对于维护公共利益而言可能必不可少，因而具有豁免该证人的现实性需要。美国证人豁免制度从交易性豁免迈向使用豁免表明对证人豁免制度过度放纵被豁免证人的担忧，因而需要对其进行理性的限制。从犯罪控制的角度来说，如若证人豁免制度完全无视被豁免证人可能存在的犯罪行为，而依赖被豁免证人所作证言或者所提供案件相关信息来追究其他犯罪人的刑事责任，那么证人豁免制度可能处于失控状态，而证人豁免制度的初衷可能也难以实现。证人豁免制度在惩治犯罪、保障人权、实现诉讼公正的同时，也在不断地通过豁免依法过滤罪犯。如若适用不当，证人豁免制度的合理性将骤减，司法认同感将越来越弱。证人豁免与追究被豁免证人刑事责任关涉诉讼理性与犯罪控制的度的问题，应当在两者之间寻找到合适的落脚点。检察机关应当冷静地审视直接或间接源于被豁免证人证言或其他信息的任何信息，不得在以后的刑事案件中将其作为对该证人不利的证据。

第五，检察机关需要对证人作证困难与证人如实作证或者证人积极提供案件相关信息进行衡量。如若将被豁免证人作证或者提供案件相关信息的过程进行阶段划分，则证人历经感知、记忆、回忆和表述四个阶段，包括犯罪事实向证人输入和证人输出犯罪事实两个环节。具体而言，感知是证人通过感觉器官等感受案件事实刺激的阶段。证人感受能力的强弱在一定程度上制约证人的感知准确度；记忆是案件事实所产生的刺激在证人主体因素的影响下在证人大脑中生成记忆的阶段。正是因为证人主体因素的差异，导致案件事实可能无法客观、准确地为证人所记忆，如随着时间的流逝，证人的记忆可能会变得模糊；回忆是对所记忆的案件事实的唤起。正式的回忆是在诉讼过程中，因而有关回忆的诉讼规则和证据规则将有助于证人的回忆；表述是证人将所记忆的案件事实传递给证言容受者的阶段。在刑事司法实践中，由于证人表述能力和主客观原因等，证人所表述的案件事实和其记忆的案件事实可能存在偏差。上述四个阶段都存在使被豁免证人作证或提供案件其他信息困难的因素。[①] 检察机关需要考虑，在豁免该证人以后，证人不得再以不得强迫自证其罪特免权来拒绝作证或者提供案件相关信息，而被豁免证人是否能如实作证或者积极、准确地提供案件相关信息。虽然证

① 王进喜：《刑事证人证言论》，中国人民公安大学出版社2002年版，第3~5页。

人在作证以前通常需要进行宣誓或者郑重陈述，使证人惧怕神明的处罚、唤起证人良心上的自觉并使证人铭记如实作证之责任，可以对那些故意提供虚假证言或者作伪证的证人进行惩处，但是当证人提供可能使其自证其罪的证言或者案件相关信息时，证人仍存在违背证人豁免的风险。被豁免证人在这两难困境之中，往往会不情愿地陈述案情。贝卡利亚指出："证人的可信度应该随着他与罪犯之间存在的仇恨、友谊和其他亲密关系而降低。"[①] 因此，检察机关应当对证人作证困难与证人如实作证或者证人积极提供案件相关信息进行甄别，避免被被豁免证人虚假证言等所误导。

（二）衡量动力：利益衡量中的外部性因素

在证人豁免过程中检察机关应当对维护公共利益和保障个人利益之间的矛盾进行审慎的利益衡量，使得检察机关证人豁免权的行使在实质上遵循法律之规定并合乎理性。除上文所述利益冲突为进行衡量的内部性因素以外，还存在以下外部性因素，使得检察机关必须对证人豁免与否进行衡量。

首先，由于刑事司法资源的有限性，检察机关无法及时、有效地追究所有犯罪人的刑事责任。波斯纳教授认为，世界上的资源是有限的，行为主体必须对有限的资源作出理性的选择。而法律权利作为一种资源，是不同利益集团在法律市场上进行交易的结果，诉讼程序实际上就是一种交易的过程。最大限度地减少法律实施过程中的经济耗费是评价和设计法律程序所应考虑的重要价值，也是司法活动所应当达到的的价值目标。[②] 在刑事诉讼活动中，诉讼主体实施诉讼行为必然会耗费一定的人力、物力和财力等司法资源，而司法资源在很大程度上又依赖于国家对司法的投入。由于司法资源的有限性深刻影响着司法公正等的实现，所以需要合理配置司法资

---

① ［意］贝卡利亚：《论犯罪与刑罚》，黄风译，中国大百科全书出版社 1993 年版，第 23 页。

② 顾培东：《效益：当代法律的一个基本价值目标——兼评西方法律经济学》，载《中国法学》1992 年第 1 期。

源，以实现司法制度收益的最大化。检察机关不仅受到自身能力和条件的限制，而且侦查资源、审判资源甚至监狱资源等都对检察机关追诉犯罪产生影响。破获一切案件、惩治所有罪犯作为一种理想，在刑事司法实践中只能是乌托邦而已。检察机关通过证人豁免制度通常可以公正、有效地查明其他犯罪人的犯罪事实、缉获犯罪人并充分收集犯罪证据，或者收集重要的犯罪侦查线索等，而以放弃从被豁免证人所作证言或者所提供的案件相关信息中直接或间接收集的证据作为追究该证人刑事责任的控方证据为代价。这在一定程度上促使检察机关在证人豁免中对利益冲突进行衡量。

其次，由于立法机关在制定证人豁免法时认识的局限性和证人豁免法律规定本身的相对模糊性，使得证人豁免法无法详尽且妥当地规范检察机关证人豁免权以及豁免过程中所需衡量的诸多利益冲突，所以检察机关需要进行利益衡量，以将证人豁免法公正地适用于刑事司法实践。“检察机关之所以需要进行利益衡量，在一定程度上是因为将所必要的一般性规则适用于各种具体情形时遇到困难，这使得检察机关难以做出决断。”① 检察机关应当根据已经查明的案件事实和收集到的犯罪证据，并结合上述利益衡量内部因素来决定是否豁免该证人。

再次，美国刑事法律规定的庞杂使得检察机关积极在维护公共利益与保障个人利益的冲突中进行利益衡量。20 世纪中后期美国刑事司法制度已经“在立法上过度犯罪化”②。一方面，由于时代变迁，刑事法律可能会脱离刑事司法实践之需要，而立法机关并未及时对此作出修正。对于很多刑事法律规定而言，检察机关并不需要以此作为追诉之依据。“检察机关作为接触社会公众对刑事司法

① Norman Abrams, *Internal Policy: Guiding the Exercise of Prosecutorial Discretion*, 19 UCLA L. Rev. 3 (1971).

② Wayne LaFave, *The Prosecutor's Discretion in the United States*, 18 Am. J. Comp. Law 533(1970).

实践变化反应的非正式手段，可以引导立法机关修正刑事法律。"①另一方面，考虑到联邦刑事法律和州刑事法律规定之繁复，"检察机关必须对刑法所规定的很多案件是否需要实际追究刑事责任进行判断"②。

最后，检察机关为了实现追诉个别化之目标，也需要进行利益衡量。"利益衡量的主要优势在于其在决策过程之前就已规定了（衡量的）适应性和灵敏性，而在检察机关所作决定必须遵守繁文缛节之规定的体制下并不具有此等适应性和灵敏性。"③ 严格遵守证人豁免法律之规定与适应具体案情之间的矛盾使得检察机关必须进行利益衡量，并且努力平衡两者之间的冲突。"二十世纪六七十年代，（美国）学者和刑事司法专家对检察机关的裁量权进行了探讨，该探讨特别关注了检察机关起诉决定所依据标准的发展状况。这次广泛的讨论探索了检察机关裁量权所固有的对抗性政策性目标之间的紧张关系：确保检察机关以统一、持续且不随意的方式进行起诉之目标，必须与改变起诉决定以充分自由、适应且灵敏地应对具体情况的需要进行平衡。这些相互冲突的政策目标之间的紧张关系能否得以调和仍然存有争议。二十年过后，检察机关的裁量权不但没有限缩，反而扩张了。如今在美国，评论家们普遍认为，无论是联邦检察机关还是地方检察机关，都拥有更大的与侦查和起诉决定有关的裁量权。"④

总而言之，证人豁免制度以刑事诉讼活动难以准确、有效地查

---

① Norman Abrams, *Internal Policy: Guiding the Exercise of Prosecutorial Discretion*, 19 UCLA L. Rev. 3 (1971).

② Gerard Lynch, *Our Administrative System of Criminal Justice*, 66 Fordham L. Rev. 2137 (1998).

③ Norman Abrams, *Internal Policy: Guiding the Exercise of Prosecutorial Discretion*, 19 UCLA L. Rev. 3 (1971).

④ Theodora Galacatos, *The United States Department of Justice Environmental Crimes Section: A Case Study of Inter and Intrabranch Conflict Over Congressional Oversight and Exercise of Prosecutorial Discretion*, 64 Fordham L. Rev. 642 (1995).

明犯罪人的犯罪事实为适用前提。如若检察机关经利益衡量后认为应当维护公共利益，则根据《美国法典》之规定，美国联邦地区法院应该地区联邦检察长的请求签署豁免令，以要求那些根据不得强迫自证其罪特免权而拒绝作证或提供案件相关信息的公民作证或者提供信息。豁免证人以使其如实作证主要为了实现准确查明案件事实真相，充分收集、保全犯罪证据和抓获其他犯罪人之目的，而豁免证人以使其提供案件相关信息是出于收集犯罪侦查线索或情报之需要。非经豁免，无法收集对于刑事诉讼而言可能是必需的证人证言，难以发现案件的重要犯罪证据，无从确定关键的犯罪人等，因而刑事诉讼活动停滞，并且有可能放纵犯罪。正是因为犯罪案件的追诉活动遇到难以逾越之阻碍，所以证人豁免制度才具有了实践自觉性。

五、利益衡量结果的程序性控制

犯罪人已经实施了犯罪事实，即犯罪案件确已发生，在通常情况下追诉机关应当准确查明犯罪事实、充分收集犯罪证据并缉获犯罪人。追诉机关应当将犯罪人（被豁免证人）作为被追诉人来对待。然而，追诉现实不及追诉理想之完美，在刑事司法实践中追诉机关的追诉活动时常陷入停滞状态或僵局之中，追诉机关无法查明其他犯罪人的犯罪事实，或者尚未发现重要的犯罪侦查线索或信息等。犯罪人（被豁免证人）所陈述的相关案件事实在很大程度上决定着其他犯罪人犯罪案件的最终结果，从而直接影响着国家惩罚犯罪的实际能力。为了公正、有效地维护公共利益，犯罪人（被豁免证人）陈述相关案件事实成为追诉机关的必然和唯一途经，所以追诉机关经利益衡量后决定适用证人豁免制度。追诉机关准备要求犯罪人（被豁免证人）如实陈述相关案件事实，并将其作为证人来对待。在现代刑事诉讼程序中对犯罪的追诉权由国家行使甚至由国家垄断，国家权力积极主导刑事追诉活动之进行。这为国家权力影响或妨害公民的合法权利提供了可乘之机。尤其是在预防犯罪、维护公共利益的神圣目的下，国家权力明显呈现出扩张之势。公民所享有的合法权利可能会受到国家权力以追诉犯罪为名的侵害。为了避免检察机关权力之恣意，需要对利益衡量结果进行程序性控制。

根据《美国法典》之规定，检察机关必须得到联邦总检察长、副总检察长、任何指定的总检察长助理批准适用证人豁免的文书。然后，检察机关凭借该文书申请豁免，并附上所建议的豁免令以及检察人员对“证人证言可能对公共利益必不可少，并且该证人已经拒绝或者很可能会拒绝作证”的书面意见。检察机关请求联邦地区法院或者治安法官颁发豁免令。如果检察机关未能向法院提出证人豁免申请，或者检察机关虽提出申请但却被法院拒绝，那么证人豁免并未生效。“很明显，检察官和大陪审团独自无法豁免证人以强迫其作证。检察官所提出的豁免必须得到法院的认可与审查，否则豁免并不完整，并且无法强迫证人作证。”[①] 由此看来，检察机关行使证人豁免权受到很大的制约。检察机关利益衡量结果必须由联邦总检察长等审批，以强化联邦检察机关对利益衡量结果的内部控制。此外，利益衡量结果还需要得到司法机关的审查，以从外部对检察机关所作利益衡量结果进行严格的规制。

一般而言，在美国追诉权倚重效率，而司法权则侧重公正；追诉权强调维护公共利益，而司法权重在保障个人利益；追诉权的运行应当积极主动，而司法权的运行应当消极被动；追诉权采取首长制，而司法权实行合议制；追诉权的裁量性较大，而司法权的裁量性较小；追诉权在体制与结构上具有相对一体性，而司法权则保持独立；等等。追诉机关在侦破犯罪案件并将犯罪嫌疑人绳之以法的过程中，容易背离刑事诉讼的本意，存在肆意或滥权的现实可能。而证人豁免制度的适用更是对证人所享有的基本权利和自由进行非常严厉的限制，纯粹依靠追诉机关的自我克制和自我约束来保障公

① *Ex parte Higgins*, 160 S.W. 696 (Tex. 1913).

民的合法权利是不现实的。因而只有通过权力之间的相互制衡才能更为充分、有效地实现该目的。追诉机关适用证人豁免制度必须经过司法审查，即将追诉机关的证人豁免权纳入司法权的审查范围，从而确保追诉机关适用证人豁免制度的合法性与合目的性。证人豁免制度的司法审查，也是有限政府和司法最终裁决原则的体现。

在美国刑事司法实践中，检察机关行使证人豁免权有时可能并未得到有效的规制。在极少数证人豁免案件中，联邦总检察长等对证人豁免的审批可能成为一种形式。只要检察机关遵守内部指导规则并符合法定程序，即可取得证人豁免文书。虽然美国法院负有保障公民宪法性权利不受侵害之职责，法院需要对证人豁免的内容和过程进行审查，但是有些联邦法院和州法院在面对检察机关豁免申请时仅仅采取一种敷衍的方式审查证人豁免材料，甚至个别法院采取消极的态度。一些法院成为检察机关豁免申请的“橡皮图章”。这不仅与证人豁免制度设置时的初衷相悖，而且给证人所享有的不得强迫自证其罪的权利带来了现实的困扰。检察人员、证人以及律师等都已经意识到证人豁免制度中陷阱遍布，一旦稍有不慎，就会满盘皆输。[①] 不过，在绝大多数证人豁免案件中法院还是会认真地审查检察机关提供的豁免材料。如果证人豁免不符合法律规定，那么法院有权拒绝批准检察机关提出的证人豁免申请。联邦最高法院在 *Ullman v. United States*[②] 案中判决，如若证人的宪法性权利被侵犯，那么即使检察机关提出豁免申请，法院也有权拒绝颁发豁免令。

---

① See Lawrence Taylor. Witness Immunity. Springfield: Charles Thomas Publisher, 1983. p54.

② 350 U.S. 422 (1955).

第三章　不得强迫自证其罪特免权与证人豁免制度

在美国宪法第五修正案规定了不得强迫自证其罪以后，美国联邦最高法院通过一系列判决使得该特免权的含义更加具体化、丰富化和实践化。“美国宪法第五修正案不得强迫自证其罪特免权成为美国刑事诉讼制度的根本支柱。政府，不论是州的还是联邦的，因而必须合乎宪法地通过独立和自主获得的证据来认定有罪，并且不应强制性地利用被告人自己的嘴来证实针对他的指控。”① 随着不得强迫自证其罪特免权的发展，必然出现维护公共利益与保障个人权利相冲突的情形，而证人豁免制度也就成为理性地解决这种抵牾的历史必然产物。笔者将在下文着重阐述不得强迫自证其罪特免权与证人豁免制度的历史脉络与具体关系。

第一节　证人豁免制度作为不得强迫自证其罪特免权的历史必然产物

一、不得强迫自证其罪特免权关键概念之厘定

对不得强迫自证其罪特免权（privilege against self-incrimination）的理解离不开对特免权（privilege）概念的探究。privilege 的含义很丰富，泛指法律赋予某人或某类人的特别权利；

① ［美］约翰·斯特龙：《麦考密克论证据》，汤维建等译，中国政法大学出版社2004年版，第233页。

优先债权；外交人员特权；作为一项证据规则，赋予证人不泄露所问事实的自由，或防止在法院泄露特定信息的权利；等等。[①] 国内学者在引介 privilege 时有诸多译法：其一，将其译作“特权”，并辅之以解释性的名词，如拒证特权、免证特权、证人特权等；其二，将该词意译为“拒绝作证权”，以此对 privilege 内涵进行概括，类似译法如拒证权、免证权等；其三，将 privilege 译为“特免权”，如证言特免权、作证特免权等。凡此种种，皆用于阐释“privilege”一词。由于学者在理解和翻译 privilege 时表达含混，缺少确定性和严谨性，所以尚未对 privilege 概念形成统一的认识。正如《元照英美法词典》在解释 privilege 时，开篇即提及“含义不确定的法律用语”[②]。大抵这正是对 privilege 概念表达混沌现状最为真实的解读。虽然各种译法皆有一定的合理性，但是作为西学东渐产物的 privilege 制度，应当为其作出较为妥当且贴切的翻译，以避免其被误读。

总的来看，在我国法学界 privilege 制度不仅备受关注，而且被赋予很高的地位。国内学者在阐述 privilege 制度的含义时，往往从 privilege 的译法上着手进行考量，因为 privilege 的译法凝结着 privilege 制度最为重要和关键的特征。在关乎 privilege 制度的著述中，学者们普遍将 privilege 译作“特权”。然而，在认真研读这些论著并仔细揣摩“特权”的含义以后，笔者认为，将 privilege 译作“特权”略有不妥：一方面，研究抽象意义上的不受一般规制或受到特别对待的权力或权利，而称之为特权的著作和论文基本上无涉于西方国家的 privilege 制度；另一方面，特权作为 privilege 制度的核心概念，其容易引起歧义，进而令人产生迷茫和困惑。具体而言，刑法平等原则明确规定“不允许任何人有超越法律的特权”。而我国《刑事诉讼法》第 6 条规定：“对于一切公民，在适用法律

① 薛波主编：《元照英美法词典》，法律出版社 2003 年版，第 1095 页。

② 薛波主编：《元照英美法词典》，法律出版社 2003 年版，第 1095 页。

上一律平等，在法律面前，不允许有任何特权。”如若将 privilege 译作“特权”，则不仅在形式上与刑法平等原则以及刑事诉讼法之规定明显冲突，而且容易使人望文生义，产生社会利益分配过程、结果的不公正，社会成员待遇的不平等，以及社会制度设置的程序和机会的不均衡，等等。在刑事立法和司法实践的语境中，特权通常意味着法的不公与偏私，社会成员地位的不等与尊卑。特权与平等观念相对立，而平等观念旨在使权力或权利受到法律的平等约束和规制。由于“特权”概念具有特定含义，不但无法全面、严谨、恰当地概括 privilege 制度，而且可能引起歧义，造成理解上的困难，所以笔者认为不应将 privilege 译作“特权”。

有部分学者在分析 privilege 制度时，将 privilege 译作“拒绝作证权”、“证人拒证权”等。从西方各国的立法和司法实践来看，证人作证行为首先体现为证人的义务。正如我国台湾学者陈朴生所言：“证人，系陈述其自己所观察之过去事实，具有不可替代性……其义务性较大。故一般国民，均有作证之义务，其国籍、经历、男女、宗教、种族、阶级、党派如何，并非所问。”[①] 然后，法律对于依附于证人义务的证人所享有的权利作出规定，其中包括证人拒绝作证的权利。证人权利有助于证人义务之履行。国内学者可能以此为启发，将 privilege 译作“拒绝作证权”、“证人拒证权”等。可是，笔者认为此意译法值得商榷。其一，如若将 privilege 意译为“拒绝作证权”等，则将其置于 privilege against self-incrimination 等传统与固定表述中将出现同意反复、语义重叠等问题。其二，与绝大多数旨在促进准确查明案件事实的诉讼制度和证据规则不同，privilege 制度排除具有相关性的证据。privilege 制度的主要目的“是保护法庭世界之外的特定关系和利益，这些关系和利益被认为具有充分的重要性，值得司法程序以失去有用证据的方式来

① 陈朴生:《刑事证据法》，三民书局 1979 年版，第 99 页。

承担这些成本"[①]。"拒绝作证权"等译法主要表现出证人主观能动之意味，而并未体现出 privilege 制度在客观上要求排除相关证据，免除证人作证义务之含义。其三，privilege 制度的内容非常广泛，某些 privilege 直接由宪法所规定，如美国宪法第五修正案之规定，某些 privilege 由普通法或制定法所创设，如律师委托人 privilege、医生患者 privilege 等。"拒绝作证权"等译法不足以概括 privilege 制度之全貌，及其内在的深刻意蕴。其四，如果采纳"拒绝作证权"等译法，可能会在一定程度上影响我国刑事司法实践中证人作证本已困难之现实，使庭审更加流于形式。因此，笔者认为不应将 privilege 译为"拒绝作证权"等。

少数学者另辟蹊径，认为应当将 privilege 译作"豁免权"。其实，该译法将 privilege 制度混淆于证人豁免制度（witness immunity）。在美国，证人豁免制度是以美国宪法第五修正案为基础的 privilege against self-incrimination 发展到一定历史阶段的产物。美国证人豁免制度登上历史的舞台具有偶然性，但其也是 privilege 制度历史沿革过程中不断反思和利益相互妥协的必然结果。《美国法典》第 18 编 §6002 豁免总则、§6003 法院和大陪审团程序等规定了证人豁免制度。由于后文对证人豁免制度和 privilege 制度之关系将进行具体且详尽的论述，所以在此不过多着墨。笔者认为，privilege 制度作为证人豁免制度萌芽、发展的前提和基础，尽管两者联系紧密，但是不应将 privilege 译作"豁免权"。

随着我国法律人对英美法接触机会的增多，学者们在怀有对英美司法实践过程中长期积淀所产生的各项诉讼制度和证据规则等艳羡的同时，审慎地探寻这些制度和规则等的源流，理性地品读其中的大言微义。学者们在研究和省思 privilege 制度的过程中，逐渐发觉之前对 privilege 的译法和 privilege 制度真正内涵之间的微妙差

① 罗纳德·艾伦等：《证据法》，张保生等译，高等教育出版社 2006 年版，第 905 页。

别。与此同时，越来越多关于 privilege 制度的著述使用“特免权”的译法。相比之下，将 privilege 译作“特免权”更贴近原意。“特”表示基于特定身份或关系。虽然不得强迫自证其罪特免权针对一般意义上的公民而言，但是由于被追诉人和证人在刑事诉讼中所处的特殊地位，所以不得强迫自证其罪特免权对被追诉人和证人具有特别重要的意义。而证据性特免权旨在保护特定关系之间的秘密交流，避免特定信息被披露，防止特定关系受到不当妨害等。“免”表示免于提供对特定身份或关系造成不利影响之证据，不得采取违法或者与人权之基本要求相悖的方法等使特免权者提供证据。“权”意味着特定身份或关系主体可以行使或处分等，而与之相对者负有保障并不得侵害之义务。“特免权”有别于“特权”，具有明显的指代性和独立性，并且能够基本反映出 privilege 制度之内涵。正因为如此，笔者倾向于将 privilege 翻译为“特免权”。

二、不得强迫自证其罪特免权从美国宪法规定到司法实践的理论诠释

美国现代意义上的不得强迫自证其罪特免权可以追溯到普通法，而美国的普通法又是以英国的普通法为基础，所以美国和英国的不得强迫自证其罪特免权渊源相通。然而，美国和英国在从普通法向现代意义上的不得强迫自证其罪特免权发展的过程中也出现了些许差异。英国不得强迫自证其罪特免权的变革与发展源于一系列的刑事案件。这些案件使得普通法中证人特免权和供述规则相融合而产生了现代意义上的不得强迫自证其罪特免权。而美国不得强迫自证其罪特免权主要受到一些民事案件的影响，将普通法中证人特免权纳入美国宪法第五修正案中而形成。[①] 需要注意的是，19 世纪上半叶英国的立法、判决甚至法学家的观点对美国的司法产生了一

① Katharine Hazlett. The Nineteenth Century Origins of the Fifth Amendment Privilege Against Self-Incrimination. 42Am. J. Legal Hist. 239 (1998).

定的影响。美国法院作出的判决经常会引用英国的判例。不过，这种做法在19世纪中期逐渐消失。① 因而，19世纪英国关于不得强迫自证其罪特免权的立法和司法也在一定程度上影响着美国对不得强迫自证其罪特免权的规范。

虽然美国现代意义上的不得强迫自证其罪特免权初始的代表是1791年美国宪法第五修正案之规定，但是当时的美国法院却并未在宪法第五修正案的背景之下提及不得强迫自证其罪特免权。当时的刑事诉讼既未形成完善的对抗制模式，也未充分保障被追诉人的权利。从被追诉人的角度来看，《权利法案》通过时并未赋予被追诉人享有拒绝回答可能自证其罪问题的权利。② 当时甚至并不禁止法官和治安法官强迫被追诉人做有罪供述，只要被追诉人没有宣誓作证即可。③ 从证人的角度来看，与未宣誓的被告人不同，证人在宣誓以后被问及自证其罪的问题时可以拒绝回答。追诉机关不适当地询问证人可能会引发异议，而这些不适当的询问方法远不及讯问犯罪嫌疑人、被告人的方法。证人享有有限的保持沉默的权利。证人可以公开表示放弃证人特免权而选择作证。④ 在《权利法案》颁布之后的很长一段时间内，追诉机关可以对被追诉人采取诱供等方法，但是不能通过非法方法来获得证人证言。法院允许使用在审判前通过非法手段收集的被追诉人的供述，审判中严格区分被追诉人和证人的地位，并注重宣誓的作用。此外，由于当时取证条件的限制和认识能力的制约，刑事审判非常依赖言词证据。在很多刑事案件中被追诉人的供述成为认定案件事实的依据和作出裁判的基础。实际上，直至1854年才出现了在宪法第五修正案的背景下适用不

---

① 美国法律，http://zh.wikipedia.org/wiki/，2014年2月7日访问。

② Albert Alschuler. A Peculiar Privilege in Historical Perspective [A]. R. Helmholz, et al. The Privilege against Self-Incrimination: Its Origins and Development[C]. Chicago: The University of Chicago Press, 1997. p192.

③ Ibid. p193.

④ See ibid.

得强迫自证其罪特免权的案件，并且在该案中将不得强迫自证其罪特免权与普通法中证人特免权进行了区分。[①] 因此，在19世纪初期美国宪法第五修正案所规定的不得强迫自证其罪并未得到应有的重视，而且在刑事司法实践中也未产生具有影响力的判决。

不得强迫自证其罪从美国宪法之规定发展成为司法实践中公民权利保障之基石，主要受到以下几方面因素的影响：首先，与诉讼存在利害关系的主体不适格规则，在不得强迫自证其罪特免权的发展史上扮演着重要的角色。当证人与诉讼存在利害关系时，证人很可能有强烈的作伪证的念头。为了避免证人作伪证并增加判决结果的准确性，在19世纪上半叶与诉讼存在利害关系的主体不适格规则禁止相关证人作证。该规则不仅适用于刑事案件的犯罪嫌疑人、被告人，而且还适用于所有与诉讼存在直接利害关系的主体，以防止其作伪证。在民事诉讼中与诉讼存在利害关系的主体不适格规则既可以适用于原告，也可以适用于被告。作为与诉讼存在利害关系的当事人，其不能作为证人以支持己方的请求，法庭也不能强迫其为诉讼另一方提供证据。[②] 该规则通过完全禁止利害关系主体作证来防止其作出有利于己的虚假证言。[③] 与诉讼存在利害关系的主体不适格规则主要基于对不适格证人所作证言的不信任，以及这些不可靠的证言对案件事实认定工作的负面影响的考虑。[④] 由于证人作证是证人在对案件事实感知、理解、记忆的基础上对外表述的过

① Katharine Hazlett. The Nineteenth Century Origins of the Fifth Amendment Privilege Against Self-Incrimination. 42Am. J. Legal Hist. 241 (1998). *United States v. Quitman*, 27 F. Cas. 680 (E. D. La. 1854).

② Samuel Phillips. Treatise on the Law of Evidence. New York: G. & C. Meriam, 1839. p72.

③ Henry Smith: The Modern Privilege: Its Nineteenth-Century Origins [A]. R. Helmholz, et al. The Privilege against Self-Incrimination: Its Origins and Development [C]. Chicago: The University of Chicago Press, 1997. p149.

④ Jeffery Gilbert. The Law of Evidence [M]. London: A Strahan and W. Woodfall, 1791. p96.

程，其间每一个环节失真将使得证言产生不确定性，而且在19世纪初受到证据收集能力和条件的限制，相悖的证人证言难以查证并核实。当法官在面对宣誓后却相互矛盾的证言时，只能接受誓言不可靠而证言有差错的事实。为了避免这种情况的发生，刑事被追诉人、民事当事人以及与诉讼存在利害关系的主体不具有证人适格性。一方面，这可以将宣誓继续作为保证证言真实可靠的手段，并防止不可靠的证言成为定案根据；另一方面，这有效地避免了法官接触到相互矛盾的证言，在一定程度上增加了审判结果的准确性。因此，与诉讼存在利害关系的主体不适格规则“保障了誓言的诚信并且保障了诉讼本身的合法性”①。就刑事诉讼的过程而言，与诉讼存在利害关系的主体不适格规则并非出于对犯罪嫌疑人、被告人合法权利的保障，而是为了防范出现伪证。就刑事诉讼的结果而言，当时该规则在避免审判人员受到存有偏见性的证言影响的同时，有时受限于当时的取证条件，难以查明案件事实并作出客观、公正的判决。与诉讼存在利害关系的主体不适格规则本身有其难以弥合之缺陷：其一，不适格之证人自愿作出于己不利的证言；其二，案件当事人或者被追诉人传唤与诉讼存在利害关系的证人提供于己方不利的证言。换言之，在证人诚信作证而避免利害关系对证言产生负面作用的情况下，绝对地禁止证人作证反而有悖于发现案件真相之目的。

其次，证人特免权规则被认为是不得强迫自证其罪特免权构建的支柱以及发展的动力。诉讼的过程便是对案件事实回溯性认定的过程。证人作为案件事实的感知者和亲历者，其证言具有不可替代性。证人通常应当将其所了解的案件事实告知案件事实认定者，以此来帮助其准确查明案件事实，定分止争。“每个人都负有作证的义务，这是一个普适性的规则。虽然该规则并未由书本所记录，但

① George Fisher. The Jury's Rise as Lie Detector, 107 Yale L. J. 575, 590 (1997).

是上帝早已将其印在每个人的心中。”[①] 除非证人有合法且正当的理由，否则证人不得拒绝作证。如若证人因作证而可能被追究刑事责任，则构成了证人拒绝作证的当然理由。19 世纪初期证人特免权正是据此来阻却证人作证之义务。在庭审过程中非当事人的证人可以拒绝回答那些可能证明自己有罪的问题，并对这些问题提出异议。证人特免权的适用范围并不止于刑事诉讼，其还适用于民事诉讼。当时证人特免权旨在促使证人诚实作证，避免未来追诉机关可能的追诉，以及保障证人人身利益、财产利益免受惩罚或者损失。随着时间的推移，证人特免权的适用范围日渐受限。

在 19 世纪初与诉讼存在利害关系的主体不适格规则和证人特免权之间的差异并不明显。与诉讼存在利害关系的主体不适格规则旨在避免相关证人作证，而证人特免权赋予证人拒绝作证的权利，证人可以放弃该权利而选择作证。此外，与诉讼存在利害关系的主体不适格规则强调利害关系者的身份对诉讼过程及审判结果的影响，而并不区分利害关系者所提供证言的内容，如该证言是自证其罪还是自我开罪。与之相比，证人特免权则更为强调证人所提供证言的内容，而不考虑证人是否与诉讼存在利害关系。

尽管证人特免权与现代意义上的不得强迫自证其罪特免权相仿，但是两者也不尽相同。第一，证人特免权只是一个普通法证据规则，而不得强迫自证其罪特免权由美国宪法第五修正案所规定。第二，对于刑事诉讼中的被追诉人而言，其受到不得强迫自证其罪特免权的保障，而并不享有证人特免权。第三，证人特免权很容易被规避。如果证人在作证之后遇到自证其罪的问题而拒绝继续作证的话，法官往往会判处证人藐视法庭。第四，证人特免权并未明确规定强迫证人作证的后果。相反，如果证人回答可能自证其罪的问题，那么就意味着证人自愿放弃该特免权，其回答可以作为追究其刑事责任的证据而被采纳。第五，证人特免权不仅适用于可能使证

① *United States v. Smith*, 27 F. Cas. 1197 (C.C.D.N.Y. 1806).

人自证其罪的证言，而且还适用于证人由于有罪判决或者其他因证人诚实作证而产生的名誉损害案件，证人特免权甚至还适用于使证人人格贬损之回答等。[①]

在 *Boyd v. United States*[②] 案中，Boyd 为联邦政府供应玻璃制品用于政府大楼的建造。联邦政府允许 Boyd 免税进口等量于其销售给政府的玻璃。由于玻璃在运输途中破损，所以 Boyd 认为政府应当允许其进口更多的免税玻璃。然而，联邦政府并不信任 Boyd，并根据《1874 年税收征管法》没收其 35 箱玻璃。由于该法允许政府强迫取得其认为与之相关的所有文件，所以政府取得了 29 箱玻璃的收据。初审法院在该收据中发现了 Boyd 违反税收征管法的犯罪事实。联邦最高法院判决，适用于 Boyd 的民事程序类似于针对刑事被追诉人所采用的财产没收程序，所以 Boyd 有权获得与刑事被追诉人相似的保障。而《1874 年税收征管法》允许政府强迫取得图书、文件等使得公民自证其罪的证据，这有悖于宪法第五修正案之规定，因而联邦最高法院撤销了该判决，并判决《1874 年税收征管法》违宪而无效。联邦最高法院不仅将宪法第五修正案不得强迫自证其罪特免权的适用范围扩大到民事案件，而且将证人特免权与宪法第五修正案联系起来。普通法中证人特免权规定公民有权拒绝在司法程序中回答自证其罪的问题。Boyd 案将普通法中证人特免权纳入宪法第五修正案之时，美国现代意义上的不得强迫自证其罪特免权便诞生了。证人和当事人在司法程序中面对自证其罪的问题时可以主张不得强迫自证其罪的宪法权利。Boyd 案之后的案件均遵循该案的判决结果。

再次，供述规则推动了不得强迫自证其罪特免权的发展。供述规则作为一项普通法规则，在 19 世纪初已经全面确立。只有被追

---

① Samuel Phillips. Treatise on the Law of Evidence. New York：G. & C. Meriam，1839. p276-279.

② *Boyd v. United States*，116 U.S. 616（1886）.

诉人在其自由意志支配之下所作出的供述才能作为认定案件事实的根据；若非如此，强迫被追诉人所作之供述应当予以排除。供述规则最为经典的表述源于 1783 年 *Warickshall*[①] 案。在该案中被追诉人认为，正是在追诉机关的诱供之下，根据其有罪供述才得以查获其所偷盗的财物。这种诱供的做法有违追诉人员所宣誓的内心信仰，更使得被追诉人因此而被追究刑事责任。因此，其供述不具有可采性，该证据应当被法院排除。法院最终判决："犯罪嫌疑人、被告人自由且自愿的供述应当得到最高的信任，因为这是其（内心）最强烈的罪恶感的流露，因而可以作为犯罪证据而采用；如果供述源于引诱或者胁迫，当该供述被用于有罪的证据时，那么该供述并不值得信任，所以应当将其排除。"供述规则不仅可以规范侦查机关依法讯问，约束强大的侦查权力不得逾越法律的疆界而行使，而且可以保障被追诉人的合法权益，在一定程度上可以防止刑讯逼供。

1847 年 *R. v. Garbett*[②] 案的审判结果对英国现代意义上的不得强迫自证其罪特免权的充分确立产生了很大影响。在该案中，被告人在之前案件中的证言是否具有可采性成为案件争议的焦点。当时并不允许证人选择性地作证，如果证人决定作证，其必须要回答所有与案件有关的询问。被追诉人根据供述规则主张，在之前案件中其在经过宣誓以后的证人证言并不具有自愿性。追诉机关试图有所限制地适用供述规则，仅排除对真实性有争议的证言以及通过引诱或者胁迫等手段获得的证言。追诉机关还主张被追诉人一经作证，就已经放弃了证人特免权。法院判决，证人在回答了一些问题之后可以拒绝回答。如果证人被强迫作证，其证言不具有可采性。该案在三个方面丰富了不得强迫自证其罪特免权的内容：其一，通过非

① 1 leach Cr. L. 248, 3d ed. 298. John Wigmore. Select Cases on the Law of Evidence. Boston: Little Brown and Company, 1913. p434.

② 1 Den. 236, 169 Eng. Rep. 227 (Cr. Cas. 1847).

法方法取得的证言应当予以排除；其二，扩大了强迫概念的范畴；其三，明确规定了放弃不得强迫自证其罪特免权的要求。英国法院将证人特免权建构出与供述规则相同的排除内容之后，形成了现代意义上的不得强迫自证其罪特免权的核心内容。需要注意的是，*R. v. Garbett* 案的判决结果在一定程度上和与诉讼存在利害关系的主体不适格规则相冲突，因为与诉讼存在利害关系的主体不适格规则阻却被追诉人在刑事审判中作证。不过在 19 世纪中叶，对与诉讼存在利害关系的主体不适格规则的限制逐渐放宽，例如，“英国 1843 年证据法开始允许被定罪之人具有作证的适格性，与诉讼结果有关的证人在民事诉讼中也根据 1843 年证据法具有了适格性”,[①] “1864 年缅因州成为美国首个允许被告在刑事案件中作证的州，其他州也迅速效仿”,[②] 任何公民通常都具有了作证的适格性，只不过案件事实的认定者需要对证人证言的内容进行审慎的判断。与诉讼存在利害关系的主体不适格规则为诉讼所摒弃具有时代的必然性，这也推动了现代意义上的不得强迫自证其罪特免权的发展与完善。

最后，现代意义上的不得强迫自证其罪特免权的建立离不开被追诉人辩护律师的作用。虽然从 18 世纪 30 年代开始受到重罪指控的被追诉人就允许聘请辩护律师，但直到 80 年代辩护律师才对刑事审判产生了实质性的影响。直至 19 世纪 30 年代被追诉人才有权获得律师为其提供全面的法律服务。被追诉人辩护权越大，其越有可能保持沉默。[③] 一方面，18 世纪末普通法刑事诉讼中被追诉人最根本的保障并不是沉默权，而是“被追诉人说（accused speaks）”

---

① 王进喜：《刑事证人证言论》，中国人民公安大学出版社 2002 年版，第 19 页。

② See Act of March 25, 1864, Maine Acts and Resolves ch. 280, at 214, codified as amended at 15 Maine Revised Statues Annotated § 1315 (1994).

③ Henry Smith: The Modern Privilege: Its Nineteenth-Century Origins [A]. R. Helmholz, et al. The Privilege against Self-Incrimination: Its Origins and Development[C]. Chicago: The University of Chicago Press, 1997. p163.

的机会。[①] 由于当时辩护律师无法向陪审团陈词，所以被追诉人必须在保持沉默与向陪审团自行陈词之间进行选择。被追诉人保持沉默付出了非常高昂的代价。[②] 因此，在18世纪的刑事审判中被追诉人成为案件审判信息的来源。当时的诉讼环境还无法满足现代意义上的不得强迫自证其罪特免权建构的最基本的条件。另一方面，在18世纪普通法审判中证据呈现出以下几个特点：（1）注重书面证据；（2）通过不适格规则排除了大量的非书面证据；（3）非常依赖宣誓的作用。[③] 然而，19世纪初法院不再倚重证人宣誓和不适格规则，而是借助律师对证人的交叉询问来对证人的可靠性进行判断。交叉询问成为言词证据真实性的基本保障，并且成为案件事实认定者发现案件真相最有用的工具。因此，律师在诉讼中的作用日益重要。这也成为不得强迫自证其罪特免权发展的动力之一。

三、不得强迫自证其罪特免权对证人豁免制度产生和发展的影响

随着诉讼文明的发展与进步，刑事诉讼经历了从有罪推定到无罪推定，从控审不分到控审分立、控辩平等并且审判中立，从重视打击犯罪到惩罚犯罪与保障人权并重，从诉讼程序简单粗糙到诉讼程序复杂精细等历程。无罪推定原则实乃不得强迫自证其罪特免权的内在魂魄，而不得强迫自证其罪特免权则是无罪推定原则的外在筋骨。在19世纪的百年间，不得强迫自证其罪特免权从美国宪法第五修正案之规定，跃居成为美国刑事司法实践中保障公民权利并

---

① John Langbein. The Privilege and Common Law Criminal Procedure: The Sixteenth to the Eighteenth Centuries. [A]. R. Helmholz, et al. The Privilege against Self-Incrimination: Its Origins and Development[C]. Chicago: The University of Chicago Press, 1997. p82.

② Henry Smith: The Modern Privilege: Its Nineteenth-Century Origins [A]. R. Helmholz, et al. The Privilege against Self-Incrimination: Its Origins and Development[C]. Chicago: The University of Chicago Press, 1997. p163.

③ John Langbein, Historical Foundation of the Evidence: A View from the Ryder Sources, 96 Colum. L. Rev. 1168, 1172 (1996).

规制国家权力的重要基石。特别是在美国南北战争，以及战争前后的数年间，美国宪法中所宣示的人民的生命权、自由权和追求幸福的权利等遭到严重的破坏。因而，在战争结束后美国社会充斥着对国家权力的不信任。美国更加重视保障公民权利与约束国家权力，例如，美国宪法第十三、十四和十五修正案（也称为战后三条修正案）的颁布，标志着美国人民争取权利保障斗争所获得的历史性成果。这在一定程度上促进了不得强迫自证其罪特免权的实践化。不得强迫自证其罪特免权意旨任何公民无义务帮助代表国家的追诉机关指控自己。如若公民的陈述可能使其暴露于被定罪量刑的现实并且可预料的风险之中，那么公民有权拒绝陈述。其实，法律允许公民自证其罪。只要公民基于内心自愿，以及充分地认识到其陈述的可能后果，公民有权作出自证其罪的陈述。为法律所禁止的是，国家以身体折磨或精神压力等方式强迫公民自证其罪。也就是说，不得强迫自证其罪特免权主要在于防止国家专门机关以刑讯逼供等违法方式强迫公民自证其罪，避免无辜之人因强迫而被定罪和量刑。不得强迫自证其罪特免权在赋予公民不被强迫陈述自己犯罪事实的权利和自由的同时，还强调国家及作为国家之代表的追诉机关所承担相应的义务。追诉机关应当准确查明被追诉人的犯罪事实，充分收集犯罪证据。更为重要的是，追诉机关应当切实保障被追诉人的权利和人格尊严不受非法侵害。不得强迫自证其罪特免权展现了刑事诉讼的理性与文明。

证人豁免制度则是不得强迫自证其罪特免权发展到一定阶段的产物。虽然 19 世纪中叶美国证人豁免制度的颁布具有一定的偶然性，但是证人豁免制度实际上是不得强迫自证其罪特免权发展过程中的必然结果。由于在 19 世纪追诉机关查明犯罪案件事实真相的能力和条件受到时代和自身的限制，所以被追诉人的陈述可能成为侦破案件的关键和突破口。而不得强迫自证其罪特免权的普遍确立，可能给刑事诉讼造成一定的追诉困难，甚至可能导致被追诉人逃避刑事制裁。对于被追诉人的犯罪事实与追诉机关所欲查明的其他被追诉人的犯罪事实存在实质性联系的情况而言，被追诉人主张不得强迫自证其罪权利而三缄其口。这使得追诉机关在亟须查明其他被追诉人犯罪事实的过程中遇到无法逾越之障碍。一方面，追诉机关为了维护公共利益，需要准确、有效地查明相关案件事实或者发现犯罪侦查线索等；另一方面，追诉机关又需要保障被追诉人所享有的不得强迫自证其罪权利。由此，便萌生出证人豁免制度。追诉机关豁免被追诉人，以使其不再主张不得强迫自证其罪的权利而如实作证或者提供案件相关信息等，而追诉机关给予被追诉人等效保障的理念。被追诉人通过等效保障来恢复不得强迫自证其罪特免权的保障。如美国社会法学派奠基人罗斯科·庞德所言："法律的发展经历五个发展阶段，依次为原始法阶段、严格法阶段、衡平法和自然法阶段、法律的成熟阶段、法律的社会化阶段。在第四个阶段，法律的目的是保障平等机会和获得的安全。法律的主要手段是维护个人权利。在第五个阶段，从19世纪抽象的平等过渡到根据各人负担能力而调整负担。法律的重点从个人利益逐步转向社会利益。法律的目的就是以最小限度的阻碍和浪费来尽可能地满足人们的要求。"① 庞德关于法律发展阶段及其特征的论述，准确地阐释了证人豁免制度的历史内涵。证人豁免制度的萌芽和发展正是法律发展的第四个阶段迈向第五个阶段的具体表现，即在刑事诉讼中从对个人权益的保障转向对公共利益的维护。证人豁免制度有助于缓和不得强迫自证其罪特免权对公民权利的保障和刑事诉讼对公共利益的维护之间的现实矛盾。其一，追诉机关通过证人豁免制度，准确查明案件事实、充分收集犯罪证据并缉获重要的被追诉人。其二，追诉机关能够充分且有效地保障被追诉人的不得强迫自证其罪权利。其三，追诉机关在通过证人豁免制度实现诉讼公正的同时，合理地配置了司法资源并提高了诉讼效率。

---

① 公丕祥：《法制现代化的理论逻辑》，中国政法大学出版社1999年版，第73页。

总之，不得强迫自证其罪特免权作为无罪推定原则基本精神的体现，旨在保障公民权利与规制国家权力。当不得强迫自证其罪特免权发展到一定历史阶段的时候，不得强迫自证其罪特免权对个人权利的保障必然与追诉机关对公共利益的维护产生对抗。而证人豁免制度也就成为查明案件事实真相与保障被追诉人权利和尊严的现实、有效的途径。

第二节　不得强迫自证其罪特免权的基本内涵

一、不得强迫自证其罪特免权的主体

美国宪法第五修正案规定："任何人不得在任何刑事案件中被强迫自证其罪（nor shall any person …be compelled in any criminal case to be a witness against himself…）。"美国宪法第十四修正案所规定的正当程序条款也使用了"any person"一词（Nor shall any State deprive any person of life, liberty, or property, without due process of law）。联邦最高法院在 19 世纪末 *Santa Clara County v. Southern Pac. R.R.*[①]案中判决，"公司作为一个法定的人，有权享有宪法第十四修正案之保障"。美国宪法第五修正案所规定的禁止双重危险原则（double jeopardy）也适用于公司或者其他组织。[②] 然而，美国宪法在第五修正案所规定的不得强迫自证其罪特免权中"any person"却仅限于自然人，并不包括公司或者其他组织，因为只有自然人才能作为案件的证人出庭作证。在 1906 年 *Hale v. Henkel*[③] 案中，联邦最高法院判决："公司职员作为对公司不利的证人，其不得拒绝作证。公司是国家的法律拟制物，国家赋予公司享

① 118 U.S. 394, 396 (1886).

② *United States v. Martin Linen Supply Co.*, 430 U.S. 564, 568 (1977).

③ 201 U.S. 43, 74-75 (1906).

有特定权利。不得强迫自证其罪特免权仅限于自然人。”1944 年联邦最高法院在 *United States v. White*[①] 案中判决：“从本质上而言，宪法第五修正案所规定的不得强迫自证其罪特免权是一项纯粹的个人权利，该权利仅适用于自然人。不得强迫自证其罪特免权旨在防止追诉机关使用从被追诉人口中获得必要的证据以证明其有罪，或者迫使被追诉人提供证明其有罪的证据以追究其刑事责任，包括对被追诉人身体进行折磨，以及其他暴力程度稍弱但同样应受到谴责的方式。任何组织及其代表并不享有该权利，如公司。”联邦最高法院在 *Bellis v. United States*[②] 案中再次判决：“如果组织机构已经确立独立于其个体成员的身份，那么该组织机构以及其代理人均不受不得强迫自证其罪特免权的保障。……过去有关不得强迫自证其罪特免权的案件反映出本法院对该问题的一贯看法。从不得强迫自证其罪特免权的历史功能来看，该特免权仅限于保障自然人避免因其证言或者其他证据而自证其罪。”因此，在美国刑事司法实践中，如果被追诉人是一家公司或者其他组织，那么被追诉人不得主张不得强迫自证其罪特免权以拒绝提供可能证明其违法的文件等证据。

美国宪法第五修正案所规定的“in any criminal case”短语，最初意味着不得强迫自证其罪特免权只能适用于刑事案件。然而，这对于在大陪审团调查中作证的证人、在民事审判中作证的证人等有所不公。因此，联邦最高法院通过判决扩大了不得强迫自证其罪特免权的适用范围。现在不得强迫自证其罪特免权可以适用于证人根据传唤或者法律规定而作证的任何场合，如审前程序、证据开示程序、大陪审团程序、民事诉讼、立法听证和行政听证等。[③] 需要注意的是，“criminal”将不得强迫自证其罪特免权限定于与追究公

---

① 322 U.S. 694，701（1944）.

② 417 U.S. 85,89-90,（1974）.

③ Comment，Plantiff as Deponent：Invoking the Fifth Amendment，48 U. Chi. L. Rev. 158（1981）.

民刑事责任有关的危险，而并不保障公民所遭受的非刑事责任结果，如人格贬损、失业等。在 *Counselman v. Hitchcock*[①] 案中，证人 Charles Counselman 被传唤在大陪审团面前作证。Counselman 认为回答特定问题可能会使其被追究刑事责任，因而拒绝回答这些问题。在该案中对于大陪审团调查是否纳入刑事案件的范围而受到不得强迫自证其罪特免权的保障，引发争议。联邦最高法院认为，不得强迫自证其罪特免权适用范围广泛，包括民事诉讼或者刑事诉讼、立法或者司法、调查或者判决，只要受强迫所作之证言以后可能被用于对该证人不利之证据即属于“in any criminal case”的范围。在 *Counselman v. Hitchcock* 案判决之后，追诉机关对宪法第五修正案不得强迫自证其罪特免权的适用范围仍然存有争议，该争议直到 *McCarthy v. Arndstein*[②] 案才归于平息。联邦最高法院判决，“不得强迫自证其罪特免权通常无法与取得证言或者使用证言的程序相分离。该特免权适用于民事程序和刑事程序等，只要证人证言可能被追究刑事责任即可”。

二、“强迫”的含义

不得强迫自证其罪特免权的关键之处在于“be compelled”。美国宪法第五修正案并未规定任何人不得自证其罪，而是规定任何人不得强迫自证其罪。自证其罪源于强迫或者非强迫，强迫既可能来自追诉机关，也可能来自追诉机关以外的组织、机构或者个人等。而非强迫可能出于被追诉人对其行为本身有充分认识基础之上的自愿，或者基于被追诉人的过失、疏忽大意等。“be compelled”意指，“无论通过武力还是通过心理控制，其战胜了受调查之人的理智和意志，并且剥夺了受调查之人决定是否帮助国家证明自己有罪

① 142 U.S. 547 (1892).
② 266 U.S. 34 (1924).

之自由。考虑到当时的情境，证人的自由意志受到压迫”。[①] 在刑事诉讼中，强迫通常是指侦查人员所采取的各种违背公民内心真实意愿的行为。强迫行为的具体表现形式是开放性的，并且随着时代的发展而发生相应的变革。强迫行为最初仅限于使公民身体或精神产生痛苦的残暴行为，后来还包括未告知公民享有沉默权等不当侦查行为。

联邦最高法院规定，宪法第五修正案不得强迫自证其罪特免权不能自行适用，证人必须援引该权利才能受到保障。“宪法第五修正案规定了强迫，该修正案并不排除证人自愿供述的可能自证其罪的事实。因此，如果证人希望得到该特免权的保障，那么证人必须主张或者表示其不愿受到强迫。”[②] “尽管证人必须主张不得强迫自证其罪的权利，但是并没有固定的公式或者惯用的措辞来适当地援引该权利。”[③] 也就是说，证人必须通过语言或者身体姿势来表达出其拒绝作证或者希望保持沉默的念头。

在 1966 年 *Hoffa v. United States*[④] 案中，货车队前任老板 Jimmy Hoffa 因违法而受审。货车队前任员工 James Partin 愿意作为该案的卧底，以使得前任老板 Jimmy Hoffa 受到惩处。Partin 逐渐取得 Hoffa 的信任并成为其忠实部下。Partin 在取得该案重要证据之后，将其交给联邦探员。这些证据最终成为指控 Hoffa 犯罪事实的关键证据。Hoffa 主张其与 Partin 之间内容涉及其罪行的谈话，受到宪法第五修正案不得强迫自证其罪特免权的保障。联邦最高法院判决，“尽管追诉机关希望获得该谈话内容，甚至设圈套取得该会谈内容，但是这并不构成强迫。无论从法律上而言，还是从事实上而言，上诉人自证其罪的谈话并不属于任何强迫的结果，而是完全出于其自愿。因此，在本案中并未侵害上诉人的合法权利。”在很多

① *United States v. Washington*, 431 U.S. 181,188 (1977).

② Minnesota v. Murphy, 465 U.S. 420 (1984).

③ *Emspak v. United States*, 349 U.S. 190 (1955).

④ 385 U.S. 293 (1966).

贩卖毒品、赌博或者贿赂案件中，卧底探员或者线人秘密记录会谈内容，追诉机关以此作为追究被追诉人刑事责任的关键证据。在这些案件中，被追诉人往往以追诉机关采取欺骗手段获得其自证其罪的证言而违反美国宪法第五修正案之规定，上诉到联邦最高法院。然而，联邦最高法院在这些案件中判决，虽然电子监控所获得的自证其罪的证言并非出于被追诉人的自愿，但是这并不构成强迫。

对于法庭之上的强迫而言，法庭首先决定是否适用不得强迫自证其罪特免权。如果不适用，那么法庭可以要求证人作证。如果证人坚持拒绝作证，则证人可能以藐视法庭罪被判入狱。在 1959 年 *Brown v. United States*① 案中，一名证人在被传唤到大陪审团作证后拒绝回答大陪审团的问题。由于在大陪审团程序中法官并不在场，而且大陪审团本身并无权决定不得强迫自证其罪特免权的适用，所以除非法官命令证人回答询问，否则证人有权拒绝回答任何问题。大陪审团必须将不得强迫自证其罪特免权问题提交法庭。如果法庭支持证人，那么证人可以拒绝回答询问。如果法庭裁决并不适用不得强迫自证其罪特免权并且要求证人回答询问，而证人回到大陪审团室后仍然拒绝回答询问，那么证人将会因违背法庭的命令而被判藐视法庭罪。

对于法庭之外的强迫来说，20 世纪 60 年代联邦最高法院通过一系列案件的判决结果表明，法庭之外对证人的惩处或制裁也属于强迫的范畴，证人在法庭之外的合法权益也受到不得强迫自证其罪特免权的保障。在 1967 年 *Garrity v. New Jersey*② 案中，一名警察因拒绝在大陪审团调查程序中作证而被威胁搬出其所在警局办公室。联邦最高法院判决，该行为构成宪法第五修正案所禁止的强迫自证其罪。在 *Spevack v. Klein*③ 案中，一名律师主张不得强迫自证其罪

① 359 U.S. 41 (1959).

② 385 U.S. 493 (1967).

③ 385 U.S. 511 (1967).

特免权而拒绝作证，该律师因此被剥夺律师资格。联邦最高法院判决，由于该律师援引美国宪法所规定的不得强迫自证其罪特免权就剥夺其律师资格，这种对律师的惩罚有违宪法之规定。在 *Gardner v. Broderick*[①] 案中，当大陪审团调查警察贿赂案件而传唤警察作证时，该警察因拒绝放弃不得强迫自证其罪特免权的保障而被警局解雇。联邦最高法院判决，在尚未给予该警察以豁免之前，警局就以解雇该警察为代价以迫使其作证的做法是不合理的，并且这有悖于不得强迫自证其罪特免权之规定。

在 *Griffin v. California*[②] 案中，根据加州宪法第 1 条第 13 款之规定，如果被告并未对与其不利的证据进行解释或者予以否认的话，法官、检察官以及辩方律师可以对此发表意见，并且法官或者陪审团可以予以考虑。该案的初审法官指示陪审团：由于被告并未对于其不利的证据进行解释或者否认，所以陪审团可以此认定这些证据属实并且合理地得出对被告不利的推论。凭借法官对陪审团的指示，该案检察官提出，被告人认为不适合对这些证据进行否认或者解释。被告人和其他任何人一样了解这些证据的证明目的。被害人并非无法讲述案情，而是不愿讲述案情。联邦最高法院认为，该案初审法官和检察官对被告人保持沉默的负面评论带有刑事司法中纠问式模式的印迹。被告人享有不得强迫自证其罪的绝对权利，检察官和初审法官不得以此得出任何不利于被告人的推论。宪法第五修正案禁止检察官对被告人保持沉默作出有罪推论，以及法官向陪审团指示该案证据就是证明被告人有罪的证据。

在 *Lakeside v. Oregon*[③] 案中，被告人请求法官不要对被告人保持沉默作出指示，但是法官并未理会被告人的请求而指示陪审团："不得因被告人保持沉默而作出任何不利的推论。"被告人认为：

---

① 392 U.S. 273 (1968).
② 380 U.S. 609 (1965).
③ 435 U.S. 333 (1978).

“如果法官没有指示陪审团，那么陪审团很可能忘却了被告人对此保持沉默的事实。任何对被告人行为的评论，即使其符合宪法的规定，也很有可能影响陪审团的裁决结果。”联邦最高法院判决，当法官合理指示陪审团时，并未侵害被告人任何宪法性权利。然而，在 *Carter v. Kentucky*① 案中，联邦最高法院判决在被告人请求法官指示陪审团后，法官并未指示陪审团的做法违反了宪法第五修正案的规定。

三、自证其罪

对于“to be a witness”而言，不得强迫自证其罪特免权可以适用于任何一个接受国家专门机关调查或者参与诉讼活动的公民。在刑事诉讼中，该特免权不仅保障被追诉人的合法权益，而且避免证人受到强迫而自证其罪。在 1886 年联邦最高法院审理的 *Boyd v. United States*② 案中，追诉机关扣押了被追诉人的私人文件，并强制将其作为对被追诉人不利的证据。联邦最高法院认为这等同于强迫被追诉人自证其罪。因此，在美国刑事诉讼中能够记录或者反映被追诉人内心想法的特定财物不得作为对其不利的证据，如日记或者 Boyd 案中的海关纳税证明文件等。违背被追诉人意愿而提出这些体现其思想的证据与强迫其自证其罪别无二致。

在 19 世纪末美国很多法院认为，与被追诉人人身有关的证据实际上构成了强迫被追诉人自证其罪。法院对于强迫被追诉人进行身体检验、捺指印、压脚印、在陪审团面前演示或者摆出特定姿势等产生严重的分歧，而在司法实践中采纳或者排除这些证据的理由也各异。追诉机关提出这些与被追诉人人身有关的证据在某种程度上与强迫被追诉人作证相仿。霍姆斯大法官在 1910 年 *Holt v.*

---

① 450 U.S. 288 (1981).

② 116 U.S. 616 (1886).

United States[①] 案中对该问题作出了解释。在该案中犯罪嫌疑人在审判之前被迫试穿在案发现场找到的一件衬衫，侦查人员以此来判断该衬衫是否属于犯罪嫌疑人。被告人称这实属强迫其自证其罪。联邦最高法院认为这严重扩大了宪法第五修正案的适用范围，最终驳回了上诉人的主张。霍姆斯大法官在判决书中写道："不得强迫自证其罪特免权禁止使用身体上的或者精神上的强迫来取得被追诉人的证言，但并不排除被追诉人人身所作的证据。被告人提出的异议基本上就是想禁止陪审团看到其相貌，并将其特征与画像相比照。如若同意被告人的异议，那么陪审团在审判中甚至将看不到被告人。"

半个世纪之后，联邦最高法院在 *Schmerber v. California*[②] 案中再次对该问题作出判决。Schmerber 酒后驾车遇到车祸，其和一名同伴受伤住院治疗，Schmerber 因此而被追究刑事责任。该案的关键证据是 Schmerber 在医院接受治疗时，护士按照警察要求对其所做的血液酒精含量检测报告。Schmerber 主张该检测报告违反了不得强迫自证其罪特免权。在该案中联邦最高法院判决："对被告人身体进行检验鉴定时所形成的证据，不属于不得强迫自证其罪特免权所要求的证言性或者交流性证据的范围。除非被告人被迫通过文字或者行为表明其思想内容，否则其不受不得强迫自证其罪特免权的保障。联邦法院和州法院通常判决，强迫被追诉人提供指纹、照相、测量、笔迹鉴定、声音鉴定、出庭、作证、行走、摆出特定姿势等并不违反宪法第五修正案的规定。不得强迫自证其罪特免权禁止强迫被追诉人提供交流性或者证言性证据，而并不禁止强迫犯罪嫌疑人、被告人进行身体检验所形成的证据。然而，一些对被追诉人身体进行检测所获得的证据实际上具有证言性，如测谎。强迫被追诉人进行这些检测实际上是以被追诉人的生理反应来决定其有罪

① 218 U.S. 245 (1910).
② 384 U.S. 757 (1966).

与否，无论被追诉人是否自愿，都涉及第五修正案的精神与历史。在这些情况下，被追诉人应当得到不得强迫自证其罪特免权的保障。”

在 *United States v. Wade*① 案中，Wade 是一名银行劫匪，警察将其抓获之后，由两名银行职员对其进行辨认。警察要求 Wade 重述抢劫银行时的威胁话语，以供抢劫时在场的银行职员辨别。联邦最高法院判决：尽管要求犯罪嫌疑人重述特定话语与强迫其作证有些相似，但是按照该方式使用犯罪嫌疑人的声音仅仅是识别其身体特征。如果追诉机关要求犯罪嫌疑人有意识地进行供述，那么这可能就带有证言性或者交流性的成分，但是只要追诉机关选择特定词语让犯罪嫌疑人重述，那么这种使用其声音的方式就并不具有证言性。在 *Gilbert v. California*② 案中联邦最高法院判决，被告人 Gilbert 在抢劫银行时所使用的威胁纸条和声音辨别、身体检验证据同样反映了被告人的身体特征，这不属于不得强迫自证其罪特免权的保障范围，因为样本内容并不具有证言性或者交流性。在 *California v. Byers*③ 案中，《加州停车报告法》规定，交通肇事司机必须在交通肇事现场停车并向警方报告其姓名和住址。交通肇事司机 Byers 认为该规定迫使其自证其罪而违反了宪法第五修正案的规定。联邦最高法院认为，停车行为不具有证言性。尽管报告其姓名和住址稍显证言性，但是这并不产生明显的自证其罪效果。因此，联邦最高法院驳回了被告人的上诉。证言性主要通过口头或者书面的方式来体现，但是联邦最高法院在 *South Dakota v. Neville*④ 案中规定，行为也可能具有证言性。Neville 在高速公路上酒后驾车，其拒绝做血液酒精含量检测。在审判时 Neville 拒绝检测被用于对其不利的证据。联邦最高法院判决：“尽管美国很多法院认为，拒绝做检测是

① 388 U.S. 218 (1967).
② 388 U.S. 267 (1967).
③ 402 U.S. 424 (1971).
④ 459 U.S. 553 (1983).

一项身体行为而不属于交流性行为，因而拒绝适用不得强迫自证其罪特免权。然而，本院并不支持该观点。拒绝检测行为本身带有证言性或者交流性的特点。”

在“against himself”中，“against ”意味着使其被正式定罪以及随后被判处刑罚。如果当前并不存在被定罪量刑之可能，则不存在适用不得强迫自证其罪特免权之空间。证人遭受人格贬损、失业等非刑事惩罚不属于不得强迫自证其罪特免权的保障范围。联邦最高法院在1896年*Brown v. Walker*①案中判决，如果在询问证人时发现证人所涉及的刑事案件诉讼时效已过，那么可以强迫证人回答。美国宪法第五修正案还规定了禁止双重危险原则。在法院就某人所涉及的刑事案件作出判决之后，即使侦查机关发现了新证据，而该证据将使之前宣判无罪之人被定罪，那么追诉机关也不得再就该被告人所犯刑事案件予以追诉。禁止双重危险原则已经消解了自证其罪的危险，所以在这种情况下证人不得主张不得强迫自证其罪特免权的保障而拒绝作证。“himself”的意思是，美国宪法第五修正案仅规定任何人不受强迫自证其罪，而并未规定不受强迫证明他人有罪，如亲朋好友、公司、教会、社团等。联邦最高法院在很多案件中指出，美国宪法中并不存在不得强迫证明他人有罪的特免权。②

四、违反不得强迫自证其罪特免权的后果

在刑事诉讼中，如若侦查人员的讯问行为构成强迫自证其罪的行为，那么该侦查行为就属于违法侦查行为。对此，法院可以根据被告方的申请，或者基于职权，将侦查行为宣告为违法行为，并将由此所获得的陈述视为非法证据，排除于法庭之外。“实践中从强迫获得的口供中进一步获得的物证已经被接受作为证据。这一观点

① 161 U.S. 591 (1896).

② See 445 U.S. 552 (1980).

得到了许多巡回法院的支持。”[1] 联邦最高法院在 *United States v. Patane*[2] 案中规定，尽管侦查人员未能给予犯罪嫌疑人以米兰达警告，但是这并不意味着需要排除从犯罪嫌疑人自愿供述中所查获的物证。“米兰达警告旨在保障被追诉人不得强迫自证其罪特免权。排除那些违反米兰达警告而查获的非言词性证据并不符合宪法第五修正案的价值。因此，米兰达规则并不适用于这些实物证据。”

第三节　不得强迫自证其罪特免权的行使与放弃对证人豁免制度的影响

不得强迫自证其罪特免权的适用范围非常广泛，从侦查程序到审判程序，从刑事诉讼到民事诉讼，甚至可以适用于行政等领域。“宪法第五修正案不仅保障公民免于在刑事诉讼中被非自愿地传唤为于己不利的证人，而且保障公民在其他任何程序中享有拒绝回答向其提出的正式询问的特免权，例如，民事诉讼或者刑事诉讼，正式程序或者非正式程序等。”[3] 在刑事诉讼中，如若犯罪嫌疑人、被告人抑或是证人有理由认为其所作陈述可能自证其罪，那么其可以主张不得强迫自证其罪特免权的保障。

一、侦查人员讯问已被羁押的犯罪嫌疑人

从讯问环境来说，为了保障犯罪嫌疑人不得强迫自证其罪的权利，侦查机关应当采取适当措施，以缓解讯问时侦查人员与犯罪嫌疑人之间的对立、紧张关系。在讯问犯罪嫌疑人之前，讯问环境已经对犯罪嫌疑人的自由、意志产生了潜移默化的影响。即使侦查机关没有使用强制措施，犯罪嫌疑人往往也会非自愿地配合侦查机关

① 彭伶：《不得强迫自证其罪原则研究》，中国检察出版社 2009 年版，第 156 页。

② 542 U.S. 630 (2004).

③ *Lefkowitz v. Turley*, 414 U.S. 70, 77 (1973).

的工作。讯问环境的内在强迫性使得美国联邦最高法院在 *Miranda* 案中规定，必须有效地保障犯罪嫌疑人不得强迫自证其罪的权利。“尽管追诉机关并未使用暴力、‘第三度’或者其他强迫手段，羁押后讯问的事实给公民的自由带来了沉重的负担，并且利用了公民的弱点。”①

对于讯问过程而言，不得强迫自证其罪特免权要求避免或者防止侦查人员在讯问过程中采用暴力、虐待等强迫性手段。过去侦查人员采用的讯问策略和讯问手段的强迫性远胜于讯问环境给犯罪嫌疑人身心所造成的压力，如侦查人员使用暴力、随意延长讯问时间、拒绝犯罪嫌疑人聘请律师的权利等。除此以外，侦查人员还对犯罪嫌疑人使用精神上的压迫，如通过威胁、引诱或者欺骗等方法来取得犯罪嫌疑人自证其罪的供述。不得强迫自证其罪特免权的发展与侦查人员违法讯问之间存在直接的联系。因此，联邦最高法院在 *Miranda v. Arizona* 案中规定，“如果没有适当的保障措施，犯罪嫌疑人被羁押后对其所进行的讯问具有内在的强迫性，这足以摧毁犯罪嫌疑人的抵抗意志并迫使其供述。为了消除这种内在的强迫性并且给予犯罪嫌疑人行使不得强迫自证其罪特免权的充分机会，应当充分、有效地告知犯罪嫌疑人其所享有的权利，并且犯罪嫌疑人在行使这些权利的时候应当得到充分的尊重”。侦查人员在讯问已被羁押的犯罪嫌疑人之前，应当给予犯罪嫌疑人以特定的警告：“除非检察机关能够证明采取程序性保障措施，有效地保障被追诉人不得强迫自证其罪特免权，否则检察机关不得使用讯问已被羁押的被追诉人所得之陈述，无论（该陈述）是自我开罪还是自证其罪。讯问已被羁押的被追诉人是指，被追诉人在被羁押之后或者以任何重要的方式剥夺其行动自由之后，侦查人员对其所进行的讯问。……侦查人员应当告知被羁押的犯罪嫌疑人，其有权保持沉默，其陈述可能在审判时被用于对其不利的证据，在讯问期间其有

① *Miranda v. Arizona*, 384 U.S. 436 (1966).

权联系律师，如果其无法聘请律师，法庭将为其指定一位律师。”除非侦查人员给予犯罪嫌疑人上述警告，并且犯罪嫌疑人有效地放弃其所享有的权利，否则侦查人员讯问被羁押的犯罪嫌疑人所获得的其自证其罪的供述不具有可采性。

就讯问结果而言，联邦最高法院在*Miranda*案中规定了一项排除规则，以使不得强迫自证其罪特免权得以有效实施。“被追诉人在被给予这些警告以后……被追诉人应当在有意识且有充分认识的基础之上放弃这些权利，并且同意回答讯问或者作出供述。然而，除非并且直到检察机关在审判中证明给予被追诉人这些警告，并且被追诉人放弃其所享有的权利，否则追诉机关不得使用在讯问中所获得的所有证据。”*Miranda*案中所确立的排除规则在之后的适用过程中确立了很多例外性规定，如公共安全例外①，即当犯罪行为威胁到公共安全时，侦查人员有必要立即讯问犯罪嫌疑人，即使侦查人员未给予犯罪嫌疑人以米兰达警告，侦查人员对被羁押的犯罪嫌疑人进行讯问所直接获得言词性证据也具有可采性。再如警告存有瑕疵②，即侦查人员在讯问犯罪嫌疑人之前给予其部分米兰达警告，但是未告知其如果无法聘请律师，将为他指定一位律师。联邦最高法院认为，这并未剥夺被追诉人不得强迫自证其罪的权利，从讯问中所获得的证据具有可采性。

当侦查人员讯问已被羁押的犯罪嫌疑人时，犯罪嫌疑人有权保持沉默并且有权拒绝自证其罪。羁押是一个客观状态，既不取决于犯罪嫌疑人的理解，也不依赖于侦查人员的期待。例如，一名未成年犯罪嫌疑人在父母的陪同下来到警察局自首，警察在警察局的门廊上就该谋杀案件讯问了这名犯罪嫌疑人。③ 羁押并不仅限于在警察局进行讯问。只要剥夺了犯罪嫌疑人的行动自由，就存在米兰达

① *New York v. Quarles*, 467 U.S. 649 (1974).

② *Michigan v. Tucker*, 417 U.S. 433 (1974).

③ *Yarborough v. Alvarado*, 541 U.S. 652 (2004).

警告的适用空间。例如，当法庭所任命的专家对犯罪嫌疑人的精神状况进行检查时，可以适用米兰达警告；[①] 甚至当税务人员问及同住者与纳税不相关的事宜时，也需要给予其米兰达警告。[②]

如若侦查人员在给予犯罪嫌疑人以米兰达警告之后，犯罪嫌疑人对被问及的问题保持沉默，那么该沉默不得在刑事审判中被用于对该被追诉人不利的证据。在 *Wainwright v. Greenfield*[③] 案中，每当侦查人员给予犯罪嫌疑人米兰达警告以后讯问该犯罪嫌疑人，其都保持沉默并要求见律师。被追诉人辩解其在犯罪时精神失常。追诉机关以被追诉人每次接受讯问时都保持沉默之举而认为被追诉人精神正常。联邦最高法院判决，被追诉人保持沉默的证据违反不得强迫自证其罪特免权之规定，甚至当被追诉人在接受米兰达警告后放弃其合法权利，被追诉人在讯问过程中保持沉默的证据也不得作为对其不利的证据。需要注意的是，*Miranda* 案所确立的排除规则仅规定，违反米兰达警告所获得的证据在刑事诉讼中不具有可采性，而并未规定这些证据在所有程序中或者为了一切目的都将予以排除，如违反米兰达警告而获得的被追诉人的供述可以用于证人弹劾之目的。[④] 此外，在侦查人员给予被追诉人米兰达警告之前被追诉人保持沉默的证据，也可以在审判中弹劾证人的可信性。[⑤]

二、侦查人员讯问未被羁押的犯罪嫌疑人

侦查人员讯问未被羁押的犯罪嫌疑人所获得的其自证其罪的供述，这些供述大多出于犯罪嫌疑人的自愿，因而可以作为证明被追诉人有罪的证据。例如，联邦最高法院在 *Beckwith v. United States*[⑥]

---

① *Estelle v. Smith*, 451 U.S. 454 (1981).

② *Mathis v. United States*, 391 U.S. 1 (1968).

③ 474 U.S. 284 (1986).

④ See *Harris v. New York*, 401 U.S. 222 (1971).

⑤ *Fletcher v. Weir*, 455 U.S. 603 (1982).

⑥ 425 U.S. 341 (1976).

案中判决，税务人员在被追诉人家中与其交谈的证据具有可采性。在 *United States v. Coleman*[①] 案中，一名犯罪嫌疑人因犯抢劫罪而被逮捕，之后追诉机关以证据不足而将其释放。几日之后警察再次来到其所居住的汽车旅馆，经其同意后进入旅馆。警察在给予其米兰达警告之后，告知该犯罪嫌疑人最近几日警方所收集到的证据。该犯罪嫌疑人供述了犯罪事实。在审判中被告人以其供述是在羁押释放后所为，并且是在非自愿的情况下所为而意图排除该证据。法院认为侦查人员已经尊重了被追诉人不得强迫自证其罪的权利，并认定被追诉人的供述是自愿的，因此其供述具有可采性。在 *Jenkins v. Anderson*[②] 案中，检察官在审判过程中以被告人在案发后两周才自首来弹劾其正当防卫证言的可信性。在最后陈述中，检察官又再次提及被告人在逮捕之前沉默的事实。如若被告人确属正当防卫，那他早就报警了。联邦最高法院认为，检察官以被告人在逮捕之前保持沉默的证据来弹劾被告人证言的可信性，并未侵犯其不得强迫自证其罪特免权。宪法第五修正案只禁止追诉人员对被追诉人在主张其不得强迫自证其罪特免权之后保持沉默的事实予以评论。在该案之后，很多巡回法院都允许追诉机关将被追诉人在逮捕之前保持沉默的证据在审判时进行负面评论。

三、大陪审团程序

美国宪法第五修正案规定：“非经大陪审团的报告或起诉，任何人不应被判处死刑或者其他刑罚。”美国绝大多数州的宪法中也有类似的规定。由于陪审团成员来源广泛，身份各异，职业也有所不同，所以能够反映陪审团所在地各个社会阶层对案件的认识和意见。从美国权利法案颁布时社会各界对此的认识和理解来看，一方面，这能够防止起诉权的垄断与专横，对起诉权的行使予以合理制

---

① 208 F. 3d 786 (9th Cir. 2000).

② 447 U.S. 231 (1980).

约；另一方面，根据陪审团所在地民众对正义的理解和对案情的判断来提起诉讼，在一定程度上可以保障起诉的公正与准确。因此，在美国由大陪审团和检察机关分别行使起诉权。联邦最高法院在不同时期的不同案件中反复强调，宪法第五修正案所规定的不得强迫自证其罪特免权适用于大陪审团程序。例如，在 *Counselman v. Hitchcock*①案中联邦最高法院判决，“宪法第五修正案不得强迫自证其罪特免权要比宪法第六修正案取得律师为其辩护的权利适用范围更广，因而可以在很多场合行使不得强迫自证其罪的权利”。

证人在面对大陪审团传唤时，为了主张其不得强迫自证其罪的权利，通常应当出席大陪审团，并且在被问及可能自证其罪的每个问题时都应当援引不得强迫自证其罪的权利，而不应通过援引其不得强迫自证其罪的权利而总括性地拒绝大陪审团向其提出的所有问题。换言之，如果证人认为大陪审团询问他的问题可能会使其自证其罪，那么证人应当单独就该问题主张不得强迫自证其罪的权利。② 证人也可以其将回答的问题受到不得强迫自证其罪特免权的保障为由，提出撤销该传唤的动议。不过，至少在联邦大陪审团调查中，如果预计传唤证人作证而问及可能自证其罪的问题时，证人将援引不得强迫自证其罪的权利拒绝回答该问题，那么该证人往往被免于出席大陪审团作证，除非大陪审团或者总检察长坚决要求证人出庭作证。③

在 *United States v. Mandujano*④案中，由于被追诉人曾参与毒品销售活动，所以大陪审团传唤其就当地毒品运输及销售情况作证。检察官告知其如若被大陪审团问及任何可能自证其罪的问题时，其有权拒绝作证。若非如此，其必须诚实作证，否则会以伪证罪追究

---

① 142 U.S. 547 (1892).

② *A v. Dist. Court of Second Judicial Dist.*, 550 P.2d 315 (Colo. 1976).

③ http://www.justice.gov/usao/eousa/foia_reading_room/usam/title9/11mcrm.htm#9-11.154，2014 年 3 月 7 日访问。

④ 425 U.S. 564 (1976).

其刑事责任。如若其已聘请律师，那么律师无法陪同其进入大陪审团室。此后，被追诉人承认，其向大陪审团就其参与的毒品销售活动作伪证，因而追诉机关以伪证罪对其提起诉讼。地区法院判决，由于被追诉人在被传唤到大陪审团作证时应被给予米兰达警告，而本案中被追诉人并未得到米兰达警告，所以其在大陪审团作证时的证言不具有可采性。联邦最高法院撤销该案并将其发回重审。“被追诉人被传唤就其所参与的犯罪活动在大陪审团面前作证时，并不需要给予其米兰达警告。因此，在其伪证罪的审判活动中并不需要排除其证言。宪法第五修正案对于拒绝回答大陪审团询问而言并未赋予证人以绝对的权利。”在 *United States v. Wong*① 案中，一名证人因可能参与犯罪活动而受到刑事调查，该证人被传唤到大陪审团作证。之后，该证人因在大陪审团面前作伪证而被提起诉讼。法院判决被追诉人无权以未得到有效的米兰达警告就提出其所作伪证证据禁止的动议。

当检察人员质疑证人主张不得强迫自证其罪的权利时，证人的律师应当向法庭阐明作证将会给证人带来自证其罪的现实风险。“证人不能仅仅主张其不得强迫自证其罪的权利就能免于作证。法官将采取两步法来确定是否适用宪法第五修正案不得强迫自证其罪特免权：首先确定证言本质上是否会使其自证其罪。如果确实如此，那么接下来判断对其提起刑事诉讼的可能性。”② 法庭应当允许证人的律师提供任何可能支持其主张的证据。由于所有联邦大陪审团程序以及绝大多数州大陪审团程序具有秘密性，所以美国宪法第五修正案不得强迫自证其罪特免权主张的有效性必须在非公开的程序中进行裁量。违反该规定所作出的判决可能会被发回重审。③

---

① 431 U.S. 174 (1977).

② *In re Grand Jury Subpoena to John Doe*, 41 F. Supp. 2d 616 (W. D. Va 1999).

③ *United States v. Drollinger*, 80 F. 3d 389 (9th Cir. 1996).

四、审判程序

根据美国宪法第五修正案之规定，在审判过程中被追诉人拥有作证与否的绝对权利。当被追诉人决定不作证时，检察官、共同被告人的辩护律师以及法官等不得从被追诉人拒绝作证中导出任何对其不利的评论。联邦最高法院在 *Griffin v. California*[①] 案中判决，由于检察官认为被告人“看上去不适合站在证人席上对案件事实予以否定或者解释”，所以检察官从被告人主张不得强迫自证其罪的权利中得出的有罪推论无异于不合理地强迫被告人作证，陪审团很可能以此得出被告人有罪的裁判。不过，检察官在审判时不得对被告人援引不得强迫自证其罪权利进行评论也并非没有例外。在 *United States v. Robinson*[②] 案中，辩护律师在初审最后陈述中曾数次提及追诉机关不允许被追诉人进行辩解，这不公正地否定了被追诉人所享有的合法权利。在陪审团暂时退场之后检察官反驳了辩护律师的主张，“被告人有充分的机会在证人席上解释自己的行为，正是因为被告人拒绝作证才为检察官对此进行评论打开了方便之门”。法官也表示认同，而被告人也未提出反对。之后检察官在其最后陈述中提到，被告人可以在证人席上向陪审团进行解释。辩护律师没有反对，也未请求法官向陪审团作出警告性指示。不过，法官还是指示陪审团不得从被告人不作证的事实中得出任何推论。联邦最高法院判决，检察官的评论并未违反被追诉人所享有的不得强迫自证其罪的权利。在本案中检察官提及被告人作证的机会是对被告人及其律师所提主张的公平回应，因而没有违反不得强迫自证其罪特免权的规定。自此之后，联邦最高法院将“公平回应”作为 *Griffin* 案的例外规则。“被告人保持沉默的权利是一面盾，而不应

① 380 U.S. 609 (1965).

② 485 U.S. 25 (1988).

将其用作一把剑，去切断检察官对被告人的证据或争论的‘公平回应’。”[①] 此外，检察官从被告人主张不得强迫自证其罪的权利中得出的有罪评论可能构成无害错误，而共同被告人的辩护律师对被告人拒绝作证进行评论也可能构成无害错误。

拒绝作证的刑事被告人有权要求法官给予陪审团指示，不得从其拒绝作证的事实中得出任何有罪推论。在 *Carter v. Kentucky*[②] 案中，被告人在刑事审判中拒绝作证，并请求法官指示陪审团“不能强迫被告人作证，被告人拒绝作证的事实不能得出被告人有罪的推论，不应对被告人存有任何偏见”。审判法官拒绝了被告人的请求。联邦最高法院认为根据宪法第五修正案和宪法第十四修正案之规定，法官对于被告人之合理请求，负有避免陪审团对被告人拒绝作证的事实以证据性考量的宪法性义务。因此，如果被告人请求审判法官指示陪审团不得作出有罪的推论，而审判法官不合理地驳回了被告人的请求，那么上级法院通常应当撤销该判决。[③] 尽管有些被告人因为诉讼策略而反对法官指示陪审团，但是法官往往还是会指示陪审团不得从被告人拒绝作证中得出其有罪的推论。

证人所享有的不得强迫自证其罪的权利可能与被告人根据宪法第六修正案以强制程序取得对其有利的证人的权利相互冲突。如若被告人以此让陪审团从证人拒绝作证的事实中得出证人有罪的结论的话，绝大多数法院会驳回被告人传唤证人作证的请求。“被告人无权要求陪审团从证人行使不得强迫自证其罪的权利中得出任何推论。……本院判决，刑事被告人不得仅为了使陪审团听到证人主张宪法第五修正案不得强迫自证其罪特免权而传唤该证人出庭。为了使证人援引宪法第五修正案而传唤其作证只会令陪审团得出不合理的推论。”[④] 同样，如若检察机关在审判过程中传唤证人作证，而

① *People v. Austin*, 28 Cal. Rptr. 2d 885, 895 (Cal. Ct. App. 1994).

② 450 U.S. 288 (1981).

③ See *State v. Mayes*, 63 S. W. 3d 615 (Mo. 2001).

④ *United States v. Reed*, 173 F. App'x 184 (3d Cir. 2006).

陪审团可能从证人主张不得强迫自证其罪的事实中得出证人有罪的推论，那么法院也会驳回检察机关传唤证人作证的请求。当检察机关传唤污点证人出庭作证时，检察机关已经明知或者预计该证人将主张其不得强迫自证其罪的权利，很多法院都会拒绝被告人与证人对质的权利。①

被定罪的被告人在量刑听证中也不得被强迫自证其罪。在 *Estelle v. Simth*② 案中，得克萨斯州检察院以谋杀罪起诉被告人，并打算判处其死刑。根据得克萨斯州法律之规定，在陪审团判决被告人有罪之后，由同一个陪审团对被告人的量刑作出裁决。陪审团在量刑程序中应当对被告人的社会危险性以及将来再犯的可能性等与判处被告人死刑相关的重要问题进行评判与衡量。尽管辩护律师反对在审前对被告人精神状况进行检查的专家作证，但是法官仍然允许该专家作为控方证人而作证。该专家基于审前对被告人所做的精神状况检查而认为被告人具有严重的社会危险性。陪审团据此判处被告人死刑。联邦最高法院判决，采纳专家在审前对被告人进行精神状况检查的证言违反了被告人根据宪法第五修正案规定享有的不得强迫自证其罪的权利，因为专家在审前精神状况检查中并未告知被告人有权保持沉默，其所说的将在量刑程序中被用于对其不利的证据。

如果其他案件传唤正在等候量刑结果的被告人作证，那么被告人可以在其他案件中主张不得强迫自证其罪的权利，并不因此而受到惩处。在 *United States v. Zirpolo*③ 案中，Zirpolo 与 Vecchio、Dalton 三人因毒品犯罪而被起诉。在审判之前 Dalton 与检察机关达成辩诉交易。在 Zirpolo 受审之前，Dalton 还未被量刑。Zirpolo 请求法官传唤 Dalton 出庭作证。在恢复审理之后，Dalton 的律师认为

① See *Frazier v. Cupp*, 394 U.S. 731 (1969).

② 451 U.S. 454 (1981).

③ 704 F. 2d 23 (1st Cir. 1983).

其委托人有权援引不得强迫自证其罪的权利而拒绝作证，而 Zirpolo 却反对该主张。法院最后判决 Dalton 有权主张其不得强迫自证其罪的权利。

当被追诉人、证人提出享有不得强迫自证其罪的权利而拒绝供述或者作证时，法庭通常会对强迫作证是否给其带来自证其罪的风险进行分析与评判。联邦最高法院在 *Hoffman v. United States*① 案中判决，根据当时之情境，被告人对回答讯问将使其自证其罪有客观且合理的根据，而不能仅凭其主观臆测就免除其作证义务。被追诉人、证人必须使法官明白讯问或询问之意图，以及其对讯问或询问作出诚实回答或者解释等可能具有自证其罪的风险。除非法官非常确定供述或者作证并不会使其自证其罪，否则法官应当要求被追诉人或者证人证明其主张的合理性，而且法官往往会作出庭外证明其主张有效性的裁决，以避免陪审团受到其影响。“审判法官必须根据案件事实以及其本人对案件争议之处的看法来作出裁决。如果法官认为并不存在明显的自证其罪的风险，那么被告将承担证明存在自证其罪风险的责任。”②“尽管由证人承担证明存在自证其罪风险的责任，但是并不要求其达到优势证明标准，而只需证明其证言将使其自证其罪具有合理的可能性。”③ 如若法庭裁决证人不得主张其不得强迫自证其罪的权利，证人仍然拒绝作证或者提供证据，那么法庭会判处其藐视法庭罪。不过证人可以立即对该裁决提起上诉。

五、不得强迫自证其罪特免权的放弃

被追诉人、证人当然可以放弃不得强迫自证其罪的权利，但是弃权者必须出于自愿和理性，并且在对弃权所导致的不利后果有充

① 341 U.S. 479 (1951).

② *Baker v. Limber*, 647 F. 2d 912 (9th Cir. 1981).

③ *Estate of Fisher v. Commissioner*, 905 F. 2d 645 (2d Cir. 1990).

分认识和理解的基础之上才能放弃该权利。自愿是指证人作出放弃不得强迫自证其罪权利之决定并非出于被强迫或者欺骗等。而理性旨在保障证人充分了解其弃权行为的性质和所产生的后果。在美国刑事司法实践中，法院反复强调不得强迫自证其罪特免权，但是并未明确规定该如何放弃该权利。当侦查人员讯问犯罪嫌疑人时，犯罪嫌疑人可以随时主张其不得强迫自证其罪的权利。此后，侦查人员通常不再进行讯问。侦查人员不得将犯罪嫌疑人保持沉默视为放弃其不得强迫自证其罪的权利。如若陪审团讯问犯罪嫌疑人，而犯罪嫌疑人已经供述了其自证其罪的事实，那么犯罪嫌疑人无法主张其不得强迫自证其罪的权利。

在 *Rogers v. United States*①案中，Rogers 根据传唤出席联邦大陪审团。Rogers 并未提出任何异议就作证道，其是丹佛市共产党的一名会计。一些文件和记录经其保管之后交由他人保管，但是 Rogers 拒绝透露当前保管者的姓名。因而 Rogers 被判处监禁。次日 Rogers 的律师通知法院，在其建议之下 Rogers 将回答询问以使其免于藐视法庭罪的惩处。于是 Rogers 再次出席大陪审团，不过 Rogers 再次拒绝回答询问，并主张不得强迫自证其罪的权利。法庭驳回其主张并判处其藐视法庭罪。联邦最高法院判决，虽然证人享有不得强迫自证其罪的权利，但是证人不得以避免其他人被追究刑事责任而证明其拒绝回答询问具有合理性，而且证人未能主张其不得强迫自证其罪的权利就作证已构成弃权。如果证人仅回答了部分询问，那么证人被视为对这些问题放弃了不得强迫自证其罪的权利。如若证人在回答询问时作出自证其罪的证言，那么证人不得拒绝回答所有与该自证其罪事实有关的询问。换言之，除非询问与该自证其罪事实无关，并且回答该询问存在自证其罪的风险，否则证人应当详细地回答与该事实有关的询问。“当证人自愿回答那些实质上使其自证其罪的询问时，法院一致判决证人不能突然停止回答并且拒绝进

① 340 U.S. 367 (1951).

一步解释，而是必须全面公开其所试图说明的事实。”之所以如此判决，一方面在于迫使证人公开该事实的细节并未造成更为严重的自证其罪的后果；另一方面是法院认为自证其罪的事实可以定量判断。证人不得被问及可能使其自证其罪的其他案件事实，但是可以询问证人其已经作证提及的自证其罪的事实。

表面看来，联邦最高法院在 *Rogers* 案中对放弃不得强迫自证其罪权利的规定合乎证人作证之常理，但实际上已披露案件事实是否足以要求证人公开整个案件事实？随后向证人提出的问题是否构成已披露自证其罪事实的细节？已披露案件事实是否与其他案件事实存在实质性关系？凡此种种，联邦最高法院在 *Rogers* 案中并未作出明确的规定。当证人主张不得强迫自证其罪的权利时，审判法官应当对案件事实和相关证据等进行分析判断，对询问是否使证人产生自证其罪的风险作出具体裁决。在美国刑事司法实践中很多法院都试图对可能使证人自证其罪的风险进行定性和定量的分析与评判。然而，无论如何，证人的律师应当意识到证人在作证过程中可能存在之风险，在证人被询问之前，告知其主张宪法第五修正案不得强迫自证其罪的权利。此后，只要面对可能的自证其罪风险，便继续主张该权利。

不得强迫自证其罪特免权实乃证人豁免制度的前提和基础。当证人主张不得强迫自证其罪的权利且已经拒绝或者很可能拒绝作证或者提供案件相关信息，而该证人所作证言或者所提供的案件相关信息对于追诉机关维护公共利益必不可少时，追诉机关经过依法豁免该证人以后，要求该证人作证或者提供案件相关信息。然而，一旦证人放弃其所享有的不得强迫自证其罪的权利，证人也就放弃了被豁免的机会。在此之后，证人不得再次寻求证人豁免制度之保障。对于证人豁免的放弃而言，在检察人员允诺将给予证人豁免之后，或者在证人确实获得证人豁免之后，甚至在证人已经作证之后等情形下，证人都可以选择放弃豁免。无论证人放弃豁免的理由如何，证人都可以随时放弃豁免。与放弃不得强迫自证其罪权利的要求相仿，证人必须基于其自愿和理性才能放弃其证人豁免。如若证人在被询问之前放弃豁免，那么证人不得再以回答可能使其自证其罪而拒绝回答询问。因此，证人放弃豁免实际上就是放弃了宪法第五修正案不得强迫自证其罪的权利。

第四节　不得强迫自证其罪特免权的功能在证人豁免制度中之呈现

一、维护控辩双方诉讼地位之均衡与公允

在刑事诉讼中，追诉机关作为公共利益之代表，在履行法律所赋予的追诉职责的同时，还维护国家权力的尊严与权威。虽然法律保障被追诉人的个人利益，但是被追诉人权利与国家权力相比，显得弱小与单薄。追诉机关以国家所规定并提供的司法资源为依托，追诉能力与追诉条件明显优于被追诉人的防御能力和防御条件。追诉人员术业专攻，技能娴熟且装备精良，追诉机关相互协助与支持，追诉活动分工严谨且配合有序，这为有效追诉奠定了基础。相比之下，被追诉人的防御能力和条件非常有限，大多数被追诉人不通晓法律，而且被限制了人身自由。尽管被追诉人可以获得辩护律师的辩护帮助，但是仍然难以与强大的国家权力相抗衡。追诉机关可以在审前阶段讯问被追诉人，以此来查明案件事实、收集犯罪证据以及缉获其他被追诉人等。因此，追诉机关与被追诉人的诉讼地位无法实现绝对平等，追诉机关处于相对优势的地位。

赋予任何人不得强迫自证其罪的权利，强化对处于弱势地位的被追诉人的保障，这成为维护追诉机关与被追诉人诉讼地位平等，权力与权利博弈均衡的关键之所在。被追诉人没有义务向追诉机关提供可能自证其罪的供述和其他证据，而追诉机关不得使用刑讯等非法且不人道的方法强迫被追诉人供述和提供证据。“我们也许可以将不得强迫自证其罪特免权的发展历史看作是对政府权力进行适

当约束的探索。该特免权的宪法基础是政府，包括州和联邦，必须尊重公民的尊严与体面。刑事司法实行对抗制，这要求政府在惩罚公民时必须通过独立的调查工作举证证明公民有罪，而不是通过简单、残暴的手段强迫公民自证其罪。”① 被追诉人在面对追诉人员的讯问时有权拒绝回答并保持沉默。追诉人员应当及时告知被追诉人享有该权利，并且不得从被追诉人主张不得强迫自证其罪的权利中得出对其不利的推论。更为重要的是，法庭不得将强迫被追诉人所作自证其罪的证言或所提供的证据作为定案的根据。被追诉人享有不得强迫自证其罪的权利以后，才有可能缩小与追诉机关在诉讼地位与诉讼能力、条件之间的差距，才有可能与追诉机关在诉讼过程中公平竞技，才有可能实现诉讼公正。

在美国刑事司法实践中追诉机关与被追诉人双方诉讼地位之均衡，历经形式平等到实质平等的观念转变过程。司法竞技主义成为形式平等之典范。在司法竞技主义的影响下，刑事诉讼程序秉持彻底的对抗制理念。追诉机关与被追诉人的诉讼地位保持形式上的平等，追诉机关和被追诉人不应为对方提供攻击或者防御之便利。诉讼双方为了更为充分地进行控告和辩护活动，为了最终获得胜诉，可以采用一切手段和方式，甚至包括诉讼突袭。形式平等通过维持诉讼规则之平等适用来确保诉讼结果之公正。形式平等孕育了不得强迫自证其罪特免权，而不得强迫自证其罪特免权的颁布和发展又推动了形式平等迈向实质平等。形式平等所试图追求的公平竞技、激烈对抗实际上使得被追诉人处于劣势地位。被追诉人难以企及并撼动追诉机关在刑事诉讼中的主宰地位。被追诉人在诉讼过程中与追诉机关的不平等、诉讼结果的不公正越发严重。因此，法律开始强调对被追诉人权利予以保障，甚至赋予其特免权，以此弥合追诉机关与被追诉人之间难以逾越的鸿沟。实质平等强调对被追诉人权利进行充分保障来缓和审前程序中追诉机关与被追诉人之间的紧张

① *Miranda v. Arizona*, 384 U.S. 436 (1966).

关系，进而在审判程序中实现控辩双方结构性的平等与诉讼结果的公正。虽然公正、客观乃检察机关之理想愿景，但是成功追诉对于检察官职务利益之获取大有裨益，对于检察机关工作之顺利开展也有深刻的影响，因而在刑事司法实践中检察机关难免会以成功、有效的追诉为出发点和归宿，而忽略对被追诉人权利进行维护和保障。不得强迫自证其罪特免权的确立在一定程度上改变了司法竞技之成败取决于竞技技巧、运气、被追诉人贫富等非理性因素的局面，并弥补检察机关在刑事追诉过程中的内在局限性。尽管刑事诉讼以发现案件真相、公正且有效地作出判决、定分止争为目标，但是刑事诉讼需要关注并充分保障被追诉人的权利，在追诉犯罪的过程中尊重案件事实，维护被追诉人的尊严和人权，以实现被追诉人与追诉机关的平等对抗。

二、准确发现案件真相

刑事诉讼的过程便是对案件事实回溯性认识的过程。犯罪案件一旦发生，就独立于追诉人员的意识而客观存在。在诉讼过程中追诉人员对案件事实的认识和判断可能会因时而异、因证而异，但是案件事实本身却并未发生改变。由于案件事实业已发生，通常无法在追诉人员面前再次完整重现，所以追诉人员为了查明案件事实，只能通过法定的诉讼程序收集犯罪证据，并以证据作为连接案件事实之纽带。虽然在多数情况下追诉人员对案件事实的基本认识与案件客观事实相一致，但是因为追诉条件和追诉能力等主客观因素的制约，在刑事司法实践中难免出现案件事实模糊或无法查明的情况。此时，需要以不得强迫自证其罪特免权来规范和约束追诉人员依法收集犯罪证据，客观、准确地认识案件事实，使追诉人员不逾越法律之疆界或者侵犯被追诉人的合法权益。

不得强迫自证其罪特免权有助于减少虚假的供述，并且促使追诉人员依法收集被追诉人供述及其他证据，进而使得追诉机关能够准确查明案件事实。“不得强迫自证其罪特免权涉及保障承认或者供述的合理可信问题，其绝非恐惧或者强迫的产物，而是对真相的可靠表述。”① 不得强迫自证其罪特免权是对抗刑事诉讼内在强迫性与保障被追诉人供述自愿性、真实性的产物。根据不得强迫自证其罪特免权之规定，追诉机关应当及时告知被追诉人享有不得强迫自证其罪的权利，而且追诉机关不得使用暴力、威胁以及其他非法方式强迫被追诉人违背其意愿而供述。对于被追诉人而言，其有权拒绝回答讯问并保持沉默，其有权对案件事实发表于己有利或者于己不利的陈述，但是该陈述必须出于其内心真实意愿。被追诉人作为一个经济学上的理性人，在面对追诉人员的讯问时需要在供述犯罪事实与逃避受到刑事惩处之间进行利害权衡。被追诉人往往会否认、歪曲、虚构案件事实真相，虚假供述成为刑事司法实践中的常态。被追诉人偏颇之供述能够影响追诉人员、审判人员对被追诉人供述案件事实真实性的分析和判断，不过却属于不可罚的事后行为，通常无须受到法律惩处。如若追诉机关强迫被追诉人自证其罪，强迫大多发生于刑事侦查伊始案件事实不清、证据严重不足等情况之下，那么被追诉人的供述更有可能与案件客观事实相悖。过去刑事司法实践中发生的冤假错案大多与此有关。不过，如若被追诉人基于其理性和自由意志，并在对犯罪行为进行深刻反省和悔过的基础上作出自证其罪的供述，这也是对案件事实最有力的证据。不得强迫自证其罪特免权在尊重、保障被追诉人人格尊严和诉讼主体地位的同时，还要避免其成为追诉犯罪的工具以及追诉人员任意摆布的对象，防止追诉人员不当干扰和影响被追诉人内心的真实意愿、降低被追诉人如实供述之可能。此外，不得强迫自证其罪特免权可以防止追诉人员过分依赖被追诉人的供述，将其作为查明案件事实的源泉，而忽略对案件其他犯罪证据的收集以及对其他被追诉人的缉获。如若缺失不得强迫自证其罪特免权，那么追诉人员必然会根据被追诉人自证其罪的供述来寻找其他犯罪证据，然后以收集

① *In Re Gault et al*, 387 U.S. 1 (1966).

到的犯罪证据来印证之前所取得的被追诉人所作之供述。追诉人员凭借自己对案件事实的认识来取舍相关证据，必然导致案件事实认定产生错误。证据收集的非理性造成案件裁判结果的不公正。

三、防止刑讯

由于被追诉人作为可能的犯罪活动的亲历者以及刑事诉讼活动的参与者，因此其同时具有言词证据提供者以及诉讼当事人的双重身份。作为言词证据提供者，被追诉人无论在审前程序还是在审判程序中都可以就案件事实之整体或局部、过程与结果等作出供述、发表意见和评论，以及拒绝供述甚至保持沉默。而追诉人员以及裁判者可以根据被追诉人所作供述来认定案件事实。与此同时，被追诉人作为诉讼当事人享有辩护权，在诉讼过程中其可以自行或者委托律师进行辩护。被追诉人及其辩护律师可以提出无罪、罪轻等辩护意见。作为诉讼当事人，被追诉人的辩护权利通常可以得到保障，但是作为言词证据的提供者，当被追诉人拒绝供述或者保持沉默时，追诉机关往往会使用强迫手段以迫使其供述。特别是追诉机关在面对追诉压力时，为了及时抚慰受害者及其家属的痛苦并修补已经受到损害的社会关系等，有时会使用刑讯、变相刑讯或者精神折磨等非法方法迫使被追诉人供述。“如若没有适当的保障措施，讯问已被羁押的被追诉人所固有的强迫性可能会暗中瓦解他们的自由意志，限制或者强迫其作出陈述，而被追诉人在意志自由的情况下不会作出陈述。”① 换言之，被追诉人所作之供述并非出于其自愿，而是追诉机关使用具有强迫性的侦讯手段的产物。“强迫任何人揭发自己罪行的本质的、固有的残忍之处对每个人而言都是显而易见的，并且无须说明，任何人思考片刻便会明白。”② 作为一种野蛮的审讯方式，强迫被追诉人自证其罪像是追诉之毒瘤，不仅严

① *Miranda v. Arizona*, 384 U.S. 436 (1966).

② *Brown v. Walker*, 161 U.S. 591 (1896).

重侵犯了被追诉人的合法权利，而且容易造成冤假错案。

“一个国家的文明程度主要可以通过该国刑事法律施行中所采用的方法来衡量。”① 不得强迫自证其罪特免权旨在规范追诉机关在追诉犯罪的过程中必须遵循正当、合理的法律程序，其核心理念在于使权力行使受到节制、权力避免被滥用以及保障被追诉人的合法权益，所以不得强迫自证其罪特免权成为人类迈向文明的重要里程碑。不得强迫自证其罪特免权禁止追诉机关强迫被追诉人积极地自证其罪，而并未禁止追诉机关给被追诉人造成一定的消极容忍义务，如身体检查、抽血检验等。过去不得强迫自证其罪的手段仅限于残忍的、不人道的刑讯及类似行为。随着刑事司法的发展和进步，不得强迫自证其罪的手段呈现出开放性和包容性的趋势。在不得强迫自证其罪特免权的影响之下，追诉机关权力行使的条件、程序、方式等都得到了适当规范，并对讯问被追诉人的过程和结果进行管控，使其趋于正当和有效。不得强迫自证其罪特免权是社会道德进步的表现，同时也是社会公共良知的反映。不得强迫自证其罪特免权的确立和发展为规范追诉机关权力正当运行奠定了基础。

四、保障被追诉人的合法权利

司法公正是维护社会公正的底线，而公正也是刑事诉讼的灵魂和生命。司法公正包括实体公正和程序公正。追诉机关准确查明案件事实是实现实体公正的前提和基础。与此同时，追诉机关遵循公正的程序也有利于发现案件事实真相。然而，在某些情况下，追诉机关对案件事实真相的追求与尊重程序公正以及保障被追诉人的基本权利等产生一定的矛盾。虽然边沁认为，“不受强迫自证其罪特免权是非理性偏见的产物，对于该特免权无法提出任何具有说服力的理由。不受强迫自证其罪特免权将不可避免地排除认定案件真相的最可靠的证据，即被追诉人的供述，这必然给传闻证据以及其他

① Schaefer, Federalism and State Criminal Procedure, 70 Harv. L. Rev. 1, 26 (1956).

种类的证据造成更大的压力",[1] 但是随着刑事司法的发展，发现案件事实真相已非刑事诉讼的唯一目的。如若仅仅为了准确查明案件事实，那么法律应当不加限制地允许追诉机关使用一切追诉手段和方法，规定具有相关性的证据材料都具有可采性，以此更为充分地收集犯罪证据。现代刑事诉讼要求追诉机关除发现案件事实真相以外，还必须遵循正当程序和尊重被追诉人的合法权利等。不得强迫自证其罪特免权禁止追诉机关使用强迫的手段来收集过去作为"证据之王"的被追诉人自证其罪的供述，追诉机关不得为了查明案件事实真相而不择手段。

刑事追诉活动肩负三重任务：一是准确查明案件事实、充分收集犯罪证据以及正确查缉犯罪嫌疑人。当犯罪案件发生以后，追诉机关依靠专业的追诉人员、精良的技术设备和国家强制力量等，采取各种手段和措施侦破刑事案件，抓获犯罪嫌疑人并收集犯罪证据。中外各国，概莫能外。二是为刑事审判提供准确的案件事实和确实、充分的证据准备，以提高刑事审判的质量并且节约司法资源。在现代刑事诉讼中，对犯罪的追诉通过检察机关将被追诉人交付法院审判而实现国家刑罚权和预防犯罪之目的。绝大多数刑事案件都会由侦查程序流向起诉程序，并最终进入审判程序。因此刑事追诉活动成为审判活动之准备或基础。三是规范和约束追诉权力之行使，保障和维护被追诉人的合法权利，以使得国家权力行使纳入法治之轨道，而公民的人身自由、财产权利等基本权利具有现实之意义。追诉机关不应依赖于被追诉人自证其罪的供述来收集犯罪证据和查获漏网的犯罪嫌疑人，但是追诉机关为了查明案件事实真相需要使用国家强制力，而追诉手段和策略的运用以及强制性措施的适用等必然给被追诉人被法律所保障的基本权利造成限制或束缚。因而该如何实现刑事追诉之任务以及保障被追诉人的合法权益，也

---

① William Twining. Theories of Evidence: Bentham and Wigmore. Stanford University Press, 1985, p86.

就成为不得强迫自证其罪特免权的出发点和永恒的追求。追诉机关在履行追诉职能的同时，应当依法依规、循法而行，并保障被追诉人所享有的权利。追诉机关在给被追诉人的权利造成限制或负担时，应当选取对被追诉人损害较轻的追诉措施。

不得强迫自证其罪特免权既保障无辜之人，也保障有罪之人。“很多人都将不得强迫自证其罪特免权视为违法犯罪者的保护伞。他们早已认定主张该特免权之人要么是有罪之人，要么通过主张该特免权而作伪证。将《权利法案》作为接受《宪法》之条件的爱国者们享有一份荣耀，而上述观念确实缺少这种荣耀。立宪者们并未带有天真或者不敬来面对司法利益。立宪者们作出一个决定并将其规定在美国基本法之中，即宁可错放有罪之人，也不应根据强迫被追诉人所作之供述，以全部或者部分编造之刑事案件来追究无罪之人。”① “不得强迫自证其罪特免权反映了很多根本性的价值观以及最为宏伟的愿望：我们不愿使犯罪嫌疑人遭受残酷的三重困境，即自证其罪、伪证或者藐视法庭。我们更青睐对抗制刑事司法而非纠问制刑事司法；我们担心自证其罪的供述将会导致残忍的对待和虐待；我们的公平竞技观念指出，追诉机关不应干涉被追诉人而直到其受到正当理由的困扰，并且追诉机关在与被追诉人的对抗中应当承担全部证明责任，以此才能达到国家与个人的平衡；我们尊崇人性的不可侵犯，我们考虑到每个人的权利保障其个人生活不受妨害，我们不信任自我贬损的供述；尽管不得强迫自证其罪特免权有时成为有罪之人的避难所，但它更多地是无罪之人的保障。”②

① *Ullman v. United States*, 350 U.S. 422 (1956).

② *Murphy v. Waterfront Commission*, 378U.S. 54 (1964).

第四章　我国污点证人作证之现状分析

过去我国追诉机关为了准确查明案件事实、充分收集犯罪证据和缉获相关被追诉人，追诉权力呈现出扩张之势，对此缺少充分且有效的制约与监督。刑事诉讼中存在着严重的权利危机，被追诉人的合法权利缺乏保障与救济。在我国的刑事司法实践中实际上也存在着污点证人作证的现象，污点证人如实陈述相关案件事实，积极协助追诉机关的追诉工作，但是国家专门机关根据既有制度和规定，仅仅给予污点证人以不确定且有限的保障。污点证人作证成为追诉机关惩治犯罪、查明案件事实真相的工具。

第一节　我国污点证人作证现象之事实分析

一、贿赂犯罪案件中污点证人作证之现象分析

追诉机关面对贿赂犯罪案件事实的查明难题，在部分贿赂犯罪案件中对行贿者另案处理或者不再追究刑事责任等，使其成为受贿案件的控方证人，陈述其所了解的相关案件事实。追诉机关以此准确查明案件事实并充分收集犯罪证据。追诉机关从以受贿者为查明案件事实的突破口，转向以激励行贿者为查明案件事实的重要侦破途径。不少行贿者最终并未被追究其刑事责任或者被免除处罚。这种做法在一定程度上具有与污点证人制度相类似的法律效果。为了便于分析，下文直接以污点证人作证来指称被追诉人供述的情形。需要注意的是，行贿罪是指为谋取不正当利益，给予国家工作人员

以财物的行为。[1] 根据最高人民检察院《关于人民检察院直接受理立案侦查案件立案标准的规定》，涉嫌行贿，有下列情形之一的，应予立案：（1）行贿数额在1万元以上的。（2）行贿数额不满1万元，但具有下列情形之一的：为谋取非法利益而行贿的；向3人以上行贿的；向党政领导、司法工作人员、行政执法人员行贿的；致使国家或者社会利益遭受重大损失的。虽然行贿罪与受贿罪属于对合犯，行贿者与受贿者的行为通常均构成犯罪，但是仅单方行为构成犯罪的情况也大量存在，例如，为了谋取正当利益而给予国家工作人员以财物的，不是行贿，而国家工作人员接受财务的行为构成受贿罪。又如，为了谋取不正当利益而给予国家工作人员以财务的，构成行贿罪，而国家工作人员没有接受贿赂的故意，立即将财物送交有关部门处理的，不构成受贿罪，等等。

从宏观数据上而言，“全国检察机关2000年至2005年期间，合计立案侦查受贿案件50707件52525人，而立案侦查行贿案件仅为9867件10901人，约占立案查处受贿案件的20%。2000年至2005年，全国检察机关起诉受贿犯罪被告人37458人，而起诉的行贿犯罪被告人仅有3924人，二者之比仍然高达9.5∶1”。[2] 有法律实务部门人士指出：“中国每年起诉的行贿案件数不到受贿案件数的10%，而且起诉到法院的行贿案件大多被判处缓刑和免予刑

---

① 《刑法》第389条规定：“为谋取不正当利益，给予国家工作人员以财物的，是行贿罪。在经济往来中，违反国家规定，给予国家工作人员以财物，数额较大的，或者违反国家规定，给予国家工作人员以各种名义的回扣、手续费的，以行贿论处。因被勒索给予国家工作人员以财物，没有获得不正当利益的，不是行贿。”第390条规定：“对犯行贿罪的，处五年以下有期徒刑或者拘役，并处罚金；因行贿谋取不正当利益，情节严重的，或者使国家利益遭受重大损失的，处五年以上十年以下有期徒刑，并处罚金；情节特别严重的，或者使国家利益遭受特别重大损失的，处十年以上有期徒刑或者无期徒刑，并处罚金或者没收财产。行贿者在被追诉前主动交代行贿行为的，可以从轻或者减轻处罚。其中，犯罪较轻的，对侦破重大案件起关键作用的，或者有重大立功表现的，可以减轻或者免除处罚。”

② 《行贿者：贿赂犯罪的“漏网之鱼”》，http://view.163.com/13/1122/17/9EA50PNA00012Q9L.html，2014年12月26日访问。

事处罚，被告人通过行贿所得的非法利益也很少被追缴。”①

根据《中国法律年鉴》② 统计，2000—2012 年人民检察院立案侦查贿赂案件人数呈逐年上升趋势。而在 2009—2014 年最高人民检察院工作报告中③所指出的依法追究行贿人刑事责任的人数也明显呈上升趋势。虽然人民检察院立案侦查贿赂案件并不能等同于最终追究贿赂案件犯罪人刑事责任，但是两组数据差异巨大，本书以此管窥发现在刑事司法实践中受贿案件人数数倍于行贿案件人数。

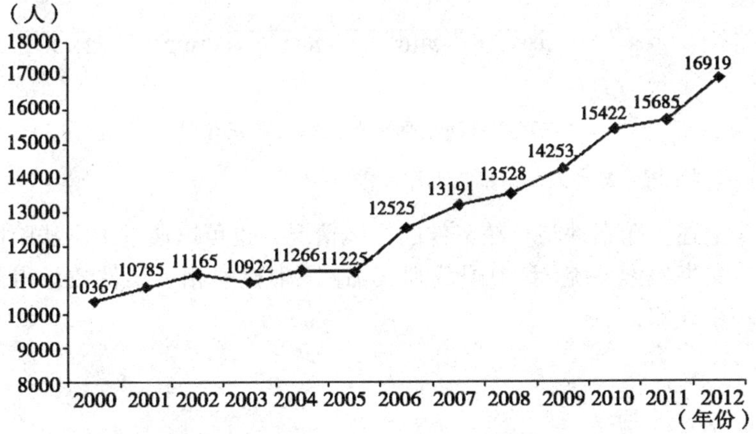

人民检察院立案侦查贿赂案件人数统计图

资料来源:《中国法律年鉴》。

① http://fanfu.people.com.cn/GB/14087335.html，2014 年 12 月 26 日访问。

② 《中国法律年鉴》仅在《人民检察院立案侦查职务犯罪案件情况统计表》中对贿赂案单独予以统计，而在其他统计表中将贪污贿赂案合并统计，故无法掌握其他诉讼阶段中贿赂案件的具体情况与发展趋势。

③ 具体内容参见 http://www.spp.gov.cn/gzbg/,2014 年 6 月 15 日访问。

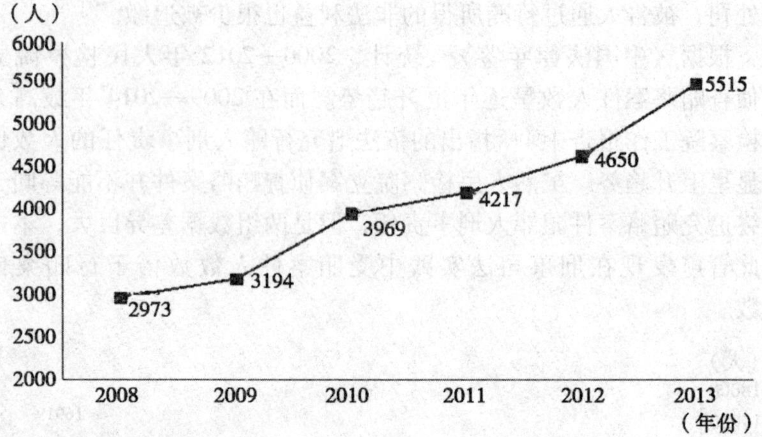

依法追究行贿者刑事责任的人数统计图

资料来源：最高人民检察院工作报告。

上述受贿案件与行贿案件的实践情况，也可以通过中国法院网司法文书检索系统①和中国裁判文书网②中检索相关案件数量得到进一步地印证。

---

① 参见 http://www.chinacourt.org/paper，2013 年 4 月 26 日访问。

② 关键词填入受贿罪或行贿罪，案件类型填入刑事案件，裁判时间填入自然年度等。结果中出现一审刑事判决书、二审刑事判决书，案件重复，类似罪名案件等问题。检索结果并不能准确反映各自然年度中受贿罪数量和行贿罪数量，检索结果仅用于表达受贿罪和行贿罪的大致趋势。http://www.court.gov.cn/zgcpsw/xshz/，2015 年 1 月 2 日访问。

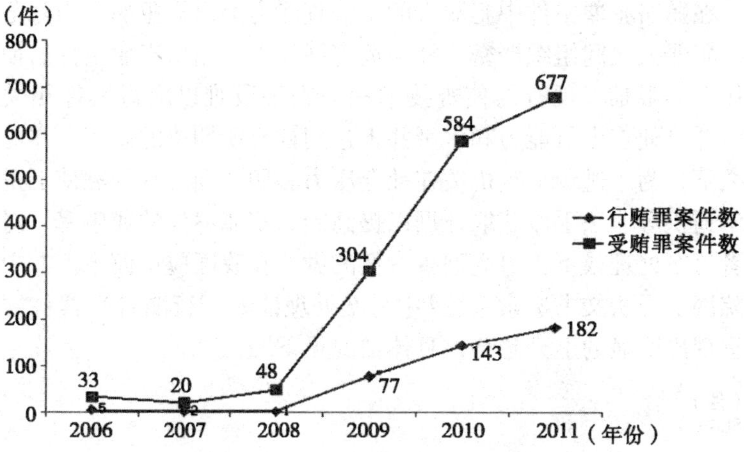

行贿案件数量与受贿案件数量关系示意图

资料来源：中国法院网司法文书检索系统。

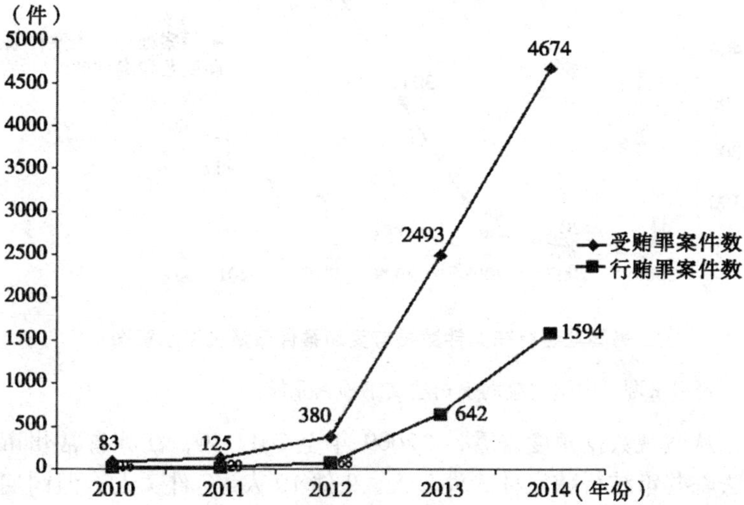

行贿案件数量与受贿案件数量关系示意图

资料来源：中国裁判文书网。

在贿赂犯罪案件中犯罪人的反侦查能力突出，犯罪行为隐蔽性强，犯罪人之间组织严密，社会危害性较大，贿赂犯罪案件的侦破工作尤为艰难。现有的侦查技术和侦查手段难以取得案件相关证据，并且侦查人员能力和水平并未达到社会所期望的高度。在此情况之下，为了避免侦查机关在社会压力和职务利益等的驱使下采取刑讯逼供等非法手段获取证据以提高贿赂犯罪案件的侦破率，对行贿者另案处理或不再追究刑事责任的做法在我国应运而生。在中国法院网上司法文书检索系统①中另案处理证人（行贿者）案件数量也呈现出明显的上升趋势，具体情况见下图。

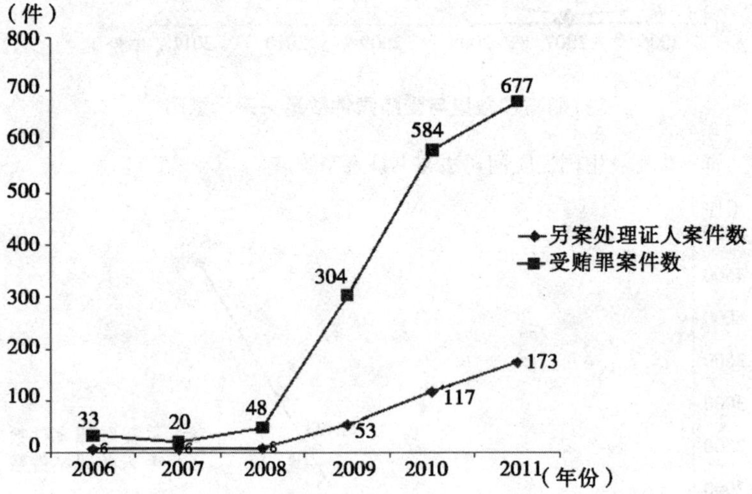

另案处理行贿案件数量与受贿案件数量关系示意图

资料来源：中国法院网上司法文书检索系统。

从微观数据角度来看，“2009 年至 2011 年，江苏省常州市两级法院共审结行贿案件 3 件 3 人、9 件 10 人、7 件 7 人，但同期审结的受贿案件为 68 件 70 人、74 件 76 人、63 件 63 人。从量刑上

① http://www.chinacourt.org/paper，2013 年 4 月 26 日访问。

来看，在20名行贿者中，被判处缓刑11人，免刑6人，三年以下有期徒刑2人，三年以上不满五年有期徒刑的1人。而同期审结的受贿案件，被告人被判处十年以上有期徒刑的就达40人”。[①] 在部分贿赂案件中，被追究刑事责任的受贿者与行贿者人数及其定罪量刑之间差异悬殊。例如，“在甘肃华亭原县委书记任增禄案中，行贿群体数量庞大，却十分隐蔽。任增禄受贿金额达991万元，行贿者竟包括了当地129名官员。尽管起诉书中已明列了姓名及职务，但任增禄案的129名行贿者中，仅4人被治罪”。[②] 微观数据也能在一定程度上与宏观数据相互印证。

由此可见，在刑事司法实践中受贿案件数量数倍于行贿案件数量，而两类案件中被追究刑事责任的犯罪人人数也存在巨大差异。这在很大程度上是由于行贿者如实陈述相关贿赂事实、积极配合追诉机关追究受贿者刑事责任，而追诉机关对行贿者另案处理或者不再追究刑事责任造成的。

首先，行贿者就相关贿赂犯罪事实向国家专门机关作出陈述，这对于准确查明犯罪案件事实，充分收集犯罪证据具有重要的作用。由于行贿者亲身经历贿赂犯罪案件，所以行贿者本人对于犯罪案件具体经过最为清楚。对于贿赂犯罪案件具有亲身知识的其他证人而言，虽然其在一定程度上了解相关案件事实并负有作证义务，但是未能亲历案件的整个过程。因此，行贿者就贿赂犯罪事实向国家专门机关所作之陈述往往能够全面、直接地表达出犯罪动机、犯罪目的、犯罪时的心理状态、犯罪行为的实施过程以及犯罪结果等犯罪构成要件事实。通常情况下，行贿者陈述包含着较为丰富的案件事实和信息，具有较强的证明力。追诉机关可以根据行贿者陈述准确、迅速地查明案件的主要事实，有效地克服受贿行为和罪责要

---

① 张建文等：《惩治行贿犯罪，净化社会环境》，载《人民法院报》2012年6月7日第8版。

② http://view.163.com/13/1122/17/9EA50PNA00012Q9L.html，2014年12月26日访问。

件的查明困难。而追诉机关通常无法仅凭单独的实物证据来查明贿赂犯罪案件事实。如若缺少行贿者对贿赂犯罪案件事实的陈述，那么当国家工作人员保持沉默或者拒绝供述相关受贿犯罪事实时，追诉机关甚至可能无法发现犯罪侦查线索，或取得破案之对策良方，终而造成犯罪案件事实真伪不明之结果。由此可见，行贿者如实陈述贿赂犯罪事实为最终查明犯罪奠定了基础。

“在王某一案中，屯留县人民检察院指控被告人王某犯贪污、受贿、巨额财产来源不明罪。判决书中记载，人民检察院指控其犯受贿罪事项：2010 年 10 月王某计划对屯留县广播电视台办公楼进行装修改造，经和朱某某协商，王某要求提取工程款的 10%作为回扣，朱某某答应后，开始装修改造。后朱某某分四次送给王某 50000 元回扣。对此，被告人王某辩称，该指控不是事实，其没有收过朱某某的钱，只是让他在长治市某酒店请吃饭花了 1 万多。而认定该事实的关键证据为朱某某的证人证言：“2010 年年底王某到屯留电视台工作后，他打电话找我，提出给我揽点工程，但是要从工程结算款中给他提取 10%的好处费，我答应这样办。2010 年 12 月份，王某就让我给屯留县广播电视台做了这项维修工程。第一次是 2011 年 1 月份的一天，我打好收据后交给屯留电视台会计连某某，过了一两天，电视台给我的账户上转账 10 万元，我从银行提取了 10 万元现金，当天，我从中拿出包扎好的整捆 1 万元现金到王某家，送给王某。第二次是 2012 年 1 月份的一天，我打好收据（No.：0059878）后交给屯留电视台会计连某某，过了一两天，电视台给我的账户上转账 10 万元，我从银行提取了 10 万元现金，当天，我从中拿出包扎好的整捆 1 万元现金到王某家，送给王某。第三次是 2012 年 7 月份的一天，我打好收据（No.：0028414）后交给屯留县电视台会计连某某，过了一两天，电视台给我的账户上转账 18 万元，我从银行提取了 18 万元现金，当天，我从中拿出包扎好的 2 整捆 1 万元现金共计 2 万元到王某家。过了一两天，电视台给我的账户上转账 99571.89 元，我从银行提取了 99571.89 元现金，当天，我从中拿出包扎好的整捆1万元现金到王某家，送给王某。按照王某要求的10%的回扣比例应该是9957元，但是有零头的钱拿不出手，我凑了个整数1万元现金给王某。王某每次都让我把钱给他送到家里。前三次我都把钱送到了王某位于屯留县畜牧中心家属院的家中，第四次我把钱送到了王某位于屯留县曙光小区组织部单元楼的家中，共计送了5万元。”最终法院认定，被告人王某利用职务上的便利，为他人谋取利益时从中收受回扣、好处费，归个人所有，其行为已构成受贿罪。”①

从该案例中可以看出，在受贿罪中，追诉机关和被追诉人对受贿犯罪行为之存在与否产生了较大的争议。被追诉人王某拒不承认其利用职务之便，非法收受朱某某钱款并为其谋取利益。在该案中朱某某每次行贿均将现金送至王某家中。该案属于“一对一”的案件，办案机关所能收集到的相关证据非常有限，而且被追诉人拒不承认其实施了犯罪行为，追诉机关难以取得其言词证据。如果被追诉人作出有罪供述，那么这将极大地降低追诉机关查明受贿犯罪构成要件事实的难度。追诉机关还可以通过被追诉人的供述，收集到其他犯罪证据。然而，诉讼现实远非诉讼理想之顺畅。在刑事司法实践中追诉机关往往会遇到本案中查明困难之状况。正是因为朱某某就相关贿赂犯罪事实如实向追诉机关作出陈述，才使得追诉机关准确地查明该项贿赂犯罪事实，这对于公正地追究王某的刑事责任至关重要。这有效地解决了司法实践中受贿犯罪案件的查明困难。

其次，在贿赂犯罪案件发生后，追诉机关或多或少地能收集到一些证据，如国家工作人员所拥有的明显超过其合法收入且差额巨大的财产等。行贿者陈述相关贿赂犯罪事实有助于国家专门

① 《王某犯贪污、受贿、巨额财产来源不明罪一审刑事判决书》，http://www.court.gov.cn/zgcpwsw/sx/sxszzszjrmfy/tlxrmfy/xs/201412/t20141229_5683569.htm，2014年12月29日访问。

机关审查、核实相关证据，即通过已收集证据所包含案件事实的相互重合或者交叉，使证据的真实性得到其他证据的验证，并且使案件事实得到印证。具体而言，行贿者对案件事实的陈述属于直接证据，其包含着受贿犯罪案件是否发生和受贿犯罪案件是否为被追诉人所实施。行贿者如实陈述使得受贿犯罪发生的时间、地点、金额、受贿者利用职务之便、为行贿者谋取利益等案件情况与已收集到的实物证据和言词证据相互印证，进而受贿犯罪案件的主要事实也就得到了查明。在刑事诉讼活动中，追诉机关借助行贿者对案件事实情况的陈述，可以更准确地审查、核实相关犯罪证据。

再次，由于被追诉人对有关犯罪事实向国家专门机关所作之陈述的真实性、稳定性受到多重因素的影响，所以其内容真假共存、反复易变。其一，被追诉人作为犯罪案件的当事人，其面临被追究刑事责任的风险。被追诉人在和追诉机关博弈与对抗的过程中，为了逃避或者减轻刑事制裁，其所陈述之内容可能与案件事实不符，或部分与之不符。其二，在共同犯罪中，被追诉人作为利益共同体，其很可能为了维护共同体的利益而作出趋利避害的抉择，如虚假陈述或隐瞒犯罪行为等，或者为了维护个人利益而避重就轻地或有推卸性地陈述相关犯罪事实，因而其所陈述的犯罪事实可能不准确或存在偏向性、误导性等。其三，被追诉人基于刑事诉讼的外部压力而陈述相关犯罪案件事实，该情境很可能会影响其陈述的真实性和准确性。在刑事司法实践中，追诉机关对被追诉人具有较强的心理压迫力，尤其是当被追诉人的人身自由受到剥夺或限制时，追诉机关所采取的讯问方式和讯问策略等对被追诉人所陈述的内容会产生深刻的影响。更有甚者，追诉机关为了及时、有效地惩罚犯罪，有时可能采取刑讯、威胁、欺骗、引诱等非法手段。这不仅侵犯了行贿者所享有的合法权利，而且行贿者在身心俱疲并受到追诉压力的情况下所作出的陈述属于非自愿的陈述，其真实性更难以保证。因此，在大多数情况下，被追诉人对案件事实的陈述真假共存、虚实难辨。虽然行贿者就贿赂犯罪事实向国家专门机关所作之陈述可能存在上述不真实的倾向，但是行贿者成为污点证人后，其证言往往较为可靠。而且，在刑事诉讼活动中，这通常能够有效地约束国家权力，并维护公民的合法权利，进而避免行贿者受到不公正、非人道的待遇。

最后，行贿者就贿赂犯罪事实所作的陈述有助于实现诉讼公正与效率。诉讼公正作为维护社会公正的最后一道防线，其不仅是诉讼活动所追求的首要价值目标，而且是诉讼活动的出发点和归宿。诉讼效率意味着诉讼中所投入的司法资源与所取得的诉讼成果之间的比例关系。提高诉讼效率，一方面可以使被追诉人公正、及时地承担与其犯罪行为相适应的否定性法律后果，被害人早日得到物质上和精神上的补偿与抚慰，另一方面可以充分利用司法资源，缓解司法资源已经非常有限且日趋紧张的现状。对诉讼效率的追求可以更为公正、有效地实现刑事诉讼的任务。因为行贿者如实陈述相关贿赂犯罪事实，所以追诉机关能够准确查明相关犯罪事实，充分收集犯罪证据，顺利解决受贿行为和罪责要件的查明难题。行贿者就贿赂犯罪事实所作之陈述可以避免裁判错误，防止放纵犯罪。

在以下十件样本受贿犯罪案件判决文书①中，受贿犯罪事实主要通过下列经法庭举证、质证的证据证实：1. 被告人主体身份证据；2. 被告人供述；3. 证人（行贿者）证言；4. 证人证言；5. 扣押清单，证明赃款追退的情况；6. 情况说明证据，证明谋取利益；等等。由此可见，证人（行贿者）证言对于受贿犯罪事实的认定作用非常显著。

---

① 刑事判决书来源于 http://www.court.gov.cn/zgcpwsw/xshz/，受贿罪和行贿罪样本各十个，笔者尽量避免主观倾向对客观样本产生不当影响，2014 年 6 月 15 日访问。

案号	指控罪名	受贿事实	受贿事实主要由下列经举证、质证的证据证实	备注
（2014）昂刑初字第12号	被告人文某犯受贿罪、滥用职权罪	先后多次非法收受下属单位黑龙江查哈阳农场、克山农场、依安农场、富裕牧场、农垦齐管局司法局、和龙江劝业广告有限公司、哈尔滨文蓝伟业通讯科技开发有限公司、哈尔滨南岗区有为电子产品经销部等单位和李某财物	国家工作人员身份的证据；证人证言（行贿者）；被告人文某供述	被告人虽然不具有自首情节，但其归案后能如实供述自己的罪行，且能退还部分赃款，其近亲属亦能代其退缴部分赃款，其犯罪具有法定可以从轻处罚情节和酌定从轻处罚情节，可从轻处罚
（2014）宝刑初字第27号	被告人孙某犯受贿罪	2011年在宋某某托其为张某办理公民出国（境）证件之机，收受宋某某现金20000元。2012年5月，其在帮助办理注销张某出国（境）证件时，又收受宋某某现金7000元。2012年5月在帮助孙某某注销户口过程中，以需到平顶山公安局找人活动为由，收受孙某某现金200000元	被告人孙某供述；证人证言（包括行贿者）；国家工作人员身份的证据；公司支出条、贴单复印件；因私出国（境）申请表等复印件；姓名变更审批表及申请材料；银行存款凭条复印件等	归案后，被告人如实供述其犯罪事实，系坦白，在庭审中认罪，且在案发前主动退回宋某某现金，本院在量刑时从轻处罚

续表

案号	指控罪名	受贿事实	受贿事实主要由下列经举证、质证的证据证实	备注
(2014)迭林刑初字第1号	被告人李某某、邓某某犯受贿罪	2012年7月，收受非法拉运车辆驾驶员5300元	国家工作人员身份的证据；证人证言（包括行贿者）；被告人供述等	被告人归案后认罪态度较好，能积极退赃，可酌情从轻予以处罚
(2014)金永刑初字第173号	被告人胡某涉嫌受贿罪	2008年至2013年8月期间，在日常对企业环保排污的监管、督查、处罚过程中，为他人提供帮助，多次非法收受他人贿送的财物	被告人胡某供述；证人证言（包括行贿者）；国家工作人员身份的证据等	被告人归案后能如实供述自己的罪行，依法予以从轻处罚；被告人已退出涉案违法所得，酌情予以从轻处罚
(2014)巨刑初字第6号	被告人孔某某、杜某、滕某某、袁某、魏某某犯受贿罪；被告人常某某、孙某甲犯行贿罪；被告人孙某乙犯介绍贿赂罪	2011年至2012年，被告人杜某、滕某某非法收受违法建房户孙某乙等所送现金；被告人袁某非法收受违法建房户李某某、孙某甲等所送现金；魏某某非法收受现金；被告人孔某某非法收受孙某甲现金；被告人常某某、李某某等之托，向被告人杜某某、滕某某等行贿；被告人孙某甲为建房向被告人孔某某行贿	被告人供述；证人证言；城市管理局证明；法院刑事判决书；物证照片；国家工作人员身份的证据等	被告人袁某、魏某某受贿数额在五千元以上不满一万元，犯罪后有悔改表现，积极退赃，可减轻处罚；八被告人归案后态度较好，当庭自愿认罪，积极退赃，均可酌情从轻处罚；且犯罪情节较轻，宣告缓刑对所居住社区没有重大不良影响，依法均可宣告缓刑

续表

案号	指控罪名	受贿事实	受贿事实主要由下列经举证、质证的证据证实	备注
（2014）平刑初字第21号	被告人宋某犯受贿罪	被告人三次共收受贿赂21万元	国家工作人员身份的证据；证人证言（行贿者）；被告人供述；相关书证等	被告人主动交代办案机关尚未掌握的犯罪事实，属自首，依法可以从轻或者减轻处罚；积极退赃，有悔罪表现，亦可酌定从轻处罚
(2013)安刑初字第00366号	被告人部某犯贪污罪、受贿罪	2010年至2012年期间，被告人为多名教师和安阳县林业局、水利局多名职工在职称晋升过程中提供便利，多次收受他人贿赂	被告人部某供述；证人证言（包括行贿者）；国家工作人员身份的证据；现金存单及银行记录等	被告人在接受调查期间积极配合调查工作，如实交代尚未掌握的部分犯罪事实属坦白，可从轻处罚；被告人积极退赃可酌情从轻处罚
（2013）佛南法刑初字第2802号	被告人何某某犯受贿罪	被告人何某某多次利用职务上的便利，为佛山市普纬企业顾问有限公司等提供咨询或帮助，为其谋取利益，收受贿赂	被告人何某某供述；证人证言（行贿者）等	被告人犯罪后自动投案，如实供述了自己的罪行，是自首，且案发后退还了全部违法所得，依法对其减轻处罚

续表

案号	指控罪名	受贿事实	受贿事实主要由下列经举证、质证的证据证实	备注
（2013）崇刑初字第346号	被告人龚某犯受贿罪、巨额财产来源不明罪；被告人赵某犯受贿罪、掩饰、隐瞒犯罪所得罪	被告人龚某、赵某共同受贿的事实：2007年7月至2013年3月，被告人赵某在明知刘某某向龚某行贿的情况下，仍多次收受刘某某贿赂。被告人赵某在收受上述贿赂后，均告知龚某，并要求龚某对刘某某业务提供便利。被告人龚某受贿的事实：2005年9月至2013年2月，被告人利用负责下属外劳力劳务工程队业务承包、队伍管理、工程结算审核等职务便利，先后收受多人贿赂	1. 认定被告人龚某、赵某共同受贿事实的主要证据有被告人龚某、赵某供述；证人证言（行贿者）；发票、销货凭证等 2. 认定被告人龚某单独受贿事实的主要证据有被告人龚某供述；证人证言（行贿者）等	被告人龚某到案后如实供述自己的犯罪事实，系坦白，依法可以从轻处罚。被告人在协助检察机关调查期间，如实供述了自己共同受贿的犯罪事实，就其受贿犯罪部分构成自首，本院决定对其犯罪减轻处罚
（2013）东刑初字第480号	被告人孙某犯受贿罪	被告人孙某于2007年至2012年间，利用职务便利，要求人民出版社、五洲传播出版社、中铁二院工程集团有限责任公司为其购买机票、报销餐费等个人费用	被告人孙某供述；证人证言；记账凭证、报销单、发票及银联刷卡单等；机票统计一览表、记账凭证、机票复印件、机票明细、会计档案、记账凭证、发票等	无

而在以下行贿案件判决文书中，针对行贿者的判决呈现出两种倾向。其一，行贿者犯行贿罪，但其在被追诉前主动交代行贿行为的，免予刑事处罚。（如“行贿行为已构成行贿罪，公诉机关指控罪名成立，本院予以支持；行贿者到案后，如实供述自己的罪行，可从轻处罚；行贿者犯罪情节较轻，且在被追诉前，主动交代行贿行为，可免除刑罚。依照《中华人民共和国刑法》第三百八十九条第一款、第三百九十条第二款、第六十七条第三款之规定，判决如下：被告人犯行贿罪，免予刑事处罚。”）其二，行贿者犯行贿罪，但其到案后能如实供述犯罪事实，认罪态度较好，判处有期徒刑，并宣告缓刑。（如“行贿行为已构成行贿罪，依法应予惩处。考虑到被告人确有悔罪表现，可酌予从轻处罚并宣告缓刑。依照《中华人民共和国刑法》第三百八十九条第二款、第三百九十条第一款、第七十二条第一款、第七十三条第二、三款的规定，判决被告人犯行贿罪，判处有期徒刑一年，缓刑一年。”）

案号	指控罪名	行贿事实	行贿事实主要由下列经举证、质证的证据证实	备注
(2013) 鄂襄城刑初字第00153号	被告人李某犯行贿罪	2004年至2012年期间，被告人李某承接工程等项目，在此过程中被告人分四次送给襄阳市城市绿化管理处主任郑某现金	被告人李某供述；受贿人郑某供述；郑某国家工作人员身份的证据；李某与襄阳市城市绿化管理处存在业务往来的财物凭证等	被告人李某在被追诉前主动交代行贿行为，依法可以减轻处罚

续表

案号	指控罪名	行贿事实	行贿事实主要由下列经举证、质证的证据证实	备注
（2013）汉刑初字第201号	被告人史某某、徐某某涉嫌行贿罪	史某某单独或伙同徐某某向乡政府安全生产监督员行贿二次，向县安全生产监督局副局长行贿二次	证人证言（包括受贿人）；被告人供述；国家工作人员身份的证据；情况说明证据等	被告人史某某、徐某某在被追诉前主动交代行贿行为，依法可以减轻或免除处罚
(2013)湖长刑初字第552号	被告人郭某犯行贿罪	2006年至2007年间，被告人郭某在承建国有独资企业安居工程过程中，多次送给该企业安居办工作人员徐建国、徐长波现金	被告人郭某的供述和辩解；受贿人徐建国、徐长波的供述和辩解；证人证言；施工合同；国家工作人员身份的证据等	被告人郭某到案后能如实供述自己的犯罪事实，酌情予以从轻处罚
(2013)镜刑初字第00439号	被告人郑某犯行贿罪	被告人郑某从2008年到2013年期间，为了销售医疗器械，多次请求芜湖市第五人民医院院长王某某帮忙，在事后按一定比例送给王某某好处费	被告人郑某供述；证人证言（包括受贿人）；销售合同；国家工作人员身份的证据等	案发后被告人郑某能如实供述犯罪事实，本院予以从轻处罚

续表

案号	指控罪名	行贿事实	行贿事实主要由下列经举证、质证的证据证实	备注
(2013) 甬奉刑初字第1153号	被告人俞某犯行贿罪	被告人俞某在原奉化市国税局工作人员孙某等人帮助下多次虚开免税发票，事后俞某送给孙某好处费	被告人俞某供述；证人证言（包括受贿人）；国家工作人员身份的证据；银行交易记录；发票清单等	被告人俞某在被追诉前主动交代其行贿行为，依法可以减轻处罚
(2014) 博刑初字第43号	被告人刘某甲犯行贿罪	(1) 2005年年底，被告人刘某甲在不具备施工资质的情况下，经时任博兴黄河河务局局长的张某丙帮助承揽工程，被告人刘某甲先后五次给张某丙财物；(2) 2009年1月，被告人刘某甲在不具备施工资质的情况下，经滨州黄河河务局副局长张某乙、工务科科长刘某丙帮助承揽工程。在张某乙安排下，刘某甲将现金送到刘某丙处	(1) 国家工作人员身份的证据；建设工程施工合同；账款明细；张某丙受贿刑事判决书；证人证言（包括受贿人）；被告人供述等。(2) 国家工作人员身份的证据；施工合同；记账凭证；证人证言（包括受贿人）；被告人供述等	被告人刘某甲在被追诉前主动交代行贿行为，可减轻处罚

续表

案号	指控罪名	行贿事实	行贿事实主要由下列经举证、质证的证据证实	备注
(2014)盖刑初字第70号	被告人田某犯行贿罪	2011年至2012年期间，被告人田某为不符合社会养老保险补费的参保人员张某甲等六人办理社会养老保险补费，先后多次向营口市社保事业管理局分局局长、副局长、退管科科长、账户科科长行贿	被告人田某的供述；证人证言（包括受贿人）；社保证、劳动合同及缴费记录复印件；视听资料等	无
(2014)集刑初字第36号	被告人金某犯行贿罪	2004年年初被告人金某通过吉林省援藏干部张某甲的帮助承揽工程。此后被告人金某向张某甲行贿现金90万元	国家工作人员身份的证据；证人证言（包括受贿人）；被告人金某供述；建设项目财务账；转账凭证；建筑公司账户明细等	被告人金某主动到检察机关投案，如实供述自己的罪行，构成自首，可以从轻或者减轻处罚
(2014)江法刑初字第00146号	被告人彭某某犯行贿罪	2010年年末至2011年，彭某某在房屋征地拆迁过程中多次请托国家工作人员骆某某、古某某予以关照，以虚增房屋面积等方式增获国家征地补偿费。后彭某某给予骆某某、古某某现金	被告人彭某某供述；证人证言（包括受贿人）；国家工作人员身份的证据；房屋拆迁补偿等	被告人彭某某到案后如实供述罪行，已缴纳部分违法所得，依法对其从轻处罚

续表

案号	指控罪名	行贿事实	行贿事实主要由下列经举证、质证的证据证实	备注
(2014)泉刑初字第65号	被告人冯某犯介绍贿赂罪、行贿罪	2012年春节前，被告人冯某在无拆除资质的情况下为承接拆除工程，送予街道办事处党工委书记魏某10万元银行卡一张	被告人冯某供述；证人证言(包括受贿人)；工程项目承包协议书；银行卡交易明细；国家工作人员身份的证据等	被告人接到检察机关电话通知后主动到案接受讯问并能如实供述自己的行贿犯罪事实，系自首，依法可以从轻处罚；被告人冯某主动退缴行贿赃款，有一定悔罪表现，亦可酌情予以从轻处罚

二、其他犯罪案件中污点证人作证之现象分析

在美国，由于被追诉人本人具有犯罪事实，同时又了解其他犯罪案件事实或者能够提供重要的犯罪侦查线索等，所以检察机关为了维护公共利益而豁免该被追诉人，以迫使其如实作证或者提供案件相关信息。而在刑事司法实践中，证人豁免制度多适用于有组织犯罪的追诉活动。有组织犯罪实际上就是多名被追诉人之间存在一定组织形式的共同犯罪，其往往表现为通过建立犯罪集团来进行有组织的犯罪。有组织犯罪通常具有以下特征。其一，人数较多，例如，“2002年全美共有两万多个黑帮组织，成员总数高达73万多人”。[①] 其二，组织形式较为固定，首要分子和重要成员等基本固

① 《人数多达七十余万，美国黑帮卷土重来》，http://news.sina.com.cn/w/2005-07-04/16306346530s.shtml，2014年12月30日访问。

定，组织成员以首要分子为核心，犯罪组织实施犯罪活动后长期存在。其三，犯罪目的较为明确，犯罪组织通常有预谋、有计划地实施多种犯罪活动。其四，犯罪活动社会危害性非常大，有组织犯罪往往人员众多、组织严密、等级森严，犯罪计划周密且犯罪危害后果严重，而且有组织犯罪往往以正当手段掩盖非法行径，以公司、社团等为掩护，有逃避侦查和打击的防护体系等。在有组织犯罪中，被追诉人所了解的他案的犯罪事实和己案的犯罪事实存在实质性联系。也就是说，当被追诉人向办案人员陈述他案的犯罪事实时，必将供述出己案的犯罪事实。正因为如此，追诉机关才通过豁免有组织犯罪中犯罪行为较轻的成员，使其不再主张不得强迫自证其罪的权利，而必须如实作证或者提供案件相关信息，以此准确查明有组织犯罪中首要分子和罪行严重的成员的犯罪事实，充分收集相关犯罪证据，缉获重要的被追诉人，公正、有效地追究其刑事责任，从而实现分化、打击、瓦解该犯罪组织的目的。

在我国刑事司法实践中，污点证人作证现象除了存在于贿赂犯罪案件中，还存在于毒品犯罪、黑社会性质犯罪、走私犯罪、有组织犯罪等共同犯罪案件中。而贿赂犯罪作为对合犯情形之一，实际上属于共同犯罪中的必要的共同犯罪。[①] 污点证人在查明共同犯罪主犯或首要分子的犯罪事实，以及取得重大、疑难、复杂犯罪案件侦查线索等实践难题上发挥着不可小觑的作用。具体而言，办案机

---

① “共同犯罪的形式分为任意的共同犯罪与必要的共同犯罪。任意的共同犯罪是指刑法分则规定一个人单独实施的犯罪而由二人以上共同实施所构成的共同犯罪。必要的共同犯罪包括刑法分则规定只能由二人以上构成的犯罪。必要的共同犯罪是由刑法分则加以规定的，因此称为分则性共同犯罪。必要的共同犯罪又可以分为以下两种：(1) 对合犯，又称为对行犯，是指互为行为客体而构成的共同犯罪，如我国刑法中规定的非法买卖枪支罪。由于刑法分则已经对必要的共同犯罪作了明文规定，对其可径直根据刑法分则定罪处罚而不必援引刑法总则关于共同犯罪的规定。(2) 众合犯，又称为聚合犯或者共行犯，是指三人以上共同故意实施某一犯罪而构成的共同犯罪，如我国刑法中的聚众持械劫狱罪。刑法分则对首要分子和积极参加的，已经明文规定了法定刑。”陈兴良：《规范刑法学》，中国人民大学出版社 2013 年版，第 228~229 页。

关在查办毒品犯罪、黑社会性质犯罪、走私犯罪等共同犯罪案件时，往往面临着和贿赂犯罪案件相似的调查难题。犯罪手段种类繁多，犯罪行为高度隐蔽，犯罪过程不易被察觉，没有明显的作案现场等。侦查机关所获得的直接证据极度匮乏，而所收集的间接证据也十分有限。这使得侦查机关在调查这些犯罪案件时根据平常的侦查方法和侦查策略难以准确查明案件事实，充分收集犯罪证据并缉获相关被追诉人。由于侦查机关相对容易取得污点证人对犯罪案件事实的陈述，并且该陈述能够直接、全面地反映出犯罪行为和罪责要件等，能够提供正确的侦查方向，有助于准确查明案件事实，提高刑事案件的侦查效率，克服侦查机关在侦破相关犯罪案件时所遇到的实践瓶颈，所以侦查机关依赖污点证人的证言，而污点证人的证言也为刑事案件的全面侦破打下了坚实的基础。在刑事司法实践中，追诉机关则对污点证人作另案处理或者不再追究其刑事责任。以另案处理为例，虽然我国刑事诉讼法并未明确规定该制度，但是办案机关却在频频适用该制度。在某地区，“毒品犯罪中‘另案处理’人数虽占整个案件比例不大，但我们发现2006年、2007年全市法院共判处毒品犯罪案件94件169人，而‘另案处理’案件的却达91人，占已惩处毒品被追诉人数的53.38%”。[①] 毒品案件犯罪嫌疑人在逃人数较多，毒品案件侦破难度较大。因此，部分犯罪行为社会危害性相对较小的犯罪嫌疑人，因如实陈述相关案件情况并积极配合追诉机关的侦查活动等，而被侦查机关予以另案处理。

① 方海明、谢科可：《“另案处理”案件存在的问题与监督》，载《人民检察》2010年第17期。

第二节　我国污点证人作证现象之原因分析

一、贿赂犯罪案件的特殊性

在刑事司法实践中，贿赂犯罪案件主要呈现出以下的特点：其一，贿赂犯罪主体趋于多元化。国家工作人员往往与其他国家工作人员、非国家工作人员、其他公民等相互勾结，各得其利，共同实施犯罪。例如，国家工作人员利用职务上的便利为请托人谋取利益，要求或者接受请托人以给特定关系人安排工作为名，使特定关系人不实际工作却获取所谓薪酬的，以受贿罪论处。特定关系人是指国家工作人员的近亲属、其他共同利益关系人等（干薪型受贿）。其二，贿赂犯罪行为越发隐蔽。例如，“现在，有的受贿者在办公场所、公共场所不收贿赂，在有第三人的场合不收贿赂，在行贿者大声明示行贿时不收贿赂（怕行贿者录音），在行贿者预定的地方不收贿赂（怕行贿者录像），在可能留下自己接受贿赂的‘手尾’时不收贿赂，对行贿者不熟悉时不直接收受贿赂，等等”。① 其三，贿赂犯罪行为越发多样。例如，国家工作人员利用职务上的便利为请托人谋取利益，收受请托人房屋、汽车等物品，未变更权属或者借用他人名义办理权属变更登记（权属未变更型受贿）。又如，国家工作人员利用职务上的便利为请托人谋取利益，以委托请托人投资证券、期货或者其他委托理财的名义，未实际出资而获取收益，以受贿论处（受托理财型受贿）。其次，从罪责上来说，国家工作人员主观上具有索取或收受贿赂的意思，其已经意识到自己的行为对职务行为不可收买性造成侵害，但其对职务行为获得不正当报酬往往持希望的态度。在新型受贿中，国家工作

① 林维业：《当前受贿犯罪特点的变化及侦查对策》，载《政法学刊》2005 年第 3 期。

人员的罪责形式较多地表现为放任的态度。例如，国家工作人员利用职务上的便利，为请托人谋取利益，通过赌博方式收受请托人财物的，构成受贿（赌博型受贿）。最后，对于罪量而言，受贿数额日渐巨大。例如，原铁道部部长刘志军非法收受财物共计折合人民币6460万元；国家发展和改革委员会原副主任刘铁男利用职务之便，收受财物共计价值人民币3500万余元；原山东省副省长黄胜利用职务便利，先后多次收受单位或个人给予的财物共计折合人民币1223万余元；此外，还有中国储备粮管理总公司河南公司原董事长李长轩案、安徽省阜阳市人大常委会原副主任、太和县原县委书记刘家坤案等。① 受贿数额令人惊心，而受贿案件更使人警醒。

国家工作人员与行贿者为了避免承担被定罪量刑的法律后果，不仅订立防守同盟，而且采取非常隐蔽的犯罪手段，有时甚至以“合法形式”掩盖受贿犯罪事实。2007年最高人民法院、最高人民检察院《关于办理受贿刑事案件适用法律若干问题的意见》规定了下列变相受贿形式：交易型受贿、干股分红型受贿、合作投资型受贿、受托理财型受贿、赌博型受贿、干薪型受贿、特定关系人收受型受贿、权属未变更型受贿等。此外，受贿者和行贿者为了防止追诉机关查明贿赂犯罪案件事实，往往会毁灭证据，以暴力、威胁、贿买等方式阻止证人作证，转移赃物等。这意味着，贿赂犯罪构成要件除罪体中主体是国家工作人员，罪量需要达到一定的数额以外，办案人员对于贿赂犯罪中贿赂行为和罪责的查明难度也明显加剧。

（一）受贿行为的查明困难

正如“无行为则无犯罪”这一刑法格言所阐释的，受贿行为对于受贿犯罪成立具有决定性意义。受贿行为是指受贿者根据其主观心态所实施的侵害职务行为不可收买性的身体举止。在刑事司法实践中，由于受贿者和行贿者内在利益关系之紧密，外在贿赂行为

① 《反腐倡廉年度报告（2013）》，载《检察日报》2013年12月31日第6版。

之隐蔽、多样，使得追诉机关时常难以充分收集犯罪证据并查明相关犯罪行为。特别是在一对一的贿赂犯罪案件中，即贿赂行为发生时仅有受贿者和行贿者，追诉机关可以用于查明受贿行为的证据材料非常有限甚至严重缺乏。在此情况下，如若受贿者拒不承认自己的受贿犯罪事实，那么受贿案件的追诉活动就可能陷入僵局或停滞状态之中。如若仅有受贿者的供述，而无行贿者的证言与之相互印证，那么追诉机关对受贿案件的查明活动仍未达到案件事实清楚，证据确实、充分的程度。如若受贿者与行贿者的言词证据相互矛盾，对于受贿行为存在与否相互抵触，而该情况在刑事司法实践中也时有发生，这可能使得办案人员无法认定案件事实。由于受贿行为的查明活动存在诸多的困难，因此在受贿案件的诉讼活动中由此所导致的程序倒流问题较为明显。①

（二）罪责要件的查明困难

故意是受贿者对侵害职务行为不可收买性的行为及其结果所持的主观心态，故意属于犯罪心理的范畴。由于故意体现在受贿行为中，是受贿行为发生时受贿者的心理状态，所以办案人员应当以行为发生时为基准，并且以其客观行为为依据来判断。“在判断行为人是否具有法定的故意、过失时，必须坚持从客观到主观的顺序，而不能相反；换言之，只有在查明了客观事实的前提下，才能判断主观心理状态。在此基础上应特别注意以下几点：（1）应当以行为人实施的客观行为为基础进行判断，先判断客观行为的性质及其结果，然后考察行为人对结果的认识因素与意志因素。（2）应当以行为的相关因素为参考进行判断。（3）不能简单地用效果逆推动机。……”② 可是，正如上文所述，在刑事司法实践中查明受贿案件事实往往存在着严重的困难，这在很大程度上制约或阻碍着罪

① 阮堂辉、王晖：《“孤证”或证据“一对一”的困境及其出路破解》，载《湖北社会科学》2008 年第 5 期。

② 张明楷：《刑法学》，法律出版社 2011 年版，第 231-232 页；张明楷：《案件事实的认定方法》，载《法学杂志》2006 年第 3 期。

责要件的查明。此外，罪责要件属于受贿者主观心理状态，被追诉人的供述在一定程度上能够直接揭示其受贿时的意志，但是受贿案件被追诉人经常会否认乃至拒绝供述相关案件情况。因此，如何查明受贿犯罪罪责要件已经成为令办案人员颇为困惑和头痛的问题。

(三) 巨额财产来源不明罪的规定对查明受贿犯罪构成要件实践性障碍之反映

追诉机关在调查受贿犯罪案件的过程中，有时仅能查明国家工作人员财产明显超过其合法收入且差额巨大，所收集的案件相关实物证据极为有限。对于言词证据而言，当有关机关责令国家工作人员说明财产来源时，国家工作人员拒不说明或无法说明其来源，追诉机关难以取得这些案件的言词证据。也就是说，追诉机关未能准确查明受贿犯罪案件事实，也未能充分收集相关犯罪证据。此时，国家仍然对国家工作人员予以谴责，对其犯罪行为作出否定性评价。追诉机关仍然可以依据既有证据，以巨额财产来源不明罪来实现国家刑罚权并预防犯罪。1988 年第六届全国人大常委会第二十四次会议通过的《关于惩治贪污罪贿赂罪的补充规定中》最早规定了巨额财产来源不明罪[①]。1997 年刑法修订时，巨额财产来源不明罪被纳入《刑法》第 395 条。2009 年《刑法修正案（七）》对该罪进行了修正[②]。受贿犯罪构成要件的查明困难早已成为追诉机关无法回避但又无法完全解决的现实性难题。“在现实生活中，有些国家工作人员通过贪污、贿赂等犯罪手段聚敛大量财富，其拥有的财产远远高于其正常收入，但由于其作案手段狡猾、隐蔽，难以

① 具体规定为：“国家工作人员的财产或者支出明显超过合法收入，差额巨大的，可以责令说明来源。本人不能说明其来源是合法的，差额部分以非法所得论，处五年以下有期徒刑或者拘役，并处或者单处没收其财产的差额部分。”

② 《刑法》第 395 条第 1 款规定：“国家工作人员的财产、支出明显超过合法收入，差额巨大的，可以责令该国家工作人说明来源，不能说明来源的，差额部分以非法所得论，处五年以下有期徒刑或者拘役；差额特别巨大的，处五年以上十年以下有期徒刑。财产的差额部分予以追缴。”

获得其犯罪的证据，从而逃避了法律的制裁。为了有效地同腐败犯罪作斗争，在有证据表明国家工作人员拥有与其收入不相符合的数额巨大的财产，或者与其收入水平明显不相称的巨额财产支出时，有关部门可以要求其说明巨额财产或巨额支出的来源。如果国家工作人员拒不提供，或者无法提供合理证明的，对国家工作人员无法说明的差额财产部分，就依法推定其为非法所得，依据本条定罪处罚，并对财产的差额部分予以追缴。"① 巨额财产来源不明罪的规定，实属追诉机关无法查明国家工作人员犯罪案件事实的现实表现和无奈之举。在刑事司法实践中，追诉机关除了能相对轻松地查明国家工作人员的身份及其所拥有的巨额财产以外，还时常在受贿犯罪行为及其罪责要件的查明活动中遇到难以逾越之障碍。因而，巨额财产来源不明罪也就成为受贿犯罪等的重要补充。

二、有组织犯罪等严重共同犯罪案件的特殊性

当前我国有组织犯罪等严重共同犯罪案件的特点主要有：其一，从总体形势上而言，犯罪案件数量呈大幅上升趋势，并且其社会影响越发严重。有组织犯罪等严重共同犯罪案件从沿海经济发达地区和少数民族自治区向内陆区域蔓延。其二，从已侦破的犯罪案件情况来看，犯罪组织内部等级、管理严密，犯罪手段、条件科技成分提高，犯罪具有职业化与长期性等特征。虽然有组织犯罪等严重共同犯罪的犯罪成员能力、组织内容及犯罪行为等与境外的犯罪案件相比还有一定的距离，但是严重共同犯罪仍有可能造成极端的危害后果。其三，有组织犯罪等严重共同犯罪中，犯罪组织为了长期存续和以犯罪为常业，往往建立了公开、半公开或隐蔽的机构或窝点，并以一定的合法职业为掩护。境内一些犯罪组织仿效境外犯罪组织，以公司、企业等之名来发展壮大犯罪组织。其四，有组织犯罪等严重共同犯罪可能在一定区域或者行业范围内，以暴力、威

① 郎胜：《中华人民共和国刑法释义》，法律出版社 2011 年版，第 670 页。

胁、滋扰等手段，大肆进行敲诈勒索、欺行霸市、聚众斗殴、寻衅滋事、故意伤害等违法犯罪活动，严重破坏经济、社会生活秩序。其五，犯罪组织之间经常相互勾结和相互利用，以攫取物质财富和经济利益等。犯罪组织在巩固组织和势力的同时，沆瀣一气，共同实施更为严重的犯罪活动。其六，有组织犯罪等严重共同犯罪通常有严密的犯罪行动计划和反侦查策略，犯罪活动非常隐蔽，犯罪各环节及突发情形的出现可能有周密的安排和应对方案。

毒品犯罪、暴恐犯罪、有组织犯罪等严重共同犯罪案件的发生，在给公共利益带来巨大危害的同时，也对刑事诉讼活动的公正、有效进行造成了极大的困扰。换言之，侦查机关往往难以通过常规的途径或手段来查明案件事实真相，或者检察机关因证据不足无法将被追诉人构成犯罪证明达到法定的证明标准，或者法院将判决被告人无罪，从而无法实现预防犯罪之目的。由于污点证人作证或者提供案件相关信息对于追诉机关准确查明其他被追诉人的犯罪事实必不可少，成为追诉机关充分收集犯罪证据和及时缉获其他被追诉人的必要途径，而其他被追诉人犯罪案件的社会危害性明显高于污点证人已案的社会危害性，所以出于维护公共利益之考虑，追诉机关要求污点证人如实陈述相关案件事实。污点证人作证成为追诉机关查明案件事实，甚至避免犯罪危害后果实际发生的有效手段。此外，在法治社会，公正是刑事诉讼的目标与动力，更是刑事诉讼的生命和灵魂。而基于人权保障和司法资源优化配置等多方面考虑，刑事诉讼也必须重视效率。当前世界各国均面临司法资源有限而刑事案件数量激增的困扰，所以不得不考虑采取一些提高诉讼效率的特别之举。污点证人作证在保障诉讼公正的前提下加速了刑事诉讼进程，提高了诉讼效率。污点证人作证是多方面诉讼价值的均衡实现。

第三节　我国污点证人作证面对的问题与机遇

在美国，刑事诉讼活动与宪法联系非常紧密。刑事诉讼中被追诉人等诉讼参与人所享有的权利被提高到宪法性权利的高度予以保障和维护。虽然美国权利法案颁行已有两个多世纪，但是其仍然在与时俱进。联邦最高法院通过判决、解释等，逐渐发展并完善公民基本权利的具体内涵及其在司法实践中的具体适用等。回溯历史，19 世纪中期美国立法之所以确立证人豁免制度，而司法实践之所以在彷徨和质疑中逐渐接受该制度，在很大程度上是因为证人豁免制度是宪法第五修正案所规定的不得强迫自证其罪特免权历史发展过程中的必然产物。证人豁免制度是被理性发展的经验，同时也是被经验所验证的理性。证人豁免制度的灵魂是对公共利益的积极的、理性的维护：该制度试图通过合理且严谨的制度设计来排除豁免过程中的非理性因素，积极查明案件事实、充分收集犯罪证据并准确缉获犯罪嫌疑人，在保障公民享有不得强迫自证其罪权利的同时，避免国家权力之肆意。证人豁免制度最根本的精神是对公民自由和权利的尊重。证人豁免制度萌芽的前提是国家专门机关和污点证人之间法律地位的平等。就美国联邦立法而言，证人豁免制度历经不得强迫任何人自证其罪特免权的绝对保障到交易性豁免，再到以使用豁免为主的过程。就美国司法实践而言，证人豁免制度经历了从控方证人豁免到辩方证人豁免的发展历程。证人豁免制度的百年变迁也反映出为积极探求犯罪案件事实真相，证人豁免制度该如何与不得强迫自证其罪特免权适度平衡，各种利益该如何协调的动态发展过程。为了避免不得强迫自证其罪特免权在美国刑事司法实践中长期陷于不安的状态、公民的合法权利不断暴露于被侵犯的现实危险之中，尽管证人豁免制度并未尽善尽美，但是该制度仍被美国立法和司法实践所认可。证人豁免制度是以美国司法实践中的现实问题为导向的理性设计，其并不是出于上帝的启示或属于自然法的摹本，而是理想与现实相妥协的产物。换言之，证人豁免制度立足于现实问题并服务于美国司法实践，这恰恰构成了证人豁免制度生命力的重要源泉。

过去我国刑事司法实践中出现的类似于证人豁免制度的做法缺少该制度背后的基本精神，缺少对追诉机关行使国家权力的监督和制约。我国污点证人作证过于强调污点证人对追诉机关打击犯罪、查明犯罪案件事实的益处和助力，而未重视对污点证人不再主张不得强迫自证其罪权利予以等效保障。

一、缺乏明确的法律依据

我国现行刑事诉讼法并未对污点证人制度作出明确的规定。而在西方国家，由于不得强迫自证其罪特免权的普遍确立，所以其可能对追诉机关准确查明案件事实、充分收集犯罪证据以及缉获重要的被追诉人等造成难以逾越的障碍。为了公正、有效地追诉犯罪，惩罚罪行更为严重的被追诉人，污点证人作证或者提供案件相关信息对此至关重要且必不可少，因而西方各国纷纷颁布了污点证人制度。比如，《英国1981年最高法院法》（*Supreme Court Acta* 1981）第72条第3款、第4款规定：证人根据法律规定或依据法院命令所作陈述或者自认，不得在追究关联犯罪过程中用作不利于该证人或其配偶的证据，但证人作伪证或藐视法庭可以不受此限。[①]《澳大利亚证据法》第128条第7款规定："在澳大利亚法院进行的任何形式的诉讼中，不得用下列证据来指控提供证据的人：（a）根据本条之规定被授予证明书的人所提供的证据；以及（b）由于提供该证据而直接派生或间接派生的任何信息、书证或者物证。然而，对证人伪证的诉讼不受上述规定的限制。"[②] 我国香港地区

---

① Supreme Court Acta 1981，http://www.legislation.gov.uk/ukpga/1981/54/contents/enacted，2015年3月29日访问。

② 何家弘、张卫平：《外国证据法选译》，人民法院出版社2000年版，第266页。

《香港检控守则》规定:"11.3 在某些特殊情况下,控方可豁免检控证人。在决定是否豁免检控和权衡利害的过程中,会深受下列因素影响:a. 证人可作证供的性质,以及该等证供对案件检控的重要程度;b. 证人的背景记录;c. 证人予人感觉的可信程度(包括是否全面披露所知的事实和事情),以及有否任何可察觉隐瞒部分真相的动机(包括收取、获承诺或期望可得到利益);d. 证人在检控罪行中参与的程度(一般应低于被检控犯罪者的参与程度);e. 是否有任何支持证据。"① 立法机关对污点证人制度作出明确规定,在一定程度上增强追诉机关惩治犯罪力量的同时,也对追诉机关的权力进行理性的限制,以及对被追诉人的权利进行充分的保障。正如前文所述,在我国刑事司法实践中也出现了类似于污点证人制度的做法。一方面,这种做法的合法性招致社会公众和舆论媒体的广泛质疑。被追诉人有规避法律惩处之嫌,而追诉机关有放纵犯罪之疑。另一方面,这种做法因于法无据而存在混乱和肆意的实践局面。追诉机关权力所受约束和规制弱化,污点证人不再主张不得强迫自证其罪权利而如实陈述相关案件事实,却并未获得相应的保障。

二、不得强迫自证其罪原则面临的实践障碍

污点证人制度建构的前提是不得强迫自证其罪原则的普遍、充分确立。一般而言,不得强迫自证其罪原则赋予了所有公民对抗国家专门机关的权利和发表言论的自由。不得强迫自证其罪原则对追诉机关收集公民自证其罪的陈述和法院审查这些陈述规定了最基本的要求。追诉机关不得使用任何非人道或有损人格尊严的身体性强制和精神性强制等方式,强迫公民就相关案件事实作出自证其罪的陈述。对于追诉机关采用违背公民内心真实意愿的方式所收集的于

① 《香港检控守则》,http://www.doj.gov.hk/chi/public/pubsoppapcon.html,2015年3月29日访问。

己不利的陈述，法院不得以此作为定罪量刑的根据。公民不仅没有义务向追诉机关提供可能自证其罪的陈述和其他证据，而且有权拒绝回答办案人员的讯问或者在讯问中保持沉默。办案人员应当及时告知公民享有该权利，并且不得因公民拒绝陈述或保持沉默而作出对其不利的推断。公民基于其内心真实意愿并在意识到其行为后果的情况下，可以作出自证其罪的陈述。虽然在刑事诉讼中不得强迫自证其罪原则适用于参与诉讼活动的所有自然人，但是该原则旨在保护的主要对象则是被追诉人和证人。对于追诉机关而言，不得强迫自证其罪原则构成一项约束性规则。对于法院而言，不得强迫自证其罪原则构成一项注意性规则。由于不得强迫自证其罪原则赋予公民不受强迫的权利和陈述与否的选择权利，所以对于被追诉人和证人而言，其构成权利性规则。

虽然2012年《刑事诉讼法》规定了“不得强迫任何人证实自己有罪”，但是该原则在我国刑事诉讼活动中尚未得到全面、充分的实现。不得强迫自证其罪原则可能遇到以下几个方面的现实阻力。

第一，2012年《刑事诉讼法》将“不得强迫任何人证实自己有罪”规定于第五章“证据”部分第50条之中，而未规定于第一章“任务和基本原则”之中。不得强迫自证其罪原则在刑事诉讼立法中规定位置的偏离，在一定程度上影响了国家专门机关讯问被追诉人时所秉持的理念和所采用的策略，以及被追诉人在与追诉机关实际对抗时的地位和效度。而且，我国《刑事诉讼法》所规定的“不得强迫任何人证实自己有罪”，相较于西方国家的不得强迫自证其罪特免权，联合国《公民权利和政治权利国际公约》中“不被强迫作出于己不利的证言”等，内涵及适用范围相对较窄，在刑事司法实践中不利于对个人权利进行充分、有效的保障。此外，在美国，沉默权是在不得强迫自证其罪特免权历史发展过程中所衍生出来的一项非常重要的公民权利，并且沉默权也是不得强迫自证其罪原则的应有之义。沉默权不仅为西方法治发达国家所明确规定，而且也为许多国际公约、法律文件所认可，如《国际刑事法院罗马规约》、《联合国少年司法最低限度标准规则（北京规则）》等等。过去我国理论界和实务界对不得强迫自证其罪原则与沉默权之间的关系存在争议，而且追诉机关对于沉默权的确立将严重影响甚至阻碍追诉机关的办案质量和效率存有隐忧，考虑到国外一些国家也对沉默权问题进行了限缩性规定或解释，所以 2012 年《刑事诉讼法》并未直接规定沉默权。沉默权在《刑事诉讼法》中的缺失，可能使得被追诉人处于不利的诉讼地位，难以与追诉机关相抗衡。"不得强迫任何人证实自己有罪"之规定恐怕难以在刑事司法实践中得以真正有效的贯彻执行。

第二，刑事诉讼法至今仍保留有犯罪嫌疑人的"如实回答"义务，"犯罪嫌疑人对侦查人员的提问，应当如实回答"。全国人大法工委郎胜副主任曾指出："刑法规定，如果嫌疑人如实交代罪行，可从宽处理。刑事诉讼法作为一部程序法，要落实这个规定。它要求犯罪嫌疑人如果要回答问题，就应当如实回答，如实回答会得到从宽处理。这是从两个角度来规定的，并不矛盾。"① 尽管理应如此，但是刑事司法实践往往遵从"犯罪嫌疑人对于侦查人员提出的问题应当如实回答，既不能夸大，也不能缩小；既不能隐瞒，也不能无中生有，或者避重就轻"。② 毫无疑问，在起诉阶段、审判阶段，被追诉人对检察人员、审判人员的讯问也应当如实回答。有罪的被追诉人应当如实供述犯罪事实，无罪的被追诉人应当如实陈述自己的无罪理由，以使得追诉机关准确、及时地查明犯罪案件事实，正确处理案件。在刑事司法实践中，"如实回答"义务可能与"不得强迫任何人证实自己有罪"之规定相互抵触。"如实回答"义务使得犯罪嫌疑人在面对侦查人员的讯问时，实际上负

① http://news.eastday.com/c/2012lh/u1a6414578.html，2015 年 3 月 12 日访问。

② 全国人大常委会法制工作委员会刑法室：《关于修改中华人民共和国刑事诉讼法的决定——条文说明、立法理由及相关规定》，北京大学出版社 2012 年版，第 153 页。

有自证其罪的义务。具体而言，“如实回答”义务意味着犯罪嫌疑人应当回答讯问，而不得保持沉默或者拒绝回答讯问，并且犯罪嫌疑人应当如实回答讯问，而不得就相关案件事实情况的讯问向办案人员作出虚假陈述。“如实回答”义务使得办案人员在获得犯罪嫌疑人、被告人陈述时几乎没有什么法律上的障碍，而且“如实回答”义务使得被追诉人不得不配合追诉机关的追诉活动。“在我国司法实践中，犯罪嫌疑人在侦查阶段拒不‘如实回答’提问的，会带来以下不利后果：一是犯罪嫌疑人始终保持沉默或者反复翻供的，侦查人员完全可以‘案件侦查困难’为由，反复延长未决羁押期限，使犯罪嫌疑人受到长时间羁押；二是犯罪嫌疑人失去了供述的自主性和自愿性，不得不提供足以自证其罪的言词证据；三是犯罪嫌疑人拒不如实回答的，侦查人员为了获取有罪供述，会对犯罪嫌疑人连续不断地进行预审讯问。”①

第三，根据《看守所条例》第5条之规定，“看守所以县级以上的行政区域为单位设置，由本级公安机关管辖”，公安机关在对犯罪案件进行侦查的同时，还有权对被羁押的犯罪嫌疑人进行监管。看守所处于公安机关的管控之下，这为公安机关侦破刑事案件提供了便利和有效助力。而《看守所条例》第2条规定：“看守所是羁押依法被逮捕、刑事拘留的人犯的机关。被判处有期徒刑一年以下，或者徒刑在一年以下，不便送往劳动改造场所执行的罪犯，也可以由看守所监管。”第3条规定：“看守所的任务是依据国家法律对被羁押的人犯实行武装警戒看守，保障安全，对人犯进行教育；管理人犯的生活和卫生，保障侦查、起诉和审判工作的顺利进行。”从上述规定可以看出，在应然层面上，看守所的主要职能是对被依法拘留、逮捕的被追诉人进行羁押、监管，切实、充分地保障被追诉人的权利，并监督、规范办案机关的权力，避免国家权力

① 陈瑞华、黄永、褚福民：《法律程序改革的突破与限度》，中国法制出版社2012年版，第62页。

特别是侦查权力肆意或滥用。看守所的辅助职能是监管已决罪犯，即看守所拥有刑罚执行职能。[①] 然而，在实然层面上，看守所不仅因历史原因和现实需要承担一定的侦查职能，而且看守所可能将生效裁判对已决罪犯所确定和适用的预防犯罪措施适用于未决人员。已决罪犯可能未承受应有的惩罚并得到矫正和教育，而未决人员却受到了不应有的影响和改造。看守所的职能定位与监狱相混淆。因此，在押的被追诉人的合法权利可能无法得到必要的保障。当其受到违法侵害时，也无法得到及时且有效的救济。

第四，由于侦查机关主导整个侦查程序，所以侦查人员在讯问中拥有较大的权力。虽然刑事诉讼法明确规定严禁刑讯逼供和以其他非法方法收集证据，立法对讯问方法的限制以保障犯罪嫌疑人陈述自愿性为基本精神，但是立法对讯问方法的限制几乎取决于侦查人员的职业素养，侦查人员在讯问过程中受到的约束很少，而犯罪嫌疑人在讯问过程中处于被动、受支配的地位。过去我国刑事诉讼活动过分倚重犯罪嫌疑人、被告人的供述。犯罪嫌疑人几乎沦为查明案件事实的工具。“侦查人员在掌握一定犯罪线索以后，立即讯问犯罪嫌疑人，然后，再以犯罪嫌疑人的供述为线索收集其他证据。如果收集的其他证据与犯罪嫌疑人的口供有出入，就继续讯问犯罪嫌疑人。整个刑事侦查活动基本上都是围绕犯罪嫌疑人的口供来进行的。”[②] 而且，过去在我国刑事司法实践中还偶尔出现刑讯逼供的现象，获得犯罪嫌疑人的陈述甚至成为讯问的唯一目的。公安司法机关对口供的依赖性很强，公安机关侧重于取得犯罪嫌疑人的供述，而检察机关和审判机关侧重于将供述与其他证据相互印证。此外，尽管犯罪嫌疑人“对与本案无关的问题，有拒绝回答的权利”，但该项权利几乎不具有可操作性。如果犯罪嫌疑人对讯问行为本身的合法性提出质疑，或者侦查人员与犯罪嫌疑人就讯问

① 顾永忠：《论看守所职能的重新定位》，载《当代法学》2013 年第 4 期。

② 陈光中：《刑事诉讼法实施问题研究》，中国法制出版社 2000 年版，第 101 页。

内容发生争议，事后除由侦查人员制作的讯问笔录和可能的录音或者录像有所记录以外，缺少能够查清讯问过程的方法。更为重要的是，不少追诉人员认为强迫被追诉人自证其罪有利于查明案件事实真相，有助于充分收集犯罪证据，从而提高诉讼效率，及时打击犯罪，实现国家刑罚权。特别是在当前犯罪案件数量不断增加，犯罪手段和犯罪技术不断发展和更新，而司法资源又相对紧缺的情况下，由此所带来的侦破犯罪案件的压力和难度与以往相比明显升高。例如，“从上个世纪50年代到80年代末，全国（大陆）每年刑事案件发案数一直稳定在50万~100万起之间，案件起伏较为平稳。但从1988年起，刑事案件急剧上升，2007年已上升至474.6万，逼近500万起（这还不包括大量的治安案件和其他类型的案件），案件整整翻了5~10倍。”① 强迫被追诉人自证其罪不仅未给追诉人员带来心理上和道德上的严重负担，而且司法实践和社会舆论也对追诉人员的违法行为持有较为宽容的态度。

第五，一般而言，追诉机关违反不得强迫自证其罪原则和宪法中其他关于公民基本权利保障之规定所取得的证据属于非法证据，法院不得以此作为定罪量刑的根据而应当予以排除。非法证据排除规则可以分为非法言词证据排除规则和非法实物证据排除规则，两者的区别主要在于排除对象所属的证据分类不同。非法言词证据排除规则能够规制国家专门机关的权力恣意，抑制办案人员违法讯问的冲动，落实被追诉人所享有的不得强迫自证其罪等相关权利。更为重要的是其乃为权利受到侵害的被追诉人提供权利救济的渠道。而非法实物证据排除规则与刑事诉讼的过程和结果也存在着密切的联系，有助于司法公正的实现和司法权威的确立。2012年《刑事诉讼法》吸收了2010年“两高三部”《非法证据排除规则》等相关内容，正式规定了非法证据排除规则。这对于不得强迫自证其罪

① 郑震：《犯罪压力下的警力资源不足之探讨》，载《中国人民公安大学学报》2008年第1期。

原则而言具有非常重要的意义，并且这也是程序法治理念得到弘扬的重要表现。不过，当前非法证据排除规则的准确适用亟须对其进行规范分析与解释工作。非法证据排除规则适用程序仍然存有不少可以改善之处。这些内在缺陷，加上外在司法实践中适用的非理性等，都在一定程度上影响着不得强迫自证其罪原则真正的实现。

污点证人制度是在不得强迫自证其罪原则的基础上对国家专门机关所进行的积极约束。刑事诉讼活动并非国家对被追诉人发动的一场不择手段的战争，国家权力必须在法律的疆界内行使。为了实现治罪之目的，并且为了尊重公民所享有的不得强迫自证其罪的权利，在刑事诉讼中国家专门机关必须依法行使权力。污点证人制度的适用过程是在尊重并保障公民不得强迫自证其罪权利的基础上对国家权力进行合理约束的过程，而污点证人制度的适用结果是在实现诉讼公正、效率等目标下个人权利对国家权力予以让步的结果。在我国刑事诉讼活动中，污点证人因具有犯罪事实而被追诉机关当作被追诉人来对待，而被追诉人实际上对相关案件事实承担着如实回答的义务。不得强迫自证其罪原则的现实状况与理想愿景相比，仍存有一定的差距。

三、无法给予污点证人以等效保障的另案处理制度和酌定不起诉制度

（一）另案处理制度

根据学者考证，“另案处理最初是用于解决共同犯罪中同案犯在逃，无法在犯罪嫌疑人、被告人悉数到案的情况下全案起诉、全案审判的问题”。[①] 所谓另案处理，实际上是指在共同犯罪案件中侦查机关以分案的方式，另行立案追究部分犯罪嫌疑人刑事责任的制度。另案处理的适用情形可以归结为以下几种：其一，部分犯罪

① 董坤：《论刑事诉讼中“另案处理”规范功能的异化与回归》，载《法学论坛》2013 年第 1 期。

嫌疑人因无法及时参与诉讼而以另案处理。为了避免诉讼活动发生不必要的拖延而有损于诉讼公正、侵犯人权以及造成司法资源浪费等，侦查机关对共同犯罪中部分无法及时进行诉讼的犯罪嫌疑人予以另案处理。具体而言，部分犯罪嫌疑人因在逃而未能及时将其缉获归案，侦查机关对这些犯罪嫌疑人作出另案处理；部分犯罪嫌疑人因犯罪案件事实不清、犯罪证据不足，侦查机关对其作出另案处理；部分犯罪嫌疑人因患有严重疾病、未成年等原因而无法正常参与诉讼，侦查机关对其作出另案处理；等等。其二，部分犯罪嫌疑人因犯罪案件管辖之需而以另案处理。例如，在共同犯罪中部分犯罪嫌疑人因跨地域犯罪等，不适合在当前的诉讼活动中一并追究其刑事责任，而将这些犯罪嫌疑人移送至其他有管辖权的机关另案处理。其三，部分犯罪嫌疑人因犯罪行为相对轻微，其如实陈述相关犯罪案件情况并积极配合侦查机关的侦查活动等，而对其作出另案处理。

尽管另案处理对于刑事诉讼活动的重要性是不言而喻的，但是公正另案处理的实现又是异常坎坷的，一方面另案处理法律规定的不健全，使得另案处理本身具有不确定性；另一方面在刑事司法实践中犯罪案件往往繁复、多样，而由于缺乏制约和监督使得另案处理的实现必然面临着不确定性。刑事司法实践已经多次证明，另案处理的理想与现实有时存在着某种程度的隔阂，另案处理实际上使得刑事诉讼活动产生了诸多不确定因素。

第一，另案处理法律规定的不健全。现代刑事诉讼强调国家权力行使的合法性与合理性，主张国家权力的行使应当以对公民权利进行充分且完善的保障为宗旨和依归。为了防止国家权力的扩张和肆意给公民权利造成妨害，国家权力只能在法律规定的范围内运行。另案处理作为侦查机关处理犯罪案件的方式，理应根据刑事诉讼法和相关司法解释对其所作的规定来施行。然而，另案处理规范的缺失致使另案处理在司法实践中具有较大的随意性。侦查机关在对部分犯罪嫌疑人作出另案处理时，通常基于侦查经验和侦查便利。由于侦查人员之间侦查能力、侦查素养等个人因素上的差异，不同的侦查人员往往会对犯罪案件产生不同的认识和理解，从而使犯罪案件另案处理与否的决定稍显混沌并带有主体性观念。

第二，另案处理实践运行的无序。其一，在刑事司法实践中，侦查机关在对犯罪嫌疑人作出另案处理以后，可能“另案不理”该犯罪案件。侦查机关或以此非正当地分流、过滤部分犯罪案件，侦查机关或将未侦查终结的另案处理案件拖延、冷却处理。这又可以细分为以下两种情形：一种是部分侦查机关由于侦查能力、侦查技术和侦查条件等客观因素，无法准确查明犯罪案件事实，充分收集犯罪证据，因而将另案处理案件久拖不决；另一种是少数侦查人员因为主观因素不重视、不积极展开对另案处理案件的侦查工作，由此造成犯罪案件并未侦破、久拖无果之局面。例如，“公安机关对‘另案处理’人员犯罪证据的收集重视不足。实践中，只要部分犯罪嫌疑人归案，公安机关即可认为案件告破，所以往往忽视对在逃人员等‘另案处理’人员涉嫌犯罪的证据收集工作，导致‘另案处理’人员到案后，侦查取证可能因为时过境迁而无法获取有力证据”。[①] 其二，虽然一些侦查机关对另案处理案件进行侦查取证，但是由于另案处理无法所循，所以造成刑事司法实践中另案随意处理的混乱状况。例如，在某地区，“经调查发现，侦查机关对无另案处理必要的犯罪嫌疑人作出另案处理的案件占督查案件的29.70%。其中包括以下几种情况：将不构成犯罪者作另案处理；将已作治安行政处罚者作为另案处理；将已判刑的罪犯作为另案处理；人为分案，即为了满足上级机关对查办犯罪案件数量的考核要求，对应一并处理的案件人为地进行拆分，增加案件侦破数量等。侦查机关还将应当追究刑事责任的犯罪嫌疑人作出另案处理”。[②]

---

① 刘莉芬、熊红文：《规范另案处理、强化侦查监督》，载《人民检察》2007年第24期。

② 方海明、谢科可：《“另案处理”案件存在的问题与监督》，载《人民检察》2010年第17期。

其三，2012年《刑事诉讼法》第151条规定："为了查明案情，在必要的时候，经公安机关负责人决定，可以由有关人员隐匿其身份实施侦查。"秘密侦查是侦查人员通过卧底等方式收集犯罪证据、缉获犯罪嫌疑人的侦查措施。第152条规定："依照本节规定采取侦查措施收集的材料在刑事诉讼中可以作为证据使用。如果使用该证据可能危及有关人员的人身安全，或者可能产生其他严重后果的，应当采取不暴露有关人员身份、技术方法等保护措施，必要的时候，可以由审判人员在庭外对证据进行核实。"秘密侦查所获得证据的使用可能导致秘密侦查人员的身份和技术方法等泄露，为此，侦查机关可能以另案处理的方式来掩盖相关人员的身份等。其四，侦查机关对另案处理的相关案卷材料编制、管理不规范。例如，"已作治安处罚的证明材料未附卷；不重视追逃工作信息移交；侦查情况不说明；甚至丢失案卷卷宗"。①

第三，另案处理法律监督的不力。其一，侦查机关享有广泛的权力，其在刑事诉讼活动中缺乏真正有效的制约机制。另案处理由侦查机关自行决定，自行执行。检察机关对另案处理进行监督的滞后性和被动性，往往导致其难以有效地预防和及时地纠正违法行为。由于侦查机关作出的另案处理决定往往涉及公民最基本的权利，随着另案处理在刑事司法实践中适用的逐渐扩大，另案处理过程中出现了更多的滥用和恣意情形。这使得犯罪嫌疑人的合法权益更容易受到不法侵害，抑或是犯罪嫌疑人经另案处理后逃避法律制裁。其二，侦查活动的任务主要是为起诉作准备，为了提高侦查的质量和效率，进而为起诉奠定良好的基础，侦查机关应当接受检察机关的指导和建议。我国检察机关通常不参与侦查机关的侦查活动，也就是说，检察机关实际上与犯罪案件的侦查活动相分离，这使得检察机关难以从起诉的角度对犯罪案件另案处理进行指导，这

① 方海明、谢科可：《"另案处理"案件存在的问题与监督》，载《人民检察》2010年第17期。

在一定程度上影响侦查机关另案处理决定的正确性。其三，检察机关在审查起诉时主要审查侦查机关侦查终结后移送的案卷材料和讯问犯罪嫌疑人等。而对于尚未移送相关材料的另案处理犯罪嫌疑人，检察机关则无法查知另案处理的具体案情、适用理由和后续情况等。这不仅可能使得另案处理的侦查结果无从保证，检察机关难以对其进行有效的法律监督，而且可能影响检察机关对犯罪案件的整体认识和准确评判。

（二）酌定不起诉制度

1996 年《刑事诉讼法》的修订，在废止免予起诉制度的同时，还确立了酌定不起诉制度。在审查起诉阶段检察机关对于犯罪情节轻微，依照刑法规定不需要判处刑罚或者免除刑罚的案件，可以作出不起诉决定。也就是说，检察机关对于符合酌定不起诉适用条件的案件，享有起诉与否的自由裁量权。检察机关有权通过酌定不起诉终结案件的诉讼程序。酌定不起诉体现了宽严相济的刑事政策。该制度旨在以非刑罚化方式改造被追诉人，使其顺利回归社会并预防犯罪之发生。而且，酌定不起诉制度还意图通过程序分流来合理配置司法资源并提高诉讼效率。然而，在刑事司法实践中酌定不起诉制度的适用率式微，检察机关对该制度持审慎且拘谨的态度。从检察机关适用酌定不起诉制度的宏观情况来说，“从全国近几年平均水平来看，检察机关对于普通刑事案件所作出的不起诉决定呈现出略微提升的趋势，占到了全部移送审查起诉案件的 2.5%左右，其中酌定不起诉占到了 1.4%左右”。① 从微观角度来看，“2006 年某市检察机关受理案件 4650 件，不起诉案件 10 件，其中酌定不起诉案件 8 件，酌定不起诉案件占受理案件比例 0.18%；2007 年该检察机关受理案件 4890 件，不起诉案件 21 件，其中酌定不起诉案

① 赵鹏：《酌定不起诉之现状考察及完善思考》，载《法学》2011 年第 9 期。

件 14 件，酌定不起诉案件占受理案件比例 0.29%”。[①] 由此可见，酌定不起诉制度的全国整体适用率和个别地方适用率皆表现出非常低的态势。酌定不起诉制度有被虚置之嫌。需要注意的是，检察机关对自侦案件适用酌定不起诉的比率却相对高于司法实践中酌定不起诉的普遍使用率。例如，“某地近三年刑事案件酌定不起诉率在 1%至 1.2%，检察机关直接受理侦查的案件酌定不起诉率在 7%至 9%”。[②] 又如，“2005 年至 2007 年某市检察机关对公安机关移送起诉案件的不起诉率仅为 2%，但是检察机关自侦案件的不起诉率则高达 15.3%”。[③] 实践数据表明，检察机关在自侦案件中为了准确查明犯罪案件事实，充分收集犯罪证据，对那些积极且如实陈述相关案件事实的被追诉人作出酌定不起诉的比率相对较高。

酌定不起诉制度本身能够在一定程度上缓解实践压力并满足实践需求。不过，酌定不起诉制度可能并未实现立法之初衷、发挥应有之功效。在刑事司法实践中酌定不起诉制度的适用率相当低。酌定不起诉制度本身实际上存在着一定的问题。

第一，酌定不起诉适用条件的理解性偏差。2012 年《刑事诉讼法》第 173 条并未对 1996 年《刑事诉讼法》第 142 条中所规定的酌定不起诉制度作出任何修订，即“对于犯罪情节轻微，依照刑法规定不需要判处刑罚或者免除刑罚的，人民检察院可以作出不起诉决定”。“犯罪情节轻微”意味着无论任何犯罪行为，只要其情节轻微，都属于酌定不起诉的适用范围。而“依照刑法规定不需要判处刑罚或者免除刑罚”包括《刑法》第 37 条规定的酌定免

① 李建玲：《酌定不起诉制度适用考察》，载《国家检察官学院学报》2009 年第 4 期。

② 李开球：《论酌定不起诉裁量权的运用与完善》，载《中国检察官》2007 年第 8 期。

③ 黄超等：《刑事从宽的实证分析》，载《中国刑事法杂志》2008 年第 10 期。

除刑罚的范畴，以及刑法其他条文规定的法定免除刑罚的诸种情形。[①] 酌定不起诉本应作此理解，但是检察人员的理解并不统一，从而适用也有所差异。多数检察人员或者自行将酌定不起诉限制于犯罪情节显著轻微的案件，或者其主观排斥性地认定刑法所规定不需要判处刑罚或者免除刑罚的条文非常有限，等等。理解性偏差致使检察人员人为地对酌定不起诉附加了更为严格的适用条件，不合理地限缩了酌定不起诉的适用场域。

第二，酌定不起诉的程序性控制。修订后的《人民检察院刑事诉讼规则》第 406 条规定：“人民检察院对于犯罪情节轻微，依照刑法规定不需要判处刑罚或者免除刑罚的，经检察长或者检察委员会决定，可以作出不起诉决定。”第 407 条新增规定：“省级以下人民检察院办理直接受理立案侦查的案件，拟作不起诉决定的，应当报请上一级人民检察院批准。”为了防止检察机关酌定不起诉裁量权被滥用，该规则对检察机关适用酌定不起诉的程序进行规范和控制。在刑事司法实践中，如若承办犯罪案件的检察人员认为案件符合酌定不起诉的适用条件，那么其应当报请公诉部门负责人。如若公诉部门负责人同意承办检察人员的意见，则再将案件报请分管副检察长，终而交由检察长或者检察委员会。对于检察机关自侦案件作出酌定不起诉决定，还应当报请上一级检察机关。然而，检察机关适用酌定不起诉所须遵循的内部程序之繁冗，在一定程度上促使检察人员对本可以作出酌定不起诉的案件却不作分流处理。刑事诉讼法设置酌定不起诉制度的本意在于，将不具有起诉到法院进行审判之必要的刑事案件及时终止其诉讼程序，使有限的司法资源能够满足刑事案件大量增加且疑难、重大、复杂案件不断涌现的实践需要。酌定不起诉的程序性控制可能使得合理配置司法资源、充分提高诉讼效率之目标难以实现。此外，虽然检察机关试图通过程

① 顾永忠：《关于酌定不起诉条件的理解与思考》，载《人民检察》2014 年第 9 期。

序性控制对酌定不起诉的适用进行严格的审查和监督，避免酌定不起诉成为应当承担否定性法律后果的被追诉人逃避刑事责任的制度性漏洞，但是酌定不起诉程序性控制的乏力可能难以保障酌定不起诉适用的准确性和公正性。检察长、检察委员会或是上级检察机关对拟作酌定不起诉的案件进行审查的依据，通常是承办案件的检察人员所形成的书面材料或是其对此所作的汇报。承办案件的检察人员所形成的意见往往决定着酌定不起诉适用与否。

第三，酌定不起诉的考核性控制。在以往的刑事司法实践中，检察机关将酌定不起诉适用率作为工作考核的重要指标，在防止检察人员滥用酌定不起诉裁量权的同时，人为地、机械地控制酌定不起诉的适用。“2004 年《检察机关公诉部门实行办案质量预警机制的规定》中要求省级院管辖地区每年不起诉案件预警指标为普通刑事案件的不起诉率不超过 2%。2005 年《检察机关办理公诉案件考评办法（试行）》规定，普通刑事案件相对不起诉率不超过 2%，超过上述比率的，每超 0.5%减 1 分。其中，不起诉决定被确认错误的，每错误不起诉 1 人减 2 分。”① 业务性考评关乎对承办案件的检察人员和相关业务部门的奖惩，也关乎上级检察机关等对办案检察机关业务能力和工作成绩的认可和评价，因而促使检察人员以起诉的方式来处理那些可以适用酌定不起诉的刑事案件。酌定不起诉的考核性控制实际上致使检察机关适用酌定不起诉的空间进一步收窄。不过，2015 年年初笔者喜闻“中央政法各单位和各地政法机关今年对各类执法司法考核指标进行全面清理，坚决取消刑事拘留数、批捕率、起诉率、有罪判决率、结案率等不合理的考核项目。建立科学的激励机制，落实办案责任，加强监督制约”。② 这为理性消解酌定不起诉考核性控制所造成的负面影响带来了

① 李建玲：《酌定不起诉制度适用考察》，载《国家检察官学院学报》2009 年第 4 期。

② http://www.gov.cn/xinwen/2015-01/21/content_2807677.htm，2015 年 1 月 21 日访问。

曙光。

第四，酌定不起诉适用效果之不彰。“国家设立酌定不起诉制度的初衷除节约司法资源外，还有一个更加重要的目的，即希望通过对罪轻的罪犯不起诉，以非刑罚化的手段使之回归社会。”① 酌定不起诉为了实现应然之功效，应当取得当事人特别是被追诉人对酌定不起诉的理解与认可。可是，2012 年《刑事诉讼法》第 170 条规定：“人民检察院审查案件，应当讯问犯罪嫌疑人，听取辩护人、被害人及其诉讼代理人的意见，并记录在案。辩护人、被害人及其诉讼代理人提出书面意见的，应当附卷。”检察机关作出酌定不起诉决定无须以获得当事人特别是被害人的同意为前提。而且，刑事诉讼法关于酌定不起诉的规定，“从法条本身、逻辑结构、救济途径和国家赔偿等几个方面来看，其实国家采取的是有罪认定的态度”。② 犯罪嫌疑人对检察机关认定自己所谓的犯罪行为及其性质的认识与检察机关不相符时，往往难以撼动并改变检察机关对其作出的酌定不起诉决定。更为重要的是，检察机关作出酌定不起诉决定后，并不重视对回归社会的被不起诉人进行监管、教育。对被不起诉人心理矫正、教育引导等严重不足可能使其难以融入社会，进而可能走向再次犯罪的道路。总之，在酌定不起诉制度中，当事人的程序性主体地位弱化。程序性控制和考核性控制在形式上约束着酌定不起诉的适用案件数量，而不能在实质上保证酌定不起诉的适用质量，更无法保障酌定不起诉对犯罪嫌疑人的适用效果。

（三）污点证人保障之不足

第一，由于另案处理制度和酌定不起诉制度存在内生性问题，所以其无法给予污点证人以等效保障。正如前文所述，刑事诉讼法和相关司法解释并未对另案处理作出明确且详尽的规定。在刑事司

---

① 汪海燕：《我国酌定不起诉制度的困境与出路》，载《政治与法律》2004 年第 4 期。

② 徐静村：《中国刑事诉讼法（第二修正案）学者拟制稿及立法理由》，法律出版社 2005 年版，第 182~183 页。

法实践中，部分共同犯罪案件作出另案处理时存在一定的任意性，并且对另案处理法律监督乏力。另案处理有时出现滥用和恣意的情形，导致诉讼的不公与低效，严重践踏法律的尊严与权威。“比如《瞭望》周刊就曾报道，去年5月5日，浙江省温州市鹿城区人民检察院以涉嫌串通投标罪对郑定忠、庄权民两人提起了公诉，此案涉案工程标的金额达3.5亿元，被列为浙江省公安厅公布的年度十大经济罪案之一。但就是此案中，另有五名被告人均被‘另案处理’，情况不明；而稍早几个月的《财经》等媒体则报道，公安部原部长助理郑少东案件中的重要角色、广东地下钱庄洗钱案主犯连卓钊，当时也是以‘另案处理’的名义躲过了司法程序，最终逃去了香港。全国其他地区也有类似情况发生，甚至引发民众的强烈反应。”① 另案处理折射出司法公正的阴影，其已经成为侦查机关案件处理过程中的盲点。另案处理不仅容易滋生司法腐败，而且难以恢复、弥补法益所受犯罪行为之侵害或威胁，甚至严重影响公众的安全和社会的秩序。对于酌定不起诉而言，其立法本意在于合理配置和充分利用目前有限的司法资源，在实现诉讼公正的前提下最大限度地追求诉讼效率。在刑事诉讼中酌定不起诉制度对于司法机关和当事人均至关重要。可是，在当前的刑事司法实践中，检察人员对酌定不起诉制度适用条件的理解存在一定的偏差。而酌定不起诉的程序性控制和考核性控制又不当地限制了酌定不起诉的适用范围。更为重要的是，酌定不起诉控制和监督的不力难以保证酌定不起诉的适用质量和效果。酌定不起诉的实践表现与立法初衷稍显不符，可能难以发挥立法所预设之功能。

第二，在另案处理制度和酌定不起诉制度的适用过程中，追诉机关权力所受约束和规制趋于弱化，不足以规制权力，避免权力滥用，给予污点证人等效保障。权力控制的作用机理在于对权力运行

① 游伟：《别让“另案处理”成为司法黑洞》，载《法制日报》2012年3月27日第7版。

的条件、程序、方式等予以事先规定，并对权力运行的过程与结果予以监督，以此保证权力运行的合法与理性。规范性、有效性是权力控制的重要目标。而法律对另案处理和酌定不起诉的规定不够明确和完善，并且缺乏严谨且明确的适用程序作为保障。追诉人员在适用相关制度时的裁量权并未得到充分、有效的控制和监督，而追诉人员的整体素质和办案能力也有待提高。因而，难以避免追诉人员滥用裁量权。即使追诉人员并未滥用裁量权，其处理结果的正当性对于当事人和社会公众而言也是存有疑问的。为了取得罪行轻微的犯罪嫌疑人的证言，保证刑事诉讼的顺畅进行，追诉机关享有的权力过大。我国追诉机关对部分犯罪嫌疑人作出另案处理或者酌定不起诉，过分强调污点证人对于追诉犯罪的作用，而并未对污点证人权力给予充分的关注和保障。

第三，对于另案处理制度和酌定不起诉制度的适用结果而言，因追诉机关对犯罪嫌疑人适用相关制度的结果不确定，可能使得适用结果不被当事人和社会所认可和接受。一方面，侦查机关对犯罪嫌疑人适用另案处理而检察机关对犯罪嫌疑人适用酌定不起诉本身具有不确定性。例如，在贿赂犯罪案件中，受贿者接受多名行贿者巨额财物，而行贿者普遍具有谋取不正当利益的目的，即行贿者往往明知是谋取不正当利益而向国家工作人员行贿巨额财物。在刑事司法实践中，追诉机关通过另案处理或者酌定不起诉并未追究部分行贿者乃至在个别贿赂犯罪案件中全部行贿者的刑事责任。“江西省某地一位检察长介绍，近两年其所在检察院查办几个腐败窝案，让20多人获刑，而无一行贿者被定罪。”① 犯罪嫌疑人最终被追究刑事责任与否的分立，使得另案处理制度和酌定不起诉制度本身具有不确定性。另一方面，追诉机关对犯罪嫌疑人适用另案处理还是适用酌定不起诉也具有不确定性。由于另案处理和酌定不起诉截然

① 杨文浩：《惩处行贿，在打击与侦查中平衡》，载《法制日报》2011年10月31日第7版。

不同，所以对于没有被追究刑事责任的犯罪嫌疑人而言，追诉机关对其适用另案处理还是适用酌定不起诉也存在着天壤之别。如若以整体性眼光来看待个别案件中另案处理和酌定不起诉的适用差异，则可以更加清楚地发现，犯罪嫌疑人不再主张不得强迫自证其罪权利而如实陈述相关案件事实，积极配合追诉机关的追诉活动，但是追诉机关通过另案处理和酌定不起诉给予污点证人可能的、有限的保障而非等效保障。

通过上述分析可以发现，在我国刑事司法实践中，犯罪嫌疑人主要是通过如实向追诉机关供述相关犯罪事实，积极配合追诉机关的追诉工作，来取得追诉机关在另案处理或者不起诉上的区别对待。可是，另案处理制度和酌定不起诉制度无法实现污点证人制度之理想。另案处理制度和酌定不起诉制度存在内在问题，追诉机关权力所受约束和规制的弱化，以及另案处理制度和酌定不起诉制度适用结果的不确定性，使得另案处理制度和酌定不起诉制度无法给予污点证人以等效保障。

四、污点证人作证作为量刑情节予以考量

（一）口供量刑激励机制的现状分析

虽然被追诉人向国家专门机关所作之陈述，对于准确查明案件事实、充分收集犯罪证据和缉获案件中逃匿的其他被追诉人等具有非常重要的作用，但是被追诉人口供的自愿性、真实性和稳定性却受到多重因素的影响，致使其具有虚假性和反复性的特征。正是因为被追诉人口供具有上述内在矛盾，所以才会通过量刑给予口供适当的激励。量刑对被追诉人口供的激励表现在，如果被追诉人向公安司法机关如实陈述相关案件事实，那么法院在量刑上可以依法对该被告人宽大处理、从轻量刑。而且，被追诉人提供口供与否，以及口供的真实性、准确性和稳定性如何，作为被追诉人认罪态度、悔罪表现的客观反映，成为法院对该被追诉人量刑的根据。对于如实供述相关罪行的被追诉人（当然，被追诉人确实无法准确记忆

或表达案件事实的部分细节或个别情节，也应当认为属于如实供述），法院可以从宽量刑。相反，在刑事司法实践中，那些保持沉默或拒不供述罪行的被追诉人，法院可能在量刑时以此作为衡量其人身危险性和改造难易程度的依据，给予其相对较为严厉的惩罚。可见，公安司法机关以量刑从宽来鼓励和引导被追诉人如实陈述案件事实。不论追诉机关是否已经查明被追诉人所犯罪行，只要被追诉人向公安司法机关如实陈述案件事实，其都有可能获得量刑上相对更为有利的法律后果。口供量刑激励机制以积极查明案件事实真相和充分收集相关证据为出发点，以公正、有效地追究被追诉人刑事责任为归宿。

具体而言，从法定情节的角度来说，[①] 当犯罪事实或犯罪嫌疑人尚未被侦查机关发觉，或者犯罪事实虽被发现，但犯罪嫌疑人尚未被侦查机关调查或者未被采取强制措施，或者犯罪嫌疑人未被其他公民扭送至公安司法机关处理时，犯罪嫌疑人主动将自己置于办案机关的合法控制之下，并且如实供述了自己的犯罪事实；或者当被追诉人被采取强制措施或正在服刑时，其如实供述办案机关尚未掌握的本人其他罪行；或者当犯罪嫌疑人被动归案后，如实供述自己的罪行，概言之，无论自动投案还是被动归案，只要被追诉人如实供述自己的犯罪事实，都属于法定量刑情节。而被追诉人如实供述犯罪事实的阶段、程度等情况将影响被追诉人从宽量刑的幅度。[②] 也就是说，被追诉人如实供述得越早，如实供述得越全面、完整，被追诉人最终的量刑可能就会相对越轻。刑法将被追诉人口供的具体样态规定为不同的法定量刑情节和差异化的量刑幅度，有利于激励被追诉人如实供述犯罪事实，促使其自愿、真诚悔罪，也有利于追诉机关准确、及时地查明案件事实，提高诉讼效率，节约司法资源。

---

① 张明楷：《刑法学》，法律出版社 2011 年版，第 503~507 页。

② 最高人民法院《关于常见犯罪的量刑指导意见》第 3 部分第 4 条、第 6 条。

从酌定情节的角度而言，被追诉人是保持沉默或拒绝作出供述，还是向公安司法机关供述部分案件事实或者口供具有虚假性、反复性，抑或是如实供述全部案件事实，通常被视为被追诉人认罪、悔罪的表现，反映出被追诉人的人身危险性或再犯可能性，从而作为影响预防刑的情节。“一般来说，如实供述全部犯罪事实和情节的，要好于供述主要犯罪事实的；供述相对稳定的，要好于时供时翻的；在侦查、起诉阶段就认罪的，要好于当庭第一次认罪的。悔罪态度需要结合认罪的程度来考量。犯罪的性质越恶劣、罪行越重的，犯罪人能勇于承认犯罪，说明其悔罪态度更为坚定，在认罪程度、悔罪表现相同的情况下，罪行越重，从宽的刑期越多。”① 被追诉人自愿供认自己的罪行，协助国家专门机关查明案件事实，其主观恶性相对较小，通常在量刑上有别于负隅顽抗、拒不认罪的被追诉人。在最高人民法院公布的多个指导案例中，被追诉人在归案后如实供述自己的犯罪事实，认罪态度好，具有悔罪表现，被当作酌定从宽量刑情节。②

口供量刑激励机制在刑事司法实践中发挥着重要的作用。被追诉人作为言词证据的提供者，其口供的自愿性有时难以得到切实有效的保障。最常见的情况是，在侦查阶段侦查人员为了查明案件事实真相，可能会采取刑讯逼供等非法讯问方法，致使被追诉人作出非自愿的陈述。可以说，充分、有效地保障被追诉人口供的自愿性一直是困扰刑事司法的一道难题，影响着司法公正的实现和司法权威的维护。另外，由于案件事实业已发生，通常无法在追诉人员面前再次完整重现，所以追诉人员只能通过收集犯罪证据，并以证据作为连接案件事实之纽带。由于追诉能力和追诉条件等主客观因素的制约，案件事实难免出现不清或难以查明的情况。此时，被追诉

① 熊选国：《〈人民法院量刑指导意见〉与“两高三部”〈关于规范量刑程序若干问题的意见〉理解与适用》，法律出版社 2010 年版，第 150~154 页。

② 最高人民法院指导案例 4 号、12 号、13 号，http://www.court.gov.cn/shenpan-gengduo-77.html，访问日期 2016 年 1 月 12 日。

人口供的真实性、准确性影响着办案机关在一些严重缺少相关证据的疑难、复杂案件中对案件事实的认定。对被追诉人口供给予适当的量刑激励，不仅有助于维护被追诉人口供的自愿性，而且有助于提高被追诉人口供的准确性。与此同时，被追诉人承认自己所犯罪行也是适用简易程序审理案件的前提条件之一。而对于适用普通程序审理的案件，被追诉人当庭自愿认罪也能够在一定程度上提高诉讼效率。

（二）口供量刑激励机制的运行分析

量刑从宽作为被追诉人如实供述案件事实的激励机制，早已为公安司法机关所普遍遵循和广泛使用。口供量刑激励机制也对被追诉人的诉讼地位和诉讼权利产生了深刻的影响。被追诉人要想获得量刑激励，必须如实供述自己的罪行，协助追诉机关查明案件事实，配合进行刑事诉讼活动，直至法院量刑时才能最终确定是否给予激励以及激励的现实效果。而追诉机关为了准确、及时查明案件事实真相，通常会尽早告知并且反复强调口供量刑激励机制，以此引导和督促被追诉人如实供述，缓和与追诉机关的对抗关系。被追诉人提供口供、公安司法机关核验口供和口供量刑激励贯穿刑事诉讼始终。

1. 不得强迫自证其罪原则与口供量刑激励机制

对被追诉人口供给予量刑激励，有助于被追诉人在拒绝供述和如实供述之间，在同追诉机关对抗与合作之间，进行理性、审慎的权衡，并作出趋利避害的选择。如实供述且配合追诉活动的被追诉人可能得到量刑从宽的激励结果。口供量刑激励也就意味着被追诉人以不再主张不得强迫自证其罪原则所赋予的基本保障为条件，可能最终得到量刑上的优待。对于拒不认罪、拒不悔罪的被追诉人，其有可能得到相对更为严厉的量刑结果。被追诉人坚守不得强迫自证其罪原则反而可能成为其量刑上的负担。由此，口供量刑激励机制对不得强迫自证其罪原则的实现产生了双重影响。从积极的角度来说，口供量刑激励机制规范追诉机关查明案件事实、收集相关证据以及查缉逃匿的被追诉人，为刑事审判提供清楚的案件事实和确实、充分的证据准备，并且提高刑事审判的质量和效率。口供量刑激励机制约束公安司法机关权力之行使，尊重和维护被追诉人不得强迫自证其罪权利。从消极的角度而言，口供量刑激励机制在一定程度上使得追诉机关依赖被追诉人自证其罪的供述，以此作为查明案件事实、收集犯罪证据的动力和源泉。口供量刑激励机制也使得刑事诉讼中控辩双方从平等对抗转化为追诉机关主导而被追诉人辅助的弱对抗结构。刑事诉讼本应由追诉机关代表国家承担被追诉人有罪的证明责任。如若追诉机关没有证据、证据不确实、充分或者证据对被追诉人有罪的证明尚未达到法律规定的证明标准，那么应当推定被追诉人无罪。口供量刑激励要求被追诉人必须如实供述案件事实，提供案件相关证据，服从刑事追诉活动。被追诉人只有丧失无罪的机会才有可能获得量刑上的激励。而被追诉人为得到量刑上的激励又促进法院作出有罪的判决。

2. 口供量刑激励机制的证据控制

（1）口供证据与其他证据相互印证规则①

被追诉人在向公安司法机关供述相关案件事实以后，办案人员应当根据理性、经验和良知对口供所涉及的案件事实进行审查判断。不过，考虑到被追诉人口供作为言词证据真假难辨，并且其时常存在前后矛盾的情况，因而在我国刑事司法实践中，需要将被追诉人口供与案件其他证据相互印证，以此核验和确保被追诉人口供的真实性，避免和解决因被追诉人口供反复而致使口供真实性不明的难题，以及作出准确、合理的量刑激励。换言之，办案人员仅凭被追诉人口供无法判断其真实与否，其证明力如何。只有口供证据与其他证据在案件事实上发生了交叉或重合，在口供证据的真实

① 在刑事司法实践中，被追诉人往往并不是一经追诉机关讯问，就会如实供述案件事实。对于被追诉人所供述的内容，追诉机关通常会先考虑证据相互印证规则。在经追诉机关多次讯问，被追诉人如实供述案件事实以后，追诉机关才会考虑口供证据补强规则。

性、可靠性得到其他证据验证和担保的同时，案件事实才在一定程度上得到准确的认定。“证据相互印证的主要功能是帮助事实裁判者确认证据是否属实。除此之外，证据相互印证也有助于判断证据是否充分。这不仅是因为证据充分是以证据的确实性为前提的，在确实性无法得到确认的情况下，是否充分的问题是无法解决的，而且是因为相互印证本身就意味着证明力的增强。”① 因此，无论是侦查人员、检察人员还是审判人员，都非常注重被追诉人口供证据与其他证据之间的相互印证。

（2）口供证据补强规则

在被追诉人如实供述自己的罪行之后，如实供述通常意味着被追诉人口供中包含着基本的犯罪构成要件要素，口供证据需要其他证据的补充和强化，以此辅证、佐证口供证据所涉及的案件事实。《刑事诉讼法》第 53 条第 1 款之规定被认为确定了我国刑事诉讼中的口供补强规则。② 一般而言，只有被追诉人向国家专门机关供述或承认了全部或基本的犯罪事实，才有对该口供证据进行补强的必要。也就是说，口供证据补强规则适用于那些对于案件事实具有极高证明力的口供证据。对于那些证明力中等或较弱的口供证据，即被追诉人口供仅涉及部分犯罪构成要件要素或者犯罪事实的非主要部分，则无须适用口供证据补强规则，将其与案件其他证据相互印证即可。口供证据补强规则旨在强调在对特定口供证据补充其他证据的基础之上，对口供证据的证明力予以强化，并对案件事实作出准确认定。证据相互印证规则属于刑事诉讼中适用范围较为普遍的证据规则，而口供证据补强规则限于证明力非常高的口供证据，属于证据相互印证规则的有机组成部分。③ 口供证据补强规则的确

---

① 李建明：《刑事证据相互印证的合理性与合理限度》，载《法学研究》2005 年第 6 期。

② 张军、江必新：《新刑事诉讼法及司法解释适用解答》，人民法院出版社 2013 年版，第 128 页。

③ 陈瑞华：《论证据相互印证规则》，载《法商研究》2012 年第 1 期。

立，一方面是基于被追诉人口供具有虚假性和反复性的特征。如果办案人员仅凭口供证据定案，而缺乏其他证据，那么证据事实的片面和主观必将使所认定案件事实处于不稳定且不确定的状态。口供证据须辅之以确实、充分的补强证据，才能认定被追诉人有罪和处以刑罚。另一方面，需要补强的口供证据的完整性和全面性，使得办案人员形成对案件事实清楚的主观认识，而被追诉人处于可能被追究刑事责任的现实境地。口供证据补强规则有助于防止追诉人员过分倚重被追诉人的口供，督促追诉人员充分收集案件其他证据，避免以被追诉人口供为中心而对被追诉人进行刑讯逼供等。《最高法院司法解释》第 106 条对口供补强规则作出了进一步的规定。其一，应当保障被追诉人口供的自愿性，排除被追诉人口供证据存在串供、逼供、诱供等可能性。口供证据不具有证据能力，意味着该证据不能成为国家专门机关认定案件事实的根据，也就不存在补正的必要。口供证据应当与补强证据相互印证。其二，补强证据应当为被追诉人口供证据以外的物证、书证和其他证据，并且补强证据也应当具有证据能力和证明力。当然，关于被追诉人口供的传闻证据不得作为补强证据，而同案共同被追诉人的口供证据通常也不得作为补强证据。① 补强证据也应当与案件其他证据相互印证。

3. 口供量刑激励机制的权力控制

口供量刑激励机制要求，被追诉人应当如实供述自己的罪行，协助侦查机关侦破刑事案件、检察机关完成追诉任务以及法院对其定罪。在此之后，法院才可能根据被追诉人的口供情况及现实表现在量刑上对其作出从宽的激励结果。换句话说，被追诉人不再主张不得强迫自证其罪原则的保障并且如实供述案件事实以后，并不能

① 同案共同被告人之间的供述能否相互补强在理论界和实务界一直存有争议。“根据《全国部分法院审理毒品犯罪案件工作座谈会纪要》的规定，在毒品犯罪案件中，被告人的口供可以由同案其他被告人的供述予以补强，如果相互印证，并排除诱供、逼供、串供等可能性的，也可以作为定案的根据。”参见张军、江必新：《新刑事诉讼法及司法解释适用解答》，人民法院出版社 2013 年版，第 130~131 页。

立即取得量刑从宽的激励效果。只有刑事诉讼历经侦查、审查起诉，直至量刑时才能确定口供的量刑激励效果。口供量刑激励机制的权力控制主要是基于追诉权倚重效率，而司法权则侧重公正；追诉权强调维护公共利益，而司法权重在保障个人利益；追诉权的运行积极主动，而司法权的运行消极被动；追诉权的裁量性较大，而司法权的裁量性较小；等等。追诉机关在侦破刑事案件并将犯罪嫌疑人绳之以法的过程中，容易背离刑事诉讼的本意，存在肆意或滥权的现实可能。而口供量刑激励机制可能对被追诉人所享有的基本权利和自由进行限制，纯粹依靠追诉机关的自我克制和自我约束来保障被追诉人的合法权利是不现实的，因而由法院在量刑时确定激励效果，从而确保口供量刑激励机制的合法性与合目的性。不过，口供量刑激励机制的权力控制和量刑激励效果的迟滞性反应，也使得被追诉人在供述案件事实以后，一旦诉讼途中翻供则可能无法再取得量刑从宽的结果，除非其在一审判决前又能如实供述。口供量刑激励的提出和量刑效果的确定在诉讼阶段上的分离，使得被追诉人面临一供到底，翻供则前功尽弃的局面。

（三）口供量刑激励机制的理性反思

1. 止步于量刑激励告知的口供量刑激励机制

口供量刑激励机制作为我国刑事司法中一项根深蒂固的制度，在过去的几十年里对犯罪嫌疑人、被告人口供产生了重要的影响。对于自愿如实供述案件事实且配合追诉活动的被追诉人，其可能得到量刑从宽的待遇；那些拒不供述自己罪行并且与追诉机关相对抗的，其行为甚至可能被当作增加预防刑的根据。而被追诉人作为一个理性人，在面对办案人员的讯问时，必然会衡量供述、配合与否之利弊。从结果上而言，被追诉人如实供述而获得量刑激励明显优于追诉机关在准确查明案件事实、充分收集犯罪证据后，对其作出相对较为严厉的惩罚。从过程来说，追诉机关不会对如实供述案件事实的被追诉人采取刑讯逼供等非法取证手段。而且，由于量刑从宽与正常量刑之间确实存在一定的差距，所以被追诉人可能因惶恐失去量刑从宽的机会，而在心理斗争后选择如实供述自己的罪行。由此看来，被追诉人如实供述也要占据优势。在共同犯罪中，根据“囚徒困境”理论，被追诉人会更倾向于如实供述案件事实。那么，在刑事诉讼中为什么会存在被追诉人拒不认罪、拒不与追诉机关合作的现象呢？也就是说，为什么量刑激励会在少数案件中止步于办案人员对被追诉人的告知呢？当然，这里仅限于以事实上的犯罪人为预设前提来进行探讨。笔者认为这主要是由于口供量刑激励机制的适用条件非常严苛，适用结果又不确定，以及被追诉人的罪行相当严重所致。

在多数情况下，由于被追诉人所犯罪行特别严重，所以被追诉人出于对刑罚的恐惧和逃避而拒不认罪、拒不供述，抵触刑事追诉活动。但本书还是围绕口供量刑激励机制本身进行探讨。口供量刑激励机制要求被追诉人不再主张不得强迫自证其罪权利，不仅供述而且需如实供述案件事实。该机制强调被追诉人证据提供者的角色，相对弱化其诉讼当事人的角色；重视被追诉人口供证据对于案件事实认定的作用，使得被追诉人所享有的权利受到相对轻视。尽管追诉人员肩负查明案件事实真相、追诉犯罪的神圣使命，而被追诉人作为诉讼中具有犯罪嫌疑者，似乎理应如实陈述并且配合追诉，但是根据无罪推定原则，在法院作出生效的有罪判决以前，被追诉人应被推定为法律上无罪之人。被追诉人处于法律上无罪的诉讼地位，并享有基本的程序保障。被追诉人能够与追诉机关进行平等对抗，并对法院作出有罪判决施加积极的影响。口供量刑激励机制要求被追诉人如实供述，而供述的内容必须经过证据相互印证规则和口供补强规则的检验；口供量刑激励机制要求被追诉人配合追诉，而配合必须直至法院对其作出有罪判决。如果被追诉人诉讼途中翻供或者不再配合，其将失去量刑从宽的激励结果。可见，口供量刑激励机制的适用条件非常严苛。

口供量刑激励机制规定，被追诉人向公安司法机关如实供述案件事实，“可以”从宽处理。“可以”作为授权性规范，使得被追诉人在权衡接受口供量刑激励与否时更加谨慎。被追诉人可能在如实供述并且与追诉机关合作之后，最终并未得到量刑从宽。[①] 过去口供量刑激励机制适用结果的不确定性，严重挫伤了被追诉人如实供述的积极性，阻碍该机制发挥应有的功效。例如，在海南省工商联原副主席沈桂林集资诈骗案中，沈桂林虽主动投案，如实供述了自己的罪行，具有自首情节，但鉴于其集资数额特别巨大，造成被害人巨额的经济损失，犯罪情节特别严重，社会危害极大，不予从轻处罚。[②] 有学者认为："'可以'表明除了特殊情况以外，法官对自首、立功与坦白的犯罪人应当适用从宽处罚的规定。只要自首、立功与坦白行为能够表明行为人悔罪，因而说明其再犯罪可能性小，或者已经减轻、能够减轻司法机关的负担，就应当从宽处罚，而不论行为人所犯之罪的轻重，或者说不论责任刑的轻重。"[③] 笔者对此深以为然。在今后的刑事司法实践中，办案人员应当准确把握口供量刑激励机制中"可以"的含义，推进口供量刑激励机制的适用。

2. 控辩平等对抗之举成为对口供的量刑惩罚

由于被追诉人口供对案件事实认定具有重要的作用，而口供又像普罗透斯的脸，真假难辨，反复莫测，所以口供量刑激励机制从结果意义上对如实供述案件事实的被追诉人给予一定的量刑激励。不过，对于未能如实供述自己罪行的被追诉人而言，其不仅无法得到量刑激励的结果，其正当行使诉讼权利、进行控辩平等对抗反而

---

① "对具有自首、立功情节的被告人是否从宽处罚、从宽处罚的幅度，应当考虑其犯罪事实、犯罪性质、犯罪情节、危害后果、社会影响、被告人的主观恶性和人身危险性等。自首的还应考虑投案的主动性、供述的及时性和稳定性等。""虽然具有自首或者立功情节，但犯罪情节特别恶劣、犯罪后果特别严重、被告人主观恶性深、人身危险性大，或者在犯罪前即为规避法律、逃避处罚而准备自首、立功的，可以不从宽处罚。"参见《最高人民法院关于处理自首和立功若干具体问题的意见》。

② 傅勇涛：《海南省工商联原副主席沈桂林因集资诈骗 8.8 亿余元被判无期》，载《检察日报》2016 年 4 月 2 日第 2 版。

③ 张明楷：《论犯罪后的态度对量刑的影响》，载《法学杂志》2015 年第 2 期。

可能被当作增加预防刑的根据。被追诉人对办案人员的再三讯问缄口不言，办案人员可能会将其保持沉默之举解读为负隅顽抗，企图逃避刑事责任。如果被追诉人拒不认罪而作无罪辩解，那么办案人员可能会认为该被追诉人无理狡辩，拒不悔罪。对于被追诉人作出有罪供述后又翻供的，当然，根据刑事诉讼所处阶段可以分为审前阶段被追诉人翻供和审判阶段被追诉人翻供两种具体情况。被追诉人在审前阶段出现翻供的，其中一份陈述必定不属实。而任何不具备真实性或真实性存疑的证据都无法成为认定案件事实的根据。被追诉人对案件事实所作的前后矛盾的陈述，使得追诉人员无法有效确定和衡量被追诉人口供证据的证明力。对于被追诉人在审前阶段口供一致且稳定，但在审判阶段却发生翻供的情况，除非其翻供具有合理原因，并且符合全案其他证据，否则应当采信与其他证据相互印证的庭前供述。[①] 无论被追诉人何时翻供，办案人员均可能将其视为被追诉人认罪、悔罪态度不好。而那些不如实供述自己罪行的被追诉人，其对抗国家刑事追诉，主观恶性深、人身危险性较大。凡此种种，公诉人在审判时往往会建议法院从严惩处。在刑事司法实践中被追诉人也确实因此而承受相对较重的量刑结果。其实，在刑事诉讼中控辩双方法律地位平等，并且控辩双方能够在平等和对等的基础上进行实质性的对抗。被追诉人向公安司法机关陈述与否、是否如实陈述、是否行使辩护权以及是否配合刑事追诉活动等，皆属于被追诉人理性考虑后正常、正当之表现，毕竟刑罚能够对被追诉人起到震慑作用，而被追诉人也享有法律所赋予的诉讼权利。对于如实供述自己罪行的被追诉人，量刑上可以给予适当的激励。但是对于与追诉机关平等对抗的被追诉人，司法机关却不应将其防御行为、辩护行为作为增加预防刑的依据，使被追诉人为此承受相对更为不利的量刑后果。否则，口供量刑从严将使得被追诉人被迫放弃不得强迫自证其罪权利而作出陈述，被追诉人将沦为发

① 《最高人民法院关于适用〈中华人民共和国刑事诉讼法〉的解释》第83条。

现案件事实真相的诉讼工具。

（四）口供量刑激励机制对污点证人权利保障之不足

过去的实践经验表明，污点证人作证作为被追诉人的量刑情节，可能不足以给污点证人不再主张不得强迫自证其罪的权利以等效保障。

首先，量刑情节适用的潜在不平衡。在贿赂犯罪案件中，审判机关将行贿者如实陈述相关犯罪事实的行为作为对被告人量刑的从宽情节，一方面是基于刑法总则关于量刑情节之规定，另一方面是根据刑法分则对行贿行为之特殊规定。《刑法》第 390 条规定："行贿人在被追诉前主动交代行贿行为的，可以从轻或者减轻处罚。其中，犯罪较轻的，对侦破重大案件起关键作用的，或者有重大立功表现的，可以减轻或者免除处罚。""主动交代"体现了刑法对行贿行为之重视和赋予行贿人之特别待遇。刑法分则除了在"行贿罪"、"介绍贿赂罪"中规定有"主动交代"，还在"对非国家工作人员行贿罪"、"对外国公职人员、国际公共组织官员行贿罪"中规定有"主动交代"，刑法分则在其他犯罪中均无此规定。侦查机关难以查明贿赂犯罪行为及其罪责要件，难以确实、充分地收集相关犯罪证据。对于毒品犯罪案件、黑恶犯罪案件等，侦查机关也处于同样的困境之中。可是，贿赂犯罪案件与其他犯罪案件相比，污点证人作证更为明显地获得了审判机关从宽的量刑。

其次，量刑情节适用的不确定。对于污点证人而言，追诉机关是否追究其刑事责任存在不确定性，而审判机关是否最终认可其量刑情节也存在不确定性。根据刑法之规定，自首、坦白和立功皆为法定可以型从宽情节。例如，"对于具有立功情节的犯罪分子，应当结合案件的性质、危害后果、犯罪分子的人身危险性等因素综合考虑，依法决定是否对其从轻、减轻或者免除处罚以及从轻、减轻处罚的幅度"。[①] 虽然在绝大多数共同犯罪案件中法院对符合刑法

① 郎胜：《中华人民共和国刑法释义》，法律出版社 2011 年版，第 81 页。

规定的被追诉人作出从宽处罚，但是法院对被追诉人仍然存在不作从宽处罚之可能。不得强迫自证其罪原则赋予国家专门机关不得强迫被追诉人作出自证其罪陈述之义务，而被追诉人享有是否陈述以及是否作出自证其罪陈述的权利。被追诉人作为污点证人如实陈述相关案件事实以后，审判机关仅将其作证作为可以型量刑情节。笔者认为，量刑情节适用的不确定使得量刑情节不足以给予污点证人不再主张不得强迫自证其罪的权利以等效保障。

最后，量刑情节可能无法解决实践难题。在我国刑事司法实践中，从宽量刑对共同犯罪案件中的犯罪嫌疑人具有很大的激励效果，使得犯罪嫌疑人更倾向于主动供述犯罪事实。尽管如此，却仍有相当数量的共同犯罪案件，追诉机关无法准确查明犯罪案件事实、充分收集犯罪证据，甚至连犯罪嫌疑人都无法全部缉获归案。例如，在大毒枭韩永万跨国贩毒案中，“在该案侦查阶段，总共有十多起案件指向韩永万，但是，由于证据不足等原因，公诉机关最后起诉韩永万涉案的只有 3 起”。[①] 由此可见，自首等量刑情节早已为我国刑法所规定，可是追诉机关仍然未能准确查明韩永万的全部犯罪事实。

我国刑法将投案并且供述自己的罪行、揭发他人罪行或者提供重要侦查线索，从而得以侦破其他案件等规定为从宽量刑情节，以此促使犯罪嫌疑人、被追诉人如实陈述相关案件事实，积极配合追诉机关的追诉活动，而审判机关对全案因素综合考虑后可能对其从宽量刑。笔者无意也无资格对刑法所规定的量刑情节做过多的评论，并且自首、坦白和立功早已根深于我国的刑事立法、司法和社会文化等之中，对此本无可厚非。笔者只是对以量刑情节作为污点证人不再主张不得强迫自证其罪权利的等效保障产生隐忧。

总而言之，如果对当前我国污点证人作证的相关立法和实践状

① 储皖中、施怀基：《反贪反黑反毒亟待建立“污点证人”制度》，载《法制日报》2010 年 3 月 2 日第 4 版。

况进行认真考察的话，我们不难发现，污点证人作证的前提和基础，即不得强迫自证其罪原则，虽然已经为2012年《刑事诉讼法》第50条所规定，但是其需要更为完善的规则予以贯彻和落实。而且，在刑事司法实践中“如实回答”义务的承续可能与不得强迫自证其罪原则相矛盾，在一定程度上对不得强迫自证其罪原则的实现产生负面影响。与此同时，追诉机关可能通过另案处理制度和酌定不起诉制度对部分污点证人作出处理，而审判机关可能对其他污点证人在量刑上作出从宽处罚。国家专门机关积极地探求案件事实真相，对此又缺少充分且有效的制约和监督。污点证人不再主张不得强迫自证其罪的权利，如实陈述相关案件事实，积极协助追诉机关的追诉工作，可是，国家专门机关根据既有制度和规定，仅仅给予污点证人以不确定的和有限的保障。

第五章 污点证人制度之理论质疑及其回应

在我国，污点证人制度的构建必然会遇到一系列的理论障碍和制度风险。如何面对这些理论障碍，是构建污点证人制度不可忽视的重要问题。这些理论质疑主要有：刑法平等原则、无罪推定原则、证据裁判原则和诉讼认识论。下文将对此进行解析。

第一节 污点证人制度与刑法平等原则

一、刑法平等原则的基本内涵

刑法平等原则作为现代刑事司法的一项重要原则，其根源于资产阶级启蒙运动。当时启蒙思想家用理性驱散社会的黑暗。其在宣扬自由、平等和民主思想，批判封建专制、宗教特权等盲目且愚昧信念的同时，将民众引向光明。1776 年美国《独立宣言》庄严宣布："造物者创造了平等的个人，并赋予他们若干不可剥夺的权利，其中包括生命权、自由权和追求幸福的权利。为了保障这些权利，人们才在他们之间建立政府，而政府之正当权力，则来自被统治者的同意。任何形式的政府，只要破坏上述目的，人民就有权利改变或废除它，并建立新政府；新政府赖以奠基的原则，得以组织权力的方式，都要最大可能地增进民众的安全和幸福。"① 而 1789 年法国《人权宣言》第 1 条即规定："在权利方面，人人与生俱来

① 美国独立宣言，http://zh.wikipedia.org/zh-cn/，2014 年 9 月 14 日访问。

而且始终自由与平等。”第 6 条规定：“法律是公意的表达。每一个公民皆有权亲自或由其代表去参与法律的制定。法律对于所有的人，无论是施行保护或是惩罚都是一样的。在法律的眼里一律平等的所有公民皆能按照他们的能力平等地担任一切公共官职、职位与职务，除他们的德行和才能以外不受任何其他差别。”① 当法律平等原则被西方诸国宪法或者宪法性文件所明文规定，而成为一项宪法性原则以后，由于刑法关涉公民的生命、自由、财产等基本权利，所以法律平等原则对刑法产生了深刻的影响，而且公民对平等理想的追寻往往以作为社会公平正义最后一道防线的司法的形式表现出来。时至今日，刑法平等原则已经成为国际社会所公认的法治原则之一。

我国《刑法》第 4 条规定：“对任何人犯罪，在适用法律上一律平等。不允许任何人有超越法律的特权。”此即刑法平等原则，这也是我国《宪法》第 33 条所规定的“公民在法律面前一律平等”在刑法中之具体体现。刑法平等原则贯穿刑法之始终，是刑法的理想和精神之体现。刑法平等原则有两层含义：“一是要做到刑事司法公正，即定罪公正、量刑公正、行刑公正。人民法院、人民检察院、公安机关对犯罪的任何人，不分民族、种族、职业、出身、性别、宗教信仰、教育程度、财产状况、职位高低和功劳大小，都应公正、平等地依法追究其刑事责任。二是不允许任何人有超越法律的特权。”② 不仅如此，由于刑法立法是司法适用的前提和依据，而司法适用是刑法立法的贯彻与施行，刑法立法平等的缺失将使得司法平等成为虚幻，因而刑法平等原则是刑法立法与司法适用均必须遵循的基准，是刑法立法平等与司法平等的统一。此外，刑法平等原则还是惩罚犯罪和保护法益上平等的统一。惩罚犯罪是对侵犯法益的犯罪嫌疑人，依照刑法之规定追究其刑事责任。

---

① http://baike.baidu.com/view/49933.htm，2014 年 9 月 14 日访问。

② 郎胜主编：《中华人民共和国刑法释义》，法律出版社 2011 年版，第 5 页。

在践行刑法同各种犯罪行为作斗争的过程中，保护法益并预防犯罪。只有惩罚犯罪才能更好地保护法益；而切实地保护法益能更好地惩罚犯罪。惩罚犯罪和保护法益平等的统一能够避免国家权力之恣意行使，并保障公民的合法权利。刑法平等原则具体到司法上包括以下几个方面：

首先，定罪一律平等。定罪包括对被追诉人犯罪事实进行准确的认定，以及在此基础之上进行客观、公正的法律评价。对于事实认定而言，审判机关根据控辩双方所提出的证据来判定检察机关对被追诉人犯罪事实的证明是否达到法定的证明标准。对于法律评价来说，审判机关根据已经查明的案件事实，依据刑法之规定，对被追诉人定罪与否作出裁判。如若被追诉人实施危害社会的行为，依照刑法之规定应当受刑罚处罚，那么不论其性别、职业、身份等，都应当依法平等定罪。“对于违法犯罪的人，不管其资格多老，地位多高，功劳多大，都不能加以纵容和包庇，都应当依法制裁。”[①] 犯罪行为在客观上侵害或者威胁由刑法所保护的人的生活利益。所谓“由刑法所保护的人的生活利益，亦即法益，不仅包括个人的生命、身体、自由、名誉、财产等利益，而且包括建立在保护个人的利益基础之上因而可以还原为个人利益的国家利益与社会利益”。[②] 对于侵犯重大法益或者严重侵犯法益的行为，审判机关应当平等定罪。在尽可能保护法益的同时，平等地根据已经查明的案件事实来认定被追诉人是否构成犯罪。定罪一律平等是由刑法之内容与精神所决定的一种基于犯罪行为之本质的要求，是人的本性以及人与人之间平等关系应有状态的体现，是被追诉人平等地受到刑罚处罚的前提与基础。需要注意的是，根据谦抑的法益保护原则，并非所有侵犯法益的行为都构成犯罪。行为不仅要侵犯法益，而且

---

① 彭真同志在五届人大二次会议上所作的《关于七个法律草案的说明》，转引自郎胜主编：《中华人民共和国刑法释义》，法律出版社 2011 年版，第 5 页。

② 张明楷著：《刑法学》，法律出版社 2011 年版，第 67 页。

要符合刑法所规定的构成要件。犯罪构成标准的统一和刑事证明标准的一致确保定罪一律平等之实现。

其次，量刑一律平等。在我国，作为“量刑规范化改革”运动的产物，相对独立的量刑程序与过往相比更具有公正性、公开性和平等性。在普通程序中，由同一审判组织按照同一审判程序对被追诉人的定罪问题以及对确已有罪的被追诉人的量刑问题作出裁判。而在简易程序中，案件事实清楚、证据充分，被追诉人承认自己所犯罪行，并且其对所指控的犯罪事实没有异议，对适用简易程序不持异议。因此，量刑问题成为简易程序的焦点与关键。审判机关在准确查明犯罪事实、正确认定犯罪性质的基础上，需要依法裁量被追诉人的刑罚。定罪作为量刑的逻辑前提，而量刑则是定罪的衍生结果。量刑在客观上表明被追诉人已经构成犯罪，而且审判机关已经确定了具体的罪名。犯罪不仅决定被追诉人应当受到刑罚之惩处，而且决定刑罚的适用必须与被追诉人罪行之轻重及其再犯罪之可能性相一致。对于犯有相同罪行的被追诉人而言，审判机关应当依据刑法规定的量刑标准判处其刑罚。如若被追诉人犯相同的罪且犯罪情节也相同，则应同罪同罚。在罪刑相适应的前提下，实现对犯罪量刑的统一、均衡与平等。具体而言，审判机关应当认真查清符合刑法规定的犯罪构成的主客观事实，准确认定犯罪构成表现的犯罪性质，全面掌握影响犯罪的违法与责任程度的各种犯罪情节和事实情况，综合评价被追诉人犯罪行为的社会危害程度。审判机关还应当考虑刑事法律关于刑罚方法的适用权限与适用条件，结合刑法关于刑罚裁量制度的规定和刑法分则规定的法定刑，并依据刑法关于量刑情节的适用原则裁量刑罚。①

最后，行刑一律平等。在执行刑罚时，应当对被判处同样刑罚的犯罪分子平等对待，不能因罪犯的身份、地位、财产状况等的差异而区别对待。刑罚的目的在于预防犯罪，刑罚的执行也必须有利

① 张明楷著：《刑法学》，法律出版社 2011 年版，第 493~495 页。

于刑罚目的之实现。不均衡地行刑，或者不足以威慑犯罪分子或使其产生心理强制的效果，对其再犯无法进行有效的限制；或者使其他被判处同样刑罚的犯罪分子产生对立和矛盾情绪，难以通过刑罚矫正改造罪犯；或者使被害人和社会公众认为行刑有失公允，无法抚慰被害人及其亲属，不利于唤醒公民对法的忠诚和对法秩序的尊重与信赖，从而预防犯罪之发生。在行刑过程中还应当以事实为依据、以法律为准绳，平等地对罪犯适用减刑、假释等。

近代西方国家特别关注法律平等，其通过系统化、规范化的法典来促进立法平等，依靠历经法律职业训练的法官来增进司法平等，从而实现刑事案件审判结果的公正与平等，由此也加快了西方国家迈向法治社会的步伐。在当代文明国家和法治社会，刑法不容许以不平等、不均衡的方法来发现真实并实现公正。针对犯罪行为的特点以及国家权力明显扩张之潮流，刑法平等原则有助于平等保护法益并防止国家权力滥用。只有对国家权力行使的合法性和正当性进行监督、制约，才能在最大程度上保证刑法平等和禁止特权的顺利实现。可以说，刑法平等观念的发展史在一定程度上就是反对特权的刑法文明发展史。无论被追诉人的社会地位、文化教育程度、宗教信仰、财产状况等有何种差异，在对其定罪、量刑或行刑都不应存有差异。有罪不罚或同罪异罚等特权现象明显与刑法平等原则相悖，而有法不依、执法不严等特权思想和行为更是影响到刑法的权威和尊严以及国家专门机关的信誉和形象。因此，如若被追诉人确已实施了犯罪行为，并违反了刑法之规定，国家专门机关应当严格依法且平等地追究并实现其刑事责任。

二、刑法平等原则与不得强迫自证其罪特免权

由于污点证人制度是不得强迫自证其罪特免权发展历史过程中的必然产物，所以如欲厘清刑法平等原则与污点证人制度之关系，必须首先审视刑法平等原则与作为污点证人制度之基石的不得强迫自证其罪特免权之间的关系。

刑法平等原则强调平等，旨在禁止任何人有超越刑法的特权。而不得强迫自证其罪特免权的核心在于特免权（privilege）。过去国内学者在引介 privilege 时，大多将其译作“特权”。刑法平等原则和不得强迫自证其罪特免权在名称上略显排斥，可是，从两者实质意蕴上而言并不矛盾。首先，在美国，刑法平等原则和不得强迫自证其罪特免权皆出自美国宪法修正案。美国宪法第十四修正案第1款规定：“在各州管辖范围内，不得拒绝给予任何公民以平等的法律保护。”虽然美国宪法第十四修正案最初提出是为了解决美国南北战争结束后昔日奴隶的公民权利问题，以及对其进行平等法律保护问题，但是该修正案对平等原则之规定为刑法平等原则提供了理性且正当的基础。刑法平等原则是宪法平等原则在刑法中的具体化、现实化。刑法平等原则包括立法平等和司法平等，而司法平等又体现在定罪平等、量刑平等和行刑平等上。美国不得强迫自证其罪特免权是基于普通法中证人特免权与美国宪法第五修正案相结合而产生。[①] 美国宪法第五修正案规定：“任何人不得在任何刑事案件中被强迫自证其罪。”由于刑法平等原则和不得强迫自证其罪特免权在美国渊源同处，而美国宪法修正案旨在强调对公民权利予以保障并对国家权力进行规制，宪法修正案规定之间并不对立或冲突，所以刑法平等原则和不得强迫自证其罪特免权并无矛盾之根源。

其次，刑法平等原则是权利意义上的公民平等，是形式平等与实质平等的统一，并最终表现为诉讼结果的公正与平等。由于作为社会成员的每位公民自由、平等且独立，所以这是公民享有权利的基础，同时这也是国家立法和司法符合纯粹理性的前提。美国刑法在自然权利不受侵犯观念的影响之下，以保护公民个人权利为出发点和归宿。同时，秉持公民在权利上平等之理念使得美国刑法具有

① Katharine Hazlett. The Nineteenth Century Origins of the Fifth Amendment Privilege Against Self-Incrimination. 42Am. J. Legal Hist. 239 (1998).

了现代意义。一方面，刑法平等原则要求贯彻形式平等，消除公民因体制、法律、政策等受到之不平，取消公民之间权利、地位等的不等，并在国家层面为改善刑法的不平等而采取措施；另一方面，刑法平等原则也包括实质平等，实质平等主要关注各案之间的特殊性和差异性，避免因对形式平等的追求与现实状况相脱离而造成新的不平等。实质平等既是形式平等的目标，也是对形式平等的理性束缚。刑法平等原则最明显地体现在刑事案件的审判结果上。相较于刑法平等原则，美国不得强迫自证其罪特免权主要出于对国家权力可能侵犯公民权利之深刻警惕。由于后文对不得强迫自证其罪特免权进行详细阐释，所以在此不作过多论述。该宪法性特免权是对追诉机关收集被追诉人口供和证人证言，以及法院审查被告人供述和证人证言所提出的一般性要求。追诉机关不得采用违背被追诉人和证人内心真实意愿的方式或手段，迫使其作出有罪供述或作证。而法院应当排除违法所获得的供述或者证言，不得将其作为认定案件事实的根据。不得强迫自证其罪特免权通过赋予公民不被强迫提供己案犯罪事实的自由，来抵御国家权力之肆意并实现诉讼公正之目标。因此，从两者的内涵上而言，刑法平等原则根本无涉于不得强迫自证其罪特免权。

虽然刑法平等原则和不得强迫自证其罪特免权在名称上略显不适，但是从根源和内涵上而言，两者并不存在冲突之处。相反，刑法平等原则和不得强迫自证其罪特免权均对司法公正之实现发挥着重要的作用。

三、污点证人与其他被追诉人的分立

证人因亲身经历案件事实，其证言成为刑事诉讼活动准确查明案件事实的重要证据来源。证人感知案件事实，经由记忆，最终以证言的方式向国家专门机关作出陈述。证人由于了解案件事实而具有不可替代性，所以法律为证人设置了作证义务。除非证人提出法定的正当理由，否则证人不得拒绝作证。对于被追诉人而言，其在

刑事诉讼中兼具双重角色。其一，案件事实由被追诉人所实施，被追诉人熟知整个案件的详细经过。因而被追诉人与证人相类似，成为认定案件事实的证据来源。如若案件事实不为被追诉人所为，被追诉人对追诉机关所作的辩解也有助于追诉机关查明案件事实真相。其二，作为犯罪案件的被追诉人，其与诉讼过程和诉讼结果存在直接利害关系，因而被追诉人享有诉讼权利并承担一定的诉讼义务。

污点证人实际上属于被追诉人，因其主张不得强迫自证其罪的权利拒绝作证或者提供案件相关信息而起。污点证人与其他被追诉人通常为共同犯罪。犯罪的共同性并不简单表现为污点证人和其他被追诉人等犯罪主体人数在两人以上，而旨在强调“法律规定的构成要件之共同”①。污点证人的证言或者提供的案件相关信息不仅证明其有罪，而且证明其所了解的其他被追诉人的犯罪事实。与查明污点证人的犯罪事实相比，追诉机关亟须准确查明其他被追诉人的犯罪事实，充分收集其他被追诉人的犯罪证据，缉获其他被追诉人并追究其他被追诉人的刑事责任，这明显更为符合公共利益。如若污点证人的犯罪事实与其所了解的其他被追诉人的犯罪事实社会危害性相同或类似，则不存在国家专门机关为了公共利益而将该被追诉人作为污点证人之必要。例如，甲、乙二人盗窃他人财物。追诉机关必然不会为了追究乙盗窃罪的刑事责任而责令甲成为污点证人。又如，贩毒集团成员众多，其中有甲、乙二人，追诉机关不会为追究乙的刑事责任而令甲成为污点证人。污点证人可能承担之否定性法律后果与其他被追诉人不具有可比性。换言之，此时，国家专门机关通常才具有适用污点证人制度之正当性基础。追诉机关经过利益权衡，并遵循污点证人制度对程序和证据的规定，要求污

① 共同犯罪之共同性存在犯罪共同说、行为共同说等，本书采纳陈兴良教授所提出的法律规定的构成要件之共同说。具体参见陈兴良：《共同犯罪论》，载《现代法学》2001 年第 3 期。

点证人不再主张不得强迫自证其罪的权利，而必须就其所了解的其他被追诉人的案件事实向国家专门机关进行陈述。污点源于污点证人所作陈述的内容证明其有罪。一方面，这使得污点证人有别于普通证人；另一方面，污点也使得追诉机关应当给予污点证人等效保障。

共同犯罪中污点证人和其他被追诉人的分立对于刑法平等原则是否产生不利影响呢？又该如何看待污点证人制度与刑法平等原则之间的关系？

污点证人不再主张不得强迫自证其罪的权利而必须作证或者提供案件相关信息。这使得污点证人面对强大的国家专门机关对其所发动的刑事追诉活动时无法与之平等对抗。而诉讼结果又关乎污点证人的根本利益，可能对其定罪量刑，使其财产、自由等被国家依法剥夺。因此，为了实现刑事诉讼活动最基本的公正性，污点证人制度规定，追诉机关应当给予污点证人等效保障。在美国联邦层面，等效保障意味着追诉机关不得直接或间接将污点证人所作证言或者所提供的案件相关信息，以及由此所收集的其他证据用于对该污点证人不利的证据。对于共同犯罪中其他被追诉人而言，追诉机关应当准确查明案件事实，充分收集犯罪证据。在审判过程中，检察官应当提出确实、充分的证据，并将其他被追诉人构成犯罪的基本构成要件都证明达到法定的证明标准。检察官可以提出从污点证人所作证言或者所提供案件相关信息中直接或者间接收集的与其他被追诉人犯罪事实具有相关性的证据，也可以提出其他与案件事实存有相关性，有助于事实认定者对案件事实作出裁断的证据。可以看出，在审判过程中，控诉方对污点证人和其他被告人提出指控所依据的证据范围差异明显。污点证人制度确实给法院对污点证人和其他被告人定罪量刑造成了一定的影响。如若检察机关在对污点证人提起的指控中缺少相关证据，则存在放纵污点证人犯罪之嫌。

然而，笔者认为污点证人制度的施行对追究污点证人和同案其他被追诉人甚至同类案件被追诉人的刑事责任所产生的影响，并未否定刑法平等原则，而应成为刑法平等原则的例外。首先，污点证人制度的适用，体现出刑事诉讼对公共利益的追求。由于污点证人作证或者提供案件相关信息对于追诉机关准确查明其他案件犯罪事实必不可少，成为追诉机关充分收集犯罪证据和缉获重要的被追诉人的必要途径，而其他被追诉人犯罪事实的社会危害性明显高于污点证人犯罪事实的社会危害性，所以出于对保障公共利益之考虑，污点证人不再主张不得强迫自证其罪特免权而必须作证或者提供案件相关信息。而作为对价，追诉机关不得在刑事诉讼中直接或者间接将污点证人所作证言或者所提供的案件相关信息用于对污点证人不利的证据。例如，当今社会贿赂犯罪、毒品犯罪、暴恐犯罪等时有发生。这些犯罪案件往往具有社会危害性高、隐蔽性强、犯罪集团性突出等特点。因而这些案件的发生在给公共利益带来巨大危害和风险的同时，对刑事诉讼活动的公正、有效进行形成了极大的障碍。换言之，刑事侦查机关难以通过常规的途径或手段来查明案件事实真相，或者检察机关因证据不足，无法将被追诉人构成犯罪证明达到法定的证明标准，或者法院将判决被告人无罪，从而无法实现预防犯罪之目的。在此情况下，为了实现打击犯罪、保护公共利益之目的，污点证人制度便应运而生，成为追诉机关查明案件事实，甚至避免犯罪实际完成的有效手段。

其次，污点证人制度的适用，体现出对诉讼公正和诉讼效率的追求。在法治社会，公正是刑事诉讼的目标与动力，更是刑事诉讼的生命和灵魂。而效率则反映出刑事诉讼活动投入的司法资源与产出的诉讼结果之间的比例。基于人权保障和司法资源优化配置等多方面考虑，刑事诉讼也必须重视效率。污点证人作证或者提供案件相关信息对于查明特定案件事实真相必不可少，避免案件发生后证据收集不及时而导致的证据被毁损、隐匿、伪造等，防止案发后被追诉人逃逸、隐匿等。追诉机关不得将与之相关的证据作为对污点证人不利的证据，以此等效于不得强迫自证其罪特免权对污点证人的保障。污点证人制度在保障诉讼公正的前提下，加快了刑事诉讼进程，提高了诉讼效率。由于现代世界各国均面临有限的司法资源与激增的刑事案件之间矛盾的困扰，所以不得不考虑采取一些提高诉讼效率的特别之举。如若绝对地坚持刑法平等原则而拒绝污点证人制度，要求追诉机关公正、有效地查明所有刑事案件的犯罪事实，那么就将为追诉机关套上难以负担的沉重枷锁，不仅牺牲了诉讼公正，而且影响了诉讼效率。污点证人制度是多方面诉讼价值的均衡实现。

最后，美国证人豁免制度规定，追诉机关不得将污点证人所作证言和所提供的案件相关信息用于对其不利的证据。这并不意味着追诉机关不再追究污点证人的刑事责任，而是对追诉机关收集犯罪证据和提出证据方面作出一定的限制。追诉机关依然可以提出与污点证人作证或提供案件相关信息无关的犯罪证据来对其进行谴责，对其犯罪行为作出否定性评价，以及实现预防犯罪发生之目的。而且，法律对污点证人制度规定了严格、审慎的适用程序，只有符合公共利益并遵从法定程序才能适用污点证人制度，从而最大限度地实现刑法平等原则。

由于刑法对犯罪行为及其法律后果作出了明确的规定，所以这在保障公民基本权利的同时，也限制了国家权力的恣意行使，保证刑法能够公正、平等地适用于所有被追诉人。刑法平等原则反映出对公正、人权、秩序等价值的追求。反观污点证人制度，其不仅符合公共利益之要求，而且适用程序的严谨与苛刻也具有保障污点证人制度正当性、防止其被滥用的功效。污点证人制度能够满足司法实践对诉讼公正和诉讼效率等的现实需要并且契合了刑法平等原则的根本精神。总的来说，污点证人制度的确立并未否定刑法平等原则，而是作为刑法平等原则的例外和有益补充。

第二节 污点证人制度与无罪推定原则

一、无罪推定原则的基本含义

在现代法治社会，定罪是司法机关根据案件相关证据和法律规定，对公民侵害法益行为之存在与否及其犯罪性进行权威确认与公正评判。定罪不仅是国家从法律上对被追诉人行为所作的否定性评价，而且是追究被追诉人刑事责任的前提和基础。定罪的主要任务在于区分罪与非罪、此罪与彼罪等，进而实现刑罚报应之结果和预防犯罪之发生。一方面，追诉机关应当准确查明案件事实，充分收集犯罪证据，并将被追诉人实施犯罪行为的证明达到刑事证明标准，从事实和法律两个层面确定被追诉人有罪；另一方面，司法机关应当通过正当法律程序作出有罪判决。在司法机关客观、公正地对被追诉人定罪以前，应将其推定为无罪之人。

无罪推定原则作为现代国际社会所公认的一项人权保障的基本原则，世界各国在宪法或者法律中都对该原则作出了明确的规定。1764年贝卡利亚在其所著的《论犯罪与刑罚》中指出："在法官判决之前，一个人是不能被称为罪犯的。只要还不能断定他已经侵犯了给予他公共保护的契约，社会就不能取消对他的公共保护。"①当时资产阶级为了打破封建桎梏给社会和民众所带来的思想枷锁，为了废除刑讯、酷刑和其他不人道的待遇，以及为了变革封建时代的司法专横和愚昧等，在"天赋人权"、"自由、平等和民主"等启蒙思想的指引下，对封建时期所盛行的有罪推定原则提出挑战。无罪推定思想的产生，符合刑事诉讼之内在规律，并反映了人类社会文明的发展方向。无罪推定思想最早为法国立法所接受和认可，

① ［意］贝卡利亚：《论犯罪与刑罚》，黄风译，中国法制出版社2005年版，第37页。

1789年法国《人权宣言》第9条规定："任何人在被宣判有罪之前，都应推定为无罪。"美国宪法第五修正案和第十四修正案规定："未经正当法律程序，不得剥夺任何人的生命、自由或财产。"1895年美国联邦最高法院在 *Coffin v. United States*① 案中判决："有利于被告人的无罪推定原则是无可置疑的法律，是带有公理性质的和最基本的，它的执行是我国刑事司法最根本的内容。"随着人权保障理念的深入发展和有效贯彻，联合国的人权保障公约以及刑事司法文件多次确认无罪推定原则。1948年联合国大会通过的《世界人权宣言》第11条规定："凡受刑事控告者，在未经依法公开审判证实有罪之前，应被视为无罪。审判时必须予以答辩上所需之一切保障。"1966年联合国《公民权利和政治权利国际公约》第14条规定："凡受刑事控告之人，未经依法确定有罪之前，应被视为无罪。"2007年联合国人权事务委员会进一步对《公民权利和政治权利国际公约》中无罪推定之规定作出具有权威性和普遍适用性的解释："无罪推定是保护人权的基本要素，要求检方提供控诉的证据，保证在排除所有合理怀疑证实有罪之前，应被视为无罪，确保对被告适用无罪推定原则，并要求根据这一原则对待受刑事罪行指控者。所有公共当局均有责任不对审判结果作出预断，如不得发表公开声明指称被告有罪。"② 无论无罪推定原则以肯定的形式表述为，被追诉人在被法院判决有罪之前，应推定或视为无罪之人，抑或是以否定的形式规定，凡受刑事控告者未经法院最终定罪，不得被认定为有罪。自贝卡利亚至今的两个半世纪里，无罪推定原则已经为国际社会所普遍接纳和遵循，并作为现代刑事诉讼之基石而发挥着重要的作用。

无罪推定原则的内涵主要表现为对国家权力进行规制和对公民

---

① *Coffin v. U.S.*, 156 U.S. 432 (1895). 转引自陈光中主编：《〈公民权利和政治权利国际公约〉与我国刑事诉讼》，商务印书馆2005年版，第25页。

② 《联合国人权事务委员会第13号一般性意见：第32条》，转引自顾永忠：《〈刑事诉讼法修正案（草案）〉中无罪推定原则的名实辨析》，载《法学》2011年第12期。

权利予以保障。权力规制重在对权力运行的过程和结果作出正当、有效的管控，以此督促权力规范行使，避免权力的肆意和滥用，以及保障权力相对人的合法权益。具体而言，就是由追诉机关代表国家承担被追诉人有罪的证明责任。被追诉人不承担证明自己有罪或者无罪的证明责任。如若追诉机关没有证据、证据不充分或者证据对被追诉人有罪的证明尚未达到法律规定的证明标准，那么应当推定被追诉人无罪。换言之，追诉机关应当通过确实、充分的证据来证实被追诉人有罪，以此推翻被追诉人无罪之推定。“诉讼的起点由被告人无罪开始，证明的天平首先向有利于被告人一侧倾斜，控方的责任是逐一搬出证明被告人有罪的砝码堆放在对被告人不利的一侧，直至天平完全向被告人有罪一侧倾斜达到法律要求的定罪标准。”① 若非如此，法院将依法对被追诉人作出无罪判决，无论该被追诉人在事实上是否是被追诉人。此外，无罪推定原则要求只有法院才有权对被追诉人有罪与否作出权威认定，而且法院确定被追诉人有罪必须经过合法且正当的法律程序。如若法院对被追诉人有罪不存在任何合理的怀疑，或者对此已经形成内心确信，那么法院应当通过判决的方式确定被追诉人有罪。由于刑法将以特别严厉的方式损及被追诉人之利益，所以法院判决被追诉人有罪意味着国家对该公民科处刑罚、追究其刑事责任的合法与正当。

权利保障也是无罪推定原则的应有之义。虽然犯罪行为侵害或威胁法益，为了保护法益需要及时、有效地惩治犯罪，但是在法院依法判决被追诉人有罪以前，应当推定被追诉人无罪，在赋予被追诉人刑事诉讼主体地位的同时为其提供保障措施。例如，无罪推定原则要求在刑事诉讼过程中尽量对被追诉人采取非羁押性强制措施，对被追诉人采取强制性措施应当由中立的司法机关加以审查，被追诉人有权获悉指控的罪名和理由，有权获得律师帮助或法律援

---

① 江礼华等主编：《外国刑事诉讼制度探微》，法律出版社 2000 年版，第 153～154 页。

助，有权保持沉默，有权积极提出证据证明自己的清白或者积极进行无罪辩护，如若案件存疑，那么法院应当作出有利于被追诉人的判决，等等。无罪推定原则通过对国家权力进行规制和对公民权利予以保障，体现出现代刑事司法的法治与文明。

二、污点证人制度与证明责任分配

在证明责任分配方面，无罪推定原则规定由控诉方承担提出证据证明被告人有罪的证明责任，而被告人不承担证明自己无罪与否的证明责任。“当人们提及受到刑事指控的被告人应当被推定为无罪时，其真正含义是指控诉方应当承担证明被告人有罪的责任。”① 控诉方向法院提出被告人有罪的指控后，其负有提出证据对该指控加以证明的义务。如若控诉方未能提出确实、充分的证据，未能有效论证对被告人有罪的指控，那么控诉方所提出的指控不被法院所接受和认可。公诉案件中承担证明责任的是作为公诉方的检察机关，而自诉案件中承担证明责任的是作为自诉方的被害人。法院不承担任何证明责任，因为在刑事诉讼中法院并未提出任何指控，也未提出证据加以论证，更不会为此承担消极的法律后果。法院与刑事诉讼活动不存在任何利害关系，而仅仅作为中立的裁判者对指控进行客观、公正的裁判。

污点证人制度要求污点证人不再主张不得强迫自证其罪的权利而必须作证或者提供案件相关信息，而污点证人作证的证言或者提供的案件相关信息使其自证其罪。因而在对该污点证人提出的刑事指控中，控诉方不得直接或间接将污点证人的证言或者其所提供的案件相关信息，以及从其证言或者案件相关信息中收集的任何证据作为对该污点证人不利的证据。污点证人制度实际上包括两个阶段。在第一个阶段，污点证人作为证人，将其所了解的案件事实向

① Glanville Williams. The Proof of Guilt: A Study of the English Criminal Trial (2d edition). London: Stevens & Sons, 1958: p152.

国家专门机关作出口头陈述。换言之，污点证人因了解其他被追诉人的犯罪事实，而先成为负有作证义务的诉讼参与人。在可能的第二个阶段，污点证人则处于被告人的地位，即污点证人作为己案的当事人，享有一系列诉讼权利，并与诉讼进程和诉讼结果存有直接利害关系。第二个阶段就是对污点证人的刑事责任进行权威、公正认定的阶段。污点证人成为第二阶段中最为关键的人物。

在第一个阶段，检察机关作为公共利益的代表，指控其他被告人构成某犯罪，而污点证人作为案件证人参与诉讼。由于污点证人作证的证言或者提供的案件相关信息有助于追诉机关提出证据、收集证据和准确查明案件事实，检察机关可以对待证事实进行更为充分的论证，所以污点证人对于刑事诉讼的顺利进行必不可少。如若刑事诉讼过程缺失污点证人，那么检察机关无法充分履行举证义务，或者无法有效证明被告人构成犯罪，这使得法院将作出检察机关指控的犯罪不能成立的无罪判决。不言自明，在第一个阶段，由控诉方承担证明责任。

根据无罪推定原则之规定，被告人不承担证明自己无罪的证明责任，被告人更不需要承担证明自己有罪的证明责任，而证明被告人有罪的证明责任应当由控诉方承担。第二个阶段仍应当由控诉方承担证明责任。可是，在第一个阶段中污点证人作证的证言或者提供的案件相关信息证明其有罪，这使得污点证人事实上负担了本不应承担的证明责任。为了继续遵循无罪推定原则对证明责任分配之既有规定，美国证人豁免制度规定，污点证人此前作证的证言或者提供的案件相关信息通常不得在第二个阶段作为对该污点证人（被告人）不利的证据。如若控诉方未能提出其他证据证明被告人的犯罪事实，那么被告人依然受到无罪推定原则的保护。需要注意的是，在第二个阶段被告人可能需要承担一定的证明责任。该证明责任并不是为了证明被告人无罪与否，而是被告人原则上需要对控诉方使用非法证据承担一定的证明责任。在美国证人豁免制度中，被告人在第二个阶段可能主张，控诉方将其在第一个阶段所作的证言或者所提供的案件相关信息等作为对其不利的证据。被告人对此应当提出证据并运用证据进行论证。若非如此，法院将拒绝被告人的主张。总而言之，污点证人制度并未改变无罪推定原则对证明责任分配的规定。

三、污点证人制度与证明标准

证明标准与证明责任联系密切。证明标准就是承担证明责任的诉讼方在诉讼活动中运用证据证明案件事实所应达到的真实程度。如若承担证明责任的诉讼方未能使案件事实的真实性证明标准达到法定的程度，那么法院无法接受诉讼方所提出的诉讼主张。证明标准的关键之处在于真实程度，证明标准可以量化为从0%真实性到100%真实性的衡量度区间。证明责任的有效承担意味着诉讼证明达到了法定的确定程度。对于无罪推定原则而言，控诉方应当提出证据证明被告人有罪达到法律所规定的证明标准，而法院对证明所形成的内心确信使其判决被告人有罪，以此推翻被告人无罪之推定。

由于刑事诉讼判决结果可能对被告人的生命、自由、财产等基本权利产生严重影响，所以需要为其确立较高的证明标准，从而最大限度地避免法院审判权力之非理性与恣意，并且尽可能地保障被告人以及其他公民的合法权利不受国家权力的任意侵犯。英美法系国家奉行“排除合理怀疑”（beyond a reasonable doubt）的证明标准。“所谓有合理怀疑，如依19世纪美国一位首席法官的说法，是在一切证据经过全部的比较与考虑以后，审理事实的人本于道义或良知，对于所诉的事实，不能信以为真。究竟有无合理怀疑，又如另一位爱尔兰法官的说法，是本于一颗赤诚的心，对于全部证据为冷静的观察，发生理智的了解，不受任何一定的影响，没有偏见，没有恐惧。”① 检察机关指控被告人构成犯罪，应当将被告人

---

① 李学灯：《证据法比较研究》，台湾五南图书出版公司1992年版，第666页。

犯罪的基本构成要件都证明达到“排除合理怀疑”的程度，相当于达到95%以上的真实性。美国证据理论和诉讼实践认为，刑事诉讼判决无法达到并且不需要达到绝对真实，即100%真实性。而低于“排除合理怀疑”标准的其他证明标准，如“清晰且有说服力的证明”标准、“优势证据”标准等，不足以保证刑事判决结果的准确性和公正性。因此，美国检察机关应当将被告人构成犯罪证明达到“排除合理怀疑”的标准，而“排除合理怀疑”证明标准也成为美国法院对被告人定罪所应跨越的最为严格、最为基本的门槛。我国刑事诉讼法规定，检察机关提出的被告人构成犯罪证明需要达到“事实清楚，证据确实、充分”的标准。检察机关证据不足或者证明未达证明标准，不能认定被告人有罪的，法院应当作出无罪判决。我国2012年《刑事诉讼法》对“事实清楚，证据确实、充分”证明标准作出了较为详细的规定：“其一，定罪量刑的事实都有证据证明；其二，据以定案的证据均经法定程序查证属实；其三，综合全案证据，对所认定事实已排除合理怀疑。”我国刑事诉讼法对英美证据法中“排除合理怀疑”证明标准的借鉴和吸收，在一定程度上完善了原有的证明标准。该证明标准偏重从主观层面对法院认定案件事实所形成的内心确信进行规范和评判，有助于增强判决结果的正当性并防止冤假错案的发生。

污点证人制度的施行并未降低刑事诉讼证明标准。不论在第一个阶段污点证人作为证人，而检察机关指控其他被告人构成犯罪，还是在可能的第二个阶段污点证人作为被告人，检察机关指控其构成犯罪，控诉方若要成功地证明被告人有罪，均需达到法律所规定的“排除合理怀疑”证明标准。否则，法院将依法判决被告人无罪。特别是在第二个阶段，控诉方不得提出污点证人在第一个阶段所作之证言，以及由该证言所发现和收集的其他证据作为对其不利的控方证据，从而避免污点证人证言对诉讼证明产生影响。例如，美国刑法对一级纵火罪规定如下：当行为人通过引起爆炸或者火灾的方式故意毁损建筑物或者机动车辆并且满足以下要件时，行为人被判处一级纵火罪：（a）该爆炸或者火灾是由燃烧装置所引起，抑或该爆炸或者火灾是由爆炸所引起；（b）爆炸或者火灾发生时非共犯的其他人处于该建筑物或者机动车辆中；（c）被告知道该人在场等事实或者情况，此即具有合理的可能性。而在美国刑事司法实践中，检察机关在第二个阶段指控被告人（污点证人）犯一级纵火罪，控诉方应当排除合理怀疑地证明以下九项犯罪构成要件："1. 被告引起爆炸或者火灾。2. 该被告通过燃烧装置引起该爆炸或者火灾。此处燃烧装置是指旨在爆炸或基于撞击而造成无法控制的燃烧的易碎性容器，该容器装有易燃液体和棉芯或可被点燃的类似装置。3. 该燃烧装置被推进、扔进或者置于结构体（structure）内，抑或该爆炸或者火灾是由爆炸所引起。此处爆炸是指其通常含义。4. 该结构体是指建筑物或者机动车辆。根据法律规定，建筑物（building）除其通常含义以外，还包括任何结构体、机动车辆或者晚间用于人们寄宿或用于经营的船只，此即建筑物分为两个或多个独立锁牢和使用的单元，而每个单元通常不被当作一个独立的建筑物……"① 如果控诉方未能排除合理怀疑地证明上述一项或多项基本构成要件，或者如果陪审团基于证据或者缺少证据而产生合理怀疑，那么事实裁判者不得就所指控的一级纵火罪判处被告人有罪。检察机关应当提出与污点证人之前所作证言无关的证据，并将案件事实证明达到最高的程度。当检察机关追究污点证人刑事责任时，污点证人（被告人）可能如前文所述，需要承担一定的证明责任。此时，被告人对待证事实的证明不需要达到"排除合理怀疑"证明标准，一般只需达到"优势证据"标准即可。对于检察机关承担证明责任的情况，法律通常为其确立了较高的证明标准。而被告人的取证能力和条件有限，法律知识、技能缺失，即使有辩护律师，有时也难以同追诉机关进行平等对抗、公平竞技，所

① Howard G. Leventhal. Charges to the Jury and Requests to Charge in a Criminal Case in New York, http://international.westlaw.com，2013 年 1 月 5 日访问。

以被告人进行证明并不需要达到最高的证明标准。

四、污点证人制度与存疑案件的处理

根据无罪推定原则之规定，如若承担证明责任的控诉方未能提出证据，或者无法证明被告人构成犯罪的真实性，换言之，控诉方证明未能达到法定的证明标准，那么法院应当将被告人构成犯罪视为不真实的，控诉方所提出的指控不能成立，而被告人应当被判决无罪。如若控诉方排除合理怀疑地证明被告人有罪，但是未能证明被告人量刑轻重，此时，法院应当作出刑轻的判决。

在第一个阶段，污点证人作为证人，向国家专门机关作证或者提供案件相关信息，将其所了解的案件事实陈述给国家专门机关，以使得追诉机关准确查明案件事实，充分收集犯罪证据，并正确缉获被追诉人等。尽管污点证人的证言对于公共利益而言可能是必需的，但仍存有控诉方未能排除合理怀疑地证明其他被告人有罪之可能。案件存疑时，应当作出有利于其他被告人的处理。在可能的第二个阶段，污点证人作为被告人，检察机关指控其构成犯罪。由于控诉方不得直接或间接地将被告人在第一个阶段所作之证言用于对其不利的控方证据，所以控诉方应当提出其他证据来证明被告人有罪。如果控诉方无法提出其他证据，或者未能将待证事实证明达到法定的要求，那么法院将作出被告人无罪之判决。因此，污点证人制度与“疑罪从无”的存疑案件处理方式并不矛盾。

总而言之，无罪推定原则作为现代刑事法律之基石，主要适用于从追诉机关启动刑事程序到法院作出生效裁判之间的诉讼过程。法院作出生效裁判则意味着从法律上而言，被告人被宣告为有罪或无罪之人。有罪之人应当承担刑法所规定的否定性法律后果，具体表现为对有罪之人的惩罚，如对有罪之人的生命、自由、财产和政治权利进行剥夺与限制等。当法院作出生效有罪裁判之时，无罪推定原则也就被推翻，失去了发挥作用的前提与基础。如若法院判决被告人无罪，法院并未对被告人作出否定性评价或进行谴责，被告人也就不应当承担具体的制裁措施。无论被追诉人是否是真正的被追诉人，在法院作出生效有罪判决以前，无罪推定原则赋予被追诉人在法律上无罪的诉讼地位。追诉机关如欲使被追诉人成为法律上有罪之人，必须经过法定的诉讼程序，并且以法院依法作出生效判决的方式。控诉方应当承担被告人有罪的证明责任，提出证据将被告人构成犯罪证明达到法定的证明标准，以此推翻被追诉人所享有的抵御国家权力之肆意的保障性推定。被追诉人也就从法律上无罪之人成为法律上有罪之人。

由前文分析可见，无论是在证明责任分配方面、证明标准方面，还是对于存疑案件的处理，污点证人制度与无罪推定原则并行不悖。污点证人制度不仅契合了无罪推定原则的基本精神，而且成为践行无罪推定原则的理性之举。一方面，在刑事诉讼中控诉方为了跨越法律对被告人所设置的无罪推定的保障，必须提出证据证明被告人构成犯罪，说服法院作出有罪判决。然而，随着犯罪能力和犯罪条件的提高以及犯罪行为社会危害性的增强，追诉机关在查明案件事实、收集犯罪证据和缉获犯罪嫌疑人的过程中面临更多的困难。尤其是进入新世纪以来，这种趋势更为明显。另一方面，对于危害公共安全的犯罪、侵害公民生命、健康的犯罪等严重犯罪案件，追诉机关应当及时破获案件，查明案件事实真相，以防止被追诉人再次犯罪，并震慑尚未犯罪的国民，预防其实施犯罪。可是，在刑事司法实践中追诉机关的追诉能力和追诉条件有限，时常难以准确查明案件事实或者发现破案线索，将严重暴力犯罪等刑事案件止于萌芽状态，减轻甚至避免法益受到侵犯。因而美国证人豁免制度才具有了实践合理性。污点证人向国家专门机关所作之证言或者所提供的案件相关信息，有助于追诉机关及时侦破犯罪案件，充分收集犯罪证据，从而公正、有效地实现无罪推定原则对国家专门机关所苛求之证明责任，并保障公民之合法权利。污点证人制度实际上是无罪推定原则的有益保障。

第三节　污点证人制度与证据裁判原则

一、证据裁判原则概述

在证据制度文明的发展史上，初始阶段社会生产力落后且人类的认识能力有限。当讼争双方对案件事实存有争议而又无法证实之时，司法人员凭借神明指示等来认定案件事实。当时人类社会普遍认同：正义者、有理者等，神明助之。虽然神明裁判缺少理性和科学基础，但是该证据制度是当时人类社会解决纷争的当然且必然选择。随着社会生产力的发展以及人类认识能力的提高，口供裁判逐渐取代了神明裁判。法官以证据为根据，特别是以口供来认定案件事实，而不再以神明旨意或启示等裁断是非。口供被视为“证据之王”，而且以刑讯等手段取得口供也合乎法律之规定。法律预先对证据之取舍及其证明力大小作出详尽且机械性的规定。虽然口供裁判作为证据裁判之雏形，在一定程度上推动了证据制度的进步与发展，但是法律对证据所作机械性的规定，诉讼对推定以及司法认知等的排斥，以及对刑讯逼供之下依口供结案的推崇等，对客观、公正地裁判造成负面影响。

“证据裁判是在资产阶级追求民主、自由、人权和对口供裁判制度的激烈批判及深刻反思的基础上，伴随着自由心证制度的确立而建立起来的。”① 自由心证强调法律不应预先对证据的证明力作出规定，而应由法官在案件审理过程中依据理性和良知加以自由评判。为了避免法官自由心证出于非理性或恣意之结果，法官应当以案件审理过程中所提出的证据为根据。证据不仅有效地规范了司法权力之行使，而且切实地维护了当事人的合法权利。因此，证据裁判原则是自由心证得以充分确立和良性运行的重要基石。证据裁判

① 陈光中、郑曦：《论刑事诉讼中的证据裁判原则》，载《法学》2011年第9期。

原则为法律所明确规定则肇始于日本。1876 年日本颁行的《断罪依证律》将《改定律例》所规定的“凡断罪，依口供结案”修改为“凡断罪，依证据”，并规定“依证据断罪，完全由法官确定”。[①] 现行的《日本刑事诉讼法》第 317 条规定：“认定事实，应当依据证据。”亚洲多国以及我国台湾地区等都作出了与之相仿或类似的规定。而《法国刑事诉讼法典》第 427 条规定：“除法律另有规定外，犯罪得以任何证据形式认定，并且法官得依其内心确信做出判决。法官只能以在审理过程中向其提出的、并在其当面经对席辩论的证据为其做出裁判决定的依据。”[②]《德国刑事诉讼法》第 244 条第 2 款规定：“为了调查事实真相，法院应当依职权将证据调查延伸到所有的对于裁判具有意义的事实、证据上。”[③] 大陆法系诸国并未在法律条文中直接规定证据裁判原则，仅将其作为自由心证原则之依附而予以间接性地体现。欧洲大陆国家学者认为，不应将证据裁判原则作为证据法的原则而在法律上进行明确规定。反观英美法系国家，立法并没有证据裁判原则之规定，而在证据法学教材和专著中也没有证据裁判原则之表述。在英美法系国家，证据裁判原则之意蕴已经为证据相关性规则等所吸收，进而融汇于证据法立法和学者的论著之中。总而言之，尽管大多数国家的法律并未明确规定证据裁判原则，但是证据裁判原则的要义已成为现代民主法治国家之公允。[④]

过去我国民事诉讼和行政诉讼已有蕴含证据裁判原则之精神的规定，如最高人民法院《关于民事诉讼证据的若干规定》第 63 条规定：“人民法院应当以证据能够证明的案件事实为依据依法作出裁判。”最高人民法院《关于行政诉讼证据若干问题的规定》第 53

---

① ［日］松尾浩也：《日本刑事诉讼法（下卷）》，中国人民大学出版社 2005 年版，第 4 页。

② 《法国刑事诉讼法典》，罗结珍译，中国法制出版社 2006 年版，第 292 页。

③ 《德国刑事诉讼法典》，李昌珂译，中国政法大学出版社 1995 年版，第 101 页。

④ 陈光中、郑曦：《论刑事诉讼中的证据裁判原则》，载《法学》2011 年第 9 期。

条规定："人民法院裁判行政案件，应当以证据证明的案件事实为依据。"而我国刑事诉讼法也在一定程度上体现了证据裁判原则。2007年最高人民法院、最高人民检察院、公安部、司法部联合出台的《关于进一步严格依法办案确保办理死刑案件质量的意见》规定："坚持证据裁判原则，重证据、不轻信口供。"2010年最高人民法院、最高人民检察院、公安部、国家安全部和司法部联合发布的《关于办理死刑案件审查判断证据若干问题的规定》规定："认定案件事实，必须以证据为根据。"自此，证据裁判原则在我国刑事诉讼中被正式确立。

在刑事诉讼的语境之下，证据裁判原则是指案件事实之认定必须依据证据。"坚持证据裁判原则，必须做到认定案件事实应有相应的证据予以证明，一切都要靠证据说话，没有证据不得认定犯罪事实；必须做到对存疑的证据不能采信，确保判决认定的事实证据确实、充分；必须做到用合法的证据来证明案件事实，对于非法取得的证据应当排除，不能作为定案的根据。"① 我国证据裁判原则主要包括以下几个方面内容：其一，认定案件事实必须以证据为根据。没有证据，则无法对案件事实予以认定。刑事诉讼是在案件发生以后依据证据对案件事实回溯性的认定活动。案件事实具有本源性、稳定性和整体性，而证据则具有表征性、易变性和个别性。由于案件事实和证据只有在刑事诉讼中才产生意义，所以证据成为刑事诉讼的逻辑起点。"唯在法治社会之定分止争，首以证据为正义之基础，既需寻求事实，又需顾及法律上其他政策。认定事实，每为适用法律之前提，因而产生各种证据法则，遂为认事用法之所本。"② 因而证据是认定案件事实之根据，也是实现司法公正之基石。需要注意的是，有学者认为："没有证据既包括没有任何证

① 王斗斗、赵阳、周斌：《"两高三部"有关负责人就两〈规定〉答记者问》，载《法制日报》2010年5月31日。

② 李学灯：《证据法比较研究》序，台湾五南图书出版公司1992年版。

据，也包括证据不充分的各种情形。没有证据固然不能认定案件事实，即使仅有一部分证据，或者有证据但没有达到法定程度，亦不能对事实进行认定。”[①] 对此，笔者深以为然。有鉴于前文无罪推定原则部分已对其进行阐释，故在此不再赘述。其二，证据必须经过法庭程序查证属实，才能作为定案的根据。若非如此，则无论该证据是否确实具有证据资格，亦不论其证明力何如，法院均不得将其作为定案的依据。法庭经过举证、质证，将证据查证属实，以此为客观、准确地认定案件事实铺平道路。法定的证据调查程序是使证据获得证据资格的积极条件，也是终局条件。[②] 其三，据以定案的证据必须具有证据资格。证据资格是指证据能为诉讼所接受而应具有的法律资格，换言之，证据资格即法律对证据进入诉讼程序所设定的条件。无论是大陆法系国家对证据能力的规定，还是英美法系国家对证据可采性的规定，均体现出法律对证据资格的要求。虽然诉讼以充分收集证据为出发点，但是诉讼不应也不能将所有证据都作为定案的根据。法律必须对证据资格作出严格的规制，以此约束国家权力并保障公民的合法权利，如侦查人员通过刑讯逼供等手段取得被追诉人的供述，该证据不应作为法庭认定案件事实的根据。因此，只能根据具有证据资格的证据来认定案件事实。

概言之，在刑事诉讼活动中，只有通过证据证明的案件事实，才是法律意义上发生过的案件事实。没有证据或者证据未能证明的案件事实，则通常被视为未发生过或者不存在。换言之，法官仅凭经验、常识和理性，在没有证据或者缺少证据的情况下，将无法认定案件事实成立。而且，法院只能根据具有证据资格的证据来认定案件事实。不具有证据资格的证据将被法庭所排除，不能作为定案的依据。更为重要的是，证据应当经过法庭调查程序，由控辩双方举证、质证，在查证属实之后才能作为定案的根据。

---

① 樊崇义、吴宏耀：《论证据裁判原则》，载《法律应用研究》2001 年第 6 期。

② 林钰雄：《刑事诉讼法（上册）》，中国人民大学出版社 2005 年版，第 345 页。

二、污点证人制度与证据裁判原则

美国证人豁免制度既有助于证据裁判原则的实现，又在一定程度上与证据裁判原则相冲突。正如前面所述，在第一个阶段，污点证人作为证人，其不再主张不得强迫自证其罪的权利而必须作证或者提供案件相关信息。追诉机关通过污点证人制度正确缉获重要的被追诉人，充分收集犯罪证据，并查明当时依靠其他侦查手段所无法获知的案件事实。污点证人所作证言和据此所收集的其他犯罪证据成为认定案件事实的基础，办案人员可以从这些犯罪证据中推理演绎出案件事实真相。而且这些犯罪证据的收集主体合法、收集手段正当、收集方式规范，所以污点证人的证言和与之相关其他犯罪证据具有法律资格，能够进入法庭并作为定案的根据。此外，由污点证人制度所收集的犯罪证据通过法庭调查程序，经受法庭上出示、辨认等举证程序，经过控辩双方询问、辩驳等质证程序，之后法院才能将其作为认定案件事实的依据。由此可见，在第一个阶段污点证人将其所了解的同案其他被追诉人或者他案其他被追诉人的犯罪事实，向国家专门机关作证或者提供侦查线索、情报等，其证言本身以及由此而收集的犯罪证据成为证据裁判原则的有力保障。

美国证人豁免制度与证据裁判原则之间的冲突体现在可能的第二个阶段，即污点证人作为被告人。此前污点证人所作证言或者所提供的案件相关信息等证据，通常不得在第二个阶段作为追诉机关对其不利的证据。追诉机关只能通过其他证据来追究被告人（污点证人）的刑事责任。被告人在第一个阶段所作证言以及由此所衍生出的其他证据，可能包含着翔实的被告人构成犯罪的案件事实信息，可能涉及被告人的犯罪动机、犯罪心理、犯罪过程、犯罪结果等与罪体、罪责、罪量有关之内容，甚至可能囊括几乎全部的犯罪构成要件事实。在第一个阶段污点证人并非受到刑事追诉的当事人，其与诉讼结果不存在直接利害关系，而且证人豁免制度规定，污点证人将为作伪证、虚假陈述等受到刑事追诉。更为重要的是，追诉机关不得直接或间接地使用污点证人证言，污点证人所面对的外部压力不大，因而污点证人在第一个阶段所作证言或者所提供的案件相关信息的真实性非常高并且非常稳定。这给追诉机关收集其他证据来追究被告人（污点证人）的刑事责任带来了很大的困难。例如，毒品犯罪集团成员甲作为污点证人，将其所了解的毒品犯罪集团首要分子乙的犯罪事实向办案人员作出陈述。而污点证人所作陈述必然涉及与己案有关的犯罪事实。在办案人员详细询问之下，污点证人甲本人曾运输、贩卖毒品的犯罪事实为办案人员查知。由于污点证人制度规定，追诉机关不得提出通过污点证人制度所收集的关于污点证人甲运输、贩卖毒品的相关犯罪证据来追究甲的刑事责任。在此种情况下，追诉机关通过其他证据追究污点证人甲的刑事责任实属不易。

虽然证人豁免制度与证据裁判原则存有不相融洽之处，但是对于二者之间的关系，笔者认为，证据裁判原则绝非污点证人制度筑构之障碍，而应在部分程度上将污点证人制度作为证据裁判原则之例外。关于证据裁判原则的历史进步意义与时代价值，有学者已经进行了充分的讨论，“证据裁判原则终结了历史上的神判制度，确立了证据法的理性价值。证据裁判原则否定了刑讯逼供下的依口供结案的证据制度，彰显了证据法的程序价值。证据裁判原则克服了自由心证可能带来的恣意与任性，弘扬了证据法的法治价值”。[①]污点证人制度作为不得强迫自证其罪特免权历史发展过程中的必然产物，具有实践理性和现实性基础。对此，笔者在前文已进行了详细的阐释。而污点证人制度在一定程度上作为证据裁判原则的例外，主要是基于以下原因之考虑：其一，为了维护公共利益，在第一个阶段公正、有效地追究其他被追诉人的刑事责任，切实、充分地贯彻证据裁判原则。在刑事司法实践中，一些社会危害性较高的犯罪案件的侦查难度大、侦查压力大。侦查机关人少、案多，侦查

① 闵春雷：《证据裁判原则的新展开》，载《法学论坛》2010 年第 4 期。

工作危险、艰苦、紧迫，侦查人员还可能面对公众、舆论等的不当干扰等。侦查机关有时难以甚至无法查明案件事实真相、正确缉获关键的被追诉人并充分收集犯罪证据。污点证人制度的确立和适用为打击犯罪、保障法益奠定了基础。否则，侦查机关可能在侦破污点证人犯罪案件的过程中逡巡不前，更妨碍了侦查机关对污点证人所了解的其他犯罪案件侦查工作的顺利、有效进行。正是出于对证据裁判原则的追求，成为在第二个阶段对证据裁判原则进行适当限制的前提。其二，由于此前污点证人不再主张不得强迫自证其罪的权利，所以在第二个阶段需要对其进行等效保障，污点证人制度必须维护污点证人所享有的宪法性权利。刑事诉讼在追求污点证人制度所带来利益的同时，必须承受其给刑事诉讼所造成的阻碍。在第二个阶段污点证人制度对证据裁判原则所产生的有限影响，应当作为在第一个阶段为实现证据裁判原则所必须承受的合理的负担。其三，在刑事司法实践中犯罪案件数量激增，但是适用污点证人制度的犯罪案件却为数不多。追诉机关在大多数犯罪案件中能够查明案件事实真相，而被追诉人则主动供述犯罪事实并配合追诉机关的追诉工作。仅仅在少数犯罪案件中适用污点证人制度，并在一定程度上对证据裁判原则产生影响，这正是诉讼理性和实践自觉的结果。这是污点证人制度对证据裁判原则进行适当影响的现实基础。污点证人制度作为证据裁判原则的例外，并未动摇证据裁判原则的主导地位。

在将污点证人制度部分程度上作为证据裁判原则例外的同时，证据裁判原则也对污点证人制度的适用产生了一定的影响，以督促国家专门机关审慎地查明案件事实并进行利益衡量。其一，在刑事诉讼活动中不是所有的被追诉人都能作为污点证人，也不是所有的被追诉人员都适合作为污点证人。污点证人制度是在追诉理想和追诉现实之间的妥协，是追诉机关为了保障公共利益的无奈之举和底线之举。为了降低适用污点证人制度而导致放纵犯罪的风险，证据裁判原则督促检察机关应当根据证据来评判污点证人可能的犯罪事实，通过证据来辨明污点证人在共同犯罪中可能的地位和作用，凭借证据来考量污点证人已案与其可能了解的其他犯罪案件之间的关系等。证据成为追诉机关适用污点证人制度的标尺。其二，证据裁判原则的关键在于合理约束国家权力，使国家权力理性、规范地行使。污点证人制度要求公民不再主张宪法性权利而必须作证或者提供案件相关信息，而检察人员如何进行利益衡量，检察机关是否批准豁免污点证人，法院是否会签署污点证人豁免令等都属于国家权力之行使。如若缺少适当规制，国家权力必然出现恣意或滥用之情形。检察人员和法官对于污点证人可能的犯罪事实及其所作证言或所提供的案件相关信息对公共利益必要性之评判，应当以证据为基础。缺少证据裁判原则的督促和警醒，公民的宪法性权利将难以维护。因此，证据裁判原则有助于国家专门机关依法、依证据适用污点证人制度，从而保障污点证人的合法权利。

通过以上分析，我们不难看出，污点证人制度的确立有其历史和现实的原因。污点证人制度在践行证据裁判原则的同时，也在一定程度上给其造成羁绊。但总的来说，应当将这种有限的阻碍和风险作为证据裁判原则的例外来看待。而且证据裁判原则对于证据的强调和对国家权力的约束也督促污点证人制度理性适用，减少污点证人制度给刑事诉讼所带来的弊端。只有符合公共利益，并且污点证人主张其不得强迫自证其罪的权利而拒绝与追诉机关合作时，才可以适用污点证人制度。

第四节　污点证人制度与认识论

一、认识论概览

过去我国的诉讼程序、证据规则均直接将辩证唯物主义认识论作为其赖以存在的哲学基础。辩证唯物主义认识论是关于人类认识一般规律的科学理论。其主要包括以下几方面内容：一是可知论。

物质世界不以人的主观意识为转移而客观存在，人的意识是对物质世界的反映。人的认识能力是无限的，人能够认识物质世界。世界上只有尚未认识的物质，而没有不可认识的物质。可知论与不可知论划清界限。在刑事诉讼领域中，案件事实客观存在，而证据与案件事实之间的联系也是客观存在的，证据和案件事实又是可知的，因而办案人员能够根据证据准确查明案件事实。换言之，办案人员在充分发挥主观能动性的基础上，收集确实、充分的证据，并以此准确地查明案件事实真相。二是实践论。实践是认识的来源，是认识发展的动力，更是认识的目的和归宿。实践是检验认识真理性的唯一标准。认识对实践具有反作用，认识指导实践。认识是一个循环往复、无限深化的过程。办案人员应当尊重案件事实，根据证据来认识案件事实，由浅入深，由局部到整体，从认识到实践，再认识，再实践。办案人员对案件事实的认识要经得起实践的检验，还要经得起历史的检验。[①] 三是真理论。真理标志着主观与客观相符合的哲学范畴，是人对于客观物质世界及其规律的正确反映。真理是客观的、具体的、有条件的。对于刑事诉讼而言，真理论最为明显的影响在于对客观真实的追求，即刑事诉讼必须忠于客观真实。办案人员应当且能够准确查明案件事实，使自己的主观意识符合客观的案件事实。有学者认为，“司法人员只要依法正确收集和审查判断证据，完全有可能对案件事实作出符合客观实际的认识”。[②] 还有学者将我国的证据制度称为“实事求是的证据制度”。[③]

虽然辩证唯物主义认识论具有科学性和正确性，但是过去我国刑事诉讼理论与实践未能灵活运用辩证唯物主义认识论，而是将其简单化、机械化地搬用于刑事诉讼之中。例如，原《刑事诉讼法》第 93 条规定：“侦查人员在讯问犯罪嫌疑人的时候，应当首先讯

---

① 樊崇义：《刑事诉讼法哲理思维》，中国人民公安大学出版社 2010 年版，第 34 页。

② 陈一云主编：《证据法》，中国人民大学出版社 2000 年版，第 116 页。

③ 陈瑞华：《刑事诉讼的前沿问题》，中国人民大学出版社 2000 年版，第 193 页。

问犯罪嫌疑人是否有犯罪行为，让他陈述有罪的情节或者无罪的辩解，然后向他提出问题。犯罪嫌疑人对侦查人员的提问，应当如实回答。但是对与本案无关的问题，有拒绝回答的权利。”然而，在刑事司法实践中，“应当如实回答”的规定使得侦查人员为了查明犯罪事实真相，为了及时破案，可能会使用刑讯逼供等违法手段，由此造成的冤假错案时有发生。

诉讼认识论以辩证唯物主义认识论为基础，是哲学上的认识论在诉讼领域中的具体适用。“诉讼认识论是在依法治国，凸显程序法治的价值，反思‘重实体轻程序’的潮流中产生的。”① 易言之，随着法治国家和人权保障等理念对刑事诉讼影响的不断深化，诉讼价值论等理论研究的长远进步，使得诉讼认识论借鉴了相关理论之精粹。在刑事诉讼过程中，办案人员在准确查明案件事实真相的同时，需要顾及现代刑事诉讼对司法公正、人权、效率和秩序等的内在追求。诉讼价值论、程序正义论等理论在一定程度上发展了诉讼认识论。

刑事诉讼是对案件事实历史性、回溯性的认识活动。办案人员认识案件事实的过程不同于精确的科学实验，而且认识案件事实的结果更无法通过科学实验来验证。根据诉讼认识论的基本原理，案件事实客观存在，不以办案人员的意志为转移。案件事实确定存在，不因沧桑变幻而改变。而证据作为办案人员与案件事实之间连接的桥梁，也具有客观性，办案人员可以通过证据来认识案件事实。事实上，尽管办案人员对案件事实的认识能力和认识条件有限，而且诉讼认识本质上是一种特殊的回溯性认识，有其艰难和坎坷之处，但是这并不妨碍办案人员对准确查明案件事实真相的理性追求。办案人员有可能在具体的诉讼实践中查明案件的关键事实、基本事实。这不仅可以督促办案人员积极寻求案件事实真相，消除

---

① 樊崇义：《刑事诉讼法哲理思维》，中国人民公安大学出版社 2010 年版，第 36 页。

其内心懈怠情绪，而且有助于作出客观、公正的裁判，增强裁判结果的权威性、社会接受性。办案人员准确认识案件事实成为刑事司法实践的目标与动力。

不过，在刑事诉讼中办案人员对案件事实的认识有时会受到以下因素的影响：其一，主体性因素，其中包括主体因客观原因而制约诉讼认识，如证人记忆与时俱逝，还包括主体因主观原因而影响诉讼认识，如与诉讼存有利害关系的证人所作之趋利避害的证言，又如追诉人员因负有追诉任务而可能难以完全秉持客观、审慎之职责。其二，客体性因素，如案件事实是由被追诉人在主观意识支配之下所实施的客观犯罪行为，案件事实即为认识之客体，对于被追诉人主观意识的认识有时难以客观、准确。其三，诉讼资源，办案人员对案件事实的认识必然受到有限的诉讼资源的制约，如法律对诉讼期限之规定。第四，诉讼程序与证据规则，办案人员的认识活动必须严格遵循诉讼程序和证据规则之规定。例如，对于采用刑讯逼供等非法方法收集的犯罪嫌疑人、被告人供述或者采用暴力、威胁等非法方法收集的证人证言、被害人陈述而言，尽管这些证据可能有助于办案人员查明案件事实，但是法律规定不得将其作为定案的根据。因此，“在大多数情况下，办案人员对案件的基本事实的认识可以达到与客观的案件事实相一致，这已为无数的司法实践所证明。当然，我们也承认，由于诉讼认识受到种种主观和客观条件的限制，实践中有些案件事实无法查明……在刑事诉讼中查不清事实就应当作出有利于被告的认定”。[①] 办案人员应当理性对待诉讼认识结果，在诉讼实践中综合考虑案件客观真实和法律真实，即办案人员在坚持案件客观真实的同时，有时也必须承认法律真实，从而实现案件客观真实与法律真实的有机统一。

尽管对诉讼认识结果进行评价的标准理应如上文所述，但是在

---

① 陈光中、李玉华、陈学权：《诉讼真实与证明标准改革》，载《政法论坛》2009 年第 2 期。

实然层面上，我国刑事诉讼立法和司法实践仍然深刻地表现出对客观真实的积极探求，刑事诉讼活动仍将准确达至案件客观真实作为出发点和归宿。如法律明确规定，侦查终结、提起公诉和作出有罪判决时，应当达到“事实清楚，证据确实、充分”的标准；二审法院应当就一审判决认定的事实和适用法律进行全面审查，不受上诉或者抗诉范围的限制；在审查起诉中，检察机关可以退回公安机关补充侦查，也可以自行侦查。在法庭审判中，检察机关可以进行补充侦查；二审法院对原判决事实不清楚或者证据不足的，可以在查清事实后改判，也可以裁定撤销原判，发回重审；在法院宣告判决前，检察机关可以撤回起诉。对于撤回起诉的案件，检察机关应当在撤回起诉后三十日内作出不起诉决定。需要重新侦查的，应当在作出不起诉决定后将案卷材料退回公安机关，建议公安机关重新侦查并书面说明理由；凡是知道案件情况的人，都有作证的义务；必须保证一切与案件有关或者了解案情的公民，有客观、充分提供证据的条件；有关单位和个人应当如实提供证据；犯罪嫌疑人对侦查人员的提问，应当如实回答；等等。由此可见，我国刑事诉讼在很大程度上秉承了尊重案件事实真相的宗旨。刑事诉讼程序和证据规则潜在地以实现客观真实作为诉讼认识结果的实然评价标准。而在刑事司法实践中，对案件客观真实的追求过度地体现在办案人员的认识活动和认识结果之中。办案人员可能以逾越法律和超越理性的方式来查明案件事实真相。虽然与过往相比，诉讼认识论推动了刑事诉讼的进步与发展，但是与诉讼认识的理想相比仍有一定的距离。

二、污点证人制度与认识论

对于曾经或者可能被传唤作证或者提供案件相关信息的任何个人而言，其根据不得强迫自证其罪特免权已经拒绝或者很可能拒绝作证或者提供案件相关信息，而国家专门机关根据当时仅有的证据认为，该人提供的证言或者案件相关信息对于公共利益可能是必需的，所以经过法定程序命令该证人作证或者提供案件相关信息。此后，在针对该污点证人进行的刑事诉讼中，直接或间接源于污点证人之前的证言或者案件相关信息的证据一般不得作为对被告人（污点证人）不利的证据。污点证人制度旨在迫使污点证人如实作证，否则国家专门机关无法获得污点证人的证言。污点证人制度与辩证唯物主义认识论存在一定的对立，主要表现在以下两个方面：

一方面，在辩证唯物主义认识论的视野下，案件事实客观存在，证据作为办案人员查明案件事实的基础也客观存在，办案人员可以通过证据来查明案件事实。追诉机关可以依靠证据来查明污点证人的犯罪事实，追诉机关也可以通过证据来查明污点证人所了解的其他案件的犯罪事实。虽然追诉困难客观存在，但是追诉机关可以克服这些障碍而最终达至查明案件事实真相的目标。辩证唯物主义认识论强调办案人员可以通过证据来认识案件事实，而污点证人制度以刑事诉讼活动难以客观、准确、有效地认识案件事实为适用前提。例如，在毒品犯罪案件中，由于犯罪行为隐蔽化、科技化，犯罪组织隐秘化、裙带化等，毒品犯罪的侦查工作往往陷入僵局。对于毒品犯罪集团成员的犯罪事实或首要分子的犯罪事实等，侦查机关时常难以准确、及时查明。正是因为毒品犯罪的侦查工作遇到难以逾越之障碍，因而污点证人制度才具有了实践自觉性。侦查机关以污点证人所提供的陈述或侦查线索等为侦破案件的着手点，抓获被追诉人，充分收集犯罪证据，并准确查明犯罪事实真相。由此可见，污点证人制度并不符合辩证唯物主义认识论的要求。

另一方面，在案件事实和证据方面，国家专门机关在适用污点证人制度时，证人的犯罪事实、证人可能了解的其他案件的犯罪事实等尚未查明，与之相关的证据的收集也并不充分，证人证言对于公共利益之维护的实效可能与国家专门机关的预期存在偏差。换言之，国家专门机关通过污点证人所实际获得的证言或案件相关信息，与其意欲查明的案件事实并不相符。污点证人制度的适用给诉讼活动造成了一定的不确定性和诉讼风险。例如，虽然犯罪集团成员甲成为污点证人，但是其可能并不了解犯罪集团首要分子乙的犯罪事实，也无法提供有意义的侦查线索。而侦查机关以彻底消灭犯罪集团、抓获犯罪嫌疑人乙为侦查方向。辩证唯物主义认识论认为，刑事诉讼活动应当以“有案必破、查案必清”为目标，而刑事诉讼结果应当以实现客观真实为追求。办案人员需要以此为己任，准确查明案件事实真相。因此，污点证人制度不符合辩证唯物主义认识论对诉讼结果的评价标准。

由上述分析可知，污点证人制度与辩证唯物主义认识论略显排斥。不过，诉讼认识论深刻体现并发展了辩证唯物主义认识论，在一定程度上弥合了污点证人制度与辩证唯物主义认识论之间的冲突。在刑事司法实践中以客观真实为导向的诉讼程序和证据规则逐渐修正、发展和完善。污点证人制度不再仅仅作为追诉机关查明案件事实、打击犯罪的工具。污点证人制度在提高刑事诉讼效率的同时，也需要注重实现刑事诉讼的公正。诉讼认识论为污点证人制度的存在提供了空间，而污点证人制度也对诉讼认识论产生了一定的影响。

其一，因为污点证人制度对于公共利益之保障不可或缺，所以污点证人制度实乃刑事诉讼出于对正义的追求不得已而为之的举措。不过，在刑事诉讼活动中国家专门机关适用污点证人制度的案件毕竟是少数，污点证人制度的适用不具有普遍性。对于多数案件而言，追诉机关能够查明案件事实。一些犯罪嫌疑人也会主动供述自己的犯罪事实，并积极配合追诉机关的追诉工作。而且刑事诉讼通过诉讼程序和证据规则对污点证人制度作出了严谨、审慎的规制。污点证人制度实际上是作为诉讼认识论的例外和补充出现的。这也可以看作是普遍意义上的诉讼认识论对个别意义上的污点证人制度的限制或制约。

其二，在刑事司法实践中，污点证人制度的适用仍需遵循诉讼认识论的基本要求，以保障污点证人的合法权利，规范国家专门机关权力的正当行使，并尽可能地减免诉讼认识错误的发生。虽然污点证人制度作为诉讼认识论的例外，但是其与诉讼认识论的根本精神并不抵触。国家专门机关在适用污点证人制度时应当确有充分的证据和理由，并对相关案件事实已有一定的认识和了解。美国检察机关在批准证人豁免，法院在签署豁免令时，均需要对相关案件事实和证据进行审查，在最大限度地防止认识偏差的同时，保障公民所享有的不得强迫自证其罪的权利。污点证人制度无法与诉讼认识论相隔绝而独善其身。如若缺少诉讼认识论这个支柱，污点证人制度也将无以维系。

总而言之，随着诉讼程序和证据制度对辩证唯物主义认识论的深入理解和反思，随着诉讼活动对法治、公正、人权等理念的认可和接受，辩证唯物主义认识论所具有的正确性、科学性，应当与诉讼活动的特殊性相结合。在此背景之下，诉讼认识论继承并可发展辩证唯物主义认识论。诉讼认识论为污点证人制度提供了存续的空间，也为其良性运行提供了理论指导。

第六章　我国污点证人制度的构建

在中国数千年的漫漫历史进程中，法律以义务为重心，以义务先定观念为指导。从国家对社会的控制而言，法律对社会关系的调整和保护主要是通过对违反义务者的惩处和矫正来实现。而过去所形成的国家利益至上思想强调个人对国家的绝对遵从，使道德上的义务转化为法律上的义务，使弱小的个人在强大的国家力量面前难以抗拒而必须服从。国家利益被视为与个人的根本利益是一致的，违法犯罪损害国家利益，即损害全体成员的共同利益。因此，个人利益是无法与国家利益相提并论的。在此情境之下，国家可能还未动用法律武器强制义务实现，个人就早已屈从于社会道德和公众舆论的压力。义务本位理念贯穿了整个封建专制时代，成为中国古代法制的主要特征之一。而在刑事司法领域，义务本位主义更是得到全面且深刻的体现。中国古代诉讼非常重视口供，以被追诉人的口供作为定案、结案的主要依据。在通常情况下，被告人负有协助、配合裁判者的义务，负有认罪、悔罪的义务。倘若没有认罪的口供，则不能定罪量刑。倘若被告人没有履行供述义务，则裁判者可以对其使用必要的刑讯手段。刑讯为当时法律所明确、详细地规定，刑讯也在刑事司法实践中普遍适用。口供的获取与评判成为诉讼活动的中心，“口供至上”也就成为古代法律文化的当然成分。

西方法治发达国家早已完成了由义务本位向权利本位的跨越和转型，但权利本位的强调和彰显发展到了一定程度，又不可避免地与社会整体利益的维护与实现产生矛盾。美国证人豁免制度百余年间的历史脉络表明个人利益该如何与公共利益进行动态平衡协调。

证人豁免制度将利益冲突置于法律的疆域内，并且在司法实践中根据案件具体事实和证据进行具体权衡。因而证人豁免制度契合了权利保障的历史走向和法治文明的基本要求。中国的现实国情和西方国家所经历的权利意识充分觉醒的历史积淀不同。封建社会长期以来的义务本位理念目前仍在法律文化和法律意识中顽固地遗存着。口供中心主义仍然隐约地浸染着刑事诉讼的文本与实践，并潜移默化地影响着刑事司法人员的办案理念和办案方式。“刑事诉讼中虽不排斥其他证据的证明作用，但以口供为定案的主要依据的证明方式加上合法刑讯的取证手段是刑事证明的基本样态。”① 义务本位、“口供至上”思维对于刑事诉讼的负面影响显而易见。在查明案件事实真相、打击并预防犯罪的大旗之下，被追诉人实际上负有配合追诉机关的义务。被追诉人必须如实陈述，而追诉机关则非常重视并且严重依赖被追诉人的供述。由此可能产生追诉机关为了取得被追诉人口供而对其刑讯逼供等问题。此时，案件事实犹如风中飘曳的树叶，摇摆不定。而司法公正、人权保障等则成为刑事诉讼难以实现之重托。

污点证人制度有助于唤醒权利意识并驱除“口供至上”理念，有助于不得强迫自证其罪原则的贯彻落实，有助于个人权利的充分保障和国家权力的理性规制等。因此，本书对污点证人豁免制度域外考察、理论研究、现状分析本身并不是目的，在刑事诉讼现代化和法治化的进程中建构和实现我国的污点证人制度，才是研究的最终追求。笔者将在对构建我国污点证人制度的必要性和可行性进行分析的基础上，怀着谨小慎微、临深履薄的态度提出我国构建污点证人制度的具体方案。诚如梁启超所云：“庄子曰：‘其作始也简，其将毕也巨。’可不惧乎！可不慎乎！故我辈讨论公理，必当平其心，公其量，不可徇俗以自画，不可惊世

① 陈光中、郑曦：《论刑事诉讼中的证据裁判原则》，载《法学》2011年第9期。

以自喜。”[①] 因此，应当以公正与效率为目标，以理性、文明和法治为尺度，构建起合乎中国刑事立法和司法实践的污点证人制度。

第一节 我国构建污点证人制度的必要性

一、犯罪率接连攀升与犯罪形态不断变化

总体而言，中国改革开放以来，刑事案件数量和涉案人数成倍增加，犯罪形势日趋严峻。在改革开放转型时期，我国迎来了第四次犯罪高峰。1981 年全国刑事立案达 89 万件。1983 年中共中央果断作出“严厉打击严重刑事犯罪”的决定，这使得我国第四次犯罪高峰明显回落。第五次犯罪高峰出现于我国社会主义市场经济建设时期。峰顶是 1991 年，当年全国刑事立案达 236 万件。随着改革开放程度的不断加深，各种社会矛盾激化、对抗，刑事案件数量居高不下，2001 年我国出现了第六次犯罪高峰，当年全国刑事立案达 455.8 万件。尤其是在 2008 年以后全国刑事立案突破 500 万件。仅仅两年之后，就跨越了 600 万件的门槛。如下图所示。[②]

---

① 梁启超：《十种德性相反相成义》，转引自张建伟：《司法竞技主义》，北京大学出版社 2005 年版，第 542 页。

② 相关数据引自《中国法律年鉴》（1979-2012），中国法律年鉴社。

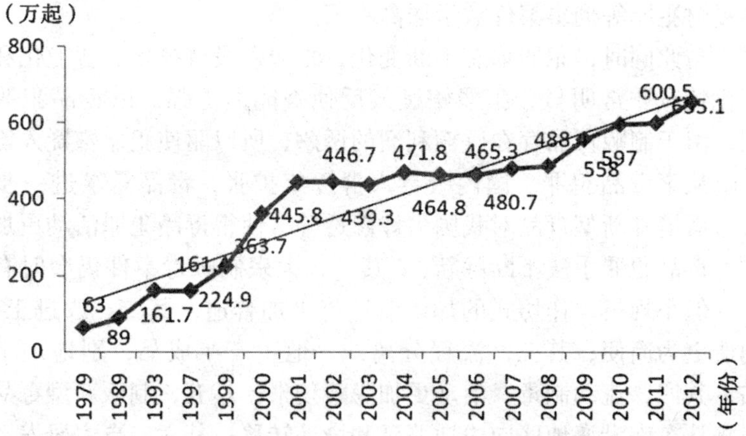

全国公安机关刑事案件立案数量统计图

2013 年，法院“依法严惩煽动分裂国家、暴力恐怖袭击等危害国家安全和公共安全犯罪，严惩严重危害人民群众生命财产安全的犯罪，审结杀人、抢劫、绑架、爆炸、强奸、拐卖妇女儿童、黑社会性质组织犯罪等案件 25 万件，判处罪犯 32. 5 万人。积极参与禁毒斗争，审结毒品犯罪案件 9. 5 万件，判处罪犯 9. 9 万人”。[①] 2014 年，“各级法院审结煽动分裂国家、暴力恐怖袭击等犯罪案件 558 件，判处罪犯 712 人，同比分别上升 14. 8%和 13. 3%。严惩严重危害社会治安犯罪，推进打黑除恶工作，审结刘汉、刘维等 36 人组织、领导、参加黑社会性质组织案；审结杀人、抢劫、绑架等犯罪案件 24. 8 万件，判处罪犯 30. 4 万人；审结毒品犯罪案件 10. 7 万件，判处罪犯 11 万人”。[②] 从过去两年的最高人民法院工作报告中也可以发现，煽动分裂国家、暴力恐怖袭击等犯罪案件呈明显上升态势，而严重犯罪案件数量也日趋增多。从 2013 年到 2014 年毒品犯罪案件更是新增 1 万件。严重暴力犯罪、黑恶势力犯罪、多发

① 《2014 年最高人民法院工作报告》。

② 《2015 年最高人民法院工作报告》。

性侵财犯罪等刑事案件数量居高不下。

与此同时，犯罪形态不断变化，犯罪手段科技化、智能化和隐蔽化特点非常明显，犯罪嫌疑人反侦查能力更强。以毒品犯罪为例，由于制贩毒品存在巨额利润的诱惑，所以驱使犯罪嫌疑人铤而走险从事毒品犯罪。国内吸毒人群逐年扩张，毒品需求进一步扩大。而境外新型毒品对我国大肆渗透等，使得毒品犯罪活动更加猖獗。毒品犯罪手法不断翻新："其一，大宗制贩毒案件仍会时有发生，但小规模、作坊式的加工制造将更加普遍；其二，改进工艺，制造更为简便；其三，流程分离，一地生产半成品，别地加工成品；其四，流动制毒，活动更加隐蔽狡猾；其五，制贩新型毒品犯罪将从东南沿海地区向内地蔓延和境外转移；其六，自主研发、制造和贩卖新型毒品将会增多。"① 又如网络犯罪，无论是被追诉人通过网络实施商业诈骗、赌博、洗钱等犯罪，还是通过网络传播病毒、窃取公民账户、隐私资料等，犯罪手段的智能化和隐蔽化特点相当突出，并且犯罪行为所造成的社会危害非常广泛。网络犯罪对维护国家安全、社会稳定和保护个人隐私安全等带来严峻的挑战。再如，在贿赂犯罪中，很多行贿者实施犯罪的手段越发隐蔽，作案手法更加复杂，如有的行贿者以奖金、咨询费、劳务费、顾问费、分红等名义，给受贿者送上巨额钱款；有的行贿者"以新换旧"，为受贿人购置新车；有的行贿者以明显低价出卖房产；不少行贿者不再为一时、一事之利而行贿，而是谋求与受贿者在感情上建立长期稳固的关系，采取多次行贿长期谋利的方式；等等。

二、破案率低位徘徊与公安司法机关面临巨大挑战

侦查机关在准确查明案件事实、充分收集犯罪证据和缉获犯罪嫌疑人等方面所遇到的难度与日俱增。与此同时，司法资源却相对有限和紧张，司法保障不足等问题凸显。办案人员工作强度高、工

① 刘谋斌：《我国新型毒品犯罪发展趋势预测》，载《公安学刊》2007年第4期。

作压力大，繁重的办案任务使得办案人员不堪重负。这在一定程度上影响到办案质量和效果。破案率低位徘徊，侦查机关面临巨大的压力。如下图所示：①

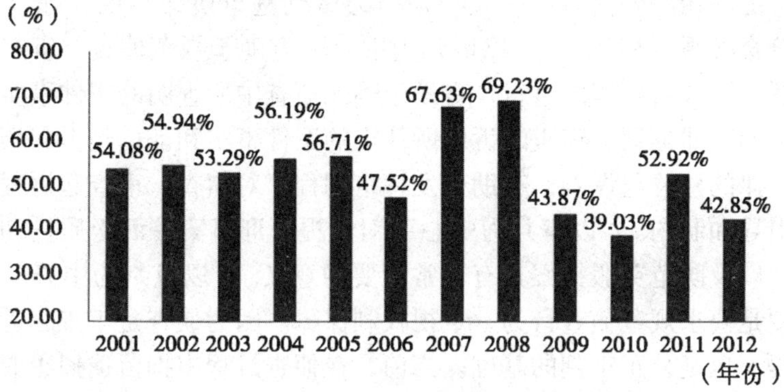

全国公安机关各类刑事案件破获率

而对于司法机关而言，2013 年 10 月第六次全国刑事审判工作会议文件提出："审判案件以庭审为中心，事实证据调查在法庭，定罪量刑辩论在法庭，裁判结果形成于法庭，全面落实直接言词原则，严格执行非法证据排除制度。"其中，"事实证据调查在法庭，要求法院审理刑事案件，应当在法庭上对事实、证据展开充分调查，以此作为认定案件事实的基础。未经法庭调查的事实、证据不得作为认定案件事实的依据"。② 而在党的十八届四中全会所通过的《中共中央关于全面推进依法治国若干重大问题的决定》中，"推进以审判为中心的诉讼制度改革"居于核心和关键地位。"以审判为中心"内涵主要有二："其一，审判在公诉案件刑事诉讼程序中居于中心地位。立案和侦查为刑事诉讼之开局，其收集运用证据之质量关系到从源头上保证案件审判质量，防止冤假错案的发

① 相关数据引自《中国法律年鉴》2001-2012，中国法律年鉴社。

② 顾永忠：《试论庭审中心主义》，载《法律适用》2014 年第 12 期。

生。其二，在审判中，庭审（开庭审理）成为决定性环节。庭审要真正成为审判的决定性环节，必须使庭审实质化而不能流于形式。推进审判中心的改革主要是为了公正司法，严防冤假错案发生，提高司法公信力。这就必须努力做到庭审所作出的‘事实认定符合客观真相’。”① “以审判为中心”有助于规范侦查、审查起诉活动围绕审判程序进行，有助于确保侦查中所查明的案件事实和收集的犯罪证据、审查起诉中所认定的案件事实和证据经得起历史和法律的检验与评判，有助于发挥审判程序对侦查、审查起诉程序的引导和制约。“以审判为中心”对于提升刑事案件诉讼质量和效果，以及防范冤假错案具有非常重要的意义。“以审判为中心”首先便是要求规范侦查行为，重视权利保障。因为侦查是审查起诉的前提，也是公正审判的基础。当前，在侦查过程中拘留逮捕犯罪嫌疑人必须送交看守所羁押，通常在看守所中进行讯问，而讯问过程需要录音录像。侦查机关应当尊重犯罪嫌疑人不得强迫自证其罪权利。当出现非法证据时，根据具体情况予以排除。与以往相比，刑事诉讼活动更加重视案件事实是否清楚，证据是否确实、充分，而刑事诉讼程序也更加强调理性与公正。从而对侦查机关已侦破案件的案件事实和犯罪证据提出了更为严格的要求。因此，公安司法机关面临着巨大的挑战。

三、司法实践中事实上存在的污点证人作证现象的经验

第一，设立污点证人制度有利于瓦解犯罪同盟、打击犯罪、预防犯罪。在我国刑事司法实践中，对于少数疑难、重大、复杂的共同犯罪案件而言，追诉机关确实难以准确查明案件事实、充分收集犯罪证据并缉获重要的犯罪嫌疑人。在诸如毒品犯罪、贿赂犯罪等共同犯罪案件中，犯罪组织严密，犯罪行为隐蔽。如若侦查机关缺

① 陈光中：《推进“以审判为中心”改革的几个问题》，载《人民法院报》2015年1月21日第5版。

少污点证人的合作，那么刑事案件的侦查活动就可能陷入困境。我国司法实践所遇到的现实困难为我国引入污点证人制度提供了机遇。污点证人制度通过给予共同犯罪中罪行相对轻微的犯罪人等效保障，迫使其如实陈述相关案件事实或提供犯罪侦查重要线索等，以此查明罪行更为严重的犯罪人的犯罪事实并充分收集相关犯罪证据，将其绳之以法，以此弥补被犯罪行为所侵害的法益，维护社会秩序稳定以及国家安全等。不仅如此，“设立污点证人刑事责任豁免制度可以使犯罪分子产生畏惧心理，使一些‘潜在犯罪分子’看到犯罪行为受惩罚的高度可能性，从而不敢犯罪或主动坦白罪行”。①

第二，设立污点证人制度有利于实现司法公正。“司法公正在社会公正中占有十分重要的地位，它是维护社会正义的最后一道屏障，是体现社会正义的窗口，是司法机关的灵魂和生命线。”② 通过设立污点证人制度，追诉机关可以依法要求犯罪嫌疑人不再主张不得强迫自证其罪权利，或者以其他方式表达同等主张，如保持沉默或拒绝陈述等，而必须如实陈述相关案件事实并积极配合追诉机关的追诉活动等，追诉机关以此准确查明其他犯罪人的案件事实真相。可见，污点证人制度有助于实现实体公正。对于污点证人而言，追诉机关并未以刑讯逼供、威胁、引诱等违背污点证人内心真实意愿的方式，迫使其陈述相关案件事实。污点证人不再主张不得强迫自证其罪权利以后，追诉机关给予其等效保障。由此，污点证人制度也体现出程序公正的基本要义。

第三，设立污点证人制度有利于提高诉讼效率。在当前的刑事司法实践中，司法需求大量增加与司法资源相对稳定、有限之间的矛盾日益突显。国家所投入的司法资源应当争取满足更多的司法需

① 汪海燕：《建构我国污点证人刑事责任豁免制度》，载《法商研究》2006 年第 1 期。

② 陈光中：《刑事诉讼法》，北京大学出版社、高等教育出版社 2013 年版，第 12~13 页。

要。因此，国家专门机关应当在确保实现司法公正的前提下，努力提高诉讼效率，加快诉讼进程，以减轻并缓解案件积压和诉讼拖延的现实难题。诉讼效率的提高也意味着使犯罪人及时得到惩罚，被害人及时得到物质上和精神上的补偿和抚慰，从而实现刑事诉讼的预设目标。“惩罚犯罪的刑罚越是迅速和及时，就越是公正和有益。”① 国家可以通过合理配置司法资源、理性设置诉讼程序和相关规则来提高诉讼效率。而污点证人制度正是以保障诉讼公正、提高诉讼效率为出发点，并为此提供具有现实性的助力。追诉机关可以通过适用污点证人制度来解决部分共同犯罪案件中案件事实不清、无法寻获侦查线索等实践困难，从而加快这些案件的侦查进程。与此同时，污点证人制度也为审判机关提供清楚的案件事实和确实、充分的证据基础，在一定程度上提高了审判效率。因而污点证人制度可以更为合理、更为有效地利用当前已明显拘谨的司法资源。

第四，设立污点证人制度有利于对进行秘密侦查的侦查人员迫于无奈所实施的犯罪行为作出处理。2012 年《刑事诉讼法》第 151 条规定：“为了查明案情，在必要的时候，经公安机关负责人决定，可以由有关人员隐匿身份实施侦查。但是，不得诱使他人犯罪，不得采用可能危害公共安全或者发生重大人身危险的方法。”其实，在此之前，侦查机关已经在少数犯罪案件的侦查活动中将侦查人员的身份隐匿起来，以虚构的身份取得犯罪人的信任或者使其产生误解，从而查明案件事实，收集犯罪证据，抓获犯罪嫌疑人，以及保护被害人等。侦查人员在一定程度上参与了犯罪案件，甚至为了查明首要分子或者主犯的犯罪事实而实施了一些犯罪性质相对轻微的犯罪案件。而在以往的刑事司法实践中，追诉机关往往以另案处理或酌定不起诉掩盖侦查人员的身份及其犯罪行为。污点证人

① ［意］贝卡利亚：《论犯罪与刑罚》，黄风译，中国大百科全书出版社 1993 年版，第 70 页。

制度的设立，可以避免另案处理和酌定不起诉制度的扩张适用，并为进行侦查活动的侦查人员所实施的个别或部分犯罪案件不被追究刑事责任提供法律依据。

四、我国所承担的国际公约义务的要求

设立污点证人制度，不仅有利于不得强迫自证其罪原则的实现和满足保障人权的现实需要，而且有利于中国履行国际公约义务和顺应国际刑事司法趋势。2012 年《刑事诉讼法》第 50 条增加规定“不得强迫任何人证实自己有罪”。在刑事诉讼中侦查机关、检察机关和审判机关不得强迫任何人证实自己有罪。而犯罪嫌疑人、被告人享有作出有罪供述与否的自由和权利。不得强迫自证其罪原则是保障犯罪嫌疑人、被告人合法权益的重要基石。“不得强迫任何人证实自己有罪”之规定，与我国 1998 年 10 月 5 日签署加入的联合国《公民权利和政治权利国际公约》第 14 条（3）（g）规定的“受刑事追诉的人不得强迫作不利于自己的证言，或者强迫承认有罪”相符合。设立污点证人制度有助于防止追诉机关以刑讯逼供等非法方式取证行为的发生，约束公安司法机关的权力，使办案人员扬弃过去的追诉观念和追诉方法。设立污点证人制度有助于平衡追诉机关和被追诉人之间的地位，赋予被追诉人以诉讼主体地位。设立污点证人制度有助于《公民权利和政治权利国际公约》之规定得以切实履行。

此外，我国政府分别于 2000 年和 2003 年签署了《联合国打击跨国有组织犯罪公约》和《联合国反腐败公约》。《联合国打击跨国有组织犯罪公约》第 26 条第 3 款规定：“对于本公约所涵盖的犯罪的侦查或起诉中提供了实质性配合的被指控者，各缔约国均应考虑根据其本国法律基本原则规定允许免予起诉的可能性。”而根据《联合国反腐败公约》第 37 条“与执法机关的合作”之规定：“一、各缔约国均应当采取适当措施，鼓励参与或者曾经参与实施根据本公约确立的犯罪的人提供有助于主管机关侦查和取证的信

息，并为主管机关提供可能有助于剥夺罪犯的犯罪所得并追回这种所得的实际具体帮助。二、对于在根据本公约确立的任何犯罪的侦查或者起诉中提供实质性配合的被告人，各缔约国均应当考虑就适当情况下减轻处罚的可能性作出规定。三、对于在根据本公约确立的犯罪的侦查或者起诉中提供实质性配合的人，各缔约国均应当考虑根据本国法律的基本原则就允许不予起诉的可能性作出规定。”①由于相关国际公约已在中国得到批准生效，所以中国积极借鉴和吸收国际公约的有关规定，这也成为我国的一项当然义务。污点证人制度的设立，有利于促进中国刑事法治的现代化和国际化，顺应国际犯罪惩治与预防的趋势。污点证人制度的设立为国际公约义务的实现奠定基础。

第二节　我国构建污点证人制度的现有基础

一、刑法上的现有基础

（一）罪责刑相适应原则

我国《刑法》第5条规定：“刑罚的轻重，应当与犯罪分子所犯罪行和承担的刑事责任相适应。”我国刑法中的罪责刑相适应原则实际上包含了刑罚的轻重与所犯罪行相适应，刑罚的轻重与所承担的刑事责任相适应两方面内容。“前者体现了报应观念，要求刑罚的轻重与犯罪行为的社会危害性相适应，也就是重罪重判、轻罪轻判。后者体现了预防观念，要求刑罚的轻重与犯罪人的人身危险性相适应。”②我国刑法根据犯罪行为的社会危害性程度和被追诉人的人身危险性大小，规定了轻重有别的刑罚原则。也就是说，司

① 《联合国反腐败公约》，http://www.spp.gov.cn/site2006/2006-04-30/001987455.html，2015年3月29日访问。

② 陈兴良：《规范刑法学》，中国人民大学出版社2013年版，第48页。

法机关应当根据犯罪性质、犯罪行为轻重、被追诉人主观恶性大小等，来对被追诉人判处适当的刑罚。

在刑事侦查过程中，侦查机关应当准确查明犯罪的性质、犯罪发生时间和地点、犯罪动机和犯罪目的、犯罪手段和犯罪结果等案件事实，发现和收集犯罪嫌疑人有罪或者无罪、罪轻或者罪重的证据材料，以及将全部的犯罪嫌疑人缉拿归纳。可是，在刑事司法实践中，特别是对于部分共同犯罪案件而言，犯罪嫌疑人的犯罪能力不断增强，犯罪手段日趋多样，犯罪行为高度隐秘，犯罪条件科技化成分提高，犯罪组织严密不易被察觉和打击等，使侦查机关可能无法准确并及时地查明案件事实，充分收集犯罪证据并抓获犯罪嫌疑人。此时，污点证人了解相关案件事实或者能够提供犯罪侦查线索。污点证人的陈述能够直接甚至全面地反映出犯罪案件事实，能够提供准确的侦查方向等，从而为犯罪案件的侦破打下坚实的基础。也就是说，污点证人如实陈述的案件事实对于公共利益之维护至关重要且必不可少。侦查机关必须依赖于污点证人的陈述才能准确查明案件事实。污点证人的陈述不仅有助于侦查机关克服侦查实践的重重困境，而且有助于侦查机关提高犯罪案件的侦查效率并节约侦查成本。更为重要的是，在共同犯罪中污点证人犯罪行为的社会危害性，以及污点证人的人身危险性相对较轻，并且其有明显的认罪、悔罪等表现。由此可见，罪责刑相适应原则为污点证人的从宽处理奠定了刑法基础。

（二）对共犯和自首犯、立功犯区别处罚的规定

根据我国刑法之规定，共同犯罪是指二人以上共同故意犯罪。而各个共同犯罪人在共同犯罪中的地位、作用和分工等有所不同。为了规定各个共同犯罪人的刑事责任，必须根据一定的标准，对共同犯罪人进行合理的分类，在此基础之上对其施以相应的刑罚。我国刑法基于惩办与宽大相结合的刑事政策，在《刑法》第 26 条“主犯”、第 27 条“从犯”、第 28 条“胁从犯”、第 29 条“教唆犯”中，对共同犯罪人进行分类。其关键之处在于共同犯罪人的

社会危险性大小。污点证人通常在共同犯罪中起次要作用或者辅助作用。对于次要作用而言，虽然污点证人直接实施或参与了犯罪，但是根据其所起到的实际作用，属于次要的被追诉人。例如，在有组织犯罪中污点证人听命于首要分子，实施了某些相对较轻的犯罪活动。又如，污点证人在共同犯罪中参加或实施了部分犯罪活动。污点证人的犯罪行为相对较为轻微，没有造成严重的危害后果。对于辅助作用而言，污点证人没有直接参加犯罪，但是为正犯的犯罪提供了方便，创造了有利条件。例如，污点证人为正犯提供犯罪工具，指明犯罪地点和路线，提出犯罪时间和犯罪方法的建议，跟踪被害人，事先应允帮助窝藏其他共同犯罪人，以及犯罪后销赃，等等。由于污点证人与主犯相比，无论是主观恶性还是客观危害性均相对较轻，所以当其不再主张不得强迫自证其罪权利而如实陈述相关案件事实，并且协助追诉机关的追诉活动后，应当对其从宽处理。

《刑法》第 67 条对自首制度之规定适用于一切犯罪，旨在通过自首制度激励犯罪人犯罪以后自动投案，如实供述自己的犯罪行为，在促使犯罪人悔过自新，不再继续作案的同时，有助于侦查机关及时侦破刑事案件。《刑法修正案（八）》增设第 67 条第 3 款，使坦白从酌定量刑情节成为法定量刑情节。坦白意味着犯罪人被动到案后，如实供述自己的犯罪行为。《刑法》第 68 条规定了立功制度。立功是指犯罪人在犯罪后揭发其他犯罪人的犯罪行为，或者提供重要线索，从而使其他案件得以侦破等。揭发犯罪行为或提供犯罪侦查线索等表明犯罪人具有悔罪的表现，其社会危害程度有所降低，并且有利于侦查机关侦破其他犯罪案件。在笔者看来，自首、坦白和立功等量刑情节对犯罪嫌疑人、被告人产生以下几个方面的影响。一是被追诉人在犯罪以后，往往会根据对犯罪案件及其所处现实状况等的判断，作出最符合其个人利益的选择。被追诉人到案后如实供述自己的罪行、揭发其他被追诉人的罪行或者提供重要的犯罪侦查线索等，使得其他案件被侦破，被追诉人取得量刑上的从宽处理。二是对于未能自首、坦白或立功的被追诉人，其无法取得量刑上的从宽处理。被追诉人在犯罪后行为的差异致使对其量刑的不同。这往往使得那些未能取得从宽处理的被追诉人对过去缺少悔罪行为产生不安和懊悔，并形成对被追诉人以外的社会成员的警醒与心理压迫，实现刑罚的一般预防目的。三是被追诉人自首、坦白和立功行为的逆反，如投案后脱逃、如实供述后翻供、揭发他人罪行但查证不属实等，被追诉人无法取得量刑上的从宽处理。逆反意味着犯罪人过去争取从宽处理行为的无效，犯罪人无法取得法院量刑上的宽大处理。可见，自首、坦白和立功等量刑情节旨在对被追诉人实行惩罚与教育改造相结合。对于自愿悔过的被追诉人，根据法律和刑事司法政策，并依据其犯罪事实和具体情况，予以从宽处理。总而言之，对共犯和自首犯、立功犯区别处罚的规定，既为污点证人制度的建立提供了法律空间，又为对污点证人从宽处理提供了刑法依据。

二、刑事诉讼法上的现有基础

（一）不得强迫自证其罪原则之规定

我国 1979 年《刑事诉讼法》并未明确规定不得强迫自证其罪原则，仅在部分条文中体现了不得强迫自证其罪原则的内在精神，如该法第 32 条之规定“严禁刑讯逼供和以威胁、引诱、欺骗以及其他非法的方法收集证据”。针对追诉机关的非法取证行为，立法确立了明确的禁止性规则。不过，1979 年《刑事诉讼法》规定了被告人的如实供述义务。1979 年《刑事诉讼法》第 64 条规定：“侦查人员在讯问被告人的时候，应当首先讯问被告人是否有犯罪行为，让他陈述有罪的情节或者无罪的辩解，然后向他提出问题。被告人对于侦查人员的提问，应当如实回答。但是对与本案无关的问题，有拒绝回答的权利。”此外，1979 年《刑事诉讼法》并未对办案人员采取非法手段收集证据确立非法证据排除规则。在当时的刑事司法实践中，如若办案人员采用刑讯逼供等违法方式强迫被追诉人供述相关犯罪事实，法院通常不会将该追诉行为宣告为非法行为，也不会将被追诉人的供述视为非法证据而排除于法庭之外。因而被追诉人实际上并没有拒绝回答讯问之可能。1996 年《刑事诉讼法》基本沿袭了 1979 年《刑事诉讼法》之规定，对追诉机关强迫被追诉人和证人自证其罪等非法方法收集证据确立了禁止性规则，但并未规定法院不得将追诉机关违法收集的证据作为定罪量刑的依据。此后，随着理论界和实务界对刑事诉讼法再修改的关注，将不得强迫自证其罪原则作为中国刑事诉讼改革的方向在刑事诉讼法中予以明确规定的讨论非常热烈。在以陈光中教授主编的《中华人民共和国刑事诉讼法再修改专家建议稿与论证》①、陈卫东教授主编的《模范刑事诉讼法典》② 和徐静村教授主编的《中国刑事诉讼法（第二修正案）学者拟制稿及立法理由》③ 等为代表的研究成果中，学者们普遍对刑事诉讼法中明确规定不得强迫自证其罪原则持肯定态度。

2012 年《刑事诉讼法》第 2 条新增规定“尊重和保障人权。”为了实现刑事诉讼法惩罚犯罪与保障人权并重的目的，《刑事诉讼法》第 50 条增加规定“不得强迫任何人证实自己有罪”。“‘不得强迫任何人证实自己有罪’是对司法机关收集口供的原则性要求，是指不得以任何强迫手段迫使任何人认罪和提供证明自己有罪的证据。实践中，讯问犯罪嫌疑人，对其宣讲刑事政策，宣传法律关于如实供述自己罪行可以从轻处罚的规定，通过思想工作让犯罪嫌疑人交代罪行，争取从宽处理，不属于强迫犯罪嫌疑人证实自己有

① 陈光中：《中华人民共和国刑事诉讼法再修改专家建议稿与论证》，中国法制出版社 2006 年版，第 73 页。

② 陈卫东：《模范刑事诉讼法典》，中国人民大学出版社 2011 年版，第 113 页。

③ 徐静村：《中国刑事诉讼法（第二修正案）学者拟制稿及立法理由》，法律出版社 2005 年版，第 6 页。

罪。”[①] 不得强迫自证其罪原则作为现代刑事诉讼的一项根本性原则，是维护个人合法权利和规范国家权力的重要基石。不得强迫自证其罪原则在我国刑事诉讼法中的确立，是我国刑事诉讼制度的重大突破和完善。而且，为真正落实“不得强迫任何人证实自己有罪”条款，2012 年《刑事诉讼法》中规定了若干具体的配套规则。例如，“在对犯罪嫌疑人采取强制措施后，应当立即将其送看守所羁押；在被送交看守所羁押以后，侦查人员对其进行讯问，应当在看守所内进行；在讯问犯罪嫌疑人的时候，侦查人员可以对讯问过程进行录音或者录像。对于可能判处无期徒刑、死刑的案件或者其他重大犯罪案件，应当对讯问过程进行录音或者录像；犯罪嫌疑人自被侦查机关第一次讯问或者采取强制措施之日起，有权委托辩护人”，等等。此外，2012 年《刑事诉讼法》还规定了非法证据排除规则以及相应的程序。如若追诉机关使用刑讯逼供等违法方式迫使被追诉人等作出自证其罪陈述的行为被证实，则该非自愿性陈述应当被排除，从而确保“不得强迫任何人证实自己有罪”条款的实现。不得强迫自证其罪原则是无罪推定原则的应有之义，其不仅有助于维护被追诉人的诉讼主体地位，保障被追诉人供述的自愿性，而且有助于规范并约束国家专门机关理性、审慎地行使权力，贯彻程序正义的基本要义。此外，《刑事诉讼法》中规定“不得强迫任何人证实自己有罪”也是我国履行国家公约义务的现实表现。

不得强迫自证其罪原则作为污点证人制度的前提和基础，适用于所有接受国家专门机关调查或者参与刑事诉讼活动的公民。一般而言，不得强迫自证其罪原则赋予个人对抗国家的权利和发表言论的自由。在刑事诉讼过程中不得强迫自证其罪原则主要围绕着被追诉人口供和证人证言的证据能力展开。该原则对追诉机关收集这些言词证据和法院审查这些言词证据提出了最基本的要求。对于追诉

---

① 全国人大常委会法制工作委员会刑法室：《关于修改中华人民共和国刑事诉讼法的决定——条文说明、立法理由及相关规定》，北京大学出版社 2012 年版，第 46 页。

机关而言，不得使用违背被追诉人和证人内心真实意愿的方式强迫其自证其罪。对于法院来说，应当排除追诉机关通过强迫手段所收集的被追诉人和证人自证其罪的证据，不得将其作为定罪量刑之依据。而污点证人制度作为不得强迫自证其罪原则历史发展过程中的必然产物，是在不得强迫自证其罪原则的基础上对国家专门机关所进行的积极约束。刑事诉讼活动并非国家对犯罪人发动的一场不择手段的战争，国家权力必须在法律的疆界内行使。为了实现治罪之目的，并且为了保障公民所享有的不得强迫自证其罪权利，在刑事诉讼中国家专门机关必须给予污点证人以充分且有效的保障。污点证人制度的适用过程是在尊重并维护公民不得强迫自证其罪权利的基础上对国家权力进行合理约束的过程，而污点证人制度的适用结果是在实现诉讼公正、效率等目标下个人权利对国家权力予以让步的结果。2012 年《刑事诉讼法》对不得强迫自证其罪原则之规定，为污点证人制度的建立奠定了制度基础并提供了法律保障。由于污点证人通常为共同犯罪中的同案犯，所以污点证人也是刑事诉讼中的被追诉对象。不得强迫自证其罪原则的确立，一方面为被追诉人抵御办案机关、办案人员强迫其自证其罪提供了法律依据；另一方面也为被追诉人作为污点证人作证证明他人犯罪，而使自己获得从宽处理提供了法律根据。

（二）如实供述可以从宽处理之规定

2012 年《刑事诉讼法》第 118 条新增第 2 款规定：“侦查人员在讯问犯罪嫌疑人的时候，应当告知犯罪嫌疑人如实供述自己罪行可以从宽处理的法律规定。”该款意味着在刑事诉讼领域，坦白从宽从刑事司法政策上升为法律规定。坦白从宽之所以被 2012 年《刑事诉讼法》所规定，主要基于以下两方面原因。其一，确保《刑法》得到充分、有效的实施。《刑法修正案（八）》将坦白从宽的刑事司法政策法律化，为国家专门机关处理相关刑事案件提供了法律依据。而《刑事诉讼法》为坦白从宽的实现提供相应的程序性保障。侦查人员在讯问犯罪嫌疑人的时候负有坦白从宽的告知义务。其二，在一定程度上减缓不得强迫自证其罪原则对刑事诉讼活动所造成的冲击。在我国的刑事司法实践中，追诉机关的追诉能力和追诉条件并未普遍达到应有的水平。不少办案人员仍习惯于根据被追诉人的供述来侦破刑事案件。当其面对《刑事诉讼法》对不得强迫自证其罪原则之规定时，鼓励被追诉人如实陈述相关案件事实有助于降低不得强迫自证其罪原则对刑事诉讼所带来的现实压力。因此，如实供述可以从宽处理的规定具有重大的实践意义。需要注意的是，应当准确理解《刑事诉讼法》第 118 条第 1 款中“犯罪嫌疑人对侦查人员的提问，应当如实回答”之规定。从立法精神而言，“应当如实回答”的规定应当理解为“如果犯罪嫌疑人回答侦查人员的提问的话，应当如实回答。如果如实回答，就可能得到从宽处理”。也就是说，“应当如实回答”的规定，实质上并非可以强迫其自证其罪之意。在我国当前的刑事司法实践中，办案人员应当正确理解和把握“应当如实回答”的规定。如实供述可以从宽处理的规定为我国构建污点证人作证制度以及对污点证人从宽处理奠定了基础。

（三）酌定不起诉制度

2012 年《刑事诉讼法》第 173 条第 2 款规定：“对于犯罪情节轻微，依照刑法规定不需要判处刑罚或者免除刑罚的，人民检察院可以作出不起诉决定。”一方面，从检察人员在诉讼法上之义务来说，在我国刑事诉讼中检察人员除负有摘奸发伏、打击犯罪之义务以外，还承担客观及公正之义务。检察人员并非片面渴求查明犯罪事实并极力惩治犯罪的狂热分子，而更应当作为保障公民权利、践行诉讼公正以及守护法律的忠实公仆。检察人员在执行职务时以维护公共利益和保障公民个人利益为最高准则与根本目标，因而检察人员适于成为污点证人权利的守护者。另一方面，就检察机关在审查起诉中的作用而言，侦查机关在侦查终结后将案件移送检察机关审查起诉，检察机关依法对侦查机关所查明的案件事实、所收集的犯罪证据等进行审查核实，对侦查结果进行检验和监督。检察机关通过审查起诉，查清案件事实，对符合起诉条件的依法提起诉讼，不符合起诉条件的依法作出不起诉决定，依法不需要追究刑事责任的不交付审判，保证起诉的公正性与准确性。在审查起诉阶段贯彻落实宽严相济的刑事政策，教育、感化、挽救和改造被追诉人，实现诉讼公正并提高诉讼效率，以此取得良好的诉讼效果以及促进社会和谐。

需要注意的是，其一，应当准确理解酌定不起诉的适用条件。过去不少学者和司法实务人士认为应当明晰酌定不起诉制度的适用条件，以此提高酌定不起诉制度在刑事司法实践中的适用率，充分发挥审查起诉阶段程序分流功能。实际上，“犯罪情节轻微”不受罪名的限制，只要犯罪行为情节轻微，都属于酌定不起诉制度的适用范畴。而“依照刑法规定不需要判处刑罚或者免除刑罚”包括《刑法》第37条所规定的酌定免除刑罚，以及刑法其他条文所规定的法定免除刑罚的各种情形。[①] 通过准确理解酌定不起诉的适用条件，来规范酌定不起诉制度的实践适用并扩大该制度适用案件的数量。其二，应当推动检察机关行使起诉裁量权。在审查起诉阶段检察机关裁量决定不再追究犯罪嫌疑人的刑事责任，在诉讼程序分流和节约诉讼资源的同时，还要促使部分犯罪嫌疑人积极配合追诉机关的追诉活动。当前很多国家的检察机关在裁量不起诉时，都将公共利益作为重要的考量因素。我国刑事诉讼也应当明确将公共利益纳入检察机关作出酌定不起诉决定的评判范围。其三，应当适当简化酌定不起诉制度的运作程序。在刑事司法实践中，检察机关内部程序之繁复在一定程度上使得检察人员倾向于将刑事案件提起诉讼，压缩了酌定不起诉制度的适用空间。检察机关对酌定不起诉审批程序的精简可以提高酌定不起诉制度的适用率，摆脱适用程序繁复对酌定不起诉制度适用的束缚。其四，应当建立科学合理的激励

① 顾永忠：《关于酌定不起诉条件的理解与思考》，载《人民检察》2014年第9期。

惩治制度。以往检察机关在考核考评中机械地强调和不适当地控制不起诉率。检察人员为了追求职务利益而需要优化和提升考核、考评的结果，因而检察人员人为地影响或控制酌定不起诉制度的适用。检察机关应当依据法律之规定，并根据刑事案件的实际情况，勇于对符合酌定不起诉适用条件的犯罪嫌疑人作出酌定不起诉。检察机关应当科学确定各项检察业务的激励和惩治制度。在提高检察人员适用酌定不起诉的积极性，激发检察人员工作热情的同时，还要有效地防止检察人员滥用起诉裁量权。

（四）刑事辩护制度

2012 年《刑事诉讼法》在刑事辩护制度方面相较于原有法律有很明显的进步。第一，对辩护人职责进行重新定位。《刑事诉讼法》第 35 条规定："辩护人的责任是根据事实和法律，提出犯罪嫌疑人、被告人无罪、罪轻或者减轻、免除其刑事责任的材料和意见，维护犯罪嫌疑人、被告人的诉讼权利和其他合法权益。"根据该规定，刑事辩护不仅包括实体辩护，更为重要的是还包括程序辩护。刑事辩护空间的扩展，有助于维护并实现被追诉人所享有的不得强迫自证其罪等权利。第二，赋予律师侦查阶段辩护人的诉讼地位。《刑事诉讼法》第 33 条规定："犯罪嫌疑人自被侦查机关第一次讯问或者采取强制措施之日起，有权委托辩护人；在侦查期间，只能委托律师作为辩护人。被告人有权随时委托辩护人。侦查机关在第一次讯问犯罪嫌疑人或者对犯罪嫌疑人采取强制措施的时候，应当告知犯罪嫌疑人有权委托辩护人。"2012 年《刑事诉讼法》与原法相比，侦查阶段律师的诉讼身份从法律帮助者转变为辩护人。这有助于辩护律师在侦查阶段，特别是在被追诉人接受讯问或被采取强制措施的场合下尽早介入诉讼过程，维护被追诉人的合法权益。第三，修正后的《刑事诉讼法》解决了过去刑事司法实践中存在的会见难、阅卷难、调查取证难等问题。以会见难问题为例，以往当律师会见犯罪嫌疑人时，侦查机关往往会派员在场。律师和犯罪嫌疑人之间能否交谈以及交谈的具体内容等取决于在场侦查人员的意志。而在场侦查人员有时会不当干扰或随意打断律师与犯罪嫌疑人之间的正常谈话。犯罪嫌疑人可能因其行为涉嫌犯罪而被追究刑事责任而亟须向律师了解相关法律规定，与律师沟通相关案情等。会见难使得律师与犯罪嫌疑人会见时受到极大的限制，律师自身权利受到侵害尚且难免，更遑论充分维护犯罪嫌疑人的合法权利。犯罪嫌疑人对律师法律帮助产生质疑或失去信心，致使其不敢也不愿向律师吐露相关案情。2012 年《刑事诉讼法》第 37 条规定，除危害国家安全犯罪、恐怖活动犯罪、特别重大贿赂犯罪案件，在侦查阶段辩护律师会见犯罪嫌疑人需经侦查机关许可外，其他案件辩护律师在刑事诉讼任何阶段持有关证件和手续都可以直接到看守所会见在押的犯罪嫌疑人、被告人。会见中，可以了解案件有关情况，提供法律咨询，并且会见过程不被监听。自案件移送审查起诉之日起，律师会见可以向犯罪嫌疑人、被告人核实证据。刑事辩护制度的发展与完善，不仅有助于刑事诉讼中辩护方和控诉方平等对抗，而且也有助于审判机关准确查明案件事实，作出客观、公正的裁判。第四，2012 年《刑事诉讼法》扩大了法律援助的范围，并将法律援助从审判阶段提前到侦查阶段。公安司法机关应当保障相关被追诉人获得法律援助。刑事辩护作为刑事诉讼文明的“晴雨表”，而刑事法律援助则成为刑事法治的标尺。即使在被追诉人因经济困难而未委托辩护人的刑事案件中，也可能有法律援助律师维护其合法权利，抵御追诉机关的追诉压力甚至违法追诉等行为。第五，2012 年《刑事诉讼法》规定了非法证据排除规则，赋予被追诉人及其辩护人要求排除非法证据，以及对非法收集证据的行为进行惩处的权利。辩护人有权对办案机关及办案人员阻碍其依法行使诉讼权利的行为向同级或者上一级人民检察院申诉或者控告。犯罪嫌疑人、被告人及其辩护人对于公安、司法人员在办案中违反法律侵犯其合法权益的行为，包括违法适用强制措施、违法采取侦查措施等，有权向办案人员所在机关及人民检察院申诉、控告。总而言之，刑事辩护制度的发展和完善为污点证人制度的构建奠定了基础。只有在强大的国家专门机关面前显得羸弱的被追诉人能够在辩护人的帮助、辅助下与追诉机关展开平等对抗时，被追诉人自身的合法权益才能真正得到维护与保障，污点证人制度才有可能从乌托邦式的幻想转化为现实，并随着法治现代化的进步和法治环境的改善而最终在中国建立起来。

第三节 中国污点证人制度之构建

一、刑事追诉理念的转变

通观我国整部《刑事诉讼法》，在很大程度上秉持准确查明案件事实真相为宗旨。侦查在刑事诉讼中具有举足轻重的地位。侦查结果将直接影响审查起诉和审判活动的顺利进行。侦查机关担负着查明案件事实，发现、收集犯罪证据以及抓获全部犯罪嫌疑人的任务。而侦查人员则对犯罪案件的侦破和侦查任务的完成承担实际的责任。尽管侦查是在被调查者具有一定犯罪嫌疑的基础之上所展开的，但是如若侦查人员以查明案件事实真相为唯一目标，则很可能会忽略对犯罪嫌疑人合法权益进行保障。特别是对于由检察机关侦查的案件而言，将查明案件事实真相作为侦查的排他性目标，势必会与检察机关的客观义务产生冲突，检察机关将难以作为“世界上最客观公正之官署”① 之名。作为侦查机关，无论是公安机关还是检察机关等，往往会在侦查实践中自觉不自觉地将查明案件事实、惩罚犯罪作为其主要职责，在此理念的引领下，附带性地兼顾“检察机关、公安机关应当保障犯罪嫌疑人、被告人和其他诉讼参与人依法享有的辩护权和其他诉讼权利”。侦查人员作为正义之代表，与作为邪恶之标靶的犯罪嫌疑人斗智斗勇。为了及时将真正的犯罪人绳之以法，以预防犯罪并及时抚慰被害人因犯罪行为所受之

① 林钰雄：《检察官论》，法律出版社 2008 年版，第 25 页。

人身或财产损害，侦查人员的相关侦查行为具有了道德上的可接受性和天然的正当性。对犯罪嫌疑人权利之保障与之相比“略显单薄”。当侦查人员为了查明案件事实真相而损及犯罪嫌疑人的合法权利时，程序公正也就被视为实现实体公正之必要且当然的代价。在有罪推定理念的影响下，即使在侦查阶段，犯罪嫌疑人也很可能被当作真正的罪犯来对待。侦查人员的违法行为也就被给予充分的理解和谅解。如果侦查工作存有疏漏或者偏差，那么刑事诉讼程序可能会为此逆向运行。刑事诉讼程序倒流意味着对侦查机关查明案件事实真相的再次、反复强调。检察机关和审判机关并未作出权威的裁断，而是责令侦查机关继续查明案件事实、补充收集犯罪证据。我国刑事诉讼与其他国家相比，更为重视查明案件的事实真相。

在我国以往的刑事司法实践中，被追诉人以义务为本位。也就是说，被追诉人在面对侦查机关的侦查活动、检察机关的审查起诉和法院的审判时，有服从和积极配合的义务。可以毫不夸张地说，义务本位已经渗透到了中华民族法律传统和法律文化的血液和骨髓之中。过去的数十年间为权利而奋斗并未能彻底祛除义务本位理念之余毒。义务本位至今或隐或现于刑事诉讼的文本与实践之中。国家专门机关有权利用一切司法力量和司法资源来查明犯罪案件事实，尽可能地制止甚至消除妨碍查明案件事实真相的对抗行为。国家专门机关站在道德的制高点上，以坚守司法公正和努力实现司法公正自居。在刑事侦查过程中，侦查机关不仅应当侦破刑事案件，而且应当教育公民自觉遵守法律，积极同犯罪行为作斗争，感化、挽救那些认罪服法并且如实陈述相关案件事实或者提供犯罪侦查线索的犯罪人，严惩那些冥顽不化、拒不坦白、无理狡辩、反复翻供或者拒不认罪、悔罪的犯罪人。办案人员通常不假思索地认为被追诉人应当如实陈述其所了解的相关案件情况，协助追诉机关的追诉活动，以此获得国家的从宽处理。尽管办案人员已经意识到应当充分保障被追诉人的合法权利，但是义务本位理念驱使办案人员固守刑事诉讼主导地位，而查明案件事实真相又进一步促使被追诉人辅助、服从、听命于办案人员。义务本位理念向权利本位理念的转变绝非一朝一夕之事，而且理念的扭转也受到外界环境的影响和制约。正如“劣币驱逐良币”的现象，在少数办案人员心中所确立的权利本位理念，往往会受其所在单位其他办案人员所固执的义务本位理念的排挤和驱逐。权利本位理念必然会增加办案人员的工作负担。以刑事侦查为例，侦查人员通过犯罪嫌疑人供述以外的途径来查明案件事实、充分收集犯罪证据，相较于“撬开犯罪嫌疑人的嘴巴”，并以其供述来收集相关犯罪证据和查明案件事实，要更为繁复和艰辛。因而义务本位仍是大多数办案人员的不二法则。

积极探求案件事实真相和被追诉人以义务为本位至今仍然在刑事诉讼中占有很大的空间，潜移默化地影响着办案人员的办案意识和行为。当前在我国刑事司法实践中，追诉权力较为强大，而被追诉人权利保障明显堪忧。因此，应当以人权保障和程序公正作为转变和矫正刑事追诉理念的指导方向，从而为污点证人制度的构筑和施行提供良好的理念基础。

第一，刑事追诉应当公正优先兼顾效率。当前我国追诉制度和追诉实践倚重追诉效率，试图通过加快诉讼进程以消解更多的刑事案件，缓解案件数量激增而诉讼资源相对拘谨之困境。追诉人员注重尽快地查明案件事实、有效地收集相关犯罪证据、成功地将被追诉人绳之以法、及时地实现国家刑罚权和预防犯罪之目的。对于追诉效率的过分偏重无疑将有损于诉讼公正的实现，特别是程序公正必然会受到严重的影响。其实，对诉讼公正的追求不应舍弃诉讼效率，而诉讼效率应是在实现诉讼公正前提之下的诉讼效率。诉讼公正与诉讼效率具有内在一致性。[①] 在大多数情况下，刑事诉讼活动能够实现诉讼公正与诉讼效率的协调统一。不过，在刑事司法实践

① 陈光中等：《中国司法制度的基础理论问题研究》，经济科学出版社 2010 年版，第 585 页。

中也存在诉讼公正与诉讼效率相冲突的情形。此时，追诉机关应当将公正作为追诉的首要价值，因为刑事追诉过程涉及个人自由、财产、名誉等基本权利，而刑事追诉结果更是关涉个人生命、自由等最为重要的权利的剥夺与限制。如若诉讼公正与诉讼效率地位本末倒置，那么诉讼参与人尤其是被追诉人的合法权利将难以维系，而追诉机关的权力运行则显得恣意妄为，进而使司法公正备受质疑，司法权威更是无从建立。例如，在呼格吉勒图案中，1996 年 4 月 9 日晚警察接到报案后发现杨某尸体，4 月 12 日呼格吉勒图被收容审查，5 月 10 日呼和浩特市检察院批准逮捕呼格吉勒图，随后提起公诉。该案追诉效率之高对案件事实真相的查明和被追诉人权利之保障产生了非常不利的影响。2014 年 11 月 19 日，内蒙古自治区高级人民法院作出（2014）内刑监字第 00094 号再审决定，对该案启动再审程序。内蒙古自治区人民检察院认为，原判认定呼格吉勒图构成故意杀人罪、流氓罪的事实不清，证据不足，应通过再审程序，作出无罪判决。经审理，原审被告人呼格吉勒图供述的犯罪手段与尸体检验报告不符；血型鉴定意见不具有排他性；呼格吉勒图的有罪供述不稳定，且与其他证据存在诸多不吻合之处等。内蒙古自治区高级人民法院认为，原审认定呼格吉勒图犯故意杀人罪、流氓罪的事实不清，证据不足，对申诉人的请求予以支持，对辩护人的辩护意见和检察机关的意见予以采纳，判决呼格吉勒图无罪。由此可见，如果刑事追诉未能确立诉讼公正优先的地位，一味地追求诉讼效率，则得不偿失，根本无法实现刑事诉讼的原初目的，并且可能造成司法的黑暗。

第二，刑事追诉中被追诉人应当作为当事人而成为诉讼主体。虽然被追诉人具有犯罪嫌疑而被追诉机关追究其刑事责任，但是需要经过严格的诉讼程序，对其指控必须达到案件事实清楚，证据确实、充分，并且赋予被追诉人与追诉机关平等对抗的手段和条件等，经由法院依法判决才能确定其有罪。在法院生效判决作出前，被追诉人在法律地位上应处于无罪。1996 年《刑事诉讼法》将受到刑事追诉的人从“人犯”改称为“犯罪嫌疑人、被告人”，将其定位为刑事诉讼中的当事人。被追诉人称谓的转变实乃司法公正、诉讼文明和人权保障发展的重要体现。在我国漫长的封建时期，被追诉人居于诉讼客体地位，办案机关可以使用当时视为正当的刑讯逼供等手段来查明案件事实，而被追诉人并不享有基本的权利和尊严。被追诉人往往在绝望的呼喊中企盼“青天”的出现并明察秋毫，抑或是能受到神明的庇护与恩惠，不过，大多却事与愿违。而被追诉人作为诉讼的主体，能够与追诉机关平等武装、平等对抗。被追诉人通常并不是消极地等待和接受侦查、审查起诉和审判，而是与追诉机关展开积极的抗争，并且积极地影响裁判者以作出有利于被追诉人的判决结果。而且追诉机关应当尊重和保障被追诉人的权利。过去在刑事司法实践中，不少追诉人员仍然将被追诉人当作查明案件事实的工具和收集犯罪证据的来源。也就是说，侦查人员在办案时先抓获犯罪嫌疑人，之后竭尽全力取得犯罪嫌疑人的有罪供述，通过该供述查明案件事实并收集补充相关犯罪证据，如犯罪时所使用的凶器、证人证言等。与此同时，追诉人员可能会忽视甚至侵犯被追诉人所享有的合法权利。而义务本位又进一步加剧了被追诉人所居于的不利的诉讼地位。例如，在滕兴善案中①，侦查人员根据作案手法比较专业这一特征抓获了滕兴善，然后对其刑讯逼供取得认罪口供，再以口供收集其他证据。因此，追诉机关应当强化被追诉人的诉讼主体地位，保障其相关诉讼权利，改变追诉人员心中已被时代所摒弃的追诉理念。

第三，追诉机关应当注重收集并查证相关犯罪证据，尤其是口供以外的证据，而追诉人员应当培养证据意识、增强证据理念。证据是司法公正之基石，也是规制国家追诉权力和保障被追诉人权利之法宝，更是人类社会发展过程中理性、文明和法治之体现。虽然

① http://news.sina.com.cn/o/2005-06-16/03126182737s.shtml，2015年4月7日访问。

我国《刑事诉讼法》规定，“对一切案件的判处都要重证据，重调查研究，不轻信口供”，但是在以往的刑事司法实践中，追诉机关却过分关注被追诉人的口供。被追诉人作为刑事案件可能的亲历者，具有案件事实和犯罪证据之来源的性质。被追诉人的口供中包含着非常丰富的案件事实①，在追诉机关回溯性查明案件事实的过程中发挥着重要的作用。无论被追诉人作出有罪供述还是无罪辩解，只要被追诉人没有保持沉默或者拒绝陈述，其口供都可能提供部分乃至全部的案件事实，并为追诉机关收集、审查其他证据提供条件。对于作出有罪供述的被追诉人而言，其口供证据包含其所实施或参与的犯罪行为、犯罪结果、犯罪责任等犯罪构成要件事实。那些作出无罪辩解的被追诉人，不论其否认犯罪事实的存在还是否认自己实施或参与了犯罪，其所作陈述都能在一定程度上协助或指引追诉机关查明案件事实。被追诉人为了洗脱或逃避刑事责任，而追诉机关为了顺利履行职责和实现犯罪预防之目的，在获得被追诉人口供与保障被追诉人权利之间普遍存在着矛盾冲突。为了根治追诉人员严重依赖口供之弊病，追诉人员应当确立合理的证据观念，淡化、弱化口供在刑事诉讼中的作用，注重口供以外其他种类证据对于查明刑事案件事实之功效。而且追诉人员应当充分发挥科技手段在侦查取证中的作用，提高专业素质和办案能力等，最终改变口供至上的做法。

第四，追诉人员应当在冤假错案的警醒与反思中提高追诉责任意识、提升追诉能力。侦查机关承担着准确查明案件事实、充分收集犯罪证据并缉获相关犯罪嫌疑人之职责。侦查为审查起诉和审判

① “从实体法的角度来看，案件事实包括定罪事实和量刑事实。犯罪事实作为案件事实的一部分，包括定罪事实和一部分反映被告人犯罪行为社会危害性或人身危险性的量刑事实。量刑事实除包括一部分犯罪事实以外，还包括其他能够反映被告人人身危险性或主观恶性的事实。当然，定罪事实和量刑事实的分离具有相对性。”熊选国：《〈人民法院量刑指导意见〉与“两高三部”〈关于规范量刑程序若干问题的意见〉理解与适用》，法律出版社2010年版，第495~496页。

做准备，侦查的质量直接影响审查起诉和审判的质量。侦查结果之疏漏或偏颇可能使得真正的犯罪人逃脱法网，无辜者却蒙受冤屈。近年来，随着杜培武案、佘祥林案、赵作海案等冤错案件见诸新闻媒体，冤错案件已经成为我国刑事诉讼发展过程中一个不应回避并且亟须理性省思的问题。毫无疑问，冤错案件的出现对于被追诉人来说是飞来横祸，其为此而承担莫须有之罪责。对于被追诉人的家人甚至家族来说，也成为其生活难以承受之重。冤错案件对于相关国家专门机关而言，表明刑事诉讼活动的不公与无效，并且引得社会各界对其口诛笔伐、百般责备，办案人员则为其办案中的不当甚至违法行为承担相应的责任。冤错案件的发现和纠正对于相关者而言又是不幸中的万幸。杜培武案得以纠正是因为偶然发现了真凶，而佘祥林案、赵作海案得以平反是因为“被害人”重现人间。那么是否还有其他尚未被发现的冤错案件呢？答案很明显。这些“人间悲剧”不断地拷问着刑事诉讼制度和办案人员的理性和良知。刑事错案的发现和纠正使得追诉人员必须正视刑事追诉之现实，谨慎地行使追诉权力，避免权力恣意滥用而侵犯被追诉人所享有的合法权利。追诉人员以刑事错案为镜，可以培养职业道德素养，提高追诉业务技能，树立追诉责任意识。而追诉机关以刑事错案为鉴，可以完善诉讼制度，改革工作机制，提高办案质量和效果，建立合法合理的错案预防和追究制度。

总之，刑事诉讼应当改变过去刑事司法制度和司法实践中追诉机关以查明案件事实真相为宗旨、被追诉人以义务为本位的不适时的诉讼理念。追诉理念的革新，不仅是保障司法公正、重振司法权威的现实需要，而且也是污点证人制度得以构建的前提和先导。

二、我国污点证人制度的模式选择

污点证人制度在西方国家颁行至今百年有余，其萌芽与发展源于该制度赖以存在的客观社会结构和法治基础。污点证人制度在各国的发展均带有其内在的本土化特质，并未因法律的借鉴和移植而归于统一。尽管我国法律在发展过程中与世界法律前进方向的共性日益增多，但是我国法治现代化进程并非简单地效仿西方，而是应当更加多样化。我国法律文化传统作为一种历史文化力量，影响着污点证人制度在中国的落地生根。我国在构建污点证人制度时，应当在传统法律文化根基中和现行法律制度文本中找寻到法律精神的支撑点与法律制度的契合点，尽量避免污点证人制度在立法予以规定，而在刑事司法实践中却被搁置或异化，出现西学东渐中所常有的制度“水土不服”之情形。

污点证人制度意味着追诉机关为了维护公共利益，依法要求具有犯罪事实并且明确主张不得强迫自证其罪权利或以其他方式表达同等主张的污点证人如实陈述相关案件事实，而追诉机关对此应当给予污点证人等效保障的制度。等效保障可谓污点证人制度的核心与关键所在，是在西方国家法律规定和国际公约规定对污点证人权利进行保障的基础上所作的高度概括和提炼。等效保障是指对污点证人所享有的不得强迫自证其罪权利给予效力相当的保障。从历史发展而言，美国对于等效保障的认识有所改观和进步。而当前在世界范围内对于等效保障的理解和规定仍有一定的差异。不过，从总体上来说，根据等效保障的差异可以将污点证人制度划分为以下两种不同的模式。这对于我国污点证人制度的构建而言，具有重要的分析和借鉴意义。

（一）对抗模式

西方法治发达国家和地区在刑事诉讼中普遍注重对被追诉人权利进行充分的保障，并对国家权力进行有效的规制与监督，防止国家权力成为脱缰的野马而侵犯个人权利。不过，相较于职权主义国家和地区，当事人主义国家和地区更为强调平等主体之间的公平对抗与竞技。“刑事诉讼体现为个人与国家（政府）的对抗，亦即辩护方与拥有国家强大追诉权并天然有着滥用倾向的权力机构相抗衡，它表现为公民权利对国家权力的抵制作用。个人对抗国家的观念，是在人们对自由与权威之间对立关系的认识中产生的。尽管权威有时会成为自由的保障，但权威更有可能对自由形成威胁。对陷入极权社会的近乎本能的恐惧，使许多人坚定地站到维护公民个人通过法律手段对抗国家权力的立场，他们时刻警惕着不使自己的国家走上通往奴役的道路。”① 当事人主义国家对被追诉人的权力保障更为重视，甚至在宪法中作出明确的规定。刑事诉讼程序正当性、合法性的缺失或不足对被追诉人权利产生不利影响时，直接导致辩护方的抵制和挞伐，终而使得正义得以伸张，违法违规行为受到相应的制裁和惩处。而在刑事司法实践中控辩双方针锋相对更是非常激烈与频繁，控辩双方实际上处于一种强对抗的关系之中。

强对抗关系对不得强迫自证其罪特免权以及作为其历史必然产物的污点证人制度产生了现实的影响。由于污点证人本人具有犯罪事实，可能因此而被追究刑事责任，所以其明确主张不得强迫自证其罪权利或者以其他方式表达同等主张。而追诉机关为了维护公共利益，当时只能以污点证人对案件事实的陈述来侦破相关刑事案件，打击犯罪以及实现国家预防犯罪之目的。由此，追诉机关与被追诉人在公共利益维护与个人利益保障上展开了剑拔弩张的对抗。国家专门机关只有依法给予污点证人相当的保障，才能要求污点证人必须如实陈述相关案件事实或提供重要的犯罪侦查线索等，而不得保持沉默或者拒绝陈述。而污点证人通常只有得到了确定的且必要的保障，才会真正安心地、如实地向国家专门机关作出陈述，并且积极配合追诉机关的追诉活动。

美国污点证人豁免制度的百年变迁反映出为积极探求案件事实真相，污点证人的个人权利该如何与公共利益相协调的动态发展过程。为了避免污点证人所享有的不得强迫自证其罪权利在刑事司法实践中长期陷于不安的状态，以及污点证人不断暴露于被追究刑事责任的现实风险之中，尽管污点证人豁免制度并未尽善尽美，但是该制度仍被立法和司法实践所认可。美国证人豁免制度较为强调污

① 张建伟：《司法竞技主义》，北京大学出版社 2005 年版，第 4~5 页。

点证人与追诉机关之间的地位平等和充分对抗。追诉机关经过利益衡量后豁免污点证人，给予污点证人等效保障，而污点证人不再主张不得强迫自证其罪权利，必须如实作证或者提供案件相关信息。对于等效保障而言，其实质在于对追诉机关的权力进行理性、审慎的控制，并对污点证人的权利进行充分、有效的保障。在美国联邦层面和多数州中，追诉机关不得在对污点证人所提起的刑事指控中，将污点证人所作证言或者所提供案件相关信息，以及任何直接或间接收集于前述证言或者信息的证据用于对该证人不利的证据。需要注意的是，在美国少数州中，等效保障却意味着追诉机关对于污点证人所作证言或者所提供案件相关信息中所涉及的由污点证人所实施的与豁免存在实质性联系的犯罪事实，不再追究其刑事责任。

根据《英国1981年最高法院法》（*Supreme Court Act* 1981）第72条第3款、第4款规定：证人根据法律规定或依据法院命令所作陈述或者自认，不得在追究关联犯罪过程中用作不利于该证人或其配偶的证据，但证人作伪证或藐视法庭可以不受此限。[①] 在《加拿大证据法》中，等效保障使得相关有罪证据不得在以后的任何其他程序中，被用作对该污点证人不利的证据。[②]《澳大利亚证据法》第128条第7款规定："在澳大利亚法院进行的任何形式的诉讼中，不得用下列证据来指控提供证据的人：（a）根据本条之规定被授予证明书的人所提供的证据；以及（b）由于提供该证据而直接派生或间接派生的任何信息、书证或者物证。然而，对证人伪证的诉讼不受上述规定的限制。"[③]

由上述国家相关规定可见，对抗模式较为重视污点证人的权利保障，而诉讼程序的正当性与合法性也受到较多的关注。污点证人

---

① Supreme Court Act 1981, http://www.legislation.gov.uk/ukpga/1981/54/contents/enacted,2015年3月29日访问。

② 何家弘：《证人制度研究》，人民法院出版社2004年版，第271页。

③ 何家弘、张卫平：《外国证据法选译》，人民法院出版社2000年版，第266页。

对相关案件事实所作陈述以及经由该陈述所收集的其他证据，成为污点证人不再明确主张不得强迫自证其罪特免权或者以其他方式表达同等主张的等效保障。正是因为控辩双方对抗极其激烈，所以追诉机关在污点证人如实陈述相关案件事实以后，仍然可以通过其他证据来追究污点证人关联犯罪事实的刑事责任。

对抗模式的优点在于：第一，从维护公共利益方面来说，对抗模式通过依法给予污点证人正式的法院豁免令等，要求污点证人必须如实陈述相关案件事实。如果污点证人作伪证或者拒绝陈述等，那么追诉机关会追究其相应行为的刑事责任。对抗模式以此确保污点证人所作陈述的真实性、准确性和稳定性，进而确保公共利益之实现。第二，从程序公正方面来说，在污点证人如实陈述相关案件事实以前，污点证人已经得到了法院豁免令等。法院命令等使得污点证人所享有的不得强迫自证其罪权利有了正式的、相当的法律保障。而在污点证人如实陈述并协助追诉机关维护公共利益以后，追诉机关不得将污点证人所作陈述以及与之相关的证据，在对该污点证人所提起的刑事指控中用于对其不利的证据。追诉机关负有证明相关证据并非源于污点证人所作陈述的责任。第三，从权利保障方面来说，对抗模式通常可以保障污点证人不得强迫自证其罪权利，避免其受到国家专门机关的恣意侵犯。

然而，对抗模式也绝非完美无瑕，对抗模式最主要的争议在于，追诉机关仍可能以其他证据来追究污点证人相关犯罪事实的刑事责任，以实现国家刑罚权。围绕污点证人的刑事责任，控辩双方可能因专注于对抗和博弈而导致诉讼效率降低，追诉机关可能在适用污点证人豁免制度时理性有所不足，以及污点证人豁免制度适用中可能引起相对不平等。

（二）激励模式

虽然职权主义与当事人主义相互借鉴、互相融合已成为时代潮流，职权主义诉讼在朝着人权保障方向发展的同时，引入一些当事人主义诉讼的程序和机制，但是职权主义诉讼的本质却并未发生明显改变，即在国家权力的主导之下追求案件事实真相，通过权利保障和救济来规制国家权力，从而实现司法公正与提高诉讼效率等。① 职权主义诉讼热衷于查明案件事实，强调公共利益的重要地位。在刑事司法实践中控辩双方处于弱对抗的关系。这对于污点证人制度也产生了相应的影响。《德国刑事诉讼法》第 153 条 e 款"在危害国家安全案件中不起诉"规定："（一）对于程序的客体为《法院组织法》第 74 条 a 第 1 款第 2 至 6 项、第 120 条第 1 款第 2 至 7 项列举的犯罪行为之一的，如果行为人在犯罪之后对于避免联邦德国的存在、安全或宪法秩序的危害做出了贡献的，联邦最高检察长经根据《法院组织法》第 120 条具有管辖权的州高等法院批准，可以不起诉。行为人在犯罪以后向有关机关揭发了其所了解的准备叛乱、危害法治基础上的民主国家、叛国、外患的，也适用前述规定。（二）如果已经起诉，根据《法院组织法》第 120 条具有管辖权的州高等法院经联邦最高检察长同意，可以在符合第 1 款规定的情况下，终止程序。"② 由于污点证人具有犯罪事实，并且与追诉机关试图查明的其他被追诉人极为严重的犯罪事实（危害国家安全犯罪等）存在实质性联系，所以为了维护公共利益和保障人权，追诉机关给予污点证人适当的激励，促使其如实供述相关案件事实，积极协助追诉机关查明案件真相，并全面配合追诉机关进行诉讼活动。在德国，作为污点证人不得强迫自证其罪权利等效保障之激励，限于追诉机关对污点证人的犯罪事实不予起诉。

我国香港地区《香港检控守则》中规定："11. 豁免检控"规定：11. 1 原则上，在刑事司法程序中，虽然理应无须借豁免起诉证人，证人才会作供指证其他共同参与刑事犯罪的人，但在某些情况下，这是被认为恰当的做法。根据一般规则，从犯亦应被检控，

① 施鹏鹏：《为职权主义辩护》，载《中国法学》2014 年第 2 期。

② 《德国刑事诉讼法典》（1998 年英文版译本），http://www.doc88.com/p-901289886582.html，2015 年 3 月 29 日访问。

不论其后从犯会否被传召作证人。较可取的做法，是留待审讯后才处理愿意合作的从犯。一般而言，从犯可获减刑，以反映其合作性质和程度。11.2 在某些执法工作范畴，须依靠或主力借助线人的证供才可成功检控。只有在司法公义有所需要的情况下，线人才应作为控方证人。由此一方面要维护社会利益令犯罪者被定罪，而另一方面要向可能与犯罪活动有密切关联甚至有份参与其中的人给予好处，两者之间必须求取平衡。一般而言，线人所作的证供，应该是被认为令其他人定罪所必需的证供，而且是别无可求。11.3 在某些特殊情况下，控方可豁免检控证人。在决定是否豁免检控和权衡利害的过程中，会深受下列因素影响：证人可作证供的性质，以及该等证供对案件检控的重要程度；证人的背景记录；证人予人感觉的可信程度（包括是否全面披露所知的事实和事情），以及有否任何可察觉隐瞒部分真相的动机（包括收取、获承诺或期望可得到利益）；证人在检控的罪行中参与的程度（一般应低于被检控犯罪者的参与程度）；是否有任何支持证据。11.4 根据规定，须由首长级人员给予起诉豁免。控方会向证人发出免予起诉书，并在审讯前把副本交予辩方，以及在审讯时提交法庭。"① 由此可见，在香港，如果被追诉人在共同犯罪中起次要或者辅助作用，并且其自愿与追诉机关合作，那么根据其与追诉机关合作的性质和程度，可能会给予其适当的减刑。如果污点证人所具有的犯罪事实与追诉机关试图检控的其他被追诉人的犯罪事实存在关联，污点证人所作陈述对于维护公共利益（追究其他被追诉人刑事责任）至关重要且别无可求，更为重要的是，污点证人主张不得强迫自证其罪权利或者以其他方式表达同等主张，那么追诉机关便通过不起诉该污点证人来给予其等效保障，并以此作为对其的适当激励。

我国澳门地区《有组织犯罪法》第 5 条规定："如行为人阻止

---

① 《香港检控守则》，http://www.doj.gov.hk/chi/public/pubsoppapcon.html，2015 年 3 月 29 日访问。

该等黑社会存续或对此认真作出努力，又或为避免犯罪的实施而通知当局该等黑社会的存在，尤其指出黑社会其他成员或支持者的身份，并揭露该等黑社会的宗旨、计划或活动者，第 2 条至第 4 条所指刑罚得特别减轻或以非剥夺自由的刑罚代替，甚至豁免刑罚。”第 38 条规定：“对于因触犯任何罪行而确定判处徒刑的有罪判决，当被判罪者明显地采取第 5 条所指的任何行为时，有罪判决可接受再审，从而减免对污点证人的刑罚。不过这种特殊再审程序只适用于该法律开始生效后 6 个月期限内申请特殊再审的被判罪者。”澳门地区通过减免污点证人的刑罚和对业已判刑的污点证人设立特殊的再审制度，来激励污点证人如实陈述相关案件事实，积极协助追诉机关惩治有组织犯罪。①

我国台湾地区 2000 年“证人保护法”第 14 条规定：“第二条所列刑事案件之被告或犯罪嫌疑人，于侦查中供述与该案案情有重要关系之待证事项或其他正犯或共犯之犯罪事证，因而使检察官得以追诉该案之其他正犯或共犯者，以经检察官事先同意者为限，就其因供述所涉之犯罪，减轻或免除其刑。被告或犯罪嫌疑人虽非前项案件之正犯或共犯，但于侦查中供述其犯罪之前手、后手或相关犯罪之网络，因而使检察官得以追诉与该犯罪相关之第二条所列刑事案件之被告者，参酌其犯罪情节之轻重、被害人所受之损害、防止重大犯罪危害社会治安之重要性及公共利益等事项，以其所供述他人之犯罪情节或法定刑较重于其本身所涉之罪且经检察官事先同意者为限，就其因供述所涉之犯罪，得为不起诉处分。”② 我国台

① 刘守芬、黄少泽、汪明亮：《澳门反“黑”立法对策及其借鉴》，载《人民检察》2001 年第 11 期。

② “证人保护法”，http://lvshi.sz.bendibao.com/news/2010920/244213.shtm，2015 年 3 月 29 日访问。我国台湾地区“证人保护法实施细则”第 21 条规定：“本法第十四条第一项及第二项所称检察官事先同意，指检察官本案侦查终结前之同意。检察官同意者，应记明笔录。”第 22 条规定：“本法第十四条第二项所称就被告或犯罪嫌疑人因供述所涉之犯罪得为不起诉处分者，不限于本法第二条所列之罪。”

湾地区将污点证人分为共同犯罪中的污点证人和关联犯罪中的污点证人。在共同犯罪中台湾当局专门机关通过减轻或免除污点证人的刑事责任来给予其适当的激励，而在关联犯罪中追诉机关根据污点证人犯罪事实的具体情况以及污点证人对追诉相关犯罪的具体作用等，可以不起诉该污点证人。

《联合国反腐败公约》第37条“与执法机关的合作”规定：“一、各缔约国均应当采取适当措施，鼓励参与或者曾经参与实施根据本公约确立的犯罪的人提供有助于主管机关侦查和取证的信息，并为主管机关提供可能有助于剥夺罪犯的犯罪所得并追回这种所得的实际具体帮助。二、对于在根据本公约确立的任何犯罪的侦查或者起诉中提供实质性配合的被告人，各缔约国均应当考虑就适当情况下减轻处罚的可能性作出规定。三、对于在根据本公约确立的犯罪的侦查或者起诉中提供实质性配合的人，各缔约国均应当考虑根据本国法律的基本原则就允许不予起诉的可能性作出规定。”①《联合国反腐败公约》通过量刑减轻或不起诉来激励污点证人，给予其等效保障。

通过上述分析可见，当控辩双方处于弱对抗关系中时，追诉机关为了调动污点证人陈述相关案件事实，配合追诉机关追究共同犯罪或关联犯罪中犯罪事实更为严重的被追诉人的刑事责任，激发污点证人陈述的准确性和完整性，提高污点证人协助追诉机关的自愿性和积极性，以量刑从宽或者不起诉来激励污点证人。激励模式使得污点证人为了取得于己有利的激励效果，认真地甚至竭尽全力地协助追诉机关完成追究其他罪行更为严重的被追诉人刑事责任的任务。量刑从宽是从实体上给予污点证人的激励，而不起诉是从程序上来激励污点证人。笔者认为，一方面，这主要是基于立法者对于预防犯罪之考虑；另一方面，则主要基于污点证人所作陈述和配合

---

① 《联合国反腐败公约》，http://www.spp.gov.cn/site2006/2006-04-30/001987455.html，2015年3月29日访问。

追诉机关实现追诉目的的重要性和必要性，以及污点证人基于其所处具体刑事诉讼情境而主张不得强迫自证其罪权利的意志和决心。如果污点证人的参与对于追诉机关维护公共利益至关重要且无可替代，并且其明确主张不得强迫自证其罪权利或者以其他方式表达同等主张，那么追诉机关很可能会不起诉该污点证人或者免除其刑罚。除此以外，追诉机关还通过减轻量刑来激励污点证人。

而激励模式与对抗模式的最大区别之处在于如何看待污点证人所具有的犯罪事实，也就是说，该如何处理污点证人所拟应承担的刑事责任。在对抗模式中，污点证人在如实陈述相关案件事实，协助追诉机关实现追诉目的以后，追诉机关仍然可能会追究其相关犯罪事实的刑事责任。污点证人并未彻底地从其可能的刑事责任困扰中解脱出来。对于污点证人来说，相关犯罪事实的刑事责任是不确定的。而在激励模式中，追诉机关通过不起诉该污点证人或者免除其刑罚而使其摆脱后顾之忧，配合追诉机关准确查明其他罪行更为严重的被追诉人的犯罪事实，充分收集相关犯罪证据，将其他被追诉人绳之以法。此外，追诉机关以减轻量刑来给予污点证人不得强迫自证其罪权利以等效保障。无论是不起诉还是量刑从宽，污点证人犯罪事实所引起的刑事责任都是相对确定的。另外，对抗模式具有内在强制性，污点证人在得到等效保障以后，必须如实陈述相关案件事实，否则可能会因拒不履行法院命令而被追究刑事责任。而在激励模式中，追诉机关与污点证人之间的关系相对较为缓和，追诉机关通过量刑从宽或不起诉来促使被追诉人作为污点证人参与诉讼。

（三）我国污点证人制度之模式选择

法治发达国家和地区在刑事诉讼程序中普遍强调对被追诉人权利进行充分、有效的保障，并且通过审慎、严谨的立法规定和全方位、多层次地对司法实践进行监督与制约，避免国家权力滥用而危及个人权利。不得强迫自证其罪原则是这些国家和地区在刑事诉讼中所奉行的一项重要原则，从不得强迫自证其罪原则中衍生出一套完整的权利保障体系和权力规制要求。而污点证人制度作为不得强迫自证其罪原则历史发展过程中的必然产物，其模式与其所在国家或地区的具体诉讼程序和诉讼理念相映衬。对于我国污点证人制度的模式选择而言，其不仅直接关乎我国未来污点证人制度构建的具体样态，而且也影响中国是否能够真正消解刑事司法实践中污点证人作证现象所产生的疑惑和障碍。

基于前面所作的分析，笔者认为，当前我国在污点证人制度的模式选择上应当采取激励模式，而非对抗模式。这主要是基于以下几方面原因：其一，过去我国刑事诉讼奉行积极探求案件事实真相和被追诉人以义务为本位的司法传统。尽管诉讼程序朝着法治和人权保障的方向迈进，但是对于污点证人制度模式的选择而言，却不应忽视或立即超越司法传统。其二，我国既有刑事诉讼构造强调以国家权力为主导。在审前阶段，追诉机关对于诉讼推进起到主导作用，而在审判阶段，审判机关主导庭审过程。其三，我国目前尚不具备对抗模式中控辩双方激励对抗，以权利制约权力的格局。而且，我国权利保障体系仍有所不足，而权力规制稍显乏力。其四，正如第一章所述，在对抗模式下，由于污点证人刑事责任追究的不确定性，所以美国证人豁免制度在司法实践中出现了一些问题。而激励模式能够在一定程度上消解这些实践难题。其五，在我国，尽管污点证人不再主张不得强迫自证其罪权利而如实陈述相关案件事实，但是追诉机关仍然会追究其刑事责任。“由于不能完全消除污点证人的思想顾虑，导致证人作证的效果往往差强人意。”① 因而有可能无法实现污点证人制度设立之初衷。因此，在我国污点证人不再明确主张不得强迫自证其罪权利或以其他方式表达同等主张，而如实陈述相关案件事实，积极配合追诉机关的追诉活动。在此之后，追诉机关应当采取激励模式对污点证人的权利给予等效的

---

① 汪海燕：《建构我国污点证人刑事责任豁免制度》，载《法商研究》2006 年第 1 期。

保障。

三、污点证人制度在我国刑事诉讼中的确立

笔者认为，应当在立法中对污点证人制度作出明确的规定。一方面，污点证人制度作为立法之规定，可以规范刑事司法实践活动，理性控制国家专门机关权力，充分保障被追诉人的权利，克服事实上存在的污点证人作证现象中的种种弊端；另一方面，在立法中明确规定污点证人制度，可以鼓励潜在的污点证人成为现实的污点证人，教育、感化、挽救和改造污点证人，实现诉讼公正并提高诉讼效率。

具体而言，可以在《刑事诉讼法》第118条中新增一款，专门规定污点证人制度。“在共同犯罪案件或关联犯罪案件中罪行相对较轻的犯罪嫌疑人，当维护公共利益确有所需且别无可求时，不仅不再主张不得强迫自证其罪权利而如实供述自己的犯罪事实，而且如实陈述罪行较重的他人的犯罪事实，应当依法从宽处理。”

从条文顺序的安排上而言，之所以将污点证人制度规定于《刑事诉讼法》第118条第3款，主要是基于以下考虑：其一，污点证人制度与《刑事诉讼法》第118条的主旨比较协调，即主要是解决侦查人员对犯罪嫌疑人进行讯问与犯罪嫌疑人供述问题。其二，第118条第2款规定：“侦查人员在讯问犯罪嫌疑人的时候，应当告知犯罪嫌疑人如实供述自己罪行可以从宽处理的法律规定。”污点证人制度与该条第2款相衔接，犯罪嫌疑人如实供述自己罪行的问题，适用范围很广。而第3款则规定，在共同犯罪案件或关联犯罪案件中，当维护公共利益确有所需且别无可求时，犯罪嫌疑人不再主张不得强迫自证其罪权利而如实陈述相关犯罪事实。两款各有适用范围，但又有内在逻辑关系。其三，污点证人制度存在的首要意义在于促进侦查破案，特别是侦破严重的有组织犯罪案件，其次才是庭上作证。将污点证人制度置于《刑事诉讼法》“侦查”一章中体现了这一精神。

从条文内容上来说，其一，污点证人制度的适用范围通常限于共同犯罪案件或关联犯罪案件。共同犯罪可分为任意的共同犯罪和必要的共同犯罪、简单的共同犯罪和复杂的公共犯罪、一般的共同犯罪和特殊的共同犯罪。[①] 污点证人制度适用的重点是特殊的共同犯罪。“特殊的共同犯罪具有一定的组织形式，在犯罪集团内部存在较为严密的组织结构，具有犯罪计划，甚至以犯罪为常业，是一种性质较为严重的共同犯罪。特殊的共同犯罪具有以下特征：1. 犯罪主体的众多性；2. 犯罪活动的目的性；3. 犯罪结合的固定性；4. 犯罪形式的组织性。”[②] 在个人单独犯罪案件中不涉及污点证人制度的适用问题。虽然污点证人制度并不受案件范围的限制，而由办案人员根据案件具体情况和公共利益等来决定，但是当前我国社会公众对污点证人制度仍存有疑问，污点证人作证给舆论媒体以放纵犯罪之嫌，被认为是治标不治本的短视之举。[③] 未来此种观念仍有一定的影响和存在空间。因此，我国可以先在涉及部分罪名的案件中适用污点证人制度。在确有成效并广泛宣传、普及污点证人制度之后，再逐渐扩大污点证人制度的适用范围，以此作为我国污点证人制度构建的有效途径。例如，可先将污点证人制度的适用范围限制在危害国家安全犯罪、恐怖活动犯罪、特别重大贿赂犯罪、毒品犯罪等案件之中，最终朝着污点证人制度的扩展适用迈进。

其二，污点证人制度的适用主体通常是共同犯罪案件或关联犯罪案件中罪行相对较轻的犯罪嫌疑人，其陈述所针对的是共同犯罪案件或关联犯罪案件中罪行重大的其他被追诉人。追诉机关为了维护公共利益，准确查明罪行严重的被追诉人的案件事实，充分收集犯罪证据并将其缉获归案，经过利益衡量后对罪行相对较轻的犯罪

---

① 陈兴良：《规范刑法学》，中国人民大学出版社 2013 年版，第 228~230 页。

② 陈兴良：《规范刑法学》，中国人民大学出版社 2013 年版，第 229~230 页。

③ 田方：《“行贿无罪”让腐败更疯狂》，载《深圳商报》2011 年 10 月 31 日第 8 版。

嫌疑人适用污点证人制度，依法要求其不再主张不得强迫自证其罪权利而如实陈述相关案件事实。这是设立污点证人制度的利益平衡点，也是司法实践中此项制度实际运行的具体表现。需要注意的是，追诉机关应当根据现已查明的案件事实和所收集到的犯罪证据，对可能适用污点证人制度的被追诉人在刑事案件中的地位和作用进行充分的评判与衡量。

其三，污点证人制度的适用条件是污点证人不再主张不得强迫自证其罪权利，而如实陈述相关案件事实。这是污点证人制度的核心所在，也是追诉机关在污点证人作证后依法对其实施等效保障的基础。详言之，在刑事侦查过程中，侦查机关理应准确查明犯罪的性质、犯罪发生时间和地点、犯罪动机和犯罪目的、犯罪手段和犯罪结果等案件情况，发现和收集犯罪嫌疑人有罪或者无罪、罪轻或者罪重的证据材料，并将全部的犯罪嫌疑人缉拿归案。可是，在刑事司法实践中犯罪嫌疑人的犯罪能力不断增强，犯罪手段日趋多样，犯罪行为高度隐秘，犯罪条件科技化成分提高，犯罪组织严密不易被察觉和打击，等等，使得侦查机关可能无法准确、及时地查明案件事实，充分收集犯罪证据并缉获全部犯罪嫌疑人。污点证人不再主张不得强迫自证其罪权利而如实陈述，能够直接甚至全面地反映出犯罪案件事实等，能够提供准确的侦查方向，从而为犯罪案件的顺利侦破打下坚实的基础。污点证人如实陈述也有助于侦查机关提高犯罪案件的侦查效率并节约侦查成本，促使侦查机关克服侦查实践中遇到的重重困境。污点证人向侦查机关如实陈述的案件内容对于公共利益之维护至关重要且必不可少。侦查机关依赖于污点证人的陈述才能准确查明案件事实。因此，在污点证人不再主张不得强迫自证其罪的权利后，追诉机关应当对其给予充分、有效的保障，即依法对其从宽处理。污点证人制度实际是公共利益和个人利益之间的调节器和平衡器，也是对诉讼公正与诉讼效率的追求和现实体现。

其四，污点证人制度的法律结果是对污点证人依法从宽处理。

首先，应当“依法”处理而不是随意处理。也就是说，无论对污点证人作何处理，都要有法律依据。其次，应当“从宽”处理。从本质上而言，污点证人制度就是国家以提供等效保障为条件激励污点证人对其他被追诉人的犯罪事实如实陈述的制度。美国联邦层面和绝大多数州采取对抗模式，即追诉机关不得在对污点证人所提起的刑事指控中，将污点证人所作陈述或者所提供案件的相关信息，以及任何直接或间接收集于前述陈述或者信息的证据用于对该证人不利的证据，以此作为对污点证人不再主张不得强迫自证其罪权利而如实陈述的等效保障。不过，追诉机关仍然可以根据其他具有独立、合法来源的证据来追究污点证人刑事责任。对抗模式有利于国家惩罚和预防犯罪、实现国家刑罚权，但是污点证人仍存在被追究刑事责任的现实风险。正如前文所述，我国应当选取激励模式，追诉机关以依法从宽处理来强化对污点证人权利的保障。对于污点证人陈述中所涉及的犯罪事实，追诉机关应当免于追究其刑事责任。换言之，国家以放弃追究污点证人的刑事责任为条件，要求污点证人不再主张不得强迫自证其罪的权利，而如实陈述其他被追诉人的相关犯罪事实，并且积极配合追诉机关的追诉活动。在刑事诉讼范畴内，检察机关应当不起诉该污点证人。

四、污点证人制度在我国刑事诉讼中的运行

中国传统司法推崇礼治、民本、无讼和中庸等观念，① 强调公民以义务为本位，而忽视对公民自由和权利的保障。而在以往的刑

---

① “在中国古代，经由伦理、纲常秩序的维持即通过礼治来实现国家治理乃是其根本特征，礼治亦成为中国古代司法理念的首要价值追求。民本思想是中国古代政治法律思想中宝贵的精神财富，是中华文明的一个显著特征，对中国传统法律文化和司法理念都产生了深远的影响。在中国传统社会中，这种对秩序与和谐的追求与崇拜，伴随着儒家‘中庸之道’、‘天人合一’、‘以和为贵’的思想逐步演化为‘无讼’这样一个具体原则。中庸是儒家最为重要的世界观、方法论和伦理道德标准，‘中庸之为德也，其至矣乎！’”卞建林：《现代司法理念研究》，中国人民公安大学出版社 2012 年版，第5~16页。

事司法实践中，公安司法机关不仅强调发现案件事实真相，使案件事实经得起历史的检验，而且追求不枉不纵，使被追诉人得到应有的惩罚。由此，当污点证人制度在我国刑事诉讼中得以确立以后，我国刑事诉讼活动更需要重视污点证人制度的内在精神，即人权保障与程序公正。

对于人权保障而言，2004 年中国修宪将“国家尊重和保障人权”载入宪法。这成为中国人权发展史上一个重要的里程碑。2012 年《刑事诉讼法》在坚持惩罚犯罪与保障人权并重的指导思想下，在第 2 条增加规定“尊重和保障人权”。保障人权理念贯穿刑事诉讼法始终，起到了提纲挈领的作用。刑事诉讼现代化、法治化的过程便是对人权进行保障并对国家权力进行规制的过程，避免国家权力恣意而侵害公民权利，以及缓和国家权力与公民权利之间的对立、紧张关系。对于污点证人制度而言，首先，污点证人制度为法律所规定，意味着法律对污点证人制度所蕴含的人权保障理念的承认与尊重。污点证人制度为国家专门机关保障人权提供了依据并提出了最基本的要求。同时污点证人制度的设立向社会表明了一种态度，即刑事诉讼活动应当以人权保障为宗旨和追求，而人权保障应当成为刑事诉讼活动的根本精神。其次，污点证人制度将刑事诉讼中的人权保障理念具体化，使公民所享有的人权能够得到实际的保障。只有人权保障从宣言成为现实，公民才能真切、有效地享有人权，人权保障也就具有了实践意义。以法律规定的形式确立污点证人制度为人权保障树立了丰碑，而将应有人权转化为实有人权使得人权保障融入社会生活并有效落实于刑事诉讼活动。最后，由于污点证人制度具有控权的属性，所以其可以通过对国家权力的限制来达到人权保障的目的。刑事诉讼的过程是以国家强制力为依托的追诉机关对被追诉人所进行的追诉活动，而刑事诉讼的结果可能是国家刑罚权的实现，被追诉人可能承担其人身权利、财产权利、民主权利被剥夺或限制的否定性法律后果。追诉机关与被追诉人之间力量悬殊，并且被追诉人可能承担的不利法律后果之严重，使得刑事诉讼中人权保障理念课以国家权力更多的义务，旨在对国家专门机关的权力和行为进行理性的控制。现代刑事诉讼活动不能纯粹地以惩罚犯罪作为唯一目标，而应当注重保障犯罪嫌疑人、被告人所享有的人权。在具体案件中给予人权以确实、充分的保障，在类似案件中注重人权保障的整体效果和统一作用，从而实现国家权力与公民权利之间的二元动态平衡关系。

对于程序公正而言，正如法谚所云："正义不仅要实现，而且要以看得见的方式实现。"在刑事诉讼中，程序公正强调追诉机关和审判机关行使权力的正当性、合理性等。回顾20世纪，世界各国刑事诉讼程序都在朝着现代化和文明化的方向发展。其中，最为明显的进步表现在程序公正理念之提倡和贯彻。程序公正有利于维护被追诉人的诉讼主体地位，"使其作为人的尊严和道德主体地位得到维护，并且产生受尊敬的感觉。因为他在这一法律程序中并没有仅仅被视为实现他人或社会利益的工具，而是享有实体性权利并拥有为维护这些权利而抗争的法律主体"。[①] 而且，程序公正有利于提高诉讼结果的可接受性和司法权威性。当事人对诉讼结果的异议和不满在诉讼程序中得到释放和排解，进而促进当事人和社会公众尊重和接受司法裁判结果。正如美国辛普森案，几乎所有的美国人都认为该案的诉讼程序是公正的，不过近乎七成的美国人却认为该案的诉讼结果可能并不正确。[②] 此外，程序公正的发展充分、有效地规范、限制了国家权力，而且公民有权抵御国家权力滥用，刑事诉讼法实际上成为了限权法。这不仅有助于实现实体公正，而且也是实体公正赖以实现的基础。虽然我国2012年《刑事诉讼法》治愈了诉讼程序中的一些顽症，但是在积极探求案件事实真相目标指引之下，程序公正在刑事司法实践中仍稍显不足。特别是遏制程

---

① ［美］迈克尔·贝勒斯：《法律的原则》，张文显等译，中国大百科全书出版社1996年版，第35页。

② 于英红：《辛普森：躲在"程序正义"背后》，载《南方人物周刊》2007年10月15日。

序违法手段的有限使得程序公正的现实与理想存在一定的差距。公民所享有的权利仍受到威胁，司法权威性仍受到挑战。只有办案人员根深蒂固地树立程序公正的理念，确立对程序公正的信仰，才能推动刑事诉讼现代化的实现和民主法治的长远发展。

（一）犯罪嫌疑人（可能的污点证人）在侦查讯问中权利之保障

污点证人制度应当置于我国刑事诉讼体系之中，并与体系中其他制度、规则等相互协调与配合，以此才能充分实现污点证人制度构筑之目的与功效。

第一，尽管侦查讯问是侦查人员与犯罪嫌疑人正面激烈对抗与较量的过程，但是侦查人员还是应当在首次讯问之前向犯罪嫌疑人告知其所享有的权利。侦查人员之所以告知犯罪嫌疑人相关权利，是为了确保犯罪嫌疑人对其所享有的权利有全面且准确的认识和理解，进而能够行使相关权利，实现司法公正。这也成为犯罪嫌疑人真正能够明确主张不得强迫自证其罪权利或者以其他方式表达同等主张的前提和先导。根据公安部门相关规定，公安机关第一次讯问犯罪嫌疑人时，应当使用《犯罪嫌疑人诉讼权利义务告知书》进行告知，告知书中包括十个方面的权利和两个方面的义务：使用本民族语言文字的权利、控告权、申请回避权、自行辩护权、申请取保候审权、要求解除强制措施权、拒绝回答无关问题权、核对讯问笔录权、聘请律师权、了解鉴定意见内容和申请补充鉴定或重新鉴定权；如实回答义务、服从侦查行为义务等。诉讼权利义务告知书中权利悉数罗列而缺乏重点，权利内容尚有不周，并且犯罪嫌疑人可能无法准确理解相关权利的现实意义和对其本人所产生的实际影响。因此，笔者认为，对于侦查讯问而言，侦查人员应当重点告知以下几方面权利内容：犯罪嫌疑人享有不得强迫自证其罪权利；委托或申请律师辩护，要求其辩护律师在讯问时在场的权利；对于侦查人员的违法侦查行为有权提出申诉、控告等。上述权利意义重大，理应成为诉讼权利义务告知书中的告知内容。侦查人员应当采用书面告知与口头宣读相结合的方式，以此督促侦查人员履行告知义务，并且也有助于犯罪嫌疑人明白相关权利内容。如若犯罪嫌疑人对权利内涵确有疑惑，侦查人员应当向犯罪嫌疑人予以讲解。

第二，20世纪中后期以来，法治发达国家和地区相继建立了侦查讯问同步录音录像制度，以此维护犯罪嫌疑人的合法权利，预防和震慑侦查人员的违法讯问行为，强化对侦查讯问权力的监督。"美国各州实行讯问录音录像的初衷在于防止被告人对警方提出非法讯问的不实指控，以录音录像证明讯问时的真实情况。但随着该制度的实施，它对于保障被告人的宪法性权利（不得强迫自证其罪特免权）的作用逐渐显现。……通过对讯问录音录像的审查，有利于发现讯问中的真实情况、减少警察的不正当讯问行为，提高警察讯问的水平，最终促进案件事实真相的发现。"① 2002年我国在个别地区启动讯问犯罪嫌疑人时律师在场、录音录像制度（试验）项目，取得了丰硕的成果和经验。② 这为在中国刑事诉讼立法和司法实践中采用讯问时录音录像提供了参考。最高人民检察院于2005年在全国范围内推行职务犯罪案件全程同步录音录像。③ 2012年《刑事诉讼法》第121条规定："侦查人员在讯问犯罪嫌疑人的时候，可以对讯问过程进行录音或者录像；对于可能判处无期徒刑、死刑的案件或者其他重大犯罪案件，应当对讯问过程进行录音或者录像。录音或者录像应当全程进行，保持完整性。"录音录像制度对于维护司法公正和保障人权具有极其重要的意义。由于污点证人制度适用的案件通常属于重大犯罪案件，所以在讯问涉案犯罪嫌疑人（可能的污点证人）的时候，应当对讯问过程进行录音录

① 马静华、纵博：《讯问录音录像：功能定位与司法适用》，载《西南民族大学学报》2014年第10期。

② 樊崇义、顾永忠主编：《侦查讯问程序改革实证研究——侦查讯问中律师在场、录音、录像制度试验》，中国人民公安大学出版社2007年版。

③ 2005年最高人民检察院试行《人民检察院讯问职务犯罪嫌疑人实行全程同步录音录像的规定》。

像。需要注意的是，录音录像应当全程进行，也就是说，通常进行侦查讯问的场合都应当进行录音录像，而且录音录像应当保持完整，从侦查人员宣布讯问开始至侦查人员声明讯问结束，录音录像连续没有间断并且真实没有改动。侦查讯问录音录像制度的施行，有助于维护犯罪嫌疑人（污点证人）的合法权益，遏制重大犯罪案件中刑讯逼供等违法取证现象的发生。

第三，侦查人员在依法对犯罪嫌疑人进行讯问时，需要将讯问情况进行文字记录。讯问笔录对于维护犯罪嫌疑人的合法权利和查明犯罪案件事实等具有重要的作用。讯问笔录应当客观、准确、完整、规范地记录讯问情况。讯问笔录是再现讯问全过程的一种书面记录方式，在记录过程中不应掺杂记录人的任何个人意见与观点。而且通过阅读讯问笔录，即使没有参加讯问的人员，也能够了解讯问的实际情况。2012 年《刑事诉讼法》第 120 条规定："讯问笔录应当交犯罪嫌疑人核对，对于没有阅读能力的，应当向他宣读。如果记载有遗漏或者差错，犯罪嫌疑人可以提出补充或者改正。犯罪嫌疑人承认笔录没有错误后，应当签名或者盖章。侦查人员也应当在笔录上签名。犯罪嫌疑人请求自行书写供述的，应当准许。必要的时候，侦查人员也可以要犯罪嫌疑人亲笔书写供词。"由此可见，讯问笔录的最关键之处在于确保讯问笔录的准确性和完整性。然而，在刑事司法实践中侦查讯问笔录制作不规范的现象较多，讯问笔录失真情况时常出现，如讯问笔录中有修改、涂抹而未经当事人捺指印确认；使用圆珠笔、铅笔等不能长期保持字迹的工具或使用涂改液、修正带等制作文书、笔录；制作电子笔录简单粘贴、复制，造成笔录内容雷同；讯问笔录不能准确地反映讯问活动情况；等等。[①] 讯问笔录的规范程度往往取决于侦查讯问记录人员的业务能力与法律素养。而犯罪嫌疑人在面对存在遗漏或差错的讯问笔录

① 胡志风：《侦查讯问笔录制作规范化实证研究》，载《国家检察官学院学报》2014 年第 4 期。

时，可能难以提出补充或改正的要求。被讯问人签名或者盖章可能徒具形式上的意义，因而在司法实践中应当规范侦查讯问笔录的制作。尽管在侦查人员讯问犯罪嫌疑人（可能的污点证人）的场合中，犯罪嫌疑人保持沉默、拒绝陈述或明确主张不得强迫自证其罪权利，侦查讯问笔录的内容有限，但是这也成为追诉机关对犯罪嫌疑人适用污点证人制度的现实考量根据。而且侦查人员对犯罪嫌疑人（可能的污点证人）拟适用污点证人制度，激励其如实陈述相关案件事实，积极配合追诉机关追诉活动的内容，也应当予以准确、完整、规范地记录，以此作为检察机关不起诉污点证人的评判基础。总之，应当重视侦查讯问笔录的制作规范。为了确保侦查讯问笔录的客观、真实、准确和完整，应当辅之以讯问时录音录像制度。未来刑事诉讼应当允许侦查讯问时犯罪嫌疑人的辩护律师在场。辩护律师在场一是监督侦查讯问手段和内容，二是确保侦查讯问笔录之准确与完整，三是维护犯罪嫌疑人（包括污点证人）的合法权利。律师对侦查讯问笔录核对和确认无误后，也应当签字或者盖章。

第四，《刑事诉讼法》第 116 条规定，由侦查人员负责讯问犯罪嫌疑人，并且侦查人员不得少于两人。在侦查讯问时，除了侦查人员和犯罪嫌疑人在场，还应当允许犯罪嫌疑人的辩护律师、翻译人员等在场。而在拟适用污点证人制度的案件中，检察人员应当介入侦查讯问过程。

首先，在侦查讯问时辩护律师应当在场。在法治发达国家和地区已经普遍确立和实施讯问时辩护律师在场制度。在英美法系国家，辩护律师在场被当作维护被追诉人宪法性权利的重要举措，保障被追诉人作出供述不受追诉人员的强迫。根据英国《1982 年警察与刑事证据法》的有关规定，原则上允许律师在犯罪嫌疑人接受警察讯问时在场；只有当律师的方法和行为阻止或不合理地妨碍了对嫌疑人的正常提问或对回答的记录时（如代替嫌疑人回答或提供书面答复供嫌疑人引用），侦查人员才会要求该律师离开。

1966年美国联邦最高法院通过米兰达诉亚利桑那州案等一系列判例，规定讯问时律师应当在场。律师在场也成为不得强迫自证其罪特免权的重要保障措施。为了充分保障犯罪嫌疑人的合法权利，警方不仅应当告知其有权聘请律师，而且必须告知其如果请不起律师，将为其指派一名律师。如果犯罪嫌疑人主张讯问时律师在场，那么律师没有到场就不能讯问犯罪嫌疑人。如果犯罪嫌疑人在讯问过程中才明确提出律师到场，那么讯问应当立即中止，直到律师到场才能继续讯问。如若警方违背讯问时律师在场规定，将视为对被追诉人宪法性权利的严重侵犯。如果讯问时律师不在场，警方讯问取得犯罪嫌疑人的供述，那么追诉机关应当证明被追诉人自愿、明知和理智地放弃该权利，否则被追诉人所作有罪供述应当被排除。[①] 2000年联邦最高法院指出："米兰达规则已经变成日常警察机关的实践，在很大程度上这些警告已经变成我们国家的文化的一部分。"[②] 我国台湾地区"刑事诉讼法"第245条规定，"被告或犯罪嫌疑人之辩护人，得于检察官、检察事务官、司法警察官或司法警察讯问该被告或犯罪嫌疑人时在场，并得陈述意见"；"侦查中讯问被告或犯罪嫌疑人时，应将讯问之日、时及处所通知辩护人"。侦查讯问时律师在场，有助于律师及时向被讯问者提供法律服务，监督侦查人员的讯问行为，遏制侦查人员以刑讯逼供等方式取得被讯问者供述；有助于适当开放侦查讯问的封闭环境，缓和侦查人员与被讯问者之间的对立、紧张关系；有助于侦查人员听取被追诉人及其辩护律师的意见，辩护律师通过积极参与影响案件诉讼进程和诉讼结果。当前犯罪案件数量激增，并且侦破难度提高。而部分地区侦查机关的侦查手段和侦查技术还相对落后，侦查人员习惯于以获取口供作为侦破案件的突破口。此外，辩护律师资源区域

---

① 王兆鹏：《美国刑事诉讼法》，北京大学出版社2014年版，第369~389页。

② 陈光中：《21世纪域外刑事诉讼立法最新发展》，中国政法大学出版社2004年版，第199页。

分配尚不平衡，辩护律师能力和职业道德与理想状况相比还有所差距。尽管侦查讯问时律师在场制度在我国刑事诉讼中确立的阻力较大，但是笔者认为该制度的设立还是很有必要的。特别是在适用污点证人制度的案件中，保障个人权利与维护公共利益之间的矛盾凸显。侦查讯问时律师在场能够依法合理地维护犯罪嫌疑人（包括污点证人）的权利，使得污点证人制度能够真正有效地贯彻施行。

其次，在侦查讯问时，对于犯罪嫌疑人是聋哑人或者犯罪嫌疑人不通晓当地语言文字的，应当有通晓聋哑手势的人或者翻译人员参加讯问。根据《刑事诉讼法》第31条之规定，如果翻译人员可能影响案件公正处理的，那么翻译人员应当回避。需要注意的是，由于侦查讯问以查明案件事实、收集犯罪证据和缉获逃匿的犯罪嫌疑人为导向，所以侦查讯问的交流方式和语言内容等非常专业。翻译人员作为侦查人员和犯罪嫌疑人（包括污点证人）之间沟通的桥梁，翻译的失真或者不准确将严重阻碍侦查讯问的顺利进行，而且对于被讯问者权利的保障也将造成不利影响。因此，翻译应当由经验丰富且经过专业培训的译员担任。侦查讯问笔录中的相关翻译内容应当交翻译人员核对，核对无误后由其签名或者盖章。

最后，检察人员可以参与侦查讯问，对于适用污点证人制度的重大案件而言，检察人员应当参与侦查讯问。刑事侦查是查明案件事实、依法惩治犯罪和维护社会秩序稳定的关键，并且侦查也是审查起诉和审判的前提和基础，侦查的停滞和无效将使得审查起诉和审判难以为继。与此同时，侦查活动具有相对封闭和追求效率等特点，而侦查权力则呈现出扩张性和恣意性。侦查通常伴有强制性侦查措施的施行，必然影响甚至损及相关者的权利。因此，世界各国在赋予侦查机关充分的侦查措施和侦查手段，以满足控制犯罪需要的同时，又对侦查权力予以严格的监督和规制，以防止权力滥用而对公民合法权利造成侵害。我国刑事诉讼中侦查监督主体由检察机关来担任。《人民检察院刑事诉讼规则》（以下简称《规则》）第564条规定："人民检察院依法对公安机关的侦查活动是否合法实行监督。”修订后的《规则》细化了检察机关侦查监督的方式，扩大了侦查监督的范围，强化了侦查监督的整体性要求。不过，在刑事司法实践中检察机关对侦查机关的监督仍存在一定的障碍，如检察机关的非中立性；侦查监督的事后性和滞后性；侦查监督程序的行政化；等等。而检察机关对自行侦查可能同样难以进行有效的监督。“刑诉法将检察机关的侦查监督设计成了一种‘事后型’、‘外在式’的权力监督模式，这一监督模式难以真正发挥对公安机关侦查权的制约作用……在这一从侦查程序开启到终结的整个诉讼流程中，检察机关都从无实质性介入，而只能以一个纯粹的‘外人’、程序‘第三者’的立场和身份‘冷眼旁观’。”[①] 因此，检察机关应当继续加强侦查监督，规范侦查权力的运行。从侦查讯问在场人员的角度来说，检察人员提前介入侦查，参与侦查讯问，有利于监督侦查讯问，促进侦查讯问依法依规进行，保障被讯问者的合法权利，提高引导侦查取证[②]的质量和效果。《规则》第567条规定：“人民检察院根据需要可以派员参加公安机关对于重大案件的讨论和其他侦查活动……”该规定为检察人员参与侦查讯问提供了规范上的依据。在适用污点证人制度的重大案件中，检察机关更需要从事后外部监督迈向事中参与监督，建立起防止讯问中嫌疑人被强迫认罪的监督机制。另外，对案件移送审查起诉前的侦查活动的监督，原则上由侦查监督部门负责。对案件移送审查起诉后的侦查活动的监督，原则上由公诉部门负责。为了给予污点证人等效保障，公诉部门可以提前介入侦查，侦查活动监督应由公诉部门负责，并且这也有利于在污点证人如实陈述相关案件事实，积极配合

① 万毅：《论检察监督模式之转型》，载《法学论坛》2010年第1期。

② 引导侦查取证，是指为了提高刑事案件的办案质量，及时、全面、合法地获取指控犯罪所必需的证据，检察机关采取规定的诉讼手段，加强与侦查机关的配合，促使侦查机关准确、全面地收集和保全指控构成犯罪所必需的证据，保障侦查活动的依法进行。参见杨振江、白泉民、张相军：《论检察机关引导侦查取证》，载《检察日报》2002年4月29日。

追诉机关的追诉活动后，检察机关不起诉该污点证人。

（二）污点证人参与刑事诉讼过程中相关权利之维护

第一，2012年《刑事诉讼法》第62条规定："对于危害国家安全犯罪、恐怖活动犯罪、黑社会性质的组织犯罪、毒品犯罪等案件，证人、鉴定人、被害人因在诉讼中作证，本人或者其近亲属的人身安全面临危险的，人民法院、人民检察院和公安机关应当采取以下一项或者多项保护措施：（一）不公开真实姓名、住址和工作单位等个人信息；（二）采取不暴露外貌、真实声音等出庭作证措施；（三）禁止特定的人员接触证人、鉴定人、被害人及其近亲属；（四）对人身和住宅采取专门性保护措施；（五）其他必要的保护措施。证人、鉴定人、被害人认为因在诉讼中作证，本人或者其近亲属的人身安全面临危险的，可以向人民法院、人民检察院、公安机关请求予以保护。人民法院、人民检察院、公安机关依法采取保护措施，有关单位和个人应当配合。"过去在我国刑事司法实践中证人遭受打击报复的恶性案件时有发生，甚至出现了"证人被害人化"的现象。[①] 由于污点证人制度通常适用于共同犯罪或关联犯罪中罪行相对较轻的犯罪嫌疑人，其不再主张不得强迫自证其罪权利而如实陈述相关案件事实或者提供犯罪侦查线索等，追诉机关以此追究罪行重大的被追诉人的刑事责任，所以污点证人或者其近亲属更有可能因污点证人如实陈述相关案件事实和协助追诉机关的追诉活动而受到报复、威胁或人身侵害等。为了解除污点证人陈述和作证的后顾之忧，刑事诉讼法所确立的证人保护制度应当适用于污点证人及其近亲属。需要注意的是，尽管刑事诉讼法已经对证人保护作出规定，但在刑事司法实践中可能存在权责不明、相互推诿或者缺乏证人保护能力的现实情况，而且证人保护措施的实施程序也不够明确。未来可以借鉴国外的做法，由公安机关成立专门的

① 毛立华：《证人作证：保护比补偿更重要》，载《中国刑事法杂志》2005年第1期。

证人保护机构负责保护证人。当追诉机关决定适用污点证人制度时，将污点证人及其近亲属交付证人保护机构负责保护。

第二，由于污点证人在追究其他罪行较重的被追诉人的刑事责任过程中所扮演的重要角色，所以控辩双方很可能对污点证人所作陈述的真实性、准确性产生异议，而污点证人所作陈述对于其他被追诉人定罪量刑可能具有重大影响，所以污点证人可能有必要出庭作证，由控辩双方对其进行当场询问，辨明其证言之真伪。如果污点证人不出庭作证，而只由控方对其书面证言进行宣读，那么这不仅容易侵犯辩方的质证权，而且也影响审判的公正与公开，可能会导致冤错案件的发生。因此，当污点证人确有出庭作证之必要时，其应当出庭并且将其所感知到的案件事实向法庭人员作证，使得审判人员能够客观、准确地认定案件事实，作出公正的审判。

第三，2012 年《刑事诉讼法》第 53 条第 1 款规定："只有被告人供述，没有其他证据的，不能认定被告人有罪和处以刑罚；没有被告人供述，证据确实、充分的，可以认定被告人有罪和处以刑罚。"本款是关于重证据、不轻信口供的规定。重证据是指办案机关应当重视发现和收集犯罪证据，特别是口供以外的其他犯罪证据。不轻信口供意味着办案机关不应未经核实，未经与其他证据相互印证，就轻信口供。污点证人制度的适用使得罪行相对较轻的被追诉人作为证人，将其所了解的案件事实向公安司法机关作出陈述。因此，为了督促追诉机关准确查明案件事实，充分地收集犯罪证据，防止追诉机关因污点证人制度的设立而忽视或放松对案件事实的调查以及对犯罪证据的收集，如果仅有被告人供述和污点证人证言而缺乏其他证据，法院不能对被告人定罪量刑。

（三）污点证人制度适用的监督与制约

在刑事诉讼中，追诉机关为了维护公共利益而需要准确查明罪行重大的其他被追诉人的案件事实，充分收集相关犯罪证据，从而追究其他被追诉人的刑事责任。而污点证人积极参与刑事诉讼对于维护公共利益至关重要且必不可少。因此，为了维护公共利益并且保障污点证人所享有的不得强迫自证其罪权利，追诉机关应当以免于追究污点证人的刑事责任为等效保障，激励污点证人对其他被追诉人的犯罪事实如实陈述，协助追诉机关追究相关被追诉人的刑事责任。污点证人制度的适用不仅涉及对国家权力进行控制和对被追诉人权利进行保障，而且涉及国家刑罚权的实现与否。检察机关不起诉污点证人意味着污点证人的犯罪事实丧失了法院审判的机会。“权力总是易于被滥用，有时这种滥用是很微妙的，有时则是公开的和险恶的。”① 对适用污点证人制度监督的不力，必然导致权力寻租，违法行为扩张以及放纵犯罪。例如，追诉机关不适当地对罪行严重的被追诉人适用污点证人制度，将使得被追诉人逃避刑罚的惩处。总之，应当加强对污点证人制度适用的监督与制约。

第一，对于追诉机关准备激励犯罪嫌疑人成为污点证人而如实陈述相关案件事实来说，追诉机关应当根据现已查明的案件事实和收集到的犯罪证据，对下列因素进行分析和衡量：对犯罪嫌疑人（可能的污点证人）的背景调查；犯罪嫌疑人可能的犯罪事实；犯罪嫌疑人可能感知的其他被追诉人犯罪事实的性质和程度；犯罪嫌疑人如实陈述、协助追诉机关的可能性；等等。证据是个人权利与公共利益相冲突时定分止争的基准，也是实现污点证人制度公正适用的基石。因此，无论对犯罪嫌疑人适用污点证人制度与否，追诉人员都应当根据当时所收集到的犯罪证据和查明的案件事实进行分析和评判，以此避免追诉权力恣意而侵犯公民合法权利。

第二，侦查机关拟对犯罪嫌疑人适用污点证人制度时，通常受到侦查机关内部的监督与控制。在中国，无论是公安机关还是检察机关，其内部组织结构都是以科室为基础单位而形成的层级管理分明、等级秩序严格的科层式管理模式。② 虽然检察机关是准司法机

① ［美］赫伯特·帕克：《刑事诉讼程序的两种模式》，卫跃宁译，转引自［美］佛洛依德·菲尼著，岳礼玲译：《美国刑事诉讼法经典文选与判例》，中国法制出版社2006年版，第39页。

② 左卫民：《中国刑事案卷制度研究》，载《法学研究》2007年第6期。

关，但是其所采取的也是科层式权力构造，并且同样强调上下级之间的领导与服从关系。科层式管理模式能够对办案人员进行严格的监督与控制，避免办案人员因业务能力和职业素养等不足而导致冤错案件发生。而且科层式管理模式将办案人员与其所属机关交融为一体，办案人员以实现机关目标为己任。在刑事司法实践中，科层式管理模式主要表现为绩效考核制度和案件请示制度。绩效考核制度能够在一定程度上督促办案人员理性、审慎地适用污点证人制度。而案件请示制度使得侦查人员在疑难、重大、复杂案件中，面对保障犯罪嫌疑人个人权利与维护公共利益的难题，向侦查机关负责人甚至上级机关请示，由其解答并作出指示。这有助于公正地适用污点证人制度。不过，科层式管理模式也使得污点证人制度在适用过程中存在现实的风险。例如，侦查人员为了获取职务利益而罔顾绩效考核标准，甚至可能出现违背污点证人制度设立初衷的情形。又如，案件请示使得侦查人员为了避免承担相应责任而怠于对案件已查明事实和收集到证据进行分析、判断，而作出指示者可能并未切实参与案件的全部侦查工作，最终使得污点证人制度适用出现恣意与滥权的问题。因此，侦查机关内部确有必要强化对污点证人制度适用过程的监督与控制，但是仅凭侦查机关内部监控不足以规制侦查权力和保障犯罪嫌疑人（包括污点证人）的合法权利，甚至可能流于形式，因而需要辅之以外部的监督和制约。

第三，根据我国宪法和相关法律规定，检察机关是我国的法律监督机关。检察机关依法对刑事诉讼活动中存在的违法行为进行监督和制约，其中包括对侦查机关的侦查活动是否合法进行监督。“现代检察制度设立的目的之一，正是出于监督制约警察，保证公正而合法的侦查，以实行法治的需要。”① 一方面，检察机关对污点证人制度应当适用却未予适用进行监督，此时侦查机关为了维护公共利益，很可能使用违法手段迫使犯罪嫌疑人陈述相关案件事

---

① 龙宗智：《评“检警一体化”》，载《法学研究》2000年第2期。

实。2012年《刑事诉讼法》第55条规定：“人民检察院接到报案、控告、举报或者发现侦查人员以非法方法收集证据的，应当进行调查核实。对于确有以非法方法收集证据情形的，应当提出纠正意见。构成犯罪的，依法追究刑事责任。”由此可见，检察机关对侦查人员侵犯犯罪嫌疑人不得强迫自证其罪权利的违法行为负有监督和制约的责任。检察机关需要认真对待犯罪嫌疑人的辩解和申诉，认真听取辩护律师的意见，必要时要求侦查机关提供侦查讯问笔录、录音录像、犯罪嫌疑人出入看守所的健康检查表等材料，询问其他在场人员、看守管教人员以及检察机关派驻看守所的监所检察人员等。确属非法获取的证据，不得作为起诉决定和判决书的依据。《规则》第361条规定：“对于重大、疑难、复杂的案件，人民检察院认为确有必要时，可以派员适时介入侦查活动，对收集证据、适用法律提出意见，监督侦查活动是否合法。”正如前文所述，适用污点证人制度的犯罪案件通常都是相对严重的共同犯罪案件或者关联犯罪案件。允许检察人员提前介入侦查活动，特别是在侦查讯问时在场，对于保障公民合法权利和约束国家权力具有显著的意义。《规则》第566条规定：“人民检察院发现公安机关侦查活动中的违法行为，对于情节较轻的，可以由检察人员以口头方式向侦查人员或者公安机关负责人提出纠正意见，并及时向本部门负责人汇报；必要的时候，由部门负责人提出。对于情节较重的违法情形，应当报请检察长批准后，向公安机关发出纠正违法通知书。构成犯罪的，移送有关部门依法追究刑事责任。”该规定有助于强化检察机关对侦查机关监督的权威性和有效性。另一方面，检察机关还应当对犯罪嫌疑人适用污点证人制度，也就是说，追诉机关免予追究污点证人刑事责任是否符合法律规定进行监督。检察院可以根据侦查机关移送的由其所掌握的案卷材料、相关证据和查明的案件事实进行综合性、整体性的考量。对污点证人作出不起诉决定必须经检察长或者检察委员会决定，以此使得污点证人制度的适用更为理性和审慎。总而言之，在刑事诉讼活动中应当加强检察机关对于污点证人制度适用的监督与控制。

综上所述，在刑事诉讼中追诉机关应当准确查明案件事实，充分收集犯罪证据，并将全部的被追诉人绳之以法。可是，在刑事司法实践中，犯罪能力和犯罪手段的发展、犯罪案件数量的激增等，使得刑事诉讼活动停滞不前或陷入僵局。此时，污点证人了解相关案件事实，其如实陈述对于追诉机关维护公共利益至关重要且必不可少，但是污点证人因如实陈述将被追究刑事责任，而主张不得强迫自证其罪权利或者以其他方式表达同等主张，如保持沉默或拒绝陈述等。追诉机关面临维护公共利益与保障个人权利的两难选择。基于我国当前刑事诉讼立法和司法实践之考虑，国家专门机关应当以免于追究污点证人的刑事责任为条件，强制污点证人不再主张不得强迫自证其罪权利，而对其他被追诉人的犯罪事实如实陈述。也就是说，刑事诉讼与其逡巡不前，不如不再追究共同犯罪或关联犯罪中罪行相对较轻的污点证人的刑事责任，依法激励其如实陈述相关案件事实。污点证人获得免于追究刑事责任的现实动力后，如实作证并积极配合追诉机关的追诉活动将有助于实现诉讼公正与诉讼效率。而国家专门机关并未使用侵犯污点证人所享有的不得强迫自证其罪权利的违法手段即可准确查明案件事实，惩治和预防犯罪，这也有助于实现惩罚犯罪与保障人权。污点证人制度作为不得强迫自证其罪原则历史发展过程中的必然产物，有利于对公民权利进行切实保障，并对国家权力进行理性控制。污点证人制度实乃刑事诉讼的无奈之举、现实之举和理性之举。

对于污点证人制度的构建而言，其作始也简，其将毕也巨。我国污点证人制度的建构必将经历一个由简单规定到结构完善的发展过程。尽管污点证人制度的设立可能会对刑事诉讼活动带来一定的风险，但是我们不应因噎废食、投鼠忌器。我们应当在中国刑事司法的语境下，遵循客观规律，依据刑事司法实践现状，审慎地构建和发展污点证人制度，理性地应对和解决变革过程中出现的问题与困难。

参考文献

一、著作类

中文著作

1. 陈光中主编:《刑事诉讼法》,北京大学出版社、高等教育出版社 2013 年版。

2. 陈光中等著:《中国司法制度的基础理论问题研究》,经济科学出版社 2010 年版。

3. 樊崇义主编:《诉讼原理》,法律出版社 2003 年版。

4. 樊崇义著:《刑事诉讼法哲理思维》,中国人民公安大学出版社 2010 年版。

5. 卞建林主编:《证据法学》,中国政法大学出版社 2000 年版。

6. 杨宇冠著:《人权法——〈公民权利和政治权利国际公约〉研究》,中国人民公安大学出版社 2003 年版。

7. 杨宇冠著:《国际人权法对我国刑事司法改革的影响》,中国法制出版社 2008 年版。

8. 杨宇冠著:《非法证据排除规则研究》,中国人民公安大学出版社 2003 年版。

9. 宋英辉、吴宏耀著:《刑事审判前程序研究》,中国政法大学出版社 2002 年版。

10. 陈瑞华著:《刑事证据法学》,北京大学出版社 2014 年版。

11. 陈瑞华著: 《刑事审判原理论》,北京大学出版社 2003 年版。

12. 陈瑞华著:《刑事诉讼的前沿问题》,中国人民大学出版社

2011 年版。

13. 陈瑞华著：《问题与主义之间》，中国人民大学出版社 2008 年版。

14. 陈瑞华著：《比较刑事诉讼法》，中国人民大学出版社 2010 年版。

15. 陈瑞华著：《刑事诉讼的中国模式》，法律出版社 2010 年版。

16. 陈瑞华著：《程序正义理论》，中国法制出版社 2010 年版。

17. 陈瑞华、黄永、褚福民著：《法律程序改革的突破与限度》，中国法制出版社 2012 年版。

18. 李心鉴著：《刑事诉讼构造论》，中国政法大学出版社 1992 年版。

19. 龙宗智著：《相对合理主义》，中国政法大学出版社 1999 年版。

20. 孙长永著：《沉默权制度研究》，法律出版社 2001 年版。

21. 何家弘著：《中美检查制度比较研究》，中国检察出版社 1995 年版。

22. 张建伟著：《证据法要义》，北京大学出版社 2009 年版。

23. 张建伟著：《司法竞技主义》，北京大学出版社 2005 年版。

24. 汪海燕著：《刑事诉讼模式的演进》，中国人民公安大学出版社 2004 年版。

25. 汪海燕著：《我国刑事诉讼模式的选择》，北京大学出版社 2008 年版。

26. 王进喜著：《美国联邦证据规则条解》，中国法制出版社 2012 年版。

27. 王进喜著：《刑事证人证言论》，中国公安大学出版社 2002 年版。

28. 冀祥德著：《建立中国控辩协商制度研究》，北京大学出版社 2006 年版。

29. 彭伶著：《不得强迫自证其罪原则研究》，中国检察出版社2009年版。

30. 易延友著：《沉默的自由》，中国政法大学出版社2001年版。

31. 吴丹红著：《特免权制度研究》，北京大学出版社2008年版。

32. 全国人大常委会法制工作委员会刑法室：《关于修改中华人民共和国刑事诉讼法的决定——条文说明、立法理由及相关规定》，北京大学出版社2012年版。

33. 陈光中主编：《刑事诉讼法实施问题研究》，中国法制出版社2000年版。

34. 陈光中主编：《中华人民共和国刑事诉讼法再修改专家建议稿与论证》，中国法制出版社2006年版。

35. 陈光中主编：《〈中华人民共和国刑事诉讼法〉修改条文释义与点评》，人民法院出版社2012年版。

36. 陈卫东主编：《模范刑事诉讼法典》，中国人民大学出版社2011年版。

37. 徐静村主持：《中国刑事诉讼法（第二修正案）学者拟制稿及立法理由》，法律出版社2005年版。

38. 陈一云主编：《证据法》，中国人民大学出版社2000年版。

39. 江礼华等主编：《外国刑事诉讼制度探微》，法律出版社2000年版。

40. 李学灯著：《证据法比较研究》，台湾五南图书出版公司1992年版。

41. 陈朴生著：《刑事证据法》，三民书局1979年版。

42. 林钰雄著：《刑事诉讼法》，中国人民大学出版社2005年版。

43. 林钰雄著：《检察官论》，法律出版社2008年版。

44. 王兆鹏著：《美国刑事诉讼法》，北京大学出版社2005

年版。
45. 季卫东著：《法治秩序的建构》，中国政法大学出版社1999年版。
46. 甄贞等著：《检察制度比较研究》，法律出版社2010年版。
47. 锁正杰著：《刑事程序的法哲学原理》，中国人民公安大学出版社2002年版。
48. 卓泽渊著：《法的价值论》，法律出版社2006年版。
49. 郎胜著：《中华人民共和国刑法释义》，法律出版社2011年版。
50. 张明楷著：《刑法学》，法律出版社2011年版。
51. 陈兴良著：《规范刑法学》，中国人民大学出版社2013年版。
52. 公丕祥著：《法制现代化的理论逻辑》，中国政法大学出版社1999年版。
53. 彭越著：《实用主义思潮的演变》，厦门大学出版社1992年版。
54. 张晋藩著：《中国的法律传统与近代转型》，法律出版社1997年版。
55. 钱穆著：《中国历代政治得失》，九州出版社2012年版。
56. 陈新民著：《德国公法基础理论（上册）》，山东人民出版社2001年版。
57. 龚祥瑞著：《比较宪法与行政法》，法律出版社1985年版。
58. 孙孝福著：《刑事诉讼人权保障的运行机制研究》，法律出版社2001年版。
59. [法] 托克维尔著：《论美国的民主》，商务印书馆1991年版。
60. [法] 孟德斯鸠著：《论法的精神》，许明龙译，商务印书馆2012年版。
61. [意] 贝卡里亚著：《论犯罪与刑罚》，黄风译，中国大百科全书出版社 1993 年版。

62. ［德］古斯塔夫·拉德布鲁赫著：《法学导论》，中国大百科全书出版社 1997 年版。

63. ［德］萨维尼著：《论立法与法学的当代使命》，许章润译，中国法制出版社 2001 年版。

64. ［德］罗科信著：《刑事诉讼法》，吴丽琪译，法律出版社 2003 年版。

65. ［日］美浓部达吉著：《法之本质》，林纪东译，台北商务印书馆 1993 年版。

66. ［日］谷口安平著：《程序的正义与诉讼》，王亚新、刘荣军译，中国政法大学出版社 2002 年版。

67. ［日］松尾浩也著：《日本刑事诉讼法》，中国人民大学出版社 2005 年版。

68. ［美］伟恩·拉费弗等著：《刑事诉讼法》，卞建林、沙丽金等译，中国政法大学出版社 2003 年版。

69. ［美］约翰·罗尔斯著：《正义论》，何怀宏等译，中国社会科学出版社 1998 年版。

70. ［美］艾伦·豪切斯泰勒·斯黛丽、南希·费兰克著：《美国刑事法院诉讼程序》，陈卫东、徐美君译，中国人民大学出版社 2002 年版。

71. ［美］达马斯卡著：《漂移的证据法》，李学军等译，中国政法大学出版社 2003 年版。

72. ［美］米尔吉安·达马斯卡著：《司法和国家权力的多种面孔——比较视野中的法律程序》，郑戈译，中国政法大学出版社 2004 年版。

73. ［美］米尔建·达马斯卡著：《比较法事业中的证据制度》，吴宏耀、魏晓娜等译，中国人民公安大学出版社 2006 年版。

74. ［美］约翰·兰博约著：《对抗式刑事审判的起源》，王志强译，复旦大学出版社 2010 年版。

75. ［美］约翰·斯特龙主编:《麦考密克论证据》，汤维建等译，中国政法大学出版社 2004 年版。

76. ［美］本杰明·卡多佐著:《司法过程的性质》，商务印书馆 2003 年版。

77. ［美］马丁·戈尔丁著:《法律哲学》，齐海滨译，生活·读书·新知三联书店 1987 年版。

78. ［美］德肖微茨著:《最好的辩护》，唐交东译，法律出版社 1994 年版。

79. ［美］E. 博登海默著:《法理学：法律哲学与法律方法》，邓正来译，中国政法大学出版社 2004 年版。

80. ［美］罗纳德·艾伦等著:《证据法》，张保生等译，高等教育出版社 2006 年版。

81. ［美］路易斯·亨金著:《权利的时代》，信春鹰等译，知识出版社 1997 年版。

82. ［美］迈克尔·贝勒斯著:《法律的原则》，张文显等译，中国大百科全书出版社 1996 年版。

83. ［英］戴维·米勒著:《社会正义原则》，应奇译，江苏人民出版社 2005 年版。

84. ［英］丹宁勋爵著:《法律的正当程序》，李克强等译，法律出版社 2011 年版。

85. ［英］麦高伟等主编:《英国刑事司法程序》，刘立霞等译，法律出版社 2003 年版。

86. ［英］弗里德里希·哈耶克著:《自由秩序原理》，邓正来译，生活·读书·新知三联书店 1997 年版。

87. ［英］威廉·韦德著:《行政法》，徐炳等译，中国大百科全书出版社 1997 年版。

88.《法国刑事诉讼法典》，罗结珍译，中国法制出版社 2006 年版。

89.《德国刑事诉讼法典》，李昌珂译，中国政法大学出版社

1995年版。

90.《日本刑事诉讼法》，宋英辉译，中国政法大学出版社2000年版。

91. 薛波主编:《元照英美法词典》，法律出版社2003年版。

92. 中国社会科学院语言研究所词典编辑室编:《现代汉语词典（第五版）》，商务印书馆2005年版。

93. 车丕朝:《法律全球化——是现实？还是幻想?》，载《国际经济法论丛》，法律出版社2001年版。

英文著作

1. Lawrence Taylor, Witness Immunity, Charles Thomas publisher, 1983.

2. Leonard Levy, Origins of the Fifth Amendment: the Right against Self-Incrimination, Oxford University Press, 1968.

3. R. Helmholz, et al., The Privilege against Self-Incrimination: Its Origins and Development, The University of Chicago Press, 1997.

4. John H. Langbein, The Origins of Adversary Criminal Trial, Oxford University Press, 2003.

5. John Wigmore, Evidence in Trials at Common Law, Peter Tillers Rev., Little Brown and Company, 1983.

6. Adrian Keane, The Modern Law of Evidence, Butterworth, 1996.

7. Richard Abel, American Lawyers, New York Oxford University Press, 1989.

8. Lon Fuller. The Adversary System. Stephan Landsman. Readings on Adversarial Justice: The American approach to Adjudication. St. Paul, MN: West Publishing Co., 1988.

9. The Council of Legal Education. A Century of Law Reform, The Macmillan Company, 1901.

10. Lawrence Friedman. A History of American Law, Simon & Schuster, 1973.

11. Stephan Landsman. Readings on Adversarial Justice: The A-

merican approach to Adjudication, West Publishing Co., 1988.

12. Gerry Spence. With Justice for None, Times Books, 1989.

13. Samuel Phillips. Treatise on the Law of Evidence, G. & C. Meriam, 1839.

14. Jeffery Gilbert. The Law of Evidence, A Strahan and W. Woodfall, 1791.

15. John Wigmore. Select Cases on the Law of Evidence, Little Brown and Company, 1913.

16. William Twining. Theories of Evidence: Bentham and Wigmore, Stanford University Press, 1985.

17. Glanville Williams. The Proof of Guilt: A Study of the English Criminal Trial, Stevens & Sons, 1958.

18. Alan Watson. Legal Transplants: An Approach to Comparative Law. Virginia University Press, 1974.

19. Black's Law Dictionary. Thomason Reuters, 2009.

二、论文类

中文论文

1. 陈光中:《论我国酌定不起诉制度》, 载《中国刑事法杂志》2001 年第 1 期。

2. 陈光中、李玉华、陈学权:《诉讼真实与证明标准改革》, 载《政法论坛》2009 年第 2 期。

3. 陈光中、郑曦:《论刑事诉讼中的证据裁判原则》, 载《法学》2011 年第 9 期。

4. 樊崇义:《人文精神与刑事诉讼法的修改》, 载《政法论坛》2004 年第 3 期。

5. 樊崇义、张中:《论刑事司法体制改革与诉讼结构之调整》, 载《环球法律评论》2006 年第 5 期。

6. 樊崇义、吴宏耀:《论证据裁判原则》, 载《法律应用研究》2001年第6期。

7. 卞建林：《刑事诉讼中“诉”之辨析》，载《人民检察》2007年第8期。

8. 陈卫东、李奋飞：《论侦查权的司法控制》，载《政法论坛》2000年第6期。

9. 杨宇冠：《非法证据排除规则的例外》，载《比较法研究》2003年第3期。

10. 杨宇冠：《论非法证据排除规则的价值》，载《政法论坛》2002年第3期。

11. 杨宇冠、宁黎黎：《论刑事诉讼中的人权保障——从正当程序的角度研究》，载《甘肃社会科学》2005年第1期。

12. 宋英辉：《不必自我归罪原则与如实陈述义务》，载《法学研究》1998年第5期。

13. 宋英辉、吴宏耀：《论任何人不受强迫自证其罪原则及其保障》，载《中国法学》1999年第2期。

14. 汪海燕：《我国酌定不起诉制度的困境与出路》，载《政治与法律》2004年第4期。

15. 汪海燕：《建构我国污点证人刑事责任豁免制度》，载《法商研究》2006年第1期。

16. 顾永忠：《论看守所职能的重新定位》，载《当代法学》2013年第4期。

17. 顾永忠：《关于酌定不起诉条件的理解与思考》，载《人民检察》2014年第9期。

18. 龙宗智：《论司法改革中的相对合理主义》，载《中国社会科学》1999年第2期。

19. 孙长永：《通过中立的司法权力制约侦查权力》，载《环球法律评论》2006年第5期。

20. 孙长永：《强制侦查的法律控制与司法审查》，载《现代法学》2005年第5期。

21. 闵春雷：《证据裁判原则的新展开》，载《法学论坛》2010年第4期。

22. 易延友：《对抗式刑事诉讼的形成与特色》，载《清华法学》2010年第2期。

23. 易延友：《论反对自我归罪的特权》，载《比较法研究》1999年第2期。

24. 徐静村、潘金贵：《作证豁免制度研究》，载《西南民族大学学报（人文社科版）》2004年第2期。

25. 周国均、刘蕾：《贿赂犯罪案件污点证人权利之保护》，载《比较法研究》2005年第5期。

26. 姚莉：《美国判例法中不受强迫自证其罪的特权及其相关规则》，载《法学》2001年第12期。

27. 陈学权：《污点证人豁免制度初论》，载《国家检察官学院学报》2003年第3期。

28. 何挺：《污点证人豁免的理论基础与制度建构》，载《燕山大学学报》（哲学社会科学版）2007年第3期。

29. 高鸿钧：《法律移植：隐喻、范式与全球化时代的新趋势》，载《中国社会科学》2007年第4期。

30. 刘星：《重新理解法律移植》，载《中国社会科学》2004年第5期。

31. 周永坤：《全球化与法学思维方式的变革》，载《法学》1999年第11期。

32. 牟军：《自白与有罪答辩》，载《西南民族大学学报》（人文社科版）2004年第5期。

33. 朱孝清：《论沉默权制度》，载《中国刑事法杂志》2004年第1期。

34. 倪铁：《污点证人豁免及其博弈分析》，载《华东政法大学学报》2004年第1期。

35. 米镝：《论刑事“污点证人”的权利保障》，载《河南师范大学学报（哲学社会科学版）》2007年第5期。

36. 张春霞：《论污点证人之豁免》，载《华东政法大学学报》2003年第2期。

37. 刘立霞、张晶：《污点证人作证豁免制度研究》，载《湖北社会科学》2009年第1期。

38. 龚举文：《论刑事强制性措施的司法控制》，载《法学评论》2010年第3期。

39. 吴洪淇：《美国律师职业危机：制度变迁与理论解说》，载《环球法律评论》2010年第1期。

40. 赵红：《美国的民族精神与实用主义哲学》，载《榆林学院学报》2005年第6期。

41. 王成兵：《论美国古典实用主义的基本特征》，载《学术论坛》2000年第5期。

42. 何帆：《"品行端正"与法官独立》，载《看历史》2012年第10期。

43. 胡建淼、邢益精：《公共利益概念透析》，载《法学》2004年第10期。

44. 张千帆：《"公共利益"是什么?》，载《法学论坛》2005年第1期。

45. 毕可志：《法律、利益与权利》，载《烟台大学学报》2005年第2期。

46. 张建伟：《证明标准研究中的模糊视阈》，载《政法论坛》2005年第6期。

47. 梁上上：《利益的层次结构与利益衡量的展开》，载《法学研究》2002年第1期。

48. 胡鸿高：《论公共利益的法律界定》，载《中国法学》2008年第4期。

49. 顾培东：《效益：当代法律的一个基本价值目标——兼评西方法律经济学》，载《中国法学》1992年第1期。

50. 杨开湘：《公民隐私权在侦查行为中的界限》，载《华东政法大学学报》2006 年第 6 期。

51. 何家弘：《司法证明同一论》，载《中国刑事法杂志》2001 年第 1 期。

52. 林维业：《当前受贿犯罪特点的变化及侦查对策》，载《政法学刊》2005 年第 3 期。

53. 阮堂辉、王晖：《“孤证”或证据“一对一”的困境及其出路破解》，载《湖北社会科学》2008 年第 5 期。

54. 张建文等：《惩治行贿犯罪，净化社会环境》，载《人民法院报》2012 年 6 月 7 日第 8 版。

55. 郑震：《犯罪压力下的警力资源不足之探讨》，载《中国人民公安大学学报》2008 年第 1 期。

56. 方海明、谢科可：《“另案处理”案件存在的问题与监督》，载《人民检察》2010 年第 17 期。

57. 刘莉芬、熊红文：《规范另案处理、强化侦查监督》，载《人民检察》2007 年第 24 期。

58. 董坤：《论刑事诉讼中“另案处理”规范功能的异化与回归》，载《法学论坛》2013 年第 1 期。

59. 赵鹏：《酌定不起诉之现状考察及完善思考》，载《法学》2011 年第 9 期。

60. 李建玲：《酌定不起诉制度适用考察》，载《国家检察官学院学报》2009 年第 4 期。

61. 李开球：《论酌定不起诉裁量权的运用与完善》，载《中国检察官》2007 年第 8 期。

62. 黄超等：《刑事从宽的实证分析》，载《中国刑事法杂志》2008 年第 10 期。

63. 游伟、孙万怀：《论刑事诉讼中反对被迫自证有罪的权利》，载《法律科学》1998 年第 3 期。

64. 李龙、徐亚文：《正当程序与宪法权威》，载《武汉大学学报（人文社会科学版）》2000 年第 5 期。

65. 游伟：《别让“另案处理”成为司法黑洞》，载《法制日报》2012 年 3 月 27 日第 7 版。

66. 杨文浩：《惩处行贿，在打击与侦查中平衡》，载《法制日报》2011 年 10 月 31 日第 7 版。

67. ［美］弗洛伊德·菲尼：《非法自白应否在刑事诉讼中作为证据使用》，载《中国法学》2002 年第 4 期。

68. ［斯］卜思天·儒攀基奇：《国家与刑事被告反对自证其罪》，载《中国刑事法杂志》总第 32 期。

69. 高景峰：《刑事诉讼监督的问题及对策》，载《人民检察》2010 年第 16 期。

70. 荣晓红：《试析我国刑事诉讼中的司法审查》，载《人民检察》2009 年第 7 期。

71. 王斗斗、赵阳、周斌：《“两高三部”有关负责人就两〈规定〉答记者问》，载《法制日报》2010 年 5 月 31 日。

72. 储皖中、施怀基：《反贪反黑反毒亟待建立“污点证人”制度》，载《法制日报》2010 年 3 月 2 日第 4 版。

73. 于英红：《辛普森：躲在“程序正义”背后》，载《南方人物周刊》2007 年 10 月 15 日。

英文论文

1. The Federal Witness Immunity Acts in Theory and in Practice: Treading the Constitutional Tightrope, 72 Yale L. J. 1572 (1963).

2. Christopher Berzins, Crown Privilege: A Troubled Exclusionary Rule of Evidence, 10 Queen's L. J. 135 (1984).

3. Akihil Amar, Renee Lettow. Fifth Amendment First Principles: The Self-Incrimination Clause, 93 Mich. L. R. 913 (1995).

4. Tom Tyler, What is Procedural Justice? Criteria Used by Citizens to Assess the Fairness of Legal Procedures, 22 Law and Society Review 103 (1988).

5. Goldstein, The State and the Accused: Balance of Advantage in Criminal Procedure, 69 Yale L. J. 1149 (1960).

6. Nathaniel Lipanovich.Resolving the Circuit Split on Defense Witness Immunity: How the Prosecutorial Misconduct Test Has Failed Defendants and What the Supreme Court Should Do About It. Texas Law Review, (2012).

7. Jethro Lieberman, Book Review, 27 N. Y. L. Rev. 695 (1981).

8. Gordon Kesse, Adversary Excesses In the American Criminal Trial, 67 Notre Dame L. Rev. 403, (1992).

9. William Murray - Lord Mansfield, 1 Alta. L. Q. 41 (1934-1936).

10. John Mitchell, The Ethics of the Criminal Defense Attorney, 32 Stan. L. Rev. 298 (1980).

11. Marvin Frankel, The Search for Truth: An Empirical View, 123 U. Pa. L. R. 1031, 1052 (1975).

12. Norman Abrams, Internal Policy: Guiding the Exercise of Prosecutorial Discretion, 19 UCLA L. Rev. 3 (1971).

13. Wayne LaFave, The Prosecutor's Discretion in the United States, 18 Am. J. Comp. Law 533(1970).

14. Gerard Lynch, Our Administrative System of Criminal Justice, 66 Fordham L. Rev. 2137 (1998).

15. Thoedora Galacatos, The United States Department of Justice Environmental Crimes Section: A Case Study of Inter and Intrabranch Conflict Over Congressional Oversight and Exercise of Prosecutorial Discretion, 64 Fordham L. Rev. 642 (1995).

16. Katharine Hazlett. The Nineteenth Century Origins of the Fifth Amendment Privilege Against Self-Incrimination. 42Am. J. Legal Hist. 239 (1998).

17. George Fisher. The Jury's Rise as Lie Detector, 107 Yale L. J.

575, 590 (1997).

18. John Langbein, Historical Foundation of the Evidence: A View from the Ryder Sources, 96 Colum. L. Rev. 1168, 1172 (1996).

19. Comment, Plantiff as Deponent, Invoking the Fifth Amendment, 48 U. Chi. L. Rev. 158 (1981).

20. Schaefer, Federalism and State Criminal Procedure, 70 Harv. L. Rev. 1, 26 (1956).

21. James Thayer, The Presumption of Innocence in Criminal Cases, 6 Yale L. J. 185, 186 (1897).

22. Ronald J. Allen, Kristin Mace, The Self-Incrimination Clause Explained and its Future Predicted, 94 Journal of Criminal Law & Criminology 243 (2004).

23. Eben Moglen, Taking the Fifth: Reconsidering the Origins of the Constitutional Privilege against Self-Incrimination, 92 Michigan Law Review 1086 (1994).

24. Daniel Seidmann, Alex Stein, The Right to Silence Helps the Innocent: A Game - Theoretic Analysis of the Fifth Amendment Privilege, 114 Harv. L. Rev. 430, (2000).

25. Vincent Bonventre, An Alternative to the Constitutional Privilege Against Self - incrimination, 49 Brooklyn Law Review 31, (1982).

26. Maria Berger, Defining the Scope of the Privilege Against Self-Incrimination: Should Prearrest Silence be Admissible as Substantive Evidence of Guilt? 1999 University of Illinois Law Review 1015, (1999).

27. Akhil Amar, Renee Lettow, Fifth Amendment First Principles: The Self-Incrimination Clause, 93 Michigan Law Review, 857, (1995).

28. John Witt, Making the Fifth: The Constitutionalization of American Self-Incrimination Doctrine, 77 Texas Law Review 825, (1999).

29. Susan Klein, Miranda Deconstitutionalized: When the Self-Incrimination Clause and the Civil Right Act Collide, 143 University of Pennsylvania Law Review 417, (1994).

30. Diego Rotsztain, The Fifth Amendment Privilege Against Self-Incrimination and Fear of Foreign Prosecution, 96 Columbia Law Review 1940, (1996).

后 记

自2013年春天初识污点证人制度至今已逾三载。这三年来我的研习主要围绕对污点证人制度的疑惑、思考、写作和修改而展开。当初夹杂着些许对域外影片中污点证人制度的好奇，在查阅了国内与污点证人制度研究相关的著述以后，更为重要的是在恩师的鼓励和指导之下，我选取污点证人制度作为博士论文的主题。囿于国内所收集到的著述相对有限，因而我带着此项研究赴美继续深入思考和探寻该制度背后的深层问题。加州大学戴维斯分校的指导教授、图书馆和数据库成为为我答疑释惑的法宝。回国后我继续进行博士论文的写作和修改，直到2015年4月才暂时搁笔。后来我怀揣污点证人制度研究走上现在的工作岗位，继续这未竟之事业。在又一个春天来临的时候，我对博士论文原有内容再次进行了修改和充实。尽管仍有瑕疵与不足，但终将要付梓，心中喜悦与惶恐并存。法学犹如浩瀚星空，当仰望时才知自身的渺小。这书承载着我学生时代的梦想与美好回忆，也饱含着师友和家人的殷切鼓励与期望。

难忘恩师顾永忠教授对我的培养与提携！如果当年没有遇到恩师，并有幸成为师门弟子，我的命运想必会截然不同。恩师不仅在学术研究上给予我悉心指导和热心帮助，而且在生活中给予我无微不至的关心和照顾。记得博士刚入学时写的一篇拙文呈予老师评阅。老师在论文页边的批注、修改星罗密布，甚至语词、标点也有所顾及，瞬时羞愧与温暖涌上我心间。论文前后修改竟有五六稿。每次和老师促膝长谈后，我都觉得自己研究功底尚浅，仍需百倍努力。为了获得更丰富的研究资料，对污点证人制度有更为直观的理解和感受，老师力荐我申请国家留学基金委项目赴美系统学习和思考。博士论文初稿写成后，老师又在百忙之中仔细审阅文稿，提出很多详细且中肯的修改意见和建议。博士论文字里行间都凝结着老师大量的辛劳。我坚信没有老师的指导和帮助，包括从选题到谋篇布局乃至行文内容等，我不可能完成此论文。此外，无论是工作还是生活，恩师都一直竭尽全力地提供帮助和支持。作为受业弟子，我从老师身上感受到了师者的风范和师道的意涵。

感谢满运龙教授和王进喜教授给予我一如既往的帮助与指导。老师不仅教我读书做学问，而且还教我认真做人做事。每次见到老师，老师都会关切地问及我的学习生活情况，嘘寒问暖，倍感亲切。我的研究方法和写作习惯等也承蒙老师潜移默化的影响。

感谢陈光中教授、樊崇义教授、卞建林教授、杨宇冠教授、刘玫教授、卫跃宁教授、汪海燕教授、罗海敏副教授等诸位老师，在我博士研究生学习期间有幸聆听各位老师的授课，在博士论文写作过程中也曾得到老师的指点和建议，我从中受益匪浅。感谢我的联合培养导师 Edward Imwinkelried 教授。教授在我赴美学习和生活期间提供了诸多便利和照顾，并且为本书的写作提供了相关资料和悉心的指导。

感谢我的父母，在我二十多年的求学生涯中，正是父母的鼓励和教诲，为我指明了前进的方向，并给予我前行的动力。父母之恩浩荡，吾自当铭记于心。论文写作完成也得益于爱妻的支持与鼓励。她成为我博士学习、出国访学和论文写作的精神动力。她对我的理解与信赖跨过了长江、越过了太平洋，她是我坚持到底的重要原因。

感谢左宁博士后、陈效博士后、苑宁宁博士后、杨剑炜博士后、王颂勃博士、李辞博士、覃冠文博士、耿慧茹博士等同门兄弟姐妹对我的帮助。感谢蓟门桥旁、小月河畔的命运共同体们：于增尊博士、敖意博士、戴晓东博士、肖沛权博士、李小恺博士、王迎龙博士、叶扬博士、郭旭博士、赵培显博士、耿振善博士、强卉博士、谢丽珍博士、褚宁博士、胡莲芳博士、赵权博士、董林涛博士、包献荣博士……正是遇见了你们，我在法大的生活才变得更加精彩。

这本书是对我博士生活的总结和纪念，也是我继续从事学术研究的新的起点。由于污点证人制度内涵深厚，而我对于美国以外的国家和地区相关规定知之有限，文中难免存有疏漏，所以我恳请诸位师友指正！我也将继续把污点证人制度相关问题研究下去。

徐　磊

2016 年 4 月于南湖边